DELIUS KLASING

FINNLAND
Uuisikaupunki
Gävle
Öregrund
Grisslehamn
ÅLAND
Raggarö
Nörrtälje
Väddö-Kanal
Mariehamn
Turku
Helsinki
Furusund
Utö
Hanko
Byxholmen
Barösund
Stora Brändö
Finnischer Meerbusen
Biskopsö
Stockholm
Gåsöö
Gåsön
Öja
Nördliche Ostsee
Tallinn
Lohusalu
Westestnischer Archipel
Skraleviken
Oxelösund
Mem
Muhu
ESTLAND
Virtsu
Kuivastu
Saaremaa
Rigaischer Meerbusen
Gotland
Roja
Ventspils
Riga
Zentrale Ostsee
Pavilosta
LETTLAND
Öland
Liepaja
Pape
Ostsee
Kurische Nehrung
Klaipeda
Kurisches Haff
Nida
LITAUEN
Wladyslawowo
Mys Taran
Leba
Hel
RUSSLAND
Ustka
Kaliningrad
Gdansk
POLEN
Poznan
100 km

Sönke Roever

AUSZEIT UNTER SEGELN

Ein Sommer auf der Ostsee

Delius Klasing Verlag

Bibliografische Information Der Deutschen Bibliothek
Die Deutsche Bibliothek verzeichnet diese Publikation in der Deutschen Nationalbibliografie; detaillierte bibliografische Daten sind im Internet über http://dnb.ddb.de abrufbar.

3. Auflage
ISBN 3-7688-1685-0
ISBN 978-3-7688-1685-4

Fotos: Sönke Roever
Karten: Inch 3, Bielefeld
Schutzumschlaggestaltung: Buchholz/Hinsch/Hensinger, Hamburg
Druck: Clausen & Bosse, Leck
Printed in Germany 2006

Delius Klasing Verlag, Siekerwall 21, D-33602 Bielefeld
Tel.: 0521/559-0, Fax: 0521/559-115
E-Mail: info@delius-klasing.de
www.delius-klasing.de

Für meine Eltern,
die es mir ermöglicht haben,
mit beiden Beinen fest im
Leben zu stehen.

Inhalt

Prolog

Du willst noch leben irgendwann,
wenn nicht heute, wann denn dann?
Denn irgendwann ist auch ein Traum zu lange her!

(Wolfsheim im Lied *Kein Zurück*)

Ich bin Ins-Büro-Geher. Irgendwo in der New Economy. Morgens hin, nachts zurück und am nächsten Tag das gleiche Spiel. Tagein, tagaus. Fünf Tage unter der Woche und manchmal am Wochenende. Etliche Jahre geht das schon so, und es macht grundsätzlich Spaß. Und dennoch: Ist das alles? Wo sind die großen Abenteuer, die langen Segelurlaube geblieben, die ich aus meiner Kindheit mit meinen Eltern in Skandinavien kenne? Sie werden in 25 Urlaubstage pro Jahr gepresst und der Kopf mit der Illusion gefüttert, dass eines Tages alles anders wird.

Im August 2003 gibt es diesen Tag. Zum ich-weiß-nicht-wie-vielten Mal philosophieren mein engster Freund Helmut und ich darüber, dass wir mal ausbrechen sollten. Er ist 27, zwei Jahre jünger als ich, und mit seinem Studium zum Bauingenieur fast fertig. Gemeinsam sind wir seit zwölf Jahren auf Elbe, Nord- und Ostsee unterwegs. Erst auf einem Folkeboot und seit acht Jahren auf meiner Ohlson 8:8 HIPPOPOTAMUS. Mehr als drei Wochen Urlaub am Stück haben Studium oder Job aber nie zugelassen.

Beim abendlichen Bier im Cockpit kommt das Thema »Alltag behalten oder Traum leben?« mal wieder zur Sprache. Einziger Unterschied zu sonst: Wir haben uns diesmal vorgenommen, zu einem Ergebnis zu kommen. Obwohl wir Pro und Contra abwägen, fällt uns die Entscheidung leicht. Wir haben offensichtlich schon zu oft darüber nachgedacht und den Pfad zum Ergebnis vorgezeichnet.

Am Abend steht fest: Wir tauschen Audimax und Büro gegen die Cockpitbank und gehen ein halbes Jahr lang Segeln. Einmal um die ganze Ostsee herum – gegen den Uhrzeigersinn – mit der Strömung. 3500 Seemeilen. Zehn Länder. Wenn nicht jetzt, wann dann? Wenn wir erst Familie haben, wird ein solches Vorhaben deutlich schwieriger, und bis zur Rente zu warten ist auch keine Alternative. Helmut unterbricht sein Studium, ich kündige den Job.

Ob wir unseren Traum am Ende auch wirklich so gelebt haben, kann ich nicht sagen, weil ich das Buch während der Reise an Bord schreiben werde. Aber hier und heute – im April 2004 in Hamburg – ist es unsere feste Absicht, das Meer in der Mitte Nordeuropas zu umrunden. Ostern geht es los und Anfang September wollen wir pünktlich zum Hamburger Yachthafenfest wieder in Hamburg sein. Aber das erzähle ich alles mal in Ruhe – irgendwann unterwegs. In jedem Fall wünsche ich viel Spaß beim Lesen und Miterleben unserer Reise.

Sönke Roever

PS: Wenn Sie weitere Bilder von unserem Törn ansehen möchten, finden Sie diese in Anlehnung an die Kapitelstruktur auf unserer Internetseite:

www.Hippopotamus.de

Leinen los

Noch nie war das Ablegen so schön. Der Motor springt an – wie immer. Wir lösen die Leinen – wie immer. Ich lege den Gang ein und gebe langsam Gas – wie immer. Und doch ist es anders. Es ist der 9. April 2004 und wir stechen endlich in See. Es geht los. Fünf Monate Segeln liegen vor uns. Ein Traum wird wahr. Aber statt uns richtig zu freuen, sind wir ziemlich mit uns selbst beschäftigt. Alles kommt uns so unwirklich vor. Geht es wirklich los? Jetzt?

An Land bleiben die letzten bekannten Gesichter zurück. »Gute Reise und immer eine Handbreit Wasser unter dem Kiel«, hallt es zu uns herüber. Die Sonne scheint und die Elbe zeigt sich von ihrer besten Seite. Halber Wind und die Strömung fließt mit. Es wirkt, als ob sich die Marketing-Abteilung der Elbe noch einmal so richtig ins Zeug legt, damit wir nicht zur Konkurrenz »Ostsee« aufbrechen. Wir geben vorübergehend nach, segeln erst mal nur bis Stadersand. Letzte Vorbereitungen abschließen, bevor wir endgültig mit der Abendtide dem Mare Balticum entgegenreisen.

Diese erste Nacht ist dunkel – verdammt dunkel. Ostern ist zwar das Fest, das auf den ersten Vollmond nach Frühlingsanfang folgt, aber eben dieser zeigt sich nicht. Erst ab halb drei soll er erscheinen. Das steht zumindest im Tidenkalender. Somit ist außer Sternen, unseren Instrumenten im Cockpit und dem wiederkehrenden Lichtwurf der Richtfeuer auf der Elbe keine Lichtquelle vorhanden. Letztere erhellen in monotonen Intervallen die Wände im Cockpit und das feuchte Deck. An Land ist es nicht anders. Einzig das Atomkraftwerk Brokdorf fällt mir dort auf. Es scheint orangegelb in die Dunkelheit hinein und ist ein guter Anhaltspunkt für unseren Kurs. Etliche Dampfer sind unterwegs und wir müssen sehr aufmerksam sein. Rote Positionslaternen bedeuten entgegenkommende Schiffe, grüne stehen für mitlaufende Frachter. Die Luft ist klar. Ein toller Sternenhimmel zeigt sich über uns. Unzählige Himmelskörper säumen das Firmament, mehr, viel mehr als über der Stadt. Als Großstädter bekomme ich das viel zu selten zu sehen. Aber jetzt sind sie alle da. Sogar der Planet Merkur steht querab. Der Große Wagen befindet sich genau über uns und das »Himmels-W«

Kassiopeia leuchtet backbord voraus. Orion mit seinem Gürtel aus drei Sternen und Aldebaran strahlen knapp über dem Horizont. Es ist kalt. Eben über null Grad. Ich spüre, wie die Kälte außen an meiner Jacke entlangkriecht und sich an den Fingerkuppen sammelt. Der hohe Kragen der Segeljacke ist ein guter Schutz bei diesen Temperaturen. Ich trage Handschuhe und Fleecesocken sowie einige Lagen Pullover und halte mich hauptsächlich unter der Sprayhood auf. Dort tauen die Füße wieder auf.

Wir laufen hoch am Wind und machen fünf Knoten Fahrt durchs Wasser. Groß und Fock ziehen uns durch die wellenlose Finsternis und wir sind überwältigt vom Gefühl loszufahren. Sicherlich könnten die Temperaturen wärmer sein, aber das ist egal. Es geht endlich los. Lange haben wir darauf hingearbeitet. Acht Monate. Bis heute musste immer irgendwas erledigt werden. Und nun erledigen wir einfach nur unseren Kurs. Keine Kisten an Bord schleppen, keine Visa organisieren, keine Löcher bohren und Beschläge montieren, keine neuen Geräte anschließen oder Pinsel schwingen. Einfach nur nach Brunsbüttel segeln. Das ist fast zu simpel für uns. Herrlich einfach ist das. Mir reicht das allerdings nicht, um zu verstehen, dass es gerade beginnt. Mein Kopf ist viel zu voll. Hauptsächlich mit Fragen. Habe ich an alles gedacht? War die Entscheidung richtig? Was kommt danach? Ich weiß es nicht. Ist im Moment auch egal. Trotzdem kommt mir alles mehr wie einer unserer Wochenendtörns vor. Aber das wird sich wohl mit der Zeit noch ändern. Brunsbüttel erreichen wir kurz nach Mitternacht. Wir sind das einzige Schiff in der Schleuse zum Nord-Ostsee-Kanal.

Am nächsten Morgen wird übrigens bereits die erste Frage beantwortet. Ich habe nämlich nicht an alles gedacht. Ohne Diesel ist so eine Kanalfahrt eine recht kurzweilige Angelegenheit. Also – leere Kanister zusammenbinden, über die Schulter werfen und an der nächsten Kreuzung Daumen raus. Es läuft besser als erwartet. Der erste Wagen hält. Roter Ford Kombi. Keine Ahnung welches Modell. Wäre es ein Schiff, wüsste ich es. Der Fahrer ist Mitte fünfzig, trägt schwarze Haare und Schnauzer, dazu eine gleichfarbige Lederjacke und Karohemd.

»Das Problem mit dem Diesel kenne ich. Ist echt schlecht zu bekommen hier. Bin selbst Segler, helfe euch gerne.«

Er ist ehemaliger Berufsskipper und inzwischen aus gesundheitlichen Gründen in Frührente. Sein Schiff, die BOREAS, ist ein weißer, elf Meter langer, sieben Tonnen schwerer Eigenbau aus Holz und liegt im alten Hafen von Brunsbüttel. Im Sommer wollen er und seine Frau nach Schottland. Ich beginne von unserer Ostsee-Tour zu erzählen. Er ist begeistert und fährt mich spontan auch wieder zum Hafen zurück. Danke noch mal an dieser Stelle.

Stichwort »Ostsee«: Permanent wurden wir in den Wochen und Monaten der Vorbereitung gefragt: »Wieso denn Ostsee und nicht Mittelmeer?« Gute Frage. Die Antwort ist ganz einfach: weil die Ostsee wunderschön und enorm abwechslungsreich ist. Wir freuen uns auf Rügen, die Felseninsel Bornholm in Dänemark, die Wanderdünen in Polen und Litauen, die alten Hansestädte Riga und Tallinn in Lettland und Estland, das Einklarieren in Russland, die hellen Nächte in Finnland, den Göta-Kanal mit seinen über fünfzig Schleusen in Schweden und die einsamen Schärenbuchten in Norwegen. Außerdem ist die Ostsee sehr weitläufig. Unsere nicht segelnden Freunde denken immer nur von Hamburg bis zum Timmendorfer Strand und gucken uns mit fragenden Gesichtern an:

»Dafür braucht man doch kein halbes Jahr!«

Doch! Brauchen wir. »Das ist so, als wenn man zu Fuß um Deutschland herumgeht«, erwidert Helmut darauf gern. Schließlich wollen wir bis zum Ende unseres Törns über 3500 Seemeilen (rund 6500 Kilometer) – das nur als Anmerkung für die nicht segelnden Freunde – im Kielwasser lassen.

Die Weiterfahrt durch den Nord-Ostsee-Kanal verläuft unspektakulär und eintönig wie die anderen sechzig Male zuvor auch. Zu oft bin ich hier schon durchgefahren. Es ist einfach nicht mehr spannend oder aufregend, knapp hundert Kilometer nur geradeaus zu fahren. Es ist sogar noch langweiliger als sonst, weil so früh im Jahr noch nichts los ist. Die Bäume tragen keine Blätter, am Ufer stehen nur vereinzelt Angler, und wir werden von genau einem – ja, einem einzigen – Sportboot bis Kiel überholt. Hätte ich ein Rätselheft, wäre es mir schutzlos ausgeliefert. Ich versuche die Zeit unter Deck mit sinnvollen Dingen totzuschlagen statt mich am sonnigen Wetter zu erfreuen. Wir haben acht Grad und am Himmel türmen sich blaue »Schleswig-Holstein-Wolken«. Kennen Sie die? Das sind diese Wolkentürme, die man auf der H-Milch-Packung von Aldi findet.

Bis Hochdonn bei Kilometer 25 habe ich aus unserem Wust an Schrauben, Muttern und sonstigen Kleinteilen immerhin schon mal ein übersichtliches Sortiment in zwei Sortierkästen gemacht. Dafür ist der Mülleimer voll.

Zwischen Kilometer 25 und 40 packen wir die restlichen Abschiedsgeschenke aus. Im Survival-Pack von Kerstin und Christian befindet sich ein Foto von den beiden. Ich hänge es spontan in der Pantry auf. Nun fahren sie mit uns. Von meiner Tante gibt es ein von ihr verfasstes Kochbuch in Form eines Schnellhefters: »Auszug aus Sabines schneller schmackhafter schlitzohriger Schiffsküche«. Ich bin gespannt auf den Nudelsalat mit Apfel und Helmut auf den Linsentopf. Etliche Männermagazine haben wir auch bekommen. Besonders viel Spaß macht uns ein Blatt namens *Matador*. Dort zeigt sich die 20-jährige Industriekauffrau Sandra aus Regensburg recht freizügig. Der Clou ist, wenn man mit dem Finger über ihren Rücken streicht, kann man ihr Parfüm riechen. Kein Scherz! Es stimmt. Dennoch ist der Informationsgehalt dieser Blätter eher gering und so überleben sie die Kanalfahrt am Ende nicht.

Da bietet das »Merkblatt über deutsche Zollbestimmungen für Schiffsführer von Wassersportfahrzeugen« einen deutlich höheren Unterhaltungswert. Im Abschnitt 2.2 heißt es:

»Abgabenfreier Schiffsbedarf darf nur in Mengen bezogen werden, die dem Bedarf für die bevorstehende Reise entsprechen. Bei der Bemessung des Bedarfs sind etwa noch an Bord vorhandene Bestände zu berücksichtigen. Für Tabakwaren, Alkohol und alkoholhaltige Getränke sowie Kaffee und Kaffeeauszüge werden je Person und Tag die folgenden Mengen als angemessen angesehen: 40 Zigaretten oder 10 Zigarren oder 50 Gramm Rauchtabak, 0,5 Liter Spirituosen, 1 Liter Wein, 60 Gramm Röstkaffee oder 30 Gramm Kaffeeauszüge.«

Interessante Mengenverhältnisse. Wenn wir das befolgen und jeder bis zum Ende unserer Reise jeden Tag zehn Zigarren, einen halben Liter harten Alkohol und einen Liter Wein zu sich nimmt, werden wir das Ende unseres Törns vermutlich beide nicht erleben. Mal davon abgesehen, dass dann keiner von uns das Schiff führen könnte, weil wir ständig einen Rausch ausschlafen müssten. Lustige Vorstellung. Dennoch – wir werden die Hinweise beim »Lebensmittel«-Bunkern in Kiel beherzigen.

Ab Kilometer 40 beginnen wir als Einstimmung auf St. Petersburg VOLGO-BALT-Schiffe zu zählen. Das sind kleine russische Frachter, die vor Rost ihre eigentliche Farbe nicht mehr preisgeben. Nummer 192 und Nummer 102 haben wir bis Kiel im Sack. Die restlichen Kilometer verlaufen ähnlich. Für solche Dinge ist der Kanal eben gut. Welcher Segler kennt nicht den Spruch für alle unerledigten Aufgaben: »Das machen wir im Kanal!« Er hat folglich auch gute Seiten. Und außerdem bringt er uns zur Ostsee – unserer Heimat für die kommenden Monate.

Und so folgt in Kiel-Holtenau, was folgen muss: Völlig überhastet poltere ich aus der Kajüte, zwei Bier in der Hand. Ist zwar erst 13 Uhr, aber vor uns gehen gerade die Schleusentore auf.

»Mensch, Helmut, ist dir klar, dass wir jetzt die Ostsee betreten und von nun an keine Strecke mehr doppelt befahren?«

»Nein, das war nicht ganz klar.«

»Darauf müssen wir anstoßen. Wir sind quasi am ersten Ziel unserer Reise, obwohl sie noch gar nicht richtig angefangen hat!«

»Stimmt! Prost – auf uns und das, was vor uns liegt!«

»Möge unser Abenteuer beginnen.«

Rund Rügen

Laboe, Fehmarn und Gedser sind unsere ersten Stationen. Sicherlich kann ich dazu mehr aufschreiben, aber das würde nur langweilen. Es ist nämlich überhaupt nicht abwechslungsreich. Seit Kiel haben wir einfach jeden Tag Sonne und Flaute. In Zahlen heißt das: schon über dreißig Stunden unter Motor seit Hamburg. Ein unerwarteter Start für unser Unternehmen. Hatten wir doch mit Nebel, Kälte, Regen und viel Wind gerechnet. Und jetzt? Dauerflaute! Uns macht das zu schaffen. Wir sind nun mal kein Motorboot.

»So ist das Wetter. Einfach immer wieder anders«, sagt Helmut.

Wir nutzen daher die etlichen Seemeilen unter Motor: Helmut kann inzwischen den Grundton C »c«-flüssig aus der Trompete hervorbringen, und bei mir reichen die Akkorde auf der Gitarre immerhin schon für 4 x A, 4 x D und 4 x E, dann wieder von vorne. Dazu sei gesagt, dass Helmut mir während unserer Tour das Gitarrespielen und ich ihm im Gegenzug das Trompetespielen beibringen will. Auf dem Papier sind wir außerdem Angelexperten – die Praxis muss das noch bestätigen –, und das Schiff ist ordentlich wie nie. Wir haben alles gründlich geputzt und sauber gemacht. Einzig über unser Echolot zerbrechen wir uns den Kopf. Es meldet ab 30 Grad Schräglage auf dem Steuerbordbug keine Wassertiefe mehr. Das liegt daran, dass wir es nicht senkrecht einbauen konnten und es in seiner Einbau-Position 15 Grad nach Backbord zeigt. Uns war beim Einbau bewusst, dass das aufgrund des Abstrahlwinkels zu Ausfällen führen kann, aber ehrlich gesagt haben wir das nicht so eng gesehen und somit unterschätzt.

Trotzdem geht es uns exzellent. Wir kriegen das in den Griff. Wenn nicht morgen, dann übermorgen. Das lassen wir einfach mal auf uns zukommen. Ich stelle fest, dass sich in der kurzen Zeit schon eine gewisse Gleichgültigkeit bei uns entwickelt hat. Wir haben uns an Bord bestens eingelebt. Das Leben ist einfach und wunderschön. Wir tragen keine Uhren mehr und richten uns nach der Sonne. Hamburg ist geistig sehr weit weg, aber es fühlt sich immer noch wie zu Hause an, weil bisher keine bordeigene Getränkequelle versiegt ist und wir überall jene Lebensmittel nachbekommen, die wir gerne verwerten. Spannend wird es erst,

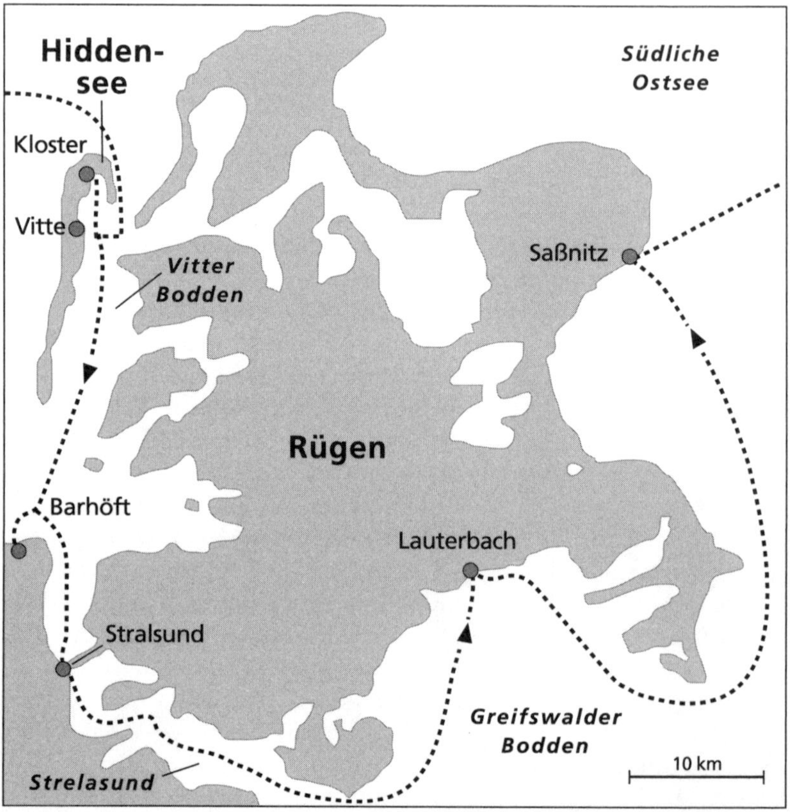

wenn der Krabbensalat und die Gulaschsuppe aufgebraucht sind. Was dann? Neue Kulturen, andere Spezialitäten – warum nicht? Darauf freue ich mich schon die ganze Zeit. Und dennoch kann es nicht schaden, ein Stück Heimat in Form von eben diesen Lebensmitteln im Gepäck zu haben. Wie heißt es so schön: Heimat ist kein Ort – Heimat ist ein Gefühl. Im Moment kann ich mir auf jeden Fall überhaupt nicht vorstellen, dass die Tour irgendwann mal zu Ende ist. Und das ist gut so.

Aber zurück zum Hier und Jetzt. Gedser ist das Ende der Welt. Schon mal dort gewesen? Wenn nein, nichts verpasst. Wenn ja, geht es Ihnen vielleicht wie uns. Gedser ist farblos – hat kein Gesicht, keine Persönlichkeit. Ein liebloser Ort. Der Hafen ist schön, keine Frage, aber der Rest? Ein Kaff, fünf Häuser breit und dreihundert Häuser lang – dominiert durch einen Fährterminal. Linienverkehr mit Rostock – dreimal täglich. Zahlreiche Brummis donnern über die Hauptstraße zum Terminal oder kommen von dort. Früher gab es auch einen Eisenbahnanschluss. Jetzt wächst Gras über die Gleise und die Schwellen verrotten. Die Anlage wirkt hässlich und gar nicht einladend. Industrielandschaft. Auf den Straßen treffen wir kaum Menschen.

»In Gedser hält man sich nur auf, wenn man einer Bestimmung folgt. Welcher auch immer«, beschließt Helmut.

Wir haben keine außer Diesel zu besorgen, und den gibt es schon im Yachthafen. Ist nicht böse gemeint, aber wir wissen einfach nicht, was man in Gedser soll, und verlassen den dänischen Hafen nach einer Nacht wieder mit dem Ziel Mecklenburg-Vorpommern.

Laut GPS sind es noch 18 Seemeilen bis zu unserer Ansteuerungsmarke vor Hiddensee – einem Bleistiftkreuz auf der Seekarte. Es ist Flaute. Kein Lüftchen regt sich, kein Windhauch ist zu erkennen. Unsere Wimpel hängen schlaff herunter wie Lametta an einem Weihnachtsbaum, und die Ostsee sieht aus wie ein großer bleierner Teich. Eine glänzende, spiegelglatte, dunkelblaue Fläche. Das Einzige, was diese Eintönigkeit durchbricht, ist der Schatten unseres Mastes, der sich auf der Wasseroberfläche abzeichnet. Die Sonne knallt herab. Hoch über uns ist der Himmel tiefblau und je weiter der Blick nach unten wandert, desto mehr gleicht sich dieses Blau dem des Wassers an, bis beide annähernd die gleiche Farbe haben. Der Horizont ist daher nur schwer auszumachen. Dunst steht über der Wasseroberfläche, nirgendwo ist Land zu sehen, und wir sind fast ganz allein hier draußen. Lediglich ein kleiner roter Dampfer mit weißem Aufbau in einigen Seemeilen Entfernung streift unseren Weg. So geht das schon fünf oder sechs Stunden. Es ist Mitte April und ich kann nach wie vor nicht glauben, dass wir solche Bedingungen haben. Wo ist das berühmte Aprilwetter? Die Temperaturen schwanken zwischen zehn und zwölf Grad. Wir tragen keine Jacken, nur Pullover, weil wir uns einfach schon daran gewöhnt haben. Eben war ich kurz auf Socken auf dem Vorschiff und habe gemerkt, wie warm das Deck von der Sonne ist. Nachts ist es aber immer noch höllisch kalt. Um die vier Grad haben wir morgens im Schiff. Dann können wir unseren gefrierenden Atem sehen. Glücklicherweise haben wir Fleece-Unterwäsche. Die ziehen wir morgens an und abends vor dem Schlafengehen wieder aus. Ohne ist es einfach noch zu kalt. Es kostet mich jedes Mal eine gehörige Portion Überwindung, unter die kalte Bettdecke zu schlüpfen. Meinetwegen kann der Sommer kommen. Vor allem frage ich mich, wann wir endlich mal Wind bekommen. Das kann doch nicht ewig so weitergehen. Helmut sieht es ähnlich. Im Logbuch notiert er:

»*Wann kommt endlich Wind? In Gedser mussten wir noch einmal unseren Dieseltank auffüllen, damit wir die 60 Seemeilen bis Hiddensee unter Motor meistern können. Den geplanten Zwischenstopp im Hafen von Darßer Ort auf halber Strecke mussten wir leider verwerfen. Laut den Meldungen für Seefahrer im Anschluss an den Wetterbericht auf DP07-Seefunk ist der Hafen mangels Befahrbarkeit bis auf Weiteres gesperrt. Die See ist ruhig. Kein Seegang. Gefrühstückt und abgewaschen wird während der Fahrt. Der Autopilot summt, und wir versuchen uns an den mitgenommenen Instrumenten. Ich beschäftige mich mit dem Zustandebringen von Trompeten-Tönen, und Sönke lernt das schnelle Umgreifen zwischen den Akkorden A-Dur, E-Dur und D-Dur auf der Gitarre. Das reicht für* My Bonny is over the Ocean. *Schönes Lied.*«

Gegen Abend hat der Wind ein Einsehen mit uns. Bei der Ansteuerungsmarke vor Hiddensee werden wir erlöst. Eine leichte Abendbrise aus Nordost setzt ein, was dazu führt, dass wir vor Freude über das Ende der Tage ohne Wind nun fast alles machen.

»Klar bei Spinnaker!«, rufe ich Helmut zu.

Kurz darauf steht das Sechzig-Quadratmeter-Tuch gut gefüllt über dem Vorschiff. Allerdings dreht der Wind kurze Zeit später auf Ost und kommt nun vorlicher ein. Spinnaker bergen? Nein! Kommt nicht in Frage. Das reizen wir aus. HIPPOPOTAMUS fängt an zu laufen. Erst vier, dann fünf und schließlich sogar sechs Knoten. Was für eine Genugtuung. Wir knüppeln das Schiff an seine Grenze und surfen zeitweilig 50 Grad am scheinbaren Wind zwischen den roten und grünen Tonnen der engen Fahrwasser hinter Hiddensee durch. Hätte ich nicht für möglich gehalten, aber es geht!

»Mensch Helmut, das machen wir uns jetzt zunutze! Guck mal, auf dem letzten Stück verläuft unser Kurs durch den Vitter Bodden genau nach Norden, also mit halbem Wind. Wir lassen den Spi einfach oben.«

»Großartige Idee!«

Kurz darauf wird uns beiden allerdings klar, dass ich keine gute Idee hatte. Schließlich muss der Spinnaker auch irgendwann mal wieder runter. Dazu muss bekanntlich der Wind von hinten kommen. Unsere Augen suchen die Seekarte ab und wir stellen fest, dass für das Manöver nur eine Stelle in der engen Rinne infrage kommt: der Abzweig nach Vitte. Zu unserer Überraschung können wir nicht abbiegen – wir haben unseren Plan ohne Berücksichtigung anderer Verkehrsteilnehmer gemacht. An besagtem Punkt werden wir nämlich in aller Seelenruhe von einem Fahrgastschiff überholt und ein Fischer kommt uns entgegen.

»Sich da jetzt durchzwängen? Unmöglich, dann gibt es hier Kleinholz«, fasst Helmut die Situation treffend zusammen.

Und so sausen wir mit Vollgas an Vitte vorbei. Erst eine Seemeile später in der Hafeneinfahrt von Kloster können wir den immer noch prall gefüllten Spinnaker bergen. So erfahren wir zwangsweise, dass der Hafen von Kloster viel sehenswerter ist als der von Vitte. Daher war die Idee mit dem Spinnaker doch ganz gut. Manchmal läuft eben alles zusammen.

Unter Spinnaker durch den Vitter Bodden

Vor der Reise habe ich mich immer wieder gefragt, wann so ein Urlaub beginnt. Beim ersten Gedanken daran? Beim Packen? Beim Stauen? Beim Auslaufen? Beim »Betreten« der Ostsee oder gar erst, wenn wir Deutschland verlassen? Wenn wir sonst in See stachen, dann kamen wir immer irgendwo an – zum Beispiel im ersten ausländischen Hafen –, doch wir sind immer noch in »Good Old Germany«. Trotzdem beginnt unser Abenteuer jetzt – nachdem zum ersten Mal der Spinnaker oben war. Es ist unspektakulär: Ich sitze mit einem Fläschchen Bier im Cockpit und schaue mir unsere Umgebung an. Im ganzen Hafen ist es absolut still. Helmut hockt mir gegenüber und wir schweigen. Wenn ich ihn ansehe, strahlt er weit über beide Ohren hinaus und ich muss auch lachen. Ich weiß, was das bedeutet. Unendliche Freude und Bewusstsein über das eigene Glück. Wir kennen uns schon zu lange, als dass das noch Worte braucht. Warum hier? Warum jetzt?

Ich glaube, es ist so, weil wir einfach nur dasitzen – ohne eine Beschäftigung. Vorher haben wir immer noch etwas am Boot zu tun gehabt. Sachen weiter einräumen und für alles einen geeigneten Platz finden. Nun sind sämtliche Kisten ausgepackt, die Dinge verstaut und wir haben zum ersten Mal seglerisch alles aus dem Schiff rausgeholt.

Hiddensee ist eine landschaftlich reizvolle Insel, die von weitem so aussieht, als ob da was fehlt. Das nördliche Ende ist bergig und ragt 70 Meter über den Meeresspiegel hinaus. Der Süden ist flach und lang gezogen. Der Wechsel zwischen Anhöhe und Flachland findet abrupt statt. Ungewollt.

»Als wenn jemand den Übergang geklaut hat«, beschreibt Helmut die Insel.

»Mich erinnert es eher an eine Spülbürste, die auf dem Rücken liegt, und hier am Nordende ragen die Borsten in den Himmel. Auf Modelleisenbahnen gibt es das Phänomen auch oft. Da wird einfach ein Berg aufgestellt, damit sich ein Tunnel ergibt, wo keiner hingehört.«

Das Erscheinungsbild macht uns neugierig und wir versuchen rauszukriegen, wie dieser Hügel entstanden ist. Auf einer Informationstafel am Hafen werden wir fündig:

»Entstanden ist der Dornbusch während der letzten Eiszeit vor ca. 12 000 Jahren. Gletscher verfrachteten ein aus Lehm, Ton, Mergel, Sand und Geröll bestehendes Geschiebe aus dem skandinavischen Raum in dieses Gebiet und lagerten es als eine Stauchendmoräne hier ab.«

Die Insel Hiddensee ist abwechslungsreich: Steile Sandklippen umranden die Tannenwälder, saftige Wiesen und Hecken erstrecken sich zwischen einer Hand voll Dünen und es wächst endlos viel Schilf in den seichten Ausläufern der Gewässer. In gleichmäßigen Abständen stehen knallgelbe Schilder, auf denen eine schwarze Eule abgebildet ist. Sie weisen darauf hin, dass dies ein Naturschutzgebiet ist.

Der Hafen von Kloster, am Fuß der Endmoräne, ist klein und eckig. Ich schätze, dass hier im Sommer maximal 25 Schiffe Platz finden. Alles ist neu: das Toilettengebäude, das Hafenmeisterbüro, die Strom- und Trinkwasseranschlüsse und sogar die Spundwand des Fähranlegers. Aufbruchstimmung in eine neue Ära in der Geschichte von Kloster. An diesem Morgen werden die Regale für das Büro des Hafenvorstehers geliefert.

Mit Kloster haben wir ungewollt einen guten Ausgangspunkt für unseren Spaziergang zum Leuchtfeuer Dornbusch gewählt. Es sind nur knapp zwei Kilometer bis zu seinem Fuße.

Wie wäre es mit ein paar Daten zum 27 Meter hohen Turm mit der Kennung »2,4 Sekunden hell – 7,6 Sekunden dunkel«? Er wurde 1888 gebaut. Bereits 1891 bildeten sich erste Risse im Verblendmauerwerk und fortan mussten ständig Ausbesserungsarbeiten durchgeführt werden, sodass er 1926 einen Betonmantel erhielt und seither zwölfeckig ist. Nach dem Aufstieg über 102 Stufen durch das enge Treppenhaus genießen wir einen herrlichen Ausblick über die Insel.

Beim Abstieg stoße ich auf einer kleinen Zwischenetage auf das Gästebuch des Bauwerks. Monique, 15 Jahre, aus Magdeburg bestätigt meine Behauptung: »Die Aussicht ist der Wahnsinn – wirklich schön. Ich hoffe, dieser Turm bleibt weiter so erhalten. Alles Gute und liebe Grüße.« Das hoffe ich auch.

Glücklicherweise sind wir gleich morgens aufgebrochen und mit Einsamkeit belohnt worden. Einige Bundesländer haben Osterferien und im Laufe des Tages nimmt die Touristendichte auf Hiddensee sehr stark zu. Wenn sie nicht mit einem der zahlreichen Fahrgastschiffe aus Stralsund oder Schaprode eintreffen, dann per Wassertaxi oder mit dem Fahrrad am Deich entlang aus Vitte. Helgoland ist im Vergleich dazu ein Ruhepol, und das, obwohl es hier nicht einmal einen zollfreien Einkauf gibt. Die Situation scheint auch einige Bürger von Kloster gelegentlich zu überfordern. Folgenden Dialog, der sich beim Versuch, unseren Müllbeutel in einem Restaurant loszuwerden, zwischen einem Kellner und mir abspielte, möchte ich daher nicht für mich behalten:

»Entschuldigung, ich habe eine Frage. Am Hafen gibt es noch keine Mülleimer. Kann ich unseren Beutel vielleicht in ihre Tonne werfen?«

»Du bist wohl bescheuert!«

»Entschuldigung. Haben Sie Angst, dass Ihre Tonne dann voll ist?«

»Quatsch, die ist groß genug, aber ich bezahle ja schließlich dafür.«

»Klar, verstehe ich, was würde es denn kosten, den Müll bei Ihnen zu lassen?«

»Darum geht es nicht!«

»Und nun? Wie lösen wir das Problem?«

»Keine Ahnung – das muss die Gemeinde lösen, die holt doch die ganzen Leute hierher! Ich kann Ihnen da nicht helfen!«

»Aha, vielen Dank und einen schönen Tag noch.«

Wir setzen unsere Reise über Barhöft nach Stralsund fort. Ein guter Zeitpunkt, die Windfahnensteuerung auszuprobieren. Das ist ein Autopilot, der rein mechanisch nur mit der Kraft des Windes arbeitet. Wir haben ihn erst kurz vor der Tour montiert, damit wir auf langen Schlägen nicht die ganze Zeit lenken müssen, sondern auch mal ein Buch lesen oder eine Suppe kochen können. Ich stelle die Pinne fest und aktiviere das zusätzliche Ruderblatt, das an die Windfahne gekoppelt ist. Es funktioniert auf Anhieb. Das Schiff hält einen konstanten Winkel zum Wind. Nach ein paar Tonnenpaaren haben wir genug Übung, dass wir mittig zwischen den Fahrwassermarkierungen durchlaufen. Nur der Wind darf nicht drehen. Sonst fahren wir in eine andere Richtung. Denn der Winkel zum Wind bleibt bei dieser Steuermethode immer gleich. Dies ist nur eine von vielen Veränderungen, die wir extra für den Törn am Schiff vorgenommen haben. Außerdem gibt es endlich einen elektrischen Kühlschrank, eine neue Bordtoilette, Maststufen, Leesegel, einen Anker mit Winde am Bug, einen Cockpittisch, Lifeleinen, einen Heckkorbgrill und einen Außenbordmotor für unser Beiboot. Schließlich ist dies unser Zuhause für eine lange Zeit, und da wollen wir uns wohl fühlen.

Apropos Zuhause: HIPPOPOTAMUS ist eine Segelyacht vom Typ Ohlson 8:8, 1977 in Schweden gebaut, 8,80 Meter lang, 2,85 Meter breit, 1,56 Meter tief und vier Tonnen schwer. Die Segelfläche beträgt 43,5 Quadratmeter.

Den Schiffsnamen habe ich aus England mitgebracht. Ich war dort für ein Praktikum und fand das Wort »Hippopotamus« einfach lustig. Insbesondere die vielen wiederkehrenden Buchstaben hatten es mir angetan. Hafenmeister und Schleusenwärter bringt der Name regelmäßig zur Verzweiflung. Ich erwische sie immer wieder dabei, wie sie einfach nur »Hippo« auf die Quittung schreiben. Übersetzt bedeutet der Begriff übrigens nichts anderes als »Nilpferd«. Deswegen ziert den Rumpf auch auf jeder Seite ein über zwei Meter langes Flusspferd.

Das Schiff habe ich seit acht Jahren. Damals war ich 21. Wie ich in so jungen Jahren dazu komme? Nein, ich habe keine reichen Eltern und ich habe nicht im Lotto gewonnen. Das kam anders. Als Kind segelte ich in den Schulferien und am Wochenende mit meinen Eltern. Spätestens mit 14 hatte ich überhaupt keine Lust mehr dazu – insbesondere auch, weil ich immer seekrank wurde und mit meinem Mageninhalt die Fische fütterte, sobald wir den Hafen verließen. Stattdessen bin ich lieber mit der Kirchengemeinde auf Jugendreisen nach Italien oder Holland gefahren. Meinem Vater war es – so glaube ich heute – ein Dorn im Auge, dass der Sohnemann nicht weiter zur See fuhr, und er handelte entsprechend bei der ersten Gelegenheit.

Im August 1989 gab es einen sehr starken Orkan, der im Hafen von Wendtorf an der Kieler Förde heftige Schäden anrichtete. Papa kaufte damals spontan für 'n Appel und 'n Ei ein Internationales Folkeboot, das eine Woche unter Wasser gelegen hatte und entsprechend aussah. Er war der Meinung, dass ich mit seiner Hilfe das Schiff aufarbeiten könnte und hinterher ein Boot zur Verfügung hätte. Ich verspürte diesen Drang nicht. So stand es mehr als ein Jahr lang zwischen Blumen und Büschen bei uns im Garten, wurde von den Vögeln als Nistplatz geliebt und nichts passierte.

Mit der Zeit fand ich doch Gefallen an Vaters Idee und der mit ihr verbundenen Unabhängigkeit. Schließlich haben Papa, Mama, meine Freunde und ich das Boot in mühevoller Kleinarbeit wieder klar gemacht. 1992 ging es im Alter von 17 Jahren auf die erste eigene Sommertour durch die dänische Inselwelt! Das war der Beginn meiner Segelsucht.

Vier Jahre später beschlossen meine Eltern, dass meine jüngere Schwester die gleiche Chance haben sollte wie ich. Papa hatte von einer stark beschädigten Ohlson 8:8 gehört, die günstig zu haben war. Es fehlte bei dem Schiff an Steuerbord auf einer Länge von ca. vier Metern die Verbindung zwischen Rumpf und Deck. Wie ich da so stand und dieses Wrack mit ihm zusammen ansah, begann ich zu überlegen, dass es ja auch meines werden könnte.

»Papa, was hältst du davon, wenn ich die Baustelle kaufe und meine Schwester das Folkeboot nimmt?«

Ihm gefiel die Idee, und ich war eine Woche später Besitzer dieses Schrotthaufens!

Seit jenem Abend im November 1995 sind über 900 Arbeitsstunden in die Ohlson gegangen, 600 von mir, 200 von Helmut und 100 von anderen Mitseglern. Im Juli 1996 habe ich das Boot zum ersten Mal zu Wasser gebracht und in den Wochen danach mit Helmut und einigen Freunden die westschwedischen Schären erobert. Irgendwann hatte ich auch die letzte Darlehensrate bei meinen Eltern abgestottert, und seitdem genieße ich die Unabhängigkeit auf eigenem Kiel.

Dass das Schiff mal ein Totalschaden war, sieht man nicht mehr. Einzig dass die Steuerbordseite etwas steifer als die Backbordseite segelt, erinnert mich hin und wieder daran. Das Segeln hat mich bis heute nie wieder losgelassen. Es ist ein fester Bestandteil meines Lebens geworden.

In Stralsund kommt meine Freundin Judith für das Wochenende an Bord. Da der Südostwind uns seit Hiddensee scheinbar nicht mehr verlässt, kreuzen wir mit ihr durch den Strelasund und finden Gefallen am Bodden. Er ist landschaftlich wunderschön, aber um diese Jahreszeit seglerisch zu eng. Ein Beispiel: In der Seekarte steht:

»Fahrzeuge, die den Greifswalder Bodden während der Heringsfischerei im Frühjahr durchfahren, dürfen nur die Zwangswege benutzen.«

Wir nehmen das nicht so ernst, weil wir nun mal kreuzen müssen und folglich Platz brauchen. Kurz darauf stellen wir fest, dass wir in ein Meer von Fischerbojen hineingesegelt sind. Normalerweise ist das nicht schlimm, weil sich die Netze in ausreichender Tiefe befinden. Aber während der Heringsfischerei reichen sie bis an die Oberfläche und sind miteinander verbunden. Fast eine halbe Stunde versuchen wir einen Ausgang aus dem Labyrinth zu finden. Das Gegenteil ist der Fall.

»Jungs, wir befinden uns in einem riesigen Irrgarten aus Bojen und Stellnetzen und sind in eine Sackgasse gesegelt. Klar zur Wende!«, fasst Judith die Situation treffend zusammen.

Am Ende kostet uns der Vorfall neben einigen Nerven auch noch fast eine Stunde Zeit. Aber was ist das schon im Vergleich zu unserer Gesamtreisezeit.

Auf der Seekarte entdecke ich noch einen anderen Hinweis:

»Die angestrebten Wassertiefen sind Solltiefen. Man muss damit rechnen, dass sie nicht überall erreicht werden.«

Aha, und wofür benutze ich diese Seekarte, wenn quasi jede Tiefenangabe wertlos ist?

Wir laufen Sassnitz an. Der Stadthafen animiert zur Weiterfahrt. Alte Gebäude aus DDR-Zeiten säumen die Uferlinien. Fischfang, Fischumschlag und Fischlagerung prägen das Bild der Anlagen. Gleise, auf denen schon lange keine Züge mehr fahren, kreuzen die riesigen Betonflächen. Nahe der Hafeneinfahrt vergammelt ein Fährterminal, und der Steg für Segler sieht wenig einladend aus. Über die sanitären Einrichtungen möchte ich mich nicht näher auslassen, außer dass der Besuch jedes Mal 50 Cent kostet. Wofür zahlen wir hier Hafengeld?

Ich bin schlecht drauf. Merkt man, oder? Judith geht von Bord und wir sehen uns erst in Finnland wieder. Ich hatte mir das einfacher vorgestellt, dachte: »Das passt schon«, aber jetzt belastet es mich. Als wir uns ein halbes Jahr vor der Abreise näher kennen lernten, habe ich ihr gleich erklärt, dass ich keine Beziehung will, weil ich segeln gehe und es mich nur runterzieht, wenn ich an Bord bin und sie weit weg in Hamburg ist. Wenn, dann möchte ich, dass meine Freundin auch an Bord ist und wir Eindrücke und Erlebnisse teilen.

Hat super geklappt, mein Vorsatz. Eine Hand voll romantischer Abende am Elbstrand und an Bord mit ihr haben mich schnell vom Gegenteil überzeugt. Nicht, dass ich mich jetzt darüber ärgere. Um Himmels willen. Sie fehlt mir nur jetzt schon.

Einsamer Inselurlaub

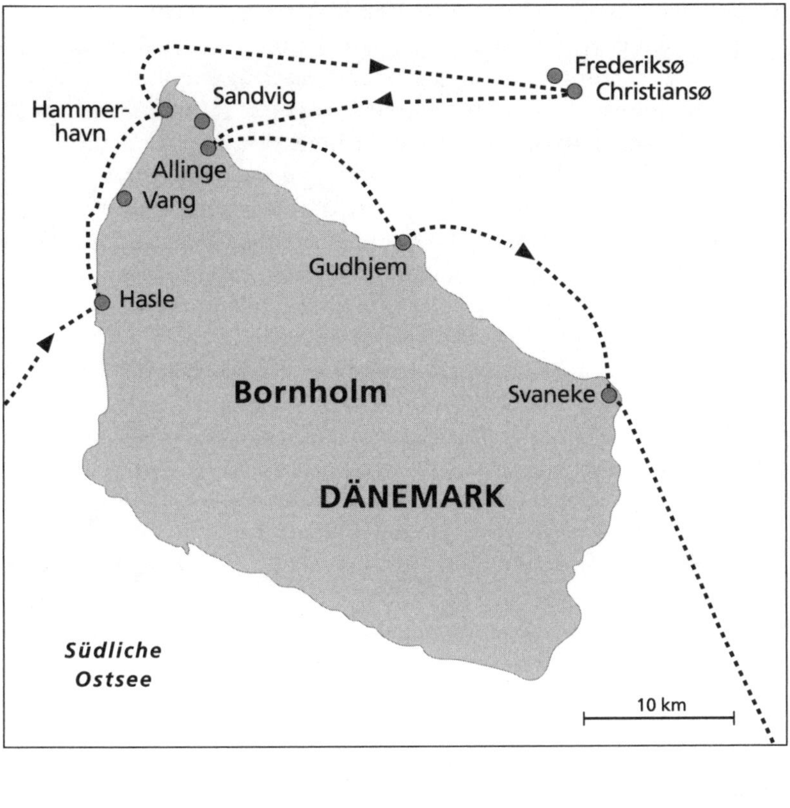

Backbord achteraus verschwinden die letzten Lichter von Sassnitz. Sie schimmern weiß und hellorange. Der Wind ist eingeschlafen und es ist noch eine gehörige Restdünung vorhanden, wir werden ordentlich hin und her geschaukelt. So rollen wir mit unserem neuen Mitsegler Ulrich nach Bornholm. Er ist ein Freund von Helmut – ebenfalls 27 Jahre alt –, in Sassnitz zugestiegen und quasi unser erster richtiger Gast auf dieser Tour. Kinnlange, blonde Haare, die er meistens als Zopf trägt, umranden sein rundes Gesicht, und auf den kleinen Ohren sitzt eine Nickelbrille. Für mich sieht er wie der typische Programmierer aus, aber er ist Bauingenieur. Wir plaudern über unsere Hobbys:

»Was für dich Segeln ist, ist für mich Tennis!«, erklärt er. »Ist schon unheimlich hier draußen ohne Anhaltspunkte, oder?«

Zum Teil hat Ulrich Recht. Wir erblicken nichts außer unserem schwimmenden Nilpferd HIPPOPOTAMUS – keinen Mond, keine Sterne, keinen Horizont, ja nicht mal den gibt es hier auf unserem Tennisplatz. Wir spielen den ersten Satz und die Nacht führt 1:0. Es ist absolut dunkel, pechschwarz, abstrus und düster. Die Finsternis liegt wie ein Schleier vor, neben und hinter uns. Sie wirkt undurchdringbar, sodass das Boot zum Mittelpunkt des Geschehens wird. Einziger Trost ist unser Topplicht, das bis ca. fünf Meter vor dem Schiff Strukturen auf dem Wasser erahnen lässt. Ich erkläre Bornholm zum Synonym für schwarz.

Das sind die langweiligsten Nachtwachen überhaupt. Seit 21 Uhr bin ich mit Ulrich hier draußen. Helmut hat sich hingelegt und muss von Mitternacht bis zwei Uhr ran, dann ich wieder bis vier Uhr und Helmut bis sieben Uhr usw. Tagsüber haben wir längere Intervalle gewählt (7 bis 11, 11 bis 17 und 17 bis 21 Uhr), weil das eher unserem Biorhythmus entspricht. Das System hat sich bewährt. Bei Ankunft im Hafen sind wir zwar trotzdem immer alle müde, aber es eignet sich gut für längere Strecken, besonders, weil die kalten nächtlichen Intervalle sehr kurz sind. Ulrich haben wir aus dem System herausgelassen. Er war noch nie auf einem Segelboot und folglich ist das für ihn schon aufregend genug.

Zwei Uhr – Wachwechsel. Helmuts Hand rüttelt an meiner Schulter: »So allmählich könntest du wieder rauskommen«, reißt es mich aus meinen Träumen.

Gerade war ich noch irgendwo am Strand bei 30 Grad und Sonne und nun muss ich wieder ins kalte Cockpit. Ich beneide Ulrich. Der liegt in der Koje gegenüber und schnarcht gemütlich vor sich hin. Wie gern würde ich mit ihm tauschen. Aber stattdessen muss ich Helmut ablösen. So ist unser System. Während es unter meiner Decke in der Koje warm ist, sind draußen vier Grad. Ist das Urlaub? Ja, definitiv. Keine Ahnung warum. Wenn wir morgen früh in den Hafen einlaufen, ist es ein tolles Gefühl, so durch die Finsternis gefahren zu sein und an einem Punkt genau anzukommen. Es ist wie betrunken durch dichte Wolken zu fliegen. Betrunken, weil durch die Wachintervalle die Nachtfahrt Lücken hat – wie Filmrisse. Und die Wolken ersetzen die Finsternis. Am Ende des Flugs haben wir nicht gesehen, wo es langging, sind aber am Ziel.

Ich übernehme das Kommando, und wir verschlingen weiter Seemeilen. Noch 37,6 bis zum Hafen von Hasle, unserem Wegpunkt an der

Westküste der imposanten Insel mitten in der Ostsee. An Steuerbord sehe ich gelegentlich eine Möwe, die im Schein unserer Positionslaterne hellgrün schimmert. Auf der anderen Seite entdecke ich nichts, weil das rote Licht der Backbordlaterne nicht hell genug ist. Wäre dieses meine erste Nachtfahrt unter solchen Bedingungen, hätte ich Angst. Einfach so auf einen imaginären Punkt zuzufahren, ohne auch nur irgendwas zu sehen. Es würde mich wahnsinnig machen. Aber inzwischen habe ich mich an solche Touren gewöhnt. Klar kann irgendwo mal ein großes Stück Holz oder ein leeres Fass treiben, aber ich halte es für unwahrscheinlich, dass wir damit kollidieren.

Auf der Seekarte notieren wir alle halbe Stunde unsere Position, die Uhrzeit, die Geschwindigkeit, den Loggestand und den Kurs. Ist schon faszinierend, wie sich alles gewandelt hat in den letzten Jahren. Auf dem Folkeboot haben wir anfangs bei Nachtfahrten nur mit Kompass und Echolot unsere Ziele gefunden. Jetzt haben wir zusätzlich Sumlog, GPS und Autopilot. Alles ist natürlich beleuchtet und auf übersichtlichen Digitaldisplays im Cockpit ablesbar. Sogar die Wassertemperatur übermittelt einer der Geber – Informationen im Überfluss und weniger Abenteuer als früher. Dafür mehr Sicherheit. Auf der Kajüte liegt einsatzbereit eine Rettungsinsel für vier Personen. Wir haben Seenotraketen und Handfackeln, tragen Lifebelts und am Heckkorb hängt eine Seenotleuchte zum Hinterherwerfen, falls doch mal einer über Bord geht. Wenn ich es mir genau überlege, dann waren wir früher viel leichtsinniger. Vielleicht wussten wir es aber auch nicht besser.

Mir ist langweilig. Außerdem bekomme ich Hunger. Daher mache ich mich über unsere Box mit den Ostereiern her und beschließe, den Code zu knacken. Die Eier haben verschiedene Farben und jede steht für eine Geschmacksrichtung. Drei Seemeilen später ist die Kiste leer und ich habe den Code: Rot = Mokka-Creme, Grün = Haselnuss, Blau = Alpenmilch, Gelb = Sahne-Creme, Lila = Nougat.

Am Ende ist meine Wache doch schneller vorbei als gedacht. Ich meine: Natürlich hat sie zwei Stunden gedauert, aber es kam mir kürzer vor. Lernt man mit der Zeit vielleicht entspannter zu warten, oder ticken die Uhren im Urlaub anders? Früher war es für mich die Hölle, lange an einer Bushaltestelle zu warten oder mich im Supermarkt ganz hinten anzustellen. Das Warten kam mir wie eine Ewigkeit vor. Ich glaube, ich bin in den letzten Jahren ruhiger geworden, und dieser Urlaub trägt noch mal erheblich dazu bei. Während ich darüber nachdenke, schaukeln mich die Wellen sachte in den Schlaf. Bornholm, wir kommen!

Wir erreichen Hasle am frühen Vormittag und ich überlege, ob uns beim Navigieren ein Fehler unterlaufen ist. Die Landschaft erinnert an Irland, aber wir sind definitiv im Königreich Dänemark. Der Trugschluss resultiert im Wesentlichen aus zwei Faktoren: Erstens: das Wetter. Der Himmel ist bewölkt, die Luft ist feucht und die Sicht schlecht. Zweitens: das massive Erscheinungsbild des Hafens. Hinter wuchtigen Molen, die bei Wind und Wetter die tosende Brandung abhalten, liegen weitere Vorbecken, bis wir am Ende in einer Ecke das eigentliche Hafenbecken finden.

Hasle ist Fischereihafen durch und durch. Fischerboote erwecken den Eindruck, dass sie 365 Tage im Jahr im Wasser liegen – zumindest kann man an ihnen unter Wasser deutlich den Bewuchs durch Algen und Plankton erkennen. Über unseren Köpfen kreisen Möwen. Ihr Gekreische und Geschrei tönt unentwegt zu uns herab. Die triste Stimmung – grau in grau – durchbrechen lediglich die leuchtenden Farben der Fischkisten. Seelachs wird in Hasle schon seit vielen Jahrzehnten verarbeitet. Auf einem Informationsschild an Land erfahre ich, dass hier einst die Fischfrikadellen für McDonalds in Moskau hergestellt wurden. Ich mag Irland und folglich auch Bornholm.

Am Nachmittag schippern wir entlang der Westküste weiter zur steinigen, rauen Nordspitze. Erwähnenswert scheint mir die Pier von Vang, die wir auf halbem Weg passieren. Von dort wurden für den Bau der Beltbrücke, zwischen Fyn und Sæland, über 400 000 Kubikmeter Granit verschifft. Inzwischen wurde die Anlage jedoch stillgelegt. Wir übernachten im Idyll Hammerhavn. Der Nothafen wurde erst vor ein paar Jahren erbaut und soll den Fischern Schutz bieten, wenn Sturm das Anlaufen der Häfen von Allinge oder Sandvig auf der anderen Inselseite unmöglich macht. Die geschützte Naturbucht – mit Sandstrand eingebettet in bewaldete Hügel – ist ein absoluter Geheimtipp. Unterhalb der gelben Holzhäuser liegen am Strand etliche kleine Fischerboote. Weiter oben erstreckt sich eine auffällige grüne Wiese mit Hühnern. An ihrem Ende steht ein rotes Holzhaus mit weißen Sprossenfenstern. Zwei Kilometer entfernt thront auf einem Berg seit dem 13. Jahrhundert die geschichtsträchtige Burg Hammershus über der Ostsee. Der Erzbischof von Lund, Jakob Erlandsen, hat sie seinerzeit gebaut. Die Besichtigung der inzwischen zerfallenen Gemäuer am nächsten Morgen ist obligatorisch und beeindruckend. Uns fasziniert neben der Ruine der Blick über unsere Heimat – die Ostsee.

Ulrich will sich noch ein paar Tage Bornholm angucken und verlässt uns in Hammerhavn. Helmut und ich testen derweil auf dem Weg nach Christiansø, ob unsere inzwischen angelesenen Angelkenntnisse nur auf dem Papier oder auch in der Praxis funktionieren. Helmut hat schon vor der Reise über das Internet das komplette Equipment besorgt und bis jetzt einige Bücher inhaliert. Wir wissen daher: Dorsch fängt man um diese Jahreszeit auf einer Tiefe von fünf bis zwölf Metern mit einer 0,3 bis 0,4 Millimeter dicken Monofile-Schnur und einer Pilk-Montage mit Japan-Twister-Vorfach mit leichtem Gerät und Vierzig-Gramm-Pilker – wenn keine Strömung steht. So weit die Theorie. Wir halten uns tatsächlich daran und spulen das volle Programm ab. Seekarte nach geeigneter Stelle absuchen, Anker raus, Angel auswerfen und pilken.

Es dauert keine Minute und wir haben einen Dorsch an der Angel. So schmal ist der Grad zwischen Theorie und Praxis manchmal. Nun haben wir zwar sofort einen Fisch, aber was ist mit dem Angelspaß? Der ist dahin. Ich bin enttäuscht. Der Weg sollte doch das Ziel sein. Vielleicht ist es hin und wieder besser, nicht alles zu wissen und naiv an die Dinge heranzugehen.

Sei es drum – wir haben ein anderes Problem. Keiner von uns will den Fisch töten. Vielleicht hätten wir ihn nicht »Hugo« nennen sollen. Nun existiert eine emotionale Bindung, die die Zusammenkunft mit dem Hammer verzögert. Seine Schuppen schillern grün-silber-grau und mit seinen Augen guckt er uns treudoof an. Es hilft alles nichts – Helmut erledigt das am Ende.

Helmuts erster Dorsch

Christiansø ist bildschön, das wussten wir vorher, aber es überzeugt uns von neuem. Insbesondere, weil das Wetter wieder voll mitspielt und absolut keine Touristen da sind. Unglaublich, wie bezaubernd es hier ist. Wild, natürlich, einsam, rustikal und rau. Auf dieser alten Festungsanlage aus dem 17. Jahrhundert gibt es keine Autos, und die Zeit scheint stillzustehen. Zumindest hängt am Hafenmeisterbüro der Wetterbericht vom September 2003. Der Ort ist deshalb so besonders, weil in den historischen Gebäuden gegenwärtiges Leben stattfindet. Auf den zwei Eilanden Christiansø und Frederiksø leben etwa einhundert Menschen. Ich stöbere im Informationsblatt, das mir der Hafenmeister in die Hand gedrückt hat.

»Auf einer so entlegenen Insel zu wohnen unterscheidet sich sehr vom Leben an anderen Orten. Der Transportweg über das Meer bedeutet Abhängigkeit von Wind und Wetter, und im Winterhalbjahr ist das Postschiff PETER *die einzige Verbindung nach Bornholm. Neben der Post werden hiermit auch die Waren des täglichen Bedarfs nach Christiansø verfrachtet und der Fang der hier lebenden Fischer nach Bornholm transportiert.«*

Bemerkenswert ist auch die Fauna. Sie wird dominiert von den Vögeln. Ununterbrochen hören wir sie kreischen, pfeifen, johlen, keifen. Es erinnert mich an den Film *Die Möwe Jonathan.* Dort gibt es einen Platz, an dem alle Möwen zur Nahrungsaufnahme zusammenkommen. Vollkommen überfüllt und laut. Hier ist es ähnlich. Auf engstem Raum leben 20 000 Silbermöwen, 5000 Eiderenten, 4000 Lummen und 1400 Alke. Insbesondere die Eiderenten machen uns viel Freude. Sie geben beständig »O«- und »U«-Laute von sich.

»Klingt, als wenn sich eine Ente auszieht und alle antworten mit Ohh und Uhh, um dann beschämt wegzuschauen«, findet Helmut.

Dazwischen dümpelt friedlich und gemütlich unser Nilpferd. Christiansø ist ein Muss für alle, die nach Bornholm segeln, und außerdem der östlichste Punkt Dänemarks. Ich freue mich hier zu sein und taufe diesen einmaligen und verwunschenen Platz »Märcheninsel«.

Auf Christiansø folgen die kleinen Fischerorte Allinge und Gudhjem. Wie überall sind wir das einzige Schiff im Hafen. Die leeren Becken sind schön, aber andererseits wollen wir mal wieder unter Leute – genau genommen unter Einheimische.

»Komm, wir suchen uns spontan eine typische Kneipe, in die die Fischer gehen«, schlage ich Helmut vor.

»Gute Idee, dann treffen wir mal wieder auf fremde Menschen.«

Kurz darauf betreten wir – der Empfehlung einer Hot-Dog-Verkäuferin am Hafen folgend – das Anker Caféen. Wir fallen sofort auf, weil nur drei Gäste dort sind. Gast Nummer eins heißt Rolf. Er ist pensionierter Pferdewagenfahrer der Carlsberg-Brauerei in København (Kopenhagen) und hängt mit Gast Nummer zwei – seinem Sohn Thomas – schon seit einigen Stunden am Tresen. Rolf trägt einen blauen Troyer, schwarze Jeans, eine braune Lederjacke, einen dicken Silberring am Finger und ist in meinen Augen eine gescheiterte Existenz. Thomas ist, wie er erzählt, nach Gudhjem zurückgekommen, weil er neu anfangen will – mit einem geregelten Leben als Schmied. Gast Nummer drei ist eine Frau. Die Kneipe ist der einzige Laden, der an diesem Abend noch geöffnet hat, und so läuft hier alles zusammen. Nebensaison.

Rolf gibt uns ein Bier aus und beginnt ein Gespräch. Woher wir kommen, was wir so früh im Jahr in Gudhjem machen und wie unsere Reise weitergeht, will er wissen. Helmut gibt fleißig Auskunft, während ich mich umsehe. An den rotbraunen Wänden hängen einige Ölbilder, auf denen Rahsegler zu sehen sind. Unter der Decke läuft ein brauner, dicker Tampen einmal herum. Auf den wenigen Tischen stehen Osterglocken aus Plastik. Alles erinnert an eine Mitropa-Raststätte mit maritimem Möchtegernambiente an der früheren Transit-Autobahn Hamburg–Berlin. Über der Bar lese ich auf einem Schild: »Anker Caféen – Husets Whisky 15 Kronen – 2 Euro«. Das ist uns zu gewagt. Helmut bestellt für die Runde lieber ein paar frisch gezapfte Biere. Rolf und Thomas winken ab:

»Bier gern, aber aus der Flasche. Man weiß nie, wann der Wirt einen rausschmeißt. So können wir das Bier auf der Straße weitertrinken.«

Die Unterhaltung mit den beiden ist angeregt und fängt gerade an, Spaß zu machen, als der Wirt die Beleuchtung dimmt. Mit einem großen Pinsel leert er die Aschenbecher und schließt die Kasse ab. Ende der Vorstellung. Rolf ist das anscheinend zu früh. Auf einem Zettel notiert er seine Telefonnummer:

»Ihr seid morgen meine Gäste zum Abendessen! Es gibt Hirsch. Thomas holt euch um 17 Uhr am Hafen in Svaneke ab, aber ruft vorher an! Einverstanden?«

»Einverstanden«, bestätige ich sein verlockendes Angebot.

»Klasse! Ein zünftiger Abend mit Einheimischen«, freut sich Helmut.

Leider war bei den beiden wohl doch zu viel Alkohol im Spiel. Als wir uns, wie verabredet, telefonisch aus Svaneke melden, ist nur Rolfs Frau dran. Er muss arbeiten und Thomas ist auch nicht da. Tut ihr leid. Ein anderes Mal vielleicht. Etwas enttäuscht hänge ich wieder ein. Waren wir zu naiv? Schade. Sehr schade. Aber was soll's. Dann steht jetzt eben Polen auf dem Programm.

Polen ist einmalig

Es vergeht kein Tag, an dem wir nicht – einem alten Seglerbrauch folgend – Rasmus, den Herrn der Meere, ehren. Großzügig und wohlwollend kippen wir jeden Morgen einen Schluck Sherry über Bord und wünschen uns gutes Wetter als Ausgleich für die Opfergabe. Erst ganz am Ende dieses Rituals bedenken wir uns selbst mit einem ganz kleinen, quasi winzigen Schluck aus der Pulle. Natürlich nur, um die Qualität des Getränkes zu überprüfen. Und dennoch: Rasmus macht, was er will. Er führt ein Leben in Extremen. Erst tagelang Flaute. Dann tagelang Südost. Nun wieder tagelang Flaute und kein Ende in Sicht. So viel bin ich im April noch nie motort. Aber das hat auch sein Gutes. Bis auf einen Tag haben wir bisher nur Sonne.

14 Stunden soll die Überfahrt nach Polen laut GPS dauern. Sechs haben wir schon – fehlen noch acht. Wir schlafen abwechselnd, kochen Chinasuppe und lesen. Besonders viel Spaß macht uns die Broschüre über »Yachtgebräuche und Flaggenführung« des Deutschen Seglerverbandes. Hier finden wir folgende Passage:

»Ausgefranste und verdreckte Flaggen und Stander sind kein Indiz für kernige Seemannschaft.«

Nicht? Ich werfe einen Blick auf unsere Bundesflagge am Heck. Das Schwarz ist grau, das Rot ist rosa und das Gelb ist nahezu weiß. Helmut lacht und tauscht daraufhin unsere Flagge aus.

Apropos Deutschland: In den Nachrichten auf Kurzwelle erfahren wir, dass die Abschaffung der Praxisgebühr diskutiert wird. Bin ich froh, dass wir irgendwo zwischen Dänemark und Polen und nicht daheim sind. Für mich sind solche Themen hier draußen weit weg – sehr weit weg –, und das ist gut so.

»Genussvolles Leben ohne Nachrichtenmüll«, sagt Helmut dazu nur.

Über Seefunk empfangen wir – vermutlich zum letzten Mal – den Wetterbericht von DP07. Ich freue mich immer, wenn der Sprecher »Ost« sagt, weil er das »O« so schön lang zieht. Es bleibt sonnig und trocken mit – wie soll es anders sein – wenig Wind aus ööööööstlichen Richtungen. Es gibt halt drei Arten von Wind: Zu viel, zu wenig und gegenan.

Noch zehn Seemeilen bis Polen – oder besser gesagt: bis Ustka, dem ehemaligen Stolpmünde. Die Spannung steigt. Ich war noch nie in Polen und mache mir so meine Gedanken: Können wir uns verständigen? Sind die Häfen sicher? Können wir das Schiff allein lassen? Wo lasse ich meine Fotoausrüstung und das Notebook, wenn wir von Bord gehen? Wie ist die Infrastruktur?

Ich greife zum UKW-Sprechfunkgerät und rufe auf Kanal 16 die polnische Küstenwache:

»Polish Border Guard, Polish Border Guard, Polish Border Guard, this is HIPPOPOTAMUS, HIPPOPOTAMUS, HIPPOPOTAMUS. Over.«

Keine Antwort. Ich wiederhole den Anruf noch zwei Mal. Wieder keine Antwort. Als Nächstes versuche ich den Hafenkapitän von Ustka zu erreichen:

»Kapitanat Portu Ustka, Kapitanat Portu Ustka, Kapitanat Portu Ustka, this is HIPPOPOTAMUS, HIPPOPOTAMUS, HIPPOPOTAMUS. Over.«

»Yes, hello HIPPOPOTAMUS, please change to Channel 12. Over.«

Ich wechsle den Kanal und wir setzen das Gespräch unkompliziert fort. Wir sollen uns wieder melden, wenn wir im Hafen sind. Kurz darauf werden wir angefunkt:

»HIPPOPOTAMUS, this is Polish Border Guard. Over.«

Die Küstenwache gibt es also doch. Der freundliche Herr am anderen Ende der Leitung spricht fließend Englisch und hat etliche Fragen: Der Name des Kapitäns, die Anzahl der Crewmitglieder, unsere Position, der letzte Hafen und unsere voraussichtliche Ankunftszeit wandern über den Äther. In Ustka sollen wir als Erstes bei der Grenzstation festmachen. Ein Beamter käme zum Schiff. Warten wir es mal ab.

Und tatsächlich: Kaum, dass wir die Hafeneinfahrt passiert haben, winkt auf der Pier ein Mann in Uniform mit grüner Mütze. Wir legen an der Grenzstelle an und zeigen unsere Pässe. Der Beamte ist sichtlich entspannt:

»Noch fünf Tage, dann gehören wir zur EU. Sie sind mein erstes und vermutlich letztes Boot in diesem Jahr.«

Er lacht und stempelt unsere Pässe ab:

»Gute Reise und danke.«

So einfach ist das. Worüber habe ich mir eigentlich Gedanken gemacht?

Der Hafen von Ustka ist wenig einladend. Es riecht nach Fisch und Braunkohle – eine interessante Mischung für die Nase. Die Gebäude an Land zerfallen. Einzige Ausnahme: Objekte für Touristen. Wo Geld in die Kassen fließt, wird investiert. Die Uferpromenade am Strand ist neu gepflastert und es gibt etliche Buden, die mit großflächigen Werbeschildern Farbe in die sonst eher triste Beton-Eintönigkeit bringen. »Coca-Cola«, »Pepsi«, »Kodak« oder »Fuji« heißt es in bunten Lettern. Da ist es kein Wunder, dass wir ebenfalls auffallen. Unsere Segel sind neu – somit schneeweiß – und mit knallgelben Zeisingen zusammengebunden, der polierte Rumpf glänzt dunkelblau und wir tragen leuchtend rote Jacken. Die Menschen bleiben beim Abendspaziergang auf der Mole stehen. Sie gucken zu uns herüber und mustern das Schiff: von vorne bis hinten – von oben nach unten. Viele von ihnen winken uns zu – wir erwidern den Gruß. Ich bilde mir ein, in ihren Augen Neid und Fernweh zu erkennen.

Der Hafenmeister weist uns einen Platz an der langen Pier am Ostufer des Flusses Stolpe zu. Wir sind hungrig und neugierig auf Polen.

»Lass uns an Land essen gehen«, schlage ich Helmut vor.

Eine Viertelstunde später sitzen wir im Restaurant »Korsarz« und kämpfen mit der Speisekarte, die nur in polnischer Sprache erhältlich ist. Augen zu und durch oder fragen? Die Bedienung kann weder Deutsch noch Englisch. Am Nachbartisch sitzen jedoch zwei Mädchen in unserem Alter, von denen die eine fließend Deutsch spricht. Sie heißt Renata, hat sechs Jahre in Berlin gelebt und besitzt jetzt eine Kosmetikschule. Ihre Freundin Aneta spricht nur Polnisch. Es entsteht eine lose Unterhaltung von Tisch zu Tisch. Das Übliche halt: Was wir hier um diese Jahreszeit machen, woher wir kommen usw. Für uns sind das schon bekannte Fragen. Ist es so ungewöhnlich, mit einem Segelboot einmal um die Ostsee zu fahren?

Ich bestelle »Piersi Frytki Ryz« (Hühnchen mit Salat) und Helmut »Pstrag« (Forelle). Dazu zwei Bier. Zusammen 52 Zloty – zwölf Euro.

Renata und Aneta sind froh, dass wir da sind, weil, wie sie sagen, hier nichts los ist. Sie wollen unbedingt das Boot sehen. Gern, warum auch nicht?

Wir trinken das nächste Bier an Bord. Renata stellt unermüdlich Fragen: »Was studiert ihr?« oder »Wie lange kennt ihr euch schon?« Aneta sitzt daneben und versteht kein Wort. Aber das scheint ihr egal zu sein. Mit ihren großen braunen Augen schaut sie die ganze Zeit Helmut an und lächelt. Das Bier trinken sie nicht zu Ende, weil es ihnen an Bord zu doll schaukelt. Das liegt an den Fischkuttern, die ständig ein- und auslaufen und dabei das Hafenwasser aufwühlen. Außerdem müssen die Damen noch weiter, weil Aneta beim Öffnen der Bierdose ein Fingernagel abgebrochen ist und die Kosmetikerin Renata einen neuen ankleben soll.

»Ihr könnt ja mitkommen, ist nicht weit, aber Bier müsst ihr mitbringen«, lädt uns Renata ein.

»Gern, warum nicht!«

Der Neubau des dreistöckigen Mietshauses liegt in einer kleinen Siedlung. Die Wohnung hat zwanzig Quadratmeter – ein Zimmer plus Bad. Das Licht spendet eine Neonlampe, unter der Decke eingezäunt von einer Stuckimitation. An der Wand hängen keine Bilder. Renatas Zuhause wirkt ungemütlich und kahl.

Wir sitzen auf dem Regal, weil es nur zwei Stühle gibt. Selbige brauchen die Mädels für die Notoperation an Anetas linkem Zeigefinger. Die Situation ist skurril. Renata klebt Aneta einen neuen Fingernagel an und wir sitzen mit der Bierdose in der Hand daneben. Die Fragestunde geht weiter: »Wieso habt ihr ein Boot?« und »Habt ihr gar nicht Angst, euch mal zu streiten?«

Nach einer Stunde ist der neue Nagel angeklebt und das Bier alle. Wir lösen die Runde wieder auf. Aneta versteht immer noch kein Wort, ist sich aber sicher, dass sie Helmut heiraten möchte. Zumindest lässt sie Renata fragen, ob er kochen kann und bereit wäre, für sie Polnisch zu lernen. Wir grinsen uns an und halten die Frage für einen lustigen Scherz, der die gängigen Klischees bedient. Doch Aneta meint es ernst. Sie will es wissen. Aus ihrer Handtasche zaubert sie eine Stoffente herbei, sprüht ihr Parfüm drauf – leider viel zu viel. Zusammen mit ihrer Visitenkarte drückt sie sie Helmut in die Hand und lässt übermitteln, dass er es sich bitte kurzfristig überlegen möchte. Helmut weiß gar nicht, wie er reagieren soll, lehnt aber dankend ab.

Zurück auf HIPPOPOTAMUS verbanne ich die Ente nach draußen. Da wir den intensiven Geruch des Parfüms unter Deck nicht dauerhaft ertragen können, muss unser neuer Passagier an der frischen Luft im Cockpit wohnen. Fortan segeln wir mit einer kleinen gelben Stoffente um die Ostsee. Ein interessanter erster Eindruck von Polen.

In Ustka hält uns nichts – auch nicht die Damen – und wir brechen auf nach Leba. Dreißig Seemeilen entlang der sandigen, von Dünen geprägten Küste. Wieder Flaute. Mir geht das auf den Geist. Ich nehme mir den Sherry, brülle Rasmus richtig an, sodass Helmut einen gehörigen Schreck bekommt, und kippe fast eine halbe Flasche über Bord:

»Rasmus, alte Rübensau! Was soll der Mist? Seit Hamburg haben wir nur Winde mit Ost oder Flaute. Ich will das nicht mehr. Tu was!«

Drei Stunden später haben wir kräftigen Wind aus Nordost. Woher auch sonst? Aber mit immerhin sechs Windstärken. Ein Kompromiss? Keine Flaute mehr, aber dafür Wind von vorn?

Wir kreuzen unermüdlich durch die gut eineinhalb Meter hohe See. Obwohl wir alles seefest verstaut hatten, sieht es im Schiff aus, als ob eine Bombe eingeschlagen hätte. Taschen und Segel sind durch die Gegend geflogen und liegen auf dem Boden. Etliche Gischtspritzer fliegen bis ins Cockpit. Das ganze Deck ist nass, riecht nach Teak und ich schmecke das Salz auf meiner Haut. Wir juchzen vor Freude. Was für eine Erlösung. Die fünf Stunden sind anstrengend, aber großartig. Endlich mal so richtig segeln. Danke Rasmus. Aber dass ich dich dafür extra anbrüllen muss, finde ich schade.

Die Marina in Leba ist modern und entspricht in jeder Hinsicht westlichem Standard. Neben warmen Duschen, Trinkwasseranschlüssen, Steckdosen, einer Waschmaschine und einer Tankstelle gibt es einen Wachdienst, der die Gastlieger bewacht. Acht Kilometer vom Hafen entfernt befindet sich der Slowinski-Nationalpark mit seinen gigantischen Wanderdünen. Wir fragen im Kaufmannsladen nach einem Taxi.

»Nur Juni, Juli, August! Heute nein«, erklärt uns der Verkäufer in gebrochenem Deutsch.

Wir versuchen es am Bahnhof mit einem Bus. Gleiches Ergebnis. Allerdings steht dort ein Schulbus. Ich frage, ob sie zum Park fahren und uns mitnehmen können. Natürlich wollen sie zum Park. Wo soll man hier auch sonst hinfahren? Die Lehrerin spricht Deutsch:

»Nur wenige Schüler können Deutsch sprechen. Sie lernen lieber Englisch. Deutsch ist unpopulär«, erzählt sie.

Ich bekomme einen Sitzplatz neben Agnes zugeteilt, Helmut weiter vorne. Agnes ist fünfzehn und spricht tatsächlich fließend Englisch. Sie erklärt mir, dass Leba sehr schön ist und wir im Sommer noch mal herkommen müssen. Jetzt wäre hier nichts los.

»June, July, August!«, antworte ich und muss lachen.

Agnes nickt.

Helmut und ich verbringen fast einen ganzen Tag im Nationalpark. Besonders imposant ist die Lonzker Düne mit ihren 42 Metern Höhe. Es sieht aus wie in einer Wüste, die von Erlenwäldern eingepfercht wird. Die Aussage, dass hier um diese Zeit noch niemand herkommt, kann ich aber nicht teilen. Auf dem Sandberg wimmelt es nur so von Touristen. Hauptsächlich Schulklassen und Rentner. Viele Deutsche. Mit Pferdewagen oder Elektroautos werden sie vom Parkplatz aus hierher gebracht. Die Sonne steht vorteilhaft und es werden etliche Fotos geschossen. Liegend, sitzend, stehend. Der Sand ist ein gutes Element zum Posieren. Ich finde es ungewöhnlich laut hier oben. So viele Personen hinterlassen akustische Spuren. Sie stapfen durch den Sand und rufen, lachen, brüllen, schnattern, scherzen, plaudern, erklären oder fragen. Dazu rieselt überall Sand. Die Jungen tollen die steile Ostkante herunter – einmal im Leben ein Stuntman sein! Die Mädchen beklatschen den Erfolg. Helmut macht Fotos von mir und ich von ihm.

»Sand – viel Sand hier.«

»Ja, so weit das Auge reicht!«

Ich mache mich ebenfalls auf den Weg nach unten. Allerdings die spießige Variante ohne Stunt. Unten am Fuß der Düne ist es still. Der Wind weht günstig und so kann ich von den ganzen Lauten nichts mehr hören. Himmlische Ruhe. Spontan schreibe ich in großen Buchstaben »Hippo« in den warmen Sand. Für HIPPOPOTAMUS reicht die Kraft nicht. Zumindest bei der Größe, die mir vorschwebt. Ich selbst platziere mich als I-Punkt und Helmut macht Bilder davon. Wir schlendern noch bis zum Morze Baltyckie – dem Mare Balticum – vor und wieder zurück.

Am anderen Ende der Wüste steht ein zauberhafter Erlenwald. Krumme, schiefe, verwinkelte, umgefallene Bäume mit Moosteppichen dazwischen. Alles wuchert kreuz und quer ohne System. Unberührt, urwaldartig und ursprünglich. Es ist sumpfig und morastig, Wasserpfützen spiegeln den Himmel wider und es ist kein Horizont auszumachen. Dazu eine »ohrenbetäubende« Stille. Was für ein verwunschener Ort.

»Wo ist Ronja Räubertochter?«, schaue ich Helmut an.

Hier trennen sich zum ersten Mal auf dieser Reise unsere Wege. Helmut möchte gerne die acht Kilometer zum Hafen zu Fuß gehen. Ich springe auf eines der zahlreichen Elektroautos auf und fahre zurück. Jeder folgt seiner Vorliebe. Er weiß, dass ich fußfaul bin und ich weiß, dass er gern spazieren geht. Unkomplizierte Freundschaft.

Die letzten drei Kilometer muss aber auch ich zu Fuß zurücklegen, weil der Wagen nicht ganz bis zum Yachthafen fährt. Am Wegesrand stoße ich auf ein Schild, das in den Wald zeigt: »Zum ehemaligen Deutschen Altenfriedhof von Rumbke.« Ich biege spontan ab und folge einem von Tannen und Birken eingerahmten Weg. Auf dem Boden liegen überall Zapfen und Nadeln sowie etliche Äste. Es knirscht und knackt bei jedem Schritt. Am Ende des Weges erblicke ich einen großen Stein, vor dem frische Blumen liegen. Sie verkörpern Leben an diesem sonst so toten Ort. Er befindet sich zwar nicht weitab von der Straße, ist aber leicht zu übersehen, weil alles überwuchert ist. Auf einer Anhöhe sind ungefähr dreißig Mooshügel zu erkennen, die auf Gräber hindeuten. Auf einigen liegt ein kleines Kreuz aus zwei Ästen, das erahnen lässt, dass hier jemand in Frieden ruht. Inschriften finde ich keine. Quer über alles ist ein Baum gestürzt, dessen Stamm fast den Boden berührt. Nur einer seiner Äste stützt ihn noch gen Himmel. Einige Mooshügel sind von einem verrotteten Geländer umrahmt. Gräber der Reichen? Die Unwirtlichkeit erweckt den Eindruck, dass ich nach fünfzig Jahren der erste Mensch bin, der diesen Platz entdeckt. »Faszinierend«, notiere ich später im Logbuch dazu.

Bisher waren wir in allen ausländischen Häfen das einzige deutsche Schiff. Hier in Leba nicht. Neben uns liegt eine deutsche Motoryacht mit einem Ehepaar aus Halberstadt. Wir kommen ins Gespräch. Sie hatten früher auch ein Segelboot. Aber aus gesundheitlichen Gründen mussten sie sich ein Motorboot kaufen. Es heißt CARPE DIEM. Der Name ist Programm. Sie fahren auch ein halbes Jahr um die Ostsee, aber ohne St. Petersburg und Haparanda. Die Sparversion. Er ist 65, Rentner und hat lange auf diesen Urlaub gewartet:

»Jungs, ich beneide euch, finde es toll, was ihr macht. Guckt mich an. Ich habe ein Leben lang gearbeitet und jetzt haut das gesundheitlich nicht so hin wie ursprünglich immer erträumt.«

Dies zeigt mir einmal mehr, dass unsere Entscheidung richtig war und man eine solche Reise in jungen Jahren unternehmen sollte. Einen richtigen Zeitpunkt gibt es nicht. Aber wer sich keine Zeit nimmt, wird auch nie welche haben. Ich habe meinen Job dafür aufgegeben, somit darf ich das behaupten.

Er heißt Michael und erzählt von einem öffentlichen Abend:

»Da singen ein paar polnische Damen. Wollt ihr mit?«

»Warum eigentlich nicht? Helmut, wie findest du die Idee?«

»Auf geht's, da können wir uns mit der lokalen Kultur auseinandersetzen. Mittendrin statt nur dabei!«

Aber da gab es wohl ein Missverständnis. Tatsächlich erwartet uns eine Busladung von etwa fünfzig Witwen im Alter von sechzig bis achtzig Jahren. Sie sind froh, dass Männer zum Tanzen vorbeikommen. Für eine Woche reisen sie entlang der polnischen Ostseeküste. Sonst leben sie in Poznan und haben gerade mal achtzig Euro im Monat zur Verfügung, wie uns Mazgorzata erklärt. Die Fahrt wird von einer gemeinnützigen Organisation, bei der sie seit etlichen Jahren ehrenamtlich tätig ist, bezuschusst.

Wir nehmen an einem der eckigen Tische mit weißer Stofftischdecke entlang der Tanzfläche Platz. Darauf rosa Plastikrosen in kleinen Vasen und je eine Kerze. Hier und da steht eine Spiegelsäule, die den Raum künstlich verwinkelt. An der Decke bunte Scheinwerfer, eine Diskokugel, Schwarzlicht und Luftballons. Die Damen rocken, was das Zeug hält, und sehen alle sehr glücklich aus. Kein Wunder – es ist ihr einziger Urlaub in diesem Jahr. Sie haben sich in Schale geworfen, tragen Abendkleider oder Röcke mit Blusen und tanzen unaufhörlich. Jeans und Fleecepulli setzen wir als Kontrast dagegen. Die Stimmung ist gut – es stinkt nach Schweiß.

Michael schnappt sich das Mikrofon und bedankt sich in unserem Namen für die Einladung. Mazgorzata übersetzt seine Worte ins Polnische:

»Wenn meine Frau gewusst hätte, dass so viele schöne Frauen anwesend sind, hätte ich sicherlich zu Hause bleiben müssen«, holt er zum Angriff aus, um dann Helmut und mir das Feld zu überlassen. »Wir freuen uns schon sehr, mit Ihnen zu tanzen. Allerdings habe ich eine Verletzung am Bein. Die Jungs übernehmen das gern!«

Danke – denke ich noch, da stehen auch schon die Ersten vor uns. Foxtrott, Rumba, Walzer? Wie ging das noch? Egal – ich greife auf die bewährte Methode des Klammertangos zurück. Einfach irgendwie mitmachen.

Die Zeit rast dahin. Musik verbindet. Immer wieder werden wir aufgefordert. Insbesondere ein Exemplar mit kurzen knallroten Haaren und

Tanzabend in Leba

Brille – um die siebzig Jahre alt – bittet mit bestechender Konsequenz Helmut zum Tanz. Sie trägt schwarze Ohrstecker, eine Perlenkette und eine schwarze Lederhandtasche am Arm. Helmut ist ein geduldiger Mensch und flaniert etliche Male mit ihr zur polnischen Version des deutschen Schlagers *Herzilein* über den weißen Kachelboden. Auf mich hat es eine vollbusige Mittsechzigerin im rotbraunen Oberteil abgesehen. Goldene Brille, graue Locken und zwei Ohrringe, die bei jeder Bewegung lustig hin und her wippen. Wir standen selten bei Wesen des anderen Geschlechts so hoch im Kurs.

Zwei Stunden halten wir durch. Dann verabschieden wir uns höflich und schlendern zurück zum »Portu Jachtowy«, dem Yachthafen. Ich fühle mich wohl und unwohl zugleich. Wohl, weil es Spaß gemacht hat, mit den rüstigen Damen das Tanzbein zu schwingen und zu sehen, wie glücklich sie dabei sind. Unwohl, weil es mich erinnert hat, wie gut es uns geht. Mir wird plötzlich klar, dass ich momentan nichts weiter tun muss als aufzustehen und den Tag zu genießen. Wenn ich segeln möchte, segele ich. Wenn ich lesen möchte, lese ich. Wenn ich schlafen möchte, schlafe ich. Wenn ich essen möchte, esse ich. Diese Phase, in der wir uns gerade befinden, ist einfach, wunderbar und leider endlich. Daran werde ich jetzt aber keinen weiteren Gedanken verschwenden.

Nach einer rauschenden Überfahrt unter Spinnaker erreichen wir Gdansk (Danzig). Wir haben vorher je eine Nacht in Wladyslawowo (Großendorf) und Hel (Hela) verbracht. Hel ist schön – Wladyslawowo nicht.

Beim Einlaufen in den Danziger Hafenkanal melden wir uns über UKW-Sprechfunk bei der Hafenbehörde an, weil laut Handbuch jedes Schiff für die vier Seemeilen lange Strecke zur Marina im Zentrum der Stadt eine Genehmigung benötigt. Der wachhabende Beamte erteilt uns die Erlaubnis ohne Probleme:

»No problem. You can pass. Have a good trip. Over.«

»Thank you. Over and out.«

Kurz darauf passieren wir an Backbord ein großes Denkmal, das an den Beginn des Zweiten Weltkriegs erinnert. Am ersten September 1939 hat an dieser Stelle der deutsche Panzerkreuzer SCHLESWIG-HOLSTEIN in den frühen Morgenstunden das Feuer auf Polen eröffnet. Parallel stürmten 3000 Soldaten die Halbinsel. Mit zusätzlicher Unterstützung der deutschen Luftwaffe waren sie den 182 auf der Westerplatte stationierten polnischen Soldaten klar überlegen. Dennoch dauerte es über eine Woche, bis die polnischen Verteidiger die weiße Fahne hissten.

Seit der Errichtung des Mahnmals ist es verpflichtender Brauch für alle Schiffe, beim Passieren des ehemaligen Kriegsschauplatzes die Nationalflagge zu dippen. Dem wollen wir gern nachkommen. Helmut hält Kurs, und ich vollführe den Flaggengruß.

Danzig ist Kontrast zum restlichen Polen, das wir in den vergangenen Tagen gesehen haben. Ich bekomme Lust, ein Adjektiv zu finden, um Polen zu beschreiben. »Interessant« wäre denkbar. Aber »interessant« wird auch oft benutzt, wenn das Essen nicht schmeckt und die Antwort höflich ausfallen soll. Uns schmeckt Polen. Obwohl ich inzwischen feststellen konnte, dass einiges auf dem Teller überflüssig ist. Beispielsweise die Art und Weise, wie hier mit dem Ostseewasser umgegangen wird. Im Fehmarnsund konnten wir in zehn Metern Tiefe noch den Grund erkennen. Hier können wir maximal fünfzig Zentimeter tief gucken. Das Wasser ist rotbraun. Es sieht aus wie auf schlecht abgezogenen Farbfotos, die einen Rotstich haben. Als wenn die Ostsee falsch belichtet wurde. In drei Stunden Segeln sehen wir mindestens eine Getränkedose, die auf dem Wasser treibt. Muss das sein? Ein anderes Adjektiv muss her. Hier in Nordpolens größter Stadt passt »beeindruckend« ganz gut. Danzig ist eine tolle Stadt. Obwohl sie während des Zweiten Weltkrieges fast vollständig zerstört wurde, reiht sich ein historisches Bauwerk an das nächste.

»Die Restauratoren haben ganze Arbeit geleistet, als sie nach 1945 die Gebäude originalgetreu wieder aufgebaut haben«, staunt Helmut.

Wir liegen in der Marina direkt gegenüber dem hölzernen Krantor mit Blick auf die alten Bauten. Renata aus Ustka ist auch für ein paar Tage vor Ort, und so erkunden wir die Stadt zu dritt. Durch das innere Tor der mittelalterlichen Wehrmauer, das so genannte »Goldene Tor«, betreten wir den langen Markt. Herrliche Bürgerhäuser aller Stilepochen säumen die Prachtstraße. Bunte Sonnenschirme schmücken die Tische der Restaurants und etliche Straßenhändler bieten ihr Sortiment feil: Bernstein in allen Formen, Schmuck, Bilder, Postkarten oder Essbares.

Wir bewegen uns auf den Standard-Pfaden, die in jedem Reiseführer stehen. Und obwohl Danzig viel zu bieten hat, historisch überaus interessant ist, bin ich stadtbummelmüde.

»Habe mir schon zu viele Städte in meinem Leben angesehen«, gucke ich Helmut an.

»Geht mir auch so – machen wir heute nur eine kleine Tour. Morgen vielleicht mehr.«

Erster Stopp: die malerische Frauengasse. Anders als in den übrigen Straßen gibt es hier vor den Häusern terrassenartige Vorbauten.

»Sie waren einst charakteristisches Merkmal der Ostseestädte. Das Erscheinungsbild ist einmalig im gesamten Ostseeraum«, liest Helmut aus dem Reiseführer vor.

»Sieht aus wie in einer anderen Zeit«, findet Renata.

»Stimmt.«

Der besonderen Atmosphäre war sich wohl auch Regisseur Franz Peter Wirth bewusst, als er diesen Schauplatz der Lübecker Originalkulisse für den Film *Die Buddenbrooks* vorzog.

Am Ende der Frauengasse steht die größte erhaltene mittelalterliche Backsteinkirche der Welt: die Marienkirche. Sie ist innen komplett weiß gestaltet und wirkt etwas steril. Wir erklimmen den Hauptturm und werden nach 412 Stufen mit einem herrlichen Panoramablick belohnt. Ende der Stadtbesichtigung. Wir schlendern zurück zum Boot und legen ein Nickerchen ein, weil wir abends noch etwas vorhaben.

Es ist die Nacht vom 30. April auf den 1. Mai und wir werden Zeuge eines großen Moments: Polen wird Mitglied in der EU.

»Wann hat man schon mal die Chance, bei einem solchen Anlass dabei zu sein«, meint Helmut.

Zusammen mit ungefähr 5000 anderen Personen warten wir auf dem von Bierbuden umrahmten Rathausplatz auf die Stunde null. Kurz vor Mitternacht erscheint auf der Bühne der Bürgermeister. Er hält eine Rede und stimmt einen Countdown an. Die Rede verstehen wir nicht, den Countdown schon: »10… 9… 8… 7… 6… 5… 4… 3… 2… 1…« – Polen ist EU-Mitglied. Einige Jubelschreie hallen durch die Altstadt, die Nationalhymne wird gesungen und ein gigantisches Feuerwerk, das mit der Europahymne *Freude, schöner Götterfunken* untermalt wird, setzt ein. Ich frage Renata:

»Wie findest du das eigentlich?«

»Na ja, so viel wird sich nicht ändern, aber das Feuerwerk ist schön.«

Es muss was dran sein, denn unmittelbar nach dem Ende der pyrotechnischen Schau verwandelt sich der Platz in eine Geisterstadt. Jeder geht wieder seines Weges, als wenn nichts gewesen wäre. Immerhin hatten sich in Polen knapp achtzig Prozent der Wähler für den EU-Beitritt ausgesprochen. Allerdings lag die Wahlbeteiligung nur bei sechzig Prozent.

Ob das in den baltischen Städten Riga, Tallinn oder Klaipeda wohl auch so war? Wir werden es in den kommenden Wochen herausfinden. In jedem Fall habe ich an dieser Stelle ein Adjektiv für Polen gefunden. Polen ist »einmalig«.

Wir leben in den Tag hinein

Unser Bordleben hat sich eingespielt. Wir haben unsere jeweiligen Tätigkeits-Schwerpunkte gefunden. Helmut kocht, musiziert und liest mehr. Ich hingegen navigiere, fotografiere und bastle viel. Jeder wie er mag. In den Häfen unternehmen wir fast alles zusammen. Vor der Reise dachte ich, dass wir uns öfter trennen. Aber davon ist bisher nichts zu spüren. Meistens wollen wir uns ohnehin die gleichen Sachen ansehen.

Die Abende verbringen wir unter Deck, da es fürs Cockpit noch zu kalt ist. Helmut übt Trompete, ich versuche mich auf der Gitarre. Wer an unserem Schiff vorbeigeht, hat vermutlich eine Menge Spaß – wer neben uns liegt, eher weniger. Die Tonleiter kann Helmut inzwischen spielen und ich *Über den Wolken* von Reinhard Mey. Bei *Wonderful tonight* von Eric Clapton hakt es allerdings noch etwas mit dem C-Dur-Akkord.

Gelegentlich tippe ich diese Zeilen oder beantworte die E-Mails der Leser unserer Internetseite. Bereits vor dem Start haben wir eine Homepage eingerichtet, auf der wir die Reiseroute, das Schiff, unsere Partnerfirmen und uns als Crew vorstellen. Hauptbestandteil der Seite ist unser Logbuch, in dem wir ungefähr einmal pro Woche mit Texten und Fotos direkt von Bord berichten.

Wir lesen viel. Helmut Romane, ich Sachliteratur: Segeltrimm, das Handbuch meiner Kamera oder Zeitmanagement. Letzteres verbanne ich allerdings ziemlich schnell wieder in die hinterste Ecke des Regals. Im Vergleich zu früher haben wir nämlich Zeit im Überfluss: 3552 Stunden oder 213 120 Minuten, um genau zu sein.

Unser Logbuch ersetzt den Terminkalender. Ereignisse reflektieren wir rückwirkend, statt sie gedanklich vorwegzunehmen, weil es in unserem Kosmos keinen Termindruck gibt. Natürlich haben wir einen groben Zeitplan, wann wir wo sein wollen. Aber er ist nicht so wichtig, dient eher als Orientierung. Zur Not kürzen wir irgendwo die Route oder ändern sie gar ganz.

Als ich noch täglich zur Arbeit ging, war das anders. Termine, Termine, Termine. Teilweise waren wir bis nachts um drei Uhr im Büro, weil die Firma im Aufbau war und wir mit manchen Ideen schneller als die Wettbewerber sein wollten. Immer mehr Aufgaben mussten in derselben Zeit gelöst werden. Ich fing an, Freizeit nicht mehr in Tagen, sondern in Stunden pro Woche zu rechnen. Außerdem optimierte ich ständig meine Handlungen, damit von der kostbaren Freizeit bloß nichts verloren ging. Inzwischen kenne ich fast alle Tastenkombinationen in Computerprogrammen, weil jeder Griff zur Maus damals Zeit gekostet hätte. Beim Autofahren hörte ich Bücher, beim Essen las ich Zeitung, und einmal ertappte ich mich auf dem Nachhauseweg sogar dabei, wie ich in einer S-förmigen Kurve über die Gegenfahrbahn die Strecke abkürzte. Alles immer mit dem Ziel, ein bisschen mehr Freizeit zu haben. Fünf Jahre lief das so, tagein, tagaus.

Trotzdem gefiel mir der Job. Vielleicht weil ich Dinge bewegte, Karriere machte und viel Geld verdiente. Ein Kollege meinte mal zu mir: »Geld allein macht nicht glücklich, aber es ist schöner, im Taxi zu weinen als in der Straßenbahn.« Mag sein, aber auf Dauer ist das nicht alles. Zumindest dann nicht, wenn die Gesundheit darunter leidet. Ich stand immer unter Strom. Wippte ständig mit den Füßen, knabberte an meinen Fingernägeln und spürte stets meinen trockenen Mund. Wenn Sie mich damals gefragt hätten, wann ich den letzten Apfel gegessen habe, hätte ich vermutlich mit »keine Ahnung« geantwortet. Meine Vitamine kamen aus Vitamin-Kapseln. Täglich eine – für das Gewissen. Aus dem Essen konnten sie zumindest nicht kommen. Das gab es zwischendurch. Wahlweise vom Pizza-Mann, Sushi-Mann, China-Mann, Döner-Mann oder Pommes-Mann. Dazu literweise Cola oder Tee und viel zu wenig Wasser. Hauptsache Koffein.

Abends, zu Hause, plante ich schnell den nächsten Tag, legte noch kurz die Füße hoch und gönnte mir ein »Bierchen« – wie wir es immer verniedlichend genannt haben. Das tat gut vor dem Schlafengehen. Der Alkohol besänftigte, entzerrte die Wirklichkeit und half abzuschalten. Ich musste aufpassen, dass er nicht schleichend zum Symbol für Feierabend wurde. Eine Zeit lang ging ich regelmäßig joggen, aber das habe ich schnell wieder verworfen. Schließlich kostete es jeden Tag eine halbe Stunde meiner wertvollen Freizeit.

Irgendwann fiel mir auf, dass es in meinem Leben keine langfristige Planung mehr gibt. Persönliche Entscheidungen traf ich aus dem Bauch, ohne zu wissen, wohin sie eigentlich führen. Dabei wurde mir klar, dass ich einerseits zwar sehr erfolgreich, aber andererseits gesundheitlich angeschlagen war. Herzinfarkt mit dreißig? Ohne mich, dachte ich. Ein richtiger Urlaub musste her. Aber nicht nur für eine Woche, wie sonst immer. Keine Hau-Ruck-Aktion, sondern etwas Besonderes, das die Akkus nachhaltig füllt.

Fünf Monate später saß ich mit vier engen Freunden im Flieger mit dem Ziel Karibik – oder etwas exakter: mit dem Ziel Antigua. Wir hatten ein Schiff für die Teilnahme an einer der größten Regatten der Welt – der Antigua Sailing Week – gechartert und entflohen der Arbeitswelt für knapp drei Wochen. Das war nicht nur ein gesundheitlicher Teilerfolg. Es war vielmehr eine der besten Reisen meines Lebens und der Grundstein für die Ostsee-Tour. Zurück in Hamburg hatte ich Abstand zu meinem Job gewonnen und sah die Dinge klarer. Ich weiß noch genau, wie ich wieder den ersten Tag im Büro saß und ständig an die Menschen auf Antigua und ihre karibische Gelassenheit denken musste. Diese »No-problem«-Mentalität. Diese »Bei-uns-läuft-einfach-nichts-geregelt«-Einstellung. Das faszinierte mich. Das wollte ich auch. Noch am selben Abend nahm ich mir meinen alten Schulatlas und überschlug grob, wie lange es wohl dauern würde, mit meinem Boot einmal um die gesamte Ostsee zu segeln. Der Keim war gepflanzt. Vier Monate später war ein anständiges Gewächs daraus geworden, und ich kündigte meinen Job.

Und jetzt? Hier an Bord? Unser unkompliziertes Leben führt dazu, dass wir ausgeglichen sind und die Stimmung gut ist. Wir fühlen uns wohl und leben einfach in den Tag hinein. Jeder Tag ist ein Samstag. Hätten wir unser Logbuch nicht, wüssten wir manchmal gar nicht, was für ein Datum ist. Wir stehen freiwillig früh auf und sind ausgeschlafen. Ich fühle mich fit und »Stress« ist ein Fremdwort. Essen besitzt einen ganz anderen Stellenwert. Kochen wird zelebriert. Zeit gibt es dafür genug. Ich habe mir in Hamburg noch nie einen Obstsalat zum Frühstück gemacht, geschweige denn ein Gulasch zum Mittagessen. Heute beides. Die warmen Gerichte erinnern an Besuche bei meinen Eltern am Wochenende. Keine Tiefkühlpizza, Croques oder Burger. Hausmannskost à la Mama. Überhaupt: ein herrliches Leben!

Mit fünfzig Knoten nach Nida

Die Sicht ist schlecht und der Wind irgendwo in Polen geblieben. Seit etlichen Stunden laufen wir unter Motor. Insgesamt sind es auf diesem Schlag 125 Seemeilen. Die russischen Hoheitsgewässer wollen wir meiden, weil wir für diesen Teil des Landes kein Visum haben. In einem kleinen Bogen verläuft unser Kurs um die Landspitze Mys Taran (Brüsterort) und die Enklave Kaliningrad (Königsberg) herum, weil wir konsequent mehr als zwölf Seemeilen Abstand zur Küste halten. Auch diesmal gehen wir unserem Wachsystem nach. Helmut schläft und ich beobachte aus dem Cockpit die Umgebung – falls man das so nennen kann. Da ist nur Ostsee, so weit das Auge reicht. Vor sechs Stunden haben wir zuletzt ein Schiff getroffen – es war ein Fischkutter.

Die Nacht ist deutlich heller als auf dem Weg nach Bornholm; Wasser und Himmel erscheinen dunkelgrau statt schwarz. Insbesondere, weil der Mond manchmal hinter den Wolken zu erahnen ist. Sein fahler Schein taucht die gesamte Szenerie in ein gespenstisches Licht. Die Luft ist diesig und verpasst ihm eine Art gelben Schleier. Ich sitze einfach nur da und schaue mir das kleine Naturschauspiel – ohne Handlung – an. *Amused to death* von Roger Waters klingt leise aus den Cockpitlautsprechern und untermalt die Kulisse akustisch. Das passt zur Stimmung. Für die letzte halbe Stunde meiner Wache hole ich mir einen Zigarillo und eine kleine Pfütze Whiskey aus der Kajüte und setze das Einfach-nur-Dasitzen fort.

Zwei Wachwechsel später ist es wieder hell. Schon von weitem erkennen wir am Horizont die Küste Litauens. Ein großer weißer, endlos erscheinender Sandstrand und nachgelagerte Dünen prägen das Uferbild. Darüber hinweg ragen unzählige Kräne. Kurz vor dem Ziel – der Hafeneinfahrt von Klaipeda – hat der Wind aufgefrischt und weht mit satten fünf Windstärken genau von vorn. Grundsätzlich wäre das egal. Festmachen und alles ist gut. Aber wir müssen noch knapp fünf Seemeilen den Hafenkanal entlangmotoren. Segeln wäre die praktische Alternative, aber das ist im Hafen verboten, wie wir von Klaipeda-Traffic über UKW erfahren. Wir beißen in den sauren Apfel und schippern langsam zum Klaipeda Yachtklub – zwei Knoten Strom und kräftigen Wind von vorn inklusive. Immerhin müssen wir, weil wir aus Polen kommen, nicht noch extra einklarieren, denn Litauen gehört wie Polen und die restlichen baltischen Staaten auch seit dem 1. Mai zur EU. Das hat zumindest der Hafenkapitän per Funk in gebrochenem Englisch mitgeteilt:

»No customs – welcome to the European Union.«

Auf der Fahrt zum Liegeplatz bietet sich uns ein kontrastreicher Anblick. Backbord zunächst ein hoher, schwarz-weißer Leuchtturm mit einer roten Kuppel und dann Scheinwerfermasten, Lagerhallen, Silos, Tanks und Kräne. Einer neben dem anderen. 54 Stück zähle ich. Sie stammen noch aus Zeiten, in denen Litauen einen großen sozialistischen Bruder hatte und Klaipeda einer der wichtigsten Häfen für den Umschlag von Getreide und Holz war. Selbst die unterschiedlichen Farben, in denen alles angepinselt ist, können nicht über die Hässlichkeit dieser Industrieansammlung hinwegtäuschen. An der kilometerlangen Pier liegt gerade mal ein Frachter. Somit stehen 53 Kräne still und einer regt sich. »Vulkan-Kranbau Eberswalde« lese ich. An Steuerbord liegt im Gegensatz dazu die nördliche Spitze der Kurischen Nehrung. Wuchtige Bäume und feiner Sandstrand. Später eine lang gezogene Pier und ein kleiner Fähranleger. Das passt nicht zusammen.

»Warum erlebt man als Segler eigentlich so oft eine optische Vergewaltigung, wenn man in eine Großstadt segelt beziehungsweise motort?«, gucke ich Helmut an.

Nach etwa einer Stunde erreichen wir den Yachtklub. Als wir in das Hafenbecken einbiegen, nähert sich von achtern rasch ein Schlauchboot mit Blaulicht. »Border Guard« lese ich in großen orangefarbenen Lettern auf der dicken Gummiwand. Über Megafon werden wir aufgefordert hinterherzufahren, um einzuklarieren. So viel zum Thema »Einklarieren in der EU«. Wir folgen ihnen. Vorbei an alten rostigen Trawlern und ausrangierten Schleppern, deren Schiffsnamen man kaum noch lesen kann. Rost, Rost und nochmals Rost.

Irgendwo hinten drin, in einem kleinen Hafenbecken, befindet sich Pier 42 in der Nähe einer wuchtigen Slipbahn. Dort wird in Klaipeda ein- und ausklariert. Immerhin, es gibt einen modernen Schwimmsteg.

Ein Beamter in grüner Uniform erwartet uns bereits. Er nimmt Helmut die Vorleine ab und belegt sie auf einer der Klampen. Deutsch oder

Einklarieren in Klaipeda

Englisch spricht er nicht und bittet daher mit Händen und Füßen um unsere Ausweise und zwei Crewlisten. Einige Formulare später haben wir jeder einen Stempel im Pass und die Sache ist erledigt.

»Wofür haben wir eigentlich die EU? Sollte das Einklarieren jetzt nicht aufhören? Das meinte doch der Zöllner in Polen?«, frage ich Helmut.

Er zuckt mit den Schultern.

Ein paar Tage später meldet sich ein Freund aus Hamburg per E-Mail dazu. Er hatte auf unserer Internetseite den zugehörigen Logbucheintrag gelesen und recherchiert:

Hallo Sönke und Helmut,

auf eure Frage im Logbuch zum Einklarieren folgende Antwort. Hat mich interessiert, da hab ich mal im Internet gesucht.

Innerhalb der Schengen-Staaten sind die Grenzkontrollen 2001 entfallen, die Binnengrenzen können an jeder geeigneten Stelle überschritten werden. Nur an den Schengen-Außengrenzen werden weiterhin Grenzkontrollen durchgeführt. Zu den Außengrenzen gehören auch die Seegrenzen an der Nord- und Ostsee sowie der Nord-Ostsee-Kanal. Die Ein- und Ausreise über See ist somit grundsätzlich nur an den zugelassenen Grenzübergangsstellen gestattet.

Viel Spaß noch und keine Späße mehr mit dem Zoll!

Gruß Hauke

Der Yachthafen auf der Kurischen Nehrung besteht aus zwei großen Hafenbecken und einem langen Gebäude entlang der Nordpier, an dem »Hotel« steht. Aber da ist der Wunsch der Vater des Gedankens.

»Maximal einen Stern kriegen die von mir«, staunt Helmut.

Das Gebäude aus Backstein und Holz zerfällt. Es sieht wenig einladend aus. Im Hafengebiet stehen Dutzende Schiffe an Land, die sehr viel Idealismus verkörpern.

»Bei einigen Modellen hier bin ich mir nicht sicher, ob sie jemals wieder das Nass der Meere spüren werden.«

»Absolut, da wartet viel Arbeit auf ihre Besitzer!«

Auf dem Wasser sieht es besser aus. Dort dümpelt eine Hand voll Boote litauischer Segler in der Maisonne. Sie tragen Namen wie ALTER EGO, DELTA oder HELIOS II. Wir sind das einzige fremde Schiff.

Auf der Pier erscheint der Hafenmeister:

»Willkommen Klaipeda. Wie viel Nacht bleiben Sie?«

Mehr Deutsch kann er nicht. Englisch? Fehlanzeige. Aber wir kommen klar. Wenn es um Geld geht, findet sich immer ein Weg. 64 Litauen-Dollar kostet die Nacht – ungefähr zwanzig Euro.

»Das ist mehr als auf der Elbe«, blicke ich Helmut verwundert an.

»Wat willste machen? Der nächste Hafen ist weit, und Geschäftsleute gibt es überall.«

Wir nehmen es mit Humor und entwickeln spontan den imaginären Teuerster-Hafen-der-Ostsee-Umrundung-Preis. Klaipeda wird sofort als erster Kandidat nominiert. Da ist sich die Jury einig. Als kleiner Trost ist im Hafengeld enthalten, dass wir die Dusche benutzen dürfen und für uns die deutsche Flagge gesetzt wird. Das ist zwar nicht wichtig, aber ein Signal der Gastfreundschaft. In Danzig und Leba war das auch schon so. »Eine schöne Geste«, findet Helmut.

Der Ortskern von Klaipeda liegt auf der anderen Seite des Hafenkanals. Einen Kilometer vom Yachthafen entfernt verkehrt in regelmäßigen Abständen eine Fähre zum Festland. Neugierig setzen wir über.

Die Verbindung wird an diesem sonnigen Dienstagnachmittag – für uns gefühlter Samstagnachmittag – von erstaunlich vielen jungen Leuten beansprucht. Sie kommen von einem Sportfest auf der Nehrung, wie uns einer der Jungs auf Englisch erklärt. Alle tragen die gleiche Frisur. Fünf Millimeter einmal rundum rasiert. Gutes Stichwort: In der Stadt angekommen, suche ich mir einen Friseur und werde in einer Nebenstraße fündig. Keine schlechte Überleitung, oder? »Kirpykla Daiva« steht in goldenen Buchstaben auf einem Schild über dem Eingang. Darüber ist eine große dreidimensionale Schere aus Messing zu sehen.

Der Laden ist aufgeräumt, hell und freundlich. Moderne Einrichtung aus Furnierholz. Auf meine Anfrage hin deutet eine der Friseurinnen auf einen freien Stuhl. Ich nehme Platz und sie fängt an, meine Haare zu waschen. Ihr Name ist Donata. Sie ist 24, trägt kinnlange, blonde, gelockte Haare, eine blaue Jeans, ein knappes Oberteil, unter dem immer wieder ihr Bauchnabel hervorlugt, und spricht Englisch. Ich genieße die Kreisbewegungen ihrer Finger beim Haarewaschen auf meiner Kopfhaut. Ein wohltuendes Gefühl. Es ist über einen Monat her, dass ich das letzte Mal von einem weiblichen Wesen berührt wurde. Bei Helmut und mir steht Körperkontakt nicht zur Debatte. Vielleicht mal ein Schulterklopfen oder über den Kopf streichen. Aber mehr eben nicht. Wird Zeit, dass meine Freundin Judith wieder an Bord kommt.

Donata ist sichtlich froh über die internationale Kundschaft und will alles über unsere Tour und unser Heimatland wissen. Im Gegenzug erfahre ich, dass sie stolz auf ihren Beruf ist.

»Die Deutschen stellen gute Produkte her«, sagt sie und zeigt auf ein Regal. Es steht voll mit Kosmetikprodukten deutscher Hersteller. Ich lese die typischen Marketingfloskeln: »Mit Aktiv-Schutz und extra starkem Halt«. Donata war auch schon mal in Deutschland:

»Venedig ist eine tolle Stadt!«

Habe ich richtig gehört? Venedig? Oh Mann – das darf doch nicht wahr sein. Vermutlich hat sie Erdkunde in der fünften Klasse abgewählt, denke ich und sage nichts.

Die Zeit vergeht wie im Flug. Sie fragt weiter nach unserer Reise und ich antworte. Am Ende wird noch kurz geföhnt und etwas Gel in den Haaren verteilt. Fertig ist der Kurzhaarschnitt im Klaipeda-Look.

Im Vergleich zum Friseurbesuch ist der Rest von Klaipeda langweilig. Die Altstadt ist winzig und wurde im Krieg fast vollständig zerstört. Einige wenige Gebäude haben die Russen wieder restauriert. Nur die rechtwinkligen Straßenmuster erinnern noch an die deutsche Vergangenheit. Zentraler Platz ist der Theaterplatz. In der Mitte steht der Simon-Dach-Brunnen zu Ehren des gleichnamigen memelländischen Dichters. Das war's.

»Das Bild der Stadt wird zu sehr durch den großen Industriehafen geprägt«, findet Helmut.

Macht nichts. Wir verfolgen ohnehin ein anderes Ziel: auf eigenem Kiel nach Nida. Denn egal, mit wem wir vor der Reise in Hamburg gesprochen haben, jeder hat gesagt: »Ihr müsst unbedingt nach Nida segeln. Das Kurische Haff zwischen der Nehrung und dem Festland ist wunderschön.«

Für den dreißig Seemeilen langen Schlag durch die enge und ungefähr zwei Meter tiefe Rinne benötigt man die begehrte Seekarte »Kurskij Zaliv«. Selbige ist derzeit aber käuflich nicht zu erwerben. Wir klappern alle Boote ab und fragen die Segler, ob wir ihre Karte ausleihen können. Vergebens. Alle würden uns gern helfen, aber sie haben die Karte nicht. Entweder sie kennen den Weg auswendig oder sie haben elektronische Seekarten an Bord, die im GPS-Display angezeigt werden. Unsere letzte Hoffnung ist ein älterer Herr, der gegen Abend am Hafen mit seinem braunen Lada vorfährt. Er ist um die fünfundsechzig und trägt einen weißen Schnauzer. Das Haar ist licht und wippt im Wind auf seiner sonnengegerbten Haut. Dazu ein hellblau-weiß kariertes Hemd und Jeans. Er spricht nur wenige Worte Deutsch. Es folgt die übliche Verständigung mit Händen, Füßen und Bilder malen. Er versteht, was wir wollen, und verspricht, morgen früh um neun Uhr mit einer Schwarzweiß-Kopie am Hafen zu sein.

Er kommt in Fahrt und erzählt, dass er früher fließend Deutsch konnte, weil er es in der Schule gelernt habe. Aber es sei fünfzig Jahre verboten gewesen, die Sprache zu sprechen, und nun sei er sehr traurig, dass er alles verlernt habe.

Anfang des 20. Jahrhunderts lebten in Klaipeda – dem ehemaligen Memel – ungefähr genauso viele Deutsche wie Litauer, viele waren Juden. Nach dem Ersten Weltkrieg wurde die Stadt vom Deutschen Reich abgetrennt. Erst 1939 fiel Klaipeda an Deutschland zurück. Beim Angriff der Roten Armee 1945 flohen fast alle Memeldeutschen endgültig aus der Stadt. Plötzlich legt er die Hand auf sein Herz, streckt stolz die Brust raus und verkündet zu unserer Überraschung lautstark:

»Ich bin Memelländer!«

Sein Schiff REGINA – eine acht Meter lange Slup – liegt auch hier im Hafen.

»Name von Königin«, erklärt er uns.

REGINA ist knallrot und trägt als i-Punkt eine weiße Krone über dem Namen. Ebenso schnell, wie er zu reden begann, verstummt er auch wieder. Er reicht uns höflich und bestimmt die Hand und geht.

»Karte morgen neun Uhr«, sage ich.

Er nickt.

Bereits um Viertel nach acht werde ich aus dem Schlaf gerissen, weil es am Bugkorb klopft:

»Seekarte HIPPOPOTAMUS«, ruft jemand über den Hafen.

Ich schiebe das Luk zurück und werfe einen Blick durch die Fenster der Sprayhood auf die Pier. Da steht unser Freund und wedelt mit der Karte.

»Komme sofort – Moment bitte«, rufe ich.

Kurz danach stehen wir auf der Pier und er erklärt mir, wo wir lang müssen. Vor uns liegt eine schlechte DIN-A2-Kopie der Seekarte. Mit einem Leuchtstift zeichnet er uns flache Stellen ein. Die Karte sollen wir nach der Rückkehr durch sein offenes Bullauge ins Schiff werfen. Schließlich entschuldigt er sich noch für die Verspätung und ist genauso schnell wieder weg, wie er gekommen ist. Wieso Verspätung, denke ich. Er war doch eine Dreiviertelstunde zu früh bei uns am Schiff. Also, alles bestens. Und während ich noch darüber nachdenke, wird mir klar, dass wir in Klaipeda offensichtlich die Zeit umstellen müssen. Wenn dem so ist, würde ich auch verstehen, warum die Fähre gestern nicht wie angeschlagen von der Stadt zurück zum Yachthafen fuhr und warum der Supermarkt eine Stunde eher als auf dem Schild mit den Öffnungszeiten angekündigt geschlossen hat.

Wie dämlich von uns! Wir waren ernsthaft der Meinung, dass wir erst in St. Petersburg die Uhren umstellen müssen. Peinlich. Aber glücklicherweise hat das ja keiner mitbekommen. Definitiv rausbekommen haben wir das übrigens über unser Notebook. Da haben wir bei den Einstellungen für die Systemuhr nachgeschlagen und gesehen, dass sich Klaipeda in einer anderen Zeitzone als Hamburg befindet.

Nächste Herausforderung: Der Seewetterbericht meldet Wind genau von vorn – Südsüdost sechs für die nächsten drei Tage –, jedoch 25 Grad. Obwohl es wenig Sinn macht und uns unser Freund mit der Karte davon abrät, treten wir die Reise bei dem Wind an. Drei Tage warten ist keine Alternative. Nach sechs Seemeilen beträgt die Fahrt über Grund nur noch 2,2 Knoten. Aber da stehen zwei Dickköpfe an der Pinne. Wir haben das Ziel zu klar vor Augen. Männer – zumindest die meisten – drehen nun mal nicht einfach so um. Oder haben Sie schon mal das Gegenteil erlebt? Wir treiben das Ganze noch eine gehörige Weile so weiter. Immer nach dem Motto: »Lass mal gucken, wie es an der nächsten Tonne läuft.«

Am Ende siegt die Vernunft und wir brechen enttäuscht ab. Nicht zuletzt auch, weil Minuten vorher eine Böe mit sieben Windstärken endgültig signalisiert hatte, dass es einfach keinen Sinn macht. Es ist starrsinnig, mit einem Tiefgang von 1,6 Metern bei diesen Bedingungen durch eine unzuverlässig betonnte Rinne mit zwei Metern Tiefe mittels einer schlecht kopierten Seekarte als Grundlage zu motoren. Kaum dass wir gewendet haben, laufen wir üppige sieben Knoten über Grund bei gleicher Motor-Drehzahl, weil der Wind das Boot nun schiebt und nicht länger bremst. Das zeigt mir mal wieder, wie viel Angriffsfläche so ein Boot dem Wind doch bietet.

Einige Stunden später sind wir erneut auf dem Weg nach Nida. Allerdings mit fünfzig Knoten über Land. Per Anhalter geht es über die einzige Straße auf der »Kursiu Neringa« – wie die Nehrung auf Litauisch heißt. Unser Fahrer fährt die Strecke mehrmals täglich. Er karrt die Touristen von Klaipeda nach Nida und zurück. Für rund drei Euro pro Nase rechnet sich das schon, wie er erklärt. Sein weißer VW-Bus ist etwas in die Jahre gekommen, leistet aber noch treue Dienste. Ich sitze auf dem Beifahrersitz, Helmut hinten. Mit uns fünf andere schweigende Personen. Wir rasen dahin. Fischerhäuser, Wald und Dünen fliegen am Fenster nur so vorbei. Unser Fahrer legt seine Hand auf meine Schulter und meint:

»Augen aufhalten! Wenn Polizei, alle Fahrgäste zahlen Strafe!«

»Fahren Sie doch einfach langsamer«, lehne ich seinen Vorschlag ab.

Er lacht.

Wir passieren mehrere kleine Ortschaften, und zum ersten Mal auf dieser Reise sieht es nach Frühling aus. Die Laubbäume tragen saftig grüne Blätter und ihre Knospen blühen farbenfroh. Gelegentlich geben sie den Blick auf das Kurische Haff frei. Dort sehen wir, wie sich die See bricht. Der Wind weht immer noch stürmisch und Schaumkronen überziehen die Oberfläche. Der bräunliche Schimmer des Wassers erinnert an die Elbe. Unser Chauffeur wird zum Reiseleiter:

»In Litauen ist Basketball der Volkssport Nummer eins – in Nida Segeln.«

»Na, da bin ich jetzt aber gespannt auf unser Fahrtziel«, entgegnet Helmut.

Nida ist Fischerdorf durch und durch. Klein und gepflegt. Viele Häuser wurden im alten Stil neu erbaut. Sie sind überwiegend braun, haben weiße Fenster und blaue Giebel. Dazu rote Dachpfannen. Einige wenige sind farbig angemalt. An den Wänden hängen alte Fischernetze, oder Brennholz ist bis unter das Dach gestapelt. Ausrangierte Ruderboote liegen als Blumenkübel in den Vorgärten. Die Beete sind geharkt. Kinder spielen Basketball. Die Vögel singen, Hunde und Katzen dulden einander und verweilen faul in der Nachmittagssonne. Das Seebad wirkt bunt, lebhaft und aufgeräumt. Überall stehen Mülleimer, die Straßenlaternen sind neu und die Radwege frisch gepflastert. Von Armut keine Spur. Der Tourismus macht es vermutlich möglich.

Wichtigste Sehenswürdigkeit sind neben dem Sommerhaus von Thomas Mann die größten Wanderdünen Europas. Natürlich zieht es auch uns zu den beiden Attraktionen. Auf dem Weg zu den Dünen passieren wir eine moderne Wohnanlage. Zwischen den Bäumen mutet der

Neubaukomplex wie ein Seniorenheim an. Weiße Bänke, gemähte Grünflächen, gestutzte Hecken und künstliche Wege.

»Der Ort ist mir suspekt – da fehlt der Charme«, findet Helmut.

Die Dünen sind imposant. An der Spitze erinnert ein Denkmal auf einer Art Plateau an das alte Nida. 1732 musste der Ort aufgegeben werden, weil er von den Dünen überwandert wurde. Im Süden ragt in der Ferne die Landzunge Kap Grobstas in das Haff. Davor verläuft die russische Grenze. Ein komisches Gefühl. Wir haben kein Visum, und somit gucken wir auf verbotenes Land. Viel mehr als einen Blick werfen dürfen wir nicht.

Abschließend machen wir noch einen Abstecher zum Hafen. Wenn wir schon nicht mit dem eigenen Schiff in Nida anlegen, wollen wir zumindest unsere Füße auf die Pier des litauischen Segelmekkas setzen. Die Anlage ist unspektakulär. Von Seglern keine Spur. Viel Beton und wenig Betrieb. Außerdem weht es nach wie vor mit guten sechs Windstärken und der Himmel ist wolkenverhangen. Im Vergleich zum Ort ist das Ambiente trist. »Und was meinst du?«, suche ich eine Bestätigung bei Helmut, dass unsere Entscheidung richtig war.

»Hatte es mir schöner vorgestellt. Ist gar nicht so schlimm, dass wir nicht mit HIPPOPOTAMUS hier sind. Ich glaube, wir haben uns da zu sehr reingesteigert. Auf jeden Fall haben wir bei dem Wetter das Richtige getan.«

»Einzig zwischen den zwei niedlichen Leuchttürmen auf den Molenköpfen wäre ich gerne durchgefahren.«

Sie sind grün-weiß beziehungsweise rot-weiß geringelt und sehen verspielt aus. Sie wirken anziehend, ein wenig magisch auf mich. Zur Erinnerung mache ich ein Foto davon.

Willkommen in Lettland

Das Großfall schlägt gegen den Mast und holt mich mit seinem ständigen Geklapper aus dem Schlaf. Es weht immer noch. Seit Hamburg kommt der Wind – wenn er denn bläst – aus Nordost, Ost oder Südost. Entlang der polnischen Küste war das hinderlich. Da wir mit Klaipeda aber den vorerst östlichsten Punkt unserer Reise erreicht haben, dürfte die Weiterfahrt in nördliche Richtungen nun ein wahres Fest werden – vorausgesetzt, der Wind bleibt so. Aber was nützt die Theorie in der Koje? Gar nichts! Helmut sagt in solchen Situationen gern, dass der Unterschied zwischen Theorie und Praxis darin besteht, dass es nur theoretisch keinen gibt – praktisch schon. Ich schäle mich aus meiner Bettdecke und begebe mich nur mit Shorts bekleidet ins Cockpit. Die Vögel singen bereits ihre Lieder und in den Baumkronen rauscht der Wind. Obwohl es erst acht Uhr ist, spüre ich die Wärme der Sonne schon kräftig auf meiner Haut. Ist das der Anfang unseres scheinbar endlosen Sommers? Es folgt ein kurzer Blick zur Mastspitze auf den Windex, dann auf den Kompass und ich sehe meine Vermutung bestätigt.

»Ost-Nordost fünf«, rufe ich freudestrahlend in die Kajüte und wecke Helmut. Er ist noch jenseits von Gut und Böse und wirkt etwas perplex.

»Ach ja, guten Morgen. Hast du gut geschlafen?«, ergänze ich.

Früher Tatendrang. Zu mehr als einem lapidaren »Hört sich gut an« kann sich Helmut aber noch nicht durchringen.

Auf der Seekarte gucke ich mir unseren Kurs nach Liepaja an. Er verläuft mit 355 Grad in nördliche Richtungen. Erst an der litauischen und später an der lettischen Küste vorbei. Die Wetterbedingungen dürften uns folglich einen guten Anlieger oder sogar einen Halbwind-Kurs bescheren. Bis Liepaja sind es immerhin rund 55 Seemeilen, da können wir anständigen Wind gut gebrauchen. Das ist unser Tag, beschließe ich innerlich. Worauf also warten. In Klaipeda hält mich nichts mehr. Ich will los, will segeln, will Spaß.

Gesagt, getan. Nach einem kurzen Frühstück brechen wir auf. Nur der Vollständigkeit halber: 9.30 Uhr abgelegt vom Klaipeda Yachtklub, 9.40 Uhr angelegt an Zollpier Nummer 42 und ausklariert, 9.50 Uhr abgelegt von Zollpier Nummer 42. Geschafft. Trotz des Verbotes setzen wir die Segel bereits im Hafenkanal. Allerdings nur das Großsegel. So erwecken wir vielleicht den Eindruck, dass der Motor mitläuft, denken wir. Unser Plan geht auf, man lässt uns zufrieden. Kurz nach der Hafenausfahrt nehmen wir die Fock dazu und »biegen rechts ab« in Richtung Liepaja. Herrlich! Das ist das erste Segeln ohne Jacken. Einfach nur Jeans und Pullover. Dazu Sonne und knappe sechs Knoten auf der Logge.

Während wir uns noch darüber freuen, pfeift eine Böe mit satten sieben Windstärken über HIPPOPOTAMUS hinweg. Unser Nilpferd legt sich erst ordentlich auf die Seite und läuft dann aus dem Ruder.

»Reffen?«, guckt Helmut mich verdutzt an.

»Keine Ahnung. Vielleicht war das nur eine Ausnahme. Warten wir noch ab?«

Da kommt auch schon der nächste Drücker und wir laufen erneut aus dem Ruder. Kommentarlos gehe ich aufs Vorschiff, während Helmut die Ohlson höher an den Wind treibt. Ich löse das Großfall, lasse das Segel sacken, belege das Tau wieder, setze das Ein-Leinen-Reffsystem auf der Winsch durch und gehe zurück nach achtern. Unser Schönwettersegeln ist abrupt vorbei. Der Wind weht mit konstanten sechs Beaufort, die Sonne ist hinter den Wolken verschwunden und die Temperatur ist gefallen. Notgedrungen streifen wir unsere Segeljacken wieder über.

»Wäre ja auch zu schön gewesen«, sagt Helmut.

Kurz darauf binden wir auch noch ein zweites Reff ins Groß, weil der Ruderdruck in den Böen immer noch zu stark ist.

»Wozu wurden heute Morgen im Wetterbericht eigentlich nur fünf Windstärken angekündigt? Wir kommen hier in der Spitze auf acht Beaufort!«, guckt mich Helmut verwundert an.

»Wäre besser, wenn der Papst das Wetter ansagen würde, dann wäre die Vorhersage unfehlbar.«

Nun gut. Wir haben ablandigen Wind und surfen somit im Schutz der Küste durch den baltischen Teil der Ostsee. Tolles Segeln. Immer wieder peitschen Böen HIPPOPOTAMUS über die Rumpfgeschwindigkeit hinaus. Das ganze Schiff fängt an zu vibrieren und die See um uns herum verliert ihre blaugrüne Farbe. Sie verwandelt sich in einen weißen Schaumteppich und wir pflügen mitten hindurch. Weit und breit ist kein anderes Segel am Horizont zu sehen, wir sind die Einzigen.

»Fängt hier eigentlich irgendwann auch mal die Saison an?«, fragt Helmut mich.

»Sicherlich. Ich glaube aber, dass wir keine Schiffe treffen, weil hier so große Entfernungen von einem zum nächsten Hafen zurückgelegt werden müssen und sich das Geschehen verläuft.«

Im Gegensatz zur deutschen Ostseeküste ist das baltische Revier weitläufiger, einsamer und eintöniger. An Backbord ist seit Stunden kein Land zu sehen und an Steuerbord befindet sich in einiger Entfernung ein kilometerlanger, überall gleich aussehender Sandstrand. Nicht hässlich – im Gegenteil, aber ohne jegliche Form von sichtbarer Abwechslung.

Immerhin soll auf diesem Küstenabschnitt nahe des Leuchtfeuers Pape an der gleichnamigen Flussmündung eine neue Marina gebaut werden. Das verspricht zumindest ein Flyer des »Latvian Coast Boating Network«, in dem alle lettischen Häfen kurz vorgestellt werden.

Gegen Abend erreichen wir nach achteinhalb Stunden Liepaja. Eine gute Zeit für 57 Seemeilen. Helmut notiert im Logbuch:

»Gutes Segeln! Endlich! Wind Ost-Nordost fünf bis sechs, später sieben. Reisegeschwindigkeit sieben Knoten. Mit Fock und zweitem Reff im Groß schaffen wir später sogar bis zu siebeneinhalb Knoten. Der Strom schiebt mit – achteinhalb Knoten über Grund. Außerdem nur wenig Welle, da wir dicht unter Land segeln. Trotz Reff und Traveller in Lee kommt in den Böen ordentlich Druck aufs Ruder. Am Abend nach 57 Seemeilen auf demselben Bug und etlichen Stunden harter Arbeit an der Pinne wird mein linker Arm noch von dem Tag zu berichten wissen und sich spätestens morgen melden. Seit Hamburg bis hier: 794,5 Seemeilen.«

Auf den ersten Blick sieht Liepaja alles andere als einladend aus. Im Vorhafen liegt ein Wrack, Gebäude zerfallen und die Schiffe an den Kaianlagen sterben den Rost-Tod.

»Geht das jetzt in jedem Hafen so weiter?«, wundere ich mich.

»Wenn wir Danzig, Klaipeda und die ersten Eindrücke von Liepaja als Maßstab ansetzen – vermutlich ja.«

Wir passieren einen großen Umschlagplatz für Holz und den rot-weiß geringelten, dreißig Meter hohen Leuchtturm Liepajas Baka. Er wird durch seitlich abgespannte Drahtseile vor dem Umfallen bewahrt.

Laut Hafenhandbuch gibt es für Gastyachten Liegeplätze im Handelshafen. Und tatsächlich: Am Ende des Kanals entdecken wir ein kleines Stück Idylle inmitten dieser maroden Tristesse. Eine gepflegte Holzpier mit einer großzügig angelegten Grünfläche und einer Hand voll Bäumen dahinter erwartet ihre Besucher. Zwei ehemalige Fahrwassertonnen liegen rot und grün leuchtend an Land und dienen als maritime Dekoration. Das Gelände ist eingezäunt und macht einen aufgeräumten Eindruck. Wir vertäuen HIPPOPOTAMUS und schauen uns weiter um. Direkt am Boot finden wir einen Wasseranschluss, eine Steckdose und ein kleines Häuschen, in dem ein Wachmann sitzt und das Schiff im Auge behält. Hundert Meter weiter kreuzt eine Brücke, über die eine Hauptverkehrsstraße führt, den Hafenkanal. Trotzdem ist es nicht laut. Straßenlärm? Fehlanzeige. Auf den Fahrbahnen könnten locker drei Autos pro Richtung fahren, aber es gibt sie nicht. Ein paradoxes Bild. Große Straßen aus Sowjetzeiten, die fast leer sind.

Auf der Pier erscheint der Hafenmeister:

»Willkommen in Lettland! Mein Name ist Uldis Vitnis. Ich brauche eure Pässe, dann kläre ich die Zollformalitäten.«

Während Helmut unter Deck verschwindet, um die Papiere zu holen, fange ich an zu grübeln. Sollen wir unsere Ausweise jetzt einfach so an einen wildfremden Menschen geben, der behauptet, der Hafenmeister zu sein? Derweil fährt unser Gastgeber fort:

»Wir sind ein Familienbetrieb. Mein Sohn mäht den Rasen, meine Tochter macht kleine Arbeiten hier und da und meine Frau zeigt euch gleich noch Dusche, Sauna, Toiletten und Waschmaschine. Ich bin der Boss und kassiere das Hafengeld. Wenn ihr irgendwas braucht, sagt einfach Bescheid!«

In seiner Stimme schwingt Stolz mit. Er wirkt sympathisch, seine Hilfsbereitschaft echt. Wir überlegen daher nicht lange, verlassen uns auf unser Bauchgefühl und reichen ihm unsere heiligen Dokumente. Ein viel versprechender erster Eindruck von den Letten, denke ich – insbesondere, weil ich hier einfach nichts erwartet habe.

Wir stöbern im Reiseführer: Im Zweiten Weltkrieg wurde Liepaja, das frühere Libau, bei Luftangriffen nahezu vollständig zerstört. Nach dem Krieg war die Stadt fünfzig Jahre lang militärisches Sperrgebiet, weil im Hafen eine ganze Armada russischer Atom-U-Boote lag. Seit dem Abzug der Armee Anfang der 1990er-Jahre verfällt der Kriegshafen und das daran angrenzende Stadtviertel Karosta. Die tristen Betongerippe der alten Kasernen, Kasinos und Quartiere lassen den Geist der ehemaligen Militärhochburg aber noch immer erahnen. Heute hat die drittgrößte lettische Metropole das Problem, weder Haupt- noch bedeutende Hafenstadt zu sein. Folglich fehlt das Geld, das anderswo für Aufschwung sorgt. In den letzten Jahren hat Liepaja eine neue Bestimmung gefunden und sich zu einem Kultur- und Bildungszentrum gewandelt. Insbesondere im Sommer finden zahlreiche Veranstaltungen statt, an denen Künstler und Besucher aus dem ganzen Land teilnehmen.

Es ist Freitag, daher beschließen wir, das lettische Nachtleben genauer unter die Lupe zu nehmen. Getrieben von einer gewissen Ahnungslosigkeit, wo sich die nächste dazu geeignete Gelegenheit befindet, sprechen wir zwei Polizisten an. Die Herren verstehen außer ihrer eigenen Sprache keine andere. Während ich noch überlege, ruft Helmut mehrmals »Disko« und fängt an, auf der Straße zu tanzen. Ein Lächeln und ein verständnisvoller Blick überziehen die Gesichter der Uniformierten und es folgt eine Handbewegung, die auf den hinteren Fahrgastraum ihres Dienstbusses hindeutet. Wir steigen ein und harren der Dinge, die da kommen. Vernehmung oder Vergnügen? Das Letztere ist der Fall und man setzt uns einige Straßenzüge später vor einem Schuppen namens BIG7 ab. Nach einer kurzen Gesichtskontrolle durch die wichtig dreinschauenden Türsteher dürfen wir eintreten. Eine überaus freundliche, sehr gut aussehende und extrem leicht bekleidete Dame tritt an uns heran und zeigt kommentarlos auf ein Schild mit der Aufschrift »Today: Strip Show – only 10 LAT/15 EUR«. Ich beginne mich umzuschauen und bei näherem Hinsehen wird mir schlagartig klar, dass wir nicht bloß in einer Bar mit Tänzerinnen, sondern in einem Bordell gelandet sind. Ein kurzer Blick zu Helmut genügt – wir sind uns einig. Er bedankt sich wohlerzogen für den Hinweis, verweist ebenso höflich auf unsere katholische Einstellung und ich ergänze so Sätze wie »Kein Sex vor der Ehe« und »Das vertragen unsere jugendlichen Augen nicht«, während wir den Laden wieder verlassen.

Wir geben natürlich nicht auf, die passende Lokalität für unsere tanzwütigen Beine zu finden. In der Musik-Bar »Pablo« sind wir am Ziel und – weil es uns so gut gefällt – erst in den frühen Morgenstunden wieder an Bord.

Nachdem wir ausgeschlafen haben, folgt notgedrungen ein Hafentag mit folgenden Aufgabenschwerpunkten: uneingeschränkte Funktionsweise des eigenen Körpers wieder herstellen, das Klopfen im hinteren Teil des Kopfes abstellen, den am Boot erscheinenden Damen verständlich machen, dass die nächtlich ausgesprochene Einladung zum Mitsegeln aus organisatorischen Gründen verschoben werden muss sowie Wäsche waschen, Lebensmittel einkaufen und Schiff aufräumen.

So haben wir das nicht gebucht

28 Seemeilen weiter nördlich landen wir im Nichts. Oder etwas genauer: in Pavilosta, dem ehemaligen Paulshafen – einem kleinen, verträumten Ort an der Mündung des Flusses Saka. In der Abendsonne dümpeln neben uns an der Pier ein Fischerboot, ein Ausflugsdampfer und zwei Schiffe der Küstenwache. An Land steht ein alter Holzkutter. Er wartet – wie unschwer zu erkennen ist – auf frische Farbe und etliche Reparaturen. Daneben lagern zerbeulte Ölfässer, zerbrochene Fischerkisten und kaputte Netze. Am gegenüberliegenden Flussufer angeln zwei junge Leute direkt neben einem Schild mit dem Hinweis »Baden verboten«.

Trotzdem ist es hier nicht hässlich. Die Ansiedlung von Holzhäusern ist eine willkommene Abwechslung nach all den rostigen Kränen, Schornsteinen und Fabrikhallen. Sie geben ein verträumtes Bild ab. Wir spazieren die sandigen Straßen entlang und treffen niemanden. Pavilosta wirkt verlassen und merkwürdig still. Außer dem entfernten Rauschen der Ostseebrandung ist nichts zu hören – nicht mal Vogelgesang. Wir bekommen das Gefühl, in eine andere Zeit eingetaucht zu sein.

Am nächsten Morgen versuche ich Hafengeld zu bezahlen und muss feststellen, dass das gar nicht so einfach ist. Am Zollgebäude hängt ein Schild, auf dem unübersehbar »Boats 10 USD per night« geschrieben steht. Da wir noch nach Russland wollen, haben wir Dollarnoten an Bord. Nicht, dass hier jetzt der Eindruck entsteht, dass wir damit jemanden bestechen wollen. Um Himmels willen. Aber man weiß ja nie. Mit einer Zehn-Dollar-Note bestückt mache ich mich auf den Weg zum Hafenmeisterbüro im ersten Stock des Zollgebäudes. Ein junger lettischer Grenzer öffnet die Tür und bietet mir einen Platz vor einem wuchtigen Schreibtisch an. Er spricht nur wenig Englisch, zeigt auf seine Uhr und sagt:

»You wait.«

Er geht. Gut, ich warte. Nach zwanzig mir endlos erscheinenden Minuten betritt eine stark untersetzte blonde Letten-Lady, gefolgt von zwei weiteren Beamten, den Raum. Sie setzt sich an den Tisch, nimmt einen Taschenrechner, tippt die Zahl »10« ein, zeigt sie mir und sagt:

»Dollar.«

Ich nicke und reiche ihr meinen in den Warteminuten glatt gebügelten Schein. Sie wimmelt ab. Stattdessen nimmt einer der Beamten, der sich inzwischen neben dem Schreibtisch postiert hat, meine Dollarnote entgegen und reicht sie dem anderen Herren, der sie wiederum sicher in einer Geldkassette verstaut. Die Taschenrechner-Tipperin schreibt derweil mit großen Gesten eine Quittung mit vielen farbigen Durchschlägen, reicht sie dem Kassen-Bediener, der sie dem Banknoten-Entgegennehmer gibt, der eine der farbigen Seiten abreißt und an mich weiterleitet. Das Original und die restlichen Durchschläge verbringt er in einen vergilbten Ordner. Es folgt noch ein höfliches »Thank you – good journey – bye, bye« aus dem Munde der Quittungsschreiberin, und ich werde vom Durchschläge-in-den-Ordner-Leger und Geldkassetten-Verwalter hinausbegleitet.

»Was für ein Administrationsaufwand!«, erzähle ich Helmut meine Geschichte, als wir in See stechen und Pavilosta wieder verlassen.

»Klingt ja abenteuerlich!«

»Das kann ich dir sagen. Das war mit Abstand die skurrilste Hafengeldbezahl-Erfahrung, die ich bisher machen durfte!«

Überhaupt kontrollieren die lettischen Behörden anscheinend anders als die polnischen oder die litauischen. Obwohl wir in Liepaja bereits einklariert hatten, wurden wir in Pavilosta auch noch einmal von einem Zöllner unter die Lupe genommen. Das ist nicht weiter wild, aber mich wundert einfach der ganze Verwaltungsaufwand, der hier betrieben wird. Übrigens wollen die Zöllner jedes Mal wissen, wo wir als Nächstes hinfahren. Ich bin gespannt, ob wir das gesamte System durcheinander bringen, wenn wir einfach in einen anderen Hafen fahren als angekündigt. Vielleicht können wir das irgendwo mal ausprobieren. Heute ist uns jedenfalls nicht danach. Wir wollen nach Ventspils und das haben wir auch angegeben.

Laut GPS sind es nur noch rund 15 Seemeilen bis zur Hafeneinfahrt. Der Wind ist eingeschlafen und wir haben die Segel gestrichen. Ich schaue mich um und entdecke an Backbord eine Regenfront, die rasch näher kommt. Zumindest sieht es für mich so aus, als ob sich eine nasse Wand auf uns zu bewegt. Ein Blick in den Himmel offenbart lediglich ein paar kleine Wolken in weiter Entfernung. Das passt nicht zusammen.

»Guck mal Helmut, hast du so was schon mal gesehen?«

»Nein, komisches Wetter«, ist seine verblüffte Antwort.

Kurz darauf kapieren und sehen wir, dass es sich statt Regen um Nebel handelt. Wir fahren auf eine Advektionsnebelbank – die entsteht, wenn ein warmer, feuchter Luftstrom über kühleres Wasser hinweg weht – zu.

Der Nachteil bei Advektionsnebel ist, dass er sehr dick ist, lange anhalten kann und erst verschwindet, wenn ein Wechsel der Windrichtung trockene Luft nachströmen lässt.

»Na, das kann ja heiter werden. Umdrehen macht keinen Sinn, andere Häfen gibt es hier nicht. Also Augen zu und durch«, analysiert Helmut.

»Willkommen in der Waschküche.«

Die Sichtweite beträgt fünfzig Meter. Wir waren schon des öfteren in einer derartigen Suppe unterwegs, kennen das, wissen um die Gefahren und starten deshalb unsere Sicherheitsroutine: Nebelhorn aus der Halterung holen und alle fünf Minuten einen langen Ton abgeben, Funkgerät und Laternen einschalten, Position in regelmäßigen Abständen in der Karte eintragen und Rettungswesten anlegen. Die Tatsache, dass das bis Ventspils jetzt noch mindestens drei Stunden so weitergehen soll, ermuntert mich wenig, lässt sich aber nicht ändern. Unsere Augen können die Umwelt maximal fünf Schiffslängen nach vorne, zu den Seiten und nach hinten erfassen. Davor, daneben und dahinter ist unsere gespenstische Welt zu Ende. Langweilig und eintönig. Wellen kommen aus dem Nichts und verschwinden im Nichts. Grau in grau. Die Luft ist feucht, das Deck nass und die Kleidung klamm. Überall bilden sich kleinste Wassertropfen – auf unseren Mützen, auf den Segeln, an den Haarspitzen in unseren unrasierten Gesichtern. Wir fühlen uns allein.

»Erinnert mich an die *Unendliche Geschichte* – wir segeln ins Nichts«, sagt Helmut.

Plötzlich wird unser Motor langsamer und verstummt. Ohne Vorankündigung oder Hinweis. Einfach so.

»Was war denn das?«

»Keine Ahnung, mach ihn doch wieder an.«

Ich versuche, die Maschine wieder zu starten: »Geht nicht.«

»Wie? Geht nicht?«

»Wie ich schon sage, da passiert nichts!«

Ich springe nach drinnen und öffne die Motorraumabdeckung, um nach dem Rechten zu sehen. Ein Gemisch aus Dampf, Qualm und Rauch strömt mir entgegen. Verdammt – ist das heiß. Was ist da los? Wie ist das passiert?

»Der ist total am Kochen, scheint aber nicht zu brennen!«, rufe ich ins Cockpit.

Wir setzen die Segel und bringen HIPPOPOTAMUS erst mal wieder auf Kurs. Der Wind weht immerhin schwach, aber genau von vorn. Das bedeutet, dass wir kreuzen müssen. Bis Ventspils sind es noch fünf Seemeilen. Machbar. Zur Stadt gehört allerdings der größte Ölhafen im gesamten Ostseeraum. Oder um es mit anderen Worten zu sagen: Da fahren richtig große Pötte rein und raus. Somit sehen wir ein interessantes Unterfangen auf uns zukommen: Nur unter Segeln bei Anbruch der Dunkelheit im Nebel in einen großen Handelshafen mit regem Schiffsverkehr zu kreuzen ist schlicht schwach- und leichtsinnig zugleich.

»Eine optimale Situation«, fasst Helmut mit einem breiten Grinsen unsere Lage zusammen.

Ich mag es, wenn er so spricht – Ironie versprüht. Sind es nicht dieser grenzenlose Optimismus und das gegenseitige Vertrauen, die uns vereinen, vorwärts treiben und gelegentlich Gefahren vergessen lassen? Ohne diese positive Grundeinstellung wären wir nicht hier. Hätte ich mich nie getraut, meinen gut bezahlten Job zu kündigen und ein halbes Jahr Urlaub zu machen. Es war unsere Entscheidung. Wir haben das Abenteuer gewollt, gesucht – und jetzt – gefunden.

Über unser UKW-Funkgerät nehmen wir mit Ventspils Traffic, der lokalen Hafenbehörde, Kontakt auf und schildern unser Vorhaben. Das Gute bei dieser Art der Kommunikation ist, dass man sein Gegenüber nicht sehen kann. Der entgeisterte Blick, das ungläubige Staunen und das wiederkehrende Tippen des Herrn am anderen Ende der Leitung auf seine Stirn bleiben uns daher verborgen. Wir können die Gesten nur erahnen. Es folgt eine kurze Pause und der erleichternde Satz:

»HIPPOPOTAMUS, we will pick you up. What is your position?«

»57°20,7 North and 021°25,6 East «, antworte ich.

»Continue sailing, I see you on the radar. We come to you.«

Kaum, dass das alles geklärt ist, ergreifen störende Fragen Besitz von meinem Kopf. Was ist, wenn wir gerade unseren Motor verloren haben? Wie soll es dann weitergehen? Können wir die Reise zur Not auch anders fortsetzen? Wozu haben wir uns so intensiv vorbereitet? Wann sind wir endlich im Hafen?

»Mist! Wir stehen doch noch ganz am Anfang unserer Tour«, denke ich laut.

»Stimmt! Wie das auch ausgeht, so haben wir das nicht gebucht!«

Eine halbe Stunde und zahlreiche Funksprüche später taucht aus dem Nebel ein großes orangefarbenes Schiff auf. Es hält auf uns zu, heißt KAIJA und ist ein Arbeitsboot der Lotsen von Ventspils. Vorsichtig manövriert der Kapitän den riesigen Stahlkoloss an uns heran. HIPPOPOTAMUS wirkt winzig und hilflos dagegen. Auf der Arbeitsplattform am Heck erscheint ein Lette und winkt freundlich. Ich werfe unsere

Motorausfall – Abschleppen durch Lotsenboot Kaija

Leine hinüber. Er belegt sie – wir sind sicher. Alles andere wird sich zeigen.

Hinter mir liegt eine unruhige Nacht. Habe schlecht geschlafen. Musste immer wieder an die Maschine denken. Bis ein Uhr haben wir im Schein der Taschenlampe geschraubt und nach dem Fehler gesucht. Eine rechte Erkenntnis gab es nicht. Fest steht, dass wir das Problem aus eigener Kraft nicht lösen können und auf fremde Hilfe angewiesen sind. Wir beschließen daher, unsere Umgebung genauer zu untersuchen.

Ventspils ist die wichtigste Hafenstadt Lettlands. Bereits im 13. Jahrhundert wurde der Hafen das erste Mal erwähnt und bis ins 18. Jahrhundert war er eine Hochburg des europäischen Schiffbaus. Aber auch danach – zu Sowjetzeiten – standen die Maschinen nicht still. Die Umweltbelastung durch die Fabriken war derart schlimm, dass die Behörden Atemmasken für Kinder austeilten, um sie vor den gesundheitsgefährdenden Abgasen zu schützen.

Heute ist das längst vergessen. Im Yachthafen wird der Müll getrennt und der nahe gelegene Badestrand entspricht den ökologischen Kriterien der EU – dort weht sogar die blaue Umweltflagge.

»Schade, dass noch nicht alle neuen EU-Staaten so fortschrittlich sind«, findet Helmut.

1

2

3

1 Es geht los! Auf dem Nord-Ostsee-Kanal nach Kiel.

2 Erste Sonnentage – HIPPOPOTAMUS im kleinen Hafen von Kloster auf Hiddensee.

3 Anglerglück – Helmut bereitet unseren ersten Dorsch zu.

4

6

7

5

8

4 Fischkutter im idyllischen Hammerhavn auf Bornholm (Dänemark).

5 Hammerhavn unterhalb der Hammerhus-Ruine, Bornholm (Dänemark).

6/7 Ein Highlight! Die Märcheninsel Christiansø (Dänemark).

8 Der Hafen von Gudhjem bei Nacht, Bornholm (Dänemark).

9 Attraktive Liegeplätze mit Blick auf die Altstadt von Danzig (Polen).

10 Gewaltige Wanderdünen im Slowinski-Nationalpark bei Leba (Polen).

11 Bunte Fischerboote im Hafen von Hel (Polen).

12 Endlich der richtige Wind: Sportliches Segeln vor der lettischen Küste.

9

10

11

12

13

14

13 Im verträumten Hafen von Pavilosta scheint die Zeit stillzustehen (Lettland).

14 Das Sommerhaus des Schriftstellers Thomas Mann in Nida (Litauen).

15 Sönke beim Navigieren mit einer schlechten Kopie der Seekarte vom Kurischen Haff (Litauen).

16 Frischer Duft an Bord – Wäschewaschen in Liepaja (Lettland).

15

16

17

18

17 Herrlicher Ausblick vom Wasserturm, Hanko (Finnland).

18 Nach dem Wolkenbruch: Ankern vor der Insel Stora Brändö (Finnland).

Wie alle anderen Städte, die wir bisher auf unserer Reise durch den ehemaligen Ostblock angelaufen haben, hat auch Ventspils einen zweiten Namen aus der Vergangenheit – Windau. Inmitten der Bahngleise, Lagerhallen und riesigen Öltanks finden wir eine winzige Altstadt. Wir fragen uns zu einem Internetcafé durch und beginnen mit der Suche nach Volvo-Penta-Vertragshändlern in Lettland.

Das Ergebnis ist ernüchternd. Im gesamten Ostseeraum gibt es unzählige Volvo-Penta-Service-Stationen – sogar in Estland und Litauen. Nur in Lettland nicht. Es wird allerdings ein Händler im Landesinneren, mehr als zwanzig Kilometer außerhalb von Riga, empfohlen. Das hilft uns nicht weiter. Unsere lokalen Recherchen sind ebenfalls nicht von Erfolg gekrönt. Ventspils ist zwar eine große Hafenstadt, aber auf die Reparatur eines kleinen Sportbootmotors ist man hier anscheinend nicht eingestellt.

Wir streichen Riga schweren Herzens von der Route und beschließen, unsere Reise nur unter Segeln nach Tallinn oder Helsinki fortzusetzen. Dort gibt es je einen großen Volvo-Penta-Vertragshändler. Unser Motto für die kommenden Tage lautet daher: »Unter Segeln nach Helsinki«, 200 Seemeilen. Nur mit der Kraft des Windes. Hat was von Abenteuer. Früher, bei den Wikingern, ging das auch. Trotzdem habe ich derzeit keine Lust auf solche Herausforderungen. Ich möchte einfach Urlaub haben. Eigenbestimmt, nicht fremdbestimmt. Wir sind windabhängig, können nicht vernünftig an- und ablegen und die Batterien nur laden, wenn es im nächsten Hafen einen Stromanschluss gibt. Wir werden das in den Griff bekommen – wie immer –, aber es stört mich.

Eines muss ich noch ergänzen. Raten Sie mal, wer uns auf der Pier erwartet hat, als wir vorsichtig vom Lotsenboot KAIJA in den Yachthafen geschleppt wurden?

Richtig, eine Dame von der Küstenwache. Auch hier füllen wir das Formular mit Informationen über Schiff und Besatzungsmitglieder aus, zeigen unsere Pässe und werden gefragt, woher wir kommen und wohin wir wollen.

»Wieso müssen wir eigentlich in jedem Hafen unsere Papiere zeigen – wir haben doch schon in Liepaja einklariert?«, frage ich vorsichtig auf Englisch nach.

»Man kann nicht einfach so durch Lettland segeln – Auto oder Bahn kein Problem, aber nicht mit einem Segelboot.«

»Und warum nicht?«

»Keine Ahnung. Das geht eben nicht.«

Unter Segeln

Vor elf Stunden haben wir Ventspils verlassen. Fünfzig Seemeilen liegen seitdem im Kielwasser.

»Ein Viertel auf dem Weg nach Tallinn haben wir schon – läuft gut«, freut sich Helmut, nicht zuletzt auch, weil in wenigen Minuten – um Mitternacht – Wachwechsel ist und er für zwei Stunden in die warme Koje darf.

Kaum dass er unter Deck verschwunden ist und seine Freiwache einläutet, wird es draußen ungemütlich. Der Wind nimmt zu und dreht von Nord auf Nordost. Wir tragen zu viel Segelfläche. HIPPOPOTAMUS legt sich ordentlich auf die Seite. Allein kann ich das Vorsegel nicht verkleinern. Vielleicht könnte ich es sogar. Aber es würde unsere Abmachung verletzen. Wenn einer schläft, verlässt der andere – solange der Autopilot aktiv ist – nicht das Cockpit. Denn fiele einer von uns über Bord, würde es der andere nicht bemerken und das Schiff ewig weiter segeln. Das würde nicht nur das Ende der Reise bedeuten. Es nützt alles nichts. Ich muss Helmut wecken:

»Helmut, aufstehen! Die Genua muss runter und die Fock hoch!«, rufe ich ins dunkle Schiffsinnere.

Es weht mit sechs Beaufort. Die Luft ist eiskalt und in der kurzen Zeit, die wir benötigen, um klar für das Manöver zu sein, hat sich bereits ein steiler und unangenehmer Seegang aufgebaut. Unsere Ohlson wird hin und her geworfen, bockt wie ein Bulle beim Rodeo. Auf Deck bietet sich kaum ein vernünftiger Halt. Ich hangle mich vorsichtig zum Mast vor, löse das Fockfall, keile mich anschließend zwischen Bugkorb und Ankerwinsch fest, picke meinen Lifebelt ein und versuche die Genua zu bewältigen. Eine fette Welle klatscht gegen meinen Rücken und bricht übers Vordeck. Überall ist Wasser. Das Segel ist noch keine zwei Monate alt und daher steif und unhandlich. Ich habe Mühe, das Tuch zu bergen. Immer wieder knallen Wellen gegen den Rumpf und Gischt fliegt übers Schiff. Alles trieft vor Nässe. Für den Wechsel auf die kleinere Fock muss die Genua komplett abgeschlagen werden. Dabei sollen natürlich weder das Vorsegel geschweige denn ich über Bord gehen. Mir fallen sofort hundert andere Dinge ein, die ich jetzt lieber machen würde. Aber das geht jetzt nicht. Es ist ein Kampf gegen die Zicken der Natur, den wir gewinnen wollen. Das treibt an, motiviert, setzt Kräfte frei. Irgendwann ist die Genua unten. Ich presse sie zu einem großen Knäuel zusammen, rolle sie übers Deck nach hinten zu Helmut und wir drücken sie gemeinsam in die Kajüte. Falls es dort bisher trocken war, dürfte jetzt auch alles klamm sein. Polster, Teppiche, Kissen. Es folgt das gleiche Spiel noch einmal in umgekehrter Reihenfolge und endlich ist die Fock oben.

Seemeile für Seemeile kreuzen wir weiter in Richtung Tallinn. Es sind mühsame Meilen, finstere Meilen, kalte Meilen, anstrengende, nasse und verbissene Meilen. Nach einer Weile gucke ich Helmut an, muss lachen und frage:

»Was machen wir hier eigentlich?«

»Urlaub! Oder willst du lieber am Strand bei dreißig Grad in der Sonne braten? Das kann jeder, wie langweilig. Aber du kannst ja mal ganz unverbindlich auf die Karte gucken, ob es hier in der Nähe einen Hafen gibt.«

Ich verschwinde unter Deck, um die umliegenden Küstenabschnitte zu sondieren. Weit und breit entdecke ich keinen Hafen, in den wir uns verkriechen können. Vor allem nicht in Richtung Tallinn. Meine Erkenntnis lautet daher:

»Kreuzen ca. 55 Seemeilen Luftlinie bis Virtsu, Estland. Fährhafen. Ungefähr 15 Stunden. Alternativ abdrehen nach Roja, Lettland. Kleiner Fischerhafen. 20 Seemeilen von hier mit Wind schräg von achtern. Schätzungsweise drei Stunden. Such dir was aus.«

Es ist vier Uhr morgens. Wir fühlen uns matt und schlapp. Durch die Dunkelheit steuert Helmut HIPPOPOTAMUS nur mithilfe des Großsegels in den Hafen von Roja. Ich gehe zum Mast, um es herunter zu nehmen. Das ist gar nicht so einfach, weil wir keine Möglichkeit finden, für einen kurzen Moment so zu steuern, dass der Wind von vorn kommt – wie es beim Fallenlassen des Segels üblich ist. Mit viel Krafteinsatz gelingt die Bergung dennoch. Der Sturm bläst weiter. Mit ungeheurer Kraft und über drei Knoten schiebt er uns wie einen Ball auf dem Wasser durch das kleine Hafenbecken, das immer schmaler wird, vor sich her. Am Ende befindet sich laut Handbuch ein Steg für Sportboote. Wenden kann man dort nicht, dafür ist der Arm viel zu eng. Dahinter quert eine Brücke, unter der wir definitiv nicht durchpassen.

»So langsam sollten wir die Handbremse anziehen, sonst wird das knapp«, überlege ich laut.

Der Steg kommt viel schneller näher als uns lieb ist, der Wind drückt weiter, und wir müssen verdammt noch mal irgendwie anhalten, bevor die Brücke den Mast fällt. Uns bleibt keine Zeit, ein spezielles Manöver zu planen. Schon ist der Steg neben dem Schiff. Ich springe mit der Heckleine in der Hand über und wickle sie so oft ich es schaffe um die erstbeste Klampe. Ein hässliches Knarren und Knacken ist zu hören. Auf der Leine und den Klampen entsteht ordentlich Druck. Sie ächzen unter der Last. Wir schauen angespannt zu und warten, ob erst ein Bolzen nachgibt oder unser Tampen der Zugkraft nicht gewachsen ist. Nichts dergleichen. HIPPOPOTAMUS kommt unbeschadet zum Stehen. Glück gehabt. Der Rest ist Routine. Dazu zähle ich auch die Beantwortung der kurzen Fragen des Herrn, der aus dem Hintergrund »Hello, customs please!« ruft.

Gegen Mittag weckt uns der Hafenmeister. Von ihm erfahren wir, dass wir unser Schiff direkt vor den Toren einer Motorenwerkstatt vertäut haben. Und tatsächlich: Überall um uns herum wird gehämmert, gemalt, gebastelt, geschraubt. Fischkutter um Fischkutter wartet auf eine Reparatur. Wir betreten das Büro des Werftchefs. Er kann ein wenig Deutsch und verspricht uns, morgen früh jemanden zu schicken. Helmut sieht es gelassen:

»Das ist halb so wild. Bring einen kaputten Motor nach Afrika und die kriegen den wieder zum Laufen – bei den ehemaligen Sowjets wird das nicht anders sein.«

Es scheint zu stimmen. Denn auf dem Werftgelände sehen wir sogar einen alten VW-Bus mit der Aufschrift »Freiwillige Feuerwehr Neukirchen«, dessen Motor wieder instand gesetzt wird. Wir sind hier offensichtlich richtig.

Helmut und ich nutzen den Nachmittag und sehen uns Roja näher an. Der Ort wirkt auf den ersten Blick einsam und verlassen. Trotzdem soll es hier alles geben. Bank, Post, Tankstelle, Supermarkt, Krankenhaus, Videoverleih, Internetcafé – das verspricht ein kleiner Infozettel, den uns der Hafenmeister in die Hand gedrückt hat. Unser Weg vom Hafen führt entlang einer breiten Straße mit einem ebenso breiten Bürgersteig. Fahrbahnmarkierungen gibt es nicht. Wozu auch. Hier ist kaum Verkehr. Lediglich ein paar Altersgenossen fahren ihre getunten deutschen Marken-Pkws spazieren: VW Golf oder Opel Kadett. Tiefer gelegt mit Breitreifen und getönten Scheiben. Musik dröhnt aus den offenen Fenstern. Dazu lassen sie die Reifen quietschen oder hupen Mädchen hinterher.

Roja zeigt sich saftig grün. Der Frühling verdrängt mit aller Kraft den Winter. Zwischen Blumen, Gräsern, Sträuchern und Bäumen entdecken wir immer wieder renovierte, aber nicht sehr hübsche Flachbauten. In einem dieser Wohnblöcke finden wir ein Internetcafé und rufen unsere E-Mails ab. In meinem Eingangskorb stoße ich auf eine Mail von einer guten Freundin, die mich nachdenklich macht:

Lieber Sönke,

seit Januar stelle ich eine Lesung über das Meer, das Wasser und den Menschen zusammen. Am Rande der See… *wird sie heißen (nach Hans Leip) und wohl im Juni Premiere haben. Ab und zu schicke ich euch ein paar Zitate. Dann könnt ihr sie auf Realitätsnähe überprüfen, wenn ihr mögt. Hier das erste:*

»…Mir scheint, kein wirklich aufrichtiger Mensch könnte behaupten, ihm sei die See jemals so jung erschienen wie die Erde im Frühling. Aber manchen von uns, die das Meer mit verstehender Liebe ansehen, ist es schon so alt vorgekommen, als wären aus seinem unberührten Schlammgrund die vordenklichen Zeiten aufgewühlt worden. Denn es sind die Stürme, die das Meer alt aussehen lassen. Wer das Alter der Erde erfahren will, der schaue bei Sturm auf die See. Das Grau dieser unermesslichen Oberfläche, die Windfurchen auf dem Antlitz der Wogen, die riesigen Massen hin und her geschleuderter, wallender Gischt, die weißem Greisenhaar gleichen, lassen die See im Sturm ehrwürdig alt, glanzlos, matt und stumpf erscheinen, als wäre sie noch vor der Schöpfung des Lichtes erschaffen worden…«

(Joseph Conrad – The Mirror of the Sea *– 1906)*

Wenn ihr in diese »Gesellschaft« kommt, genießt sie, aber bitte legt euch nicht mit ihr an.

Beste Grüße Melanie

Ach Melanie, Recht hast du. Und was war das vergangene Nacht? »Sag mal Helmut, haben wir uns angelegt?«

»Ich hoffe nein! Und wenn, dann war das nicht unsere Absicht.«

Am nächsten Morgen erscheint der Monteur wie versprochen. Er spricht weder Deutsch noch Englisch. Trotzdem kommen wir miteinander klar. Er schraubt Dinge ab und wieder an, probiert allerhand aus, horcht hier und da und riecht an verschiedenen Teilen. Helmut und ich stehen daneben, verfolgen jeden seiner Handgriffe mit Spannung. Hin und wieder gibt er uns Zeichen und wir drehen den Zündschlüssel. Vergeblich. Der Jockel springt nicht an. Schließlich baut der Mann im grauen Kittel die Zylinderkopfdichtung aus und verschwindet damit irgendwo an Land. Nach vier Stunden taucht er wieder auf und präsentiert uns stolz eine selbst gebaute neue. Sie ist makellos. Hat Metallummantelungen an den Rändern aller Löcher. Damit muss es klappen. Es hilft aber auch nichts. Die Enttäuschung ist ihm ins Gesicht geschrieben – von uns ganz zu schweigen. Der Fehler muss woanders liegen. Der Fachmann seufzt und sucht weiter.

Ein paar Stunden später ist es amtlich. Unser Motor ist irreparabel kaputt! Überhitzungsschaden durch Teile einer Plastiktüte im Kühlwasseransaugstutzen. Folge: Kolbenfresser. Meine Stimmung ist im Keller. Ich bin traurig, dass es so läuft. Wir haben viel Energie in diese Tour gesteckt, uns monatelang vorbereitet. Und nun? Ich fühle mich machtlos gegenüber diesem Stück Technik. Das lähmt.

»Rein sachlich betrachtet ist das alles halb so wild. Es ist eine Frage von Zeit und Geld. Zeit haben wir – Geld nicht«, sinniert Helmut beim Frustbier am Abend.

»Trotzdem könnten wir unsere Ostseeumrundung fortsetzen – nur unter Segeln.«

»Klar – warum nicht? Aber mal im Ernst. Haben wir davor nicht viel zu viel Respekt?«

»Wahrscheinlich schon. Ich meine, es ist recht gefährlich, vier Tonnen Schiff bei Wind und Wetter ohne Maschinenkraft in unbekannten Häfen anzulegen. Das haben wir ja bereits beim Einlaufen in diesen Hafen gemerkt!«

»Außerdem wäre es leichtsinnig, die teilweise sehr engen und verwinkelten Schärengewässer Skandinaviens auf diesem Wege zu bereisen. Zu viele Verkehrsteilnehmer, Inseln, Hindernisse.«

»Ja – bis Tallinn oder Helsinki ist das sicherlich okay. Das ist überschaubar. Alles andere – eher nicht!«

Und trotzdem. Wir spinnen die Idee noch ein wenig weiter:

»Wieso versuchen wir es eigentlich nicht? Weißt du noch, wie wir damals mit dem Folkeboot bei völliger Dunkelheit Albuen angesteuert haben – nur mit Kompass und Echolot?«

»Stimmt, es war einerseits leichtsinnig, hat aber andererseits viel Spaß gemacht.«

Falls Sie die dänische Halbinsel nicht kennen, sei erwähnt: Zum Hafen führt eine 1,6 Meter tiefe, verwinkelte Rinne, die lediglich von einer einzigen unbeleuchteten Tonne markiert wird. Davor verläuft der Kurs an unzähligen ebenso unbeleuchteten Fischerpfählen vorbei. Drumherum ist es überall sehr flach. Kurzum: Kein normal denkender Mensch läuft nach Anbruch der Dunkelheit in diesen Hafen ein.

Wir wollten solche Herausforderungen, haben die Risiken bewusst übersehen und taten einfach, wonach uns der Sinn stand. Es war uns egal, ob die Segel perfekt getrimmt waren, ob wir im Hafen alle Festmacher parat hatten oder wussten, wann am nächsten Morgen Hochwasser ist. Hauptsache, wir konnten raus. Natürlich gab es ständig Besserwisser, die uns auf unseren Leichtsinn hingewiesen haben. Am Steg, in der Hafenkneipe, im Segelklub oder auf dem Nachbarschiff. Oft haben wir ihre Ratschläge angenommen. Aber eben nicht immer. Mit siebzehn Jahren wollten wir nicht ständig auf die alten Hasen hören, wollten wir unsere eigenen Erfahrungen sammeln.

Heute zehren wir von diesem Wissen und können dadurch Gefahren sehr gut einschätzen. Unseren jugendlichen Leichtsinn haben wir verloren, aber unser grenzenloser Optimismus und unsere teilweise absurden Visionen sind geblieben. Sonst wären wir nicht hier. An manchen Tagen wünschen wir uns unsere naive Einstellung von damals zurück, obwohl wir wissen, dass es falsch ist. Heute ist so ein Tag.

»Wir müssen uns auf früher besinnen«, schlägt Helmut vor.

»Du meinst, die Route ändern und doch vier Monate nur mit Segeln weiterfahren?«

»Genau! Zurück nach Hamburg wollen wir auf keinen Fall. Warum also nicht? Wir könnten es zumindest versuchen.«

Morgen steigen erst mal meine Schwester Gesa und Kerstin bei uns ein. Acht Hände zum Abhalten, Segelsetzen, Trimmen, Steuern und Festmachen. Warten wir ab, was die Mädels zu der Idee sagen.

Der nächste Tag bringt eine freudige Wendung mit sich. Papa ruft an und verkündet:

»Wir haben einen gebrauchten Ersatzmotor aufgetrieben. Allerdings einen Volvo Penta MD7B. Du hast einen MD7A. Ist aber kein Problem, da müssen nur ein paar Teile umgebaut werden. Das kann jeder Volvo-Fachmann. Wir verschiffen den Motor nach Helsinki und ihr müsst dann nur noch dorthin segeln.«

»Bestens! Das deckt sich mit unserer Idee vom Vorabend.«

Gesa und Kerstin sind einverstanden. Beide segeln von Kindesbeinen an und freuen sich auf das Abenteuer. Zitat von Gesa:

»Den Rigaschen Meerbusen kenne ich bisher nur aus dem Wetterbericht. Da wollte ich immer schon mal hin. Nun bin ich da! Mir ist alles recht.«

Wir paddeln – ja, Sie haben richtig gelesen! – das Schiff aus dem Hafen, weil der Wind, wenn auch nur schwach, genau von vorn kommt, schaffen es gerade noch aus der Einfahrt und befinden uns zwei Seemeilen später in einem absoluten Flauteloch. Eine skurrile Situation: Wir dümpeln auf der spiegelglatten Ostsee, die Hafeneinfahrt von Roja ständig im Blick, und können uns aus eigener Kraft nicht fortbewegen. Helmut löst Kreuzworträtsel, Kerstin liest ein Buch und ich bereite Salat zu. Gesa versucht, die Zeit totzuschlagen. Es fällt ihr schwer, ruhig zu bleiben, zu warten, einfach nichts zu tun. Sie ist noch den Puls der Großstadt gewöhnt. Außerdem ist sie leidenschaftliche Regattaseglerin. Beides treibt sie an, lässt sie ständig nach einer kleinen Luftregung, einem Windhauch suchen, damit der Törn weitergeht. Vergeblich.

Erst gegen Abend fällt der erlösende Wind in die Segel. Gesa trimmt das Groß, Kerstin das Vorsegel und ich stelle die Windfahnensteuerung ein. Estland, wir kommen!

Im Morgengrauen kommt Land in Sicht. Der Himmel ist knallrot, fast wolkenlos. Als orangefarbener Ball erhebt sich die Sonne aus dem tiefblauen Wasser und signalisiert den Anbruch des Tages. Dem Logbuch entnehme ich, dass es ein Montag ist. Noch vor wenigen Monaten hätte gleich mein Wecker geklingelt und ich wäre zur Arbeit gegangen. Und obwohl es nicht optimal läuft, habe ich das Gefühl, einer der glücklichsten Menschen auf diesem Planeten zu sein. Frei und unabhängig.

Der Wetterbericht kündigt an, dass der Südwestwind gegen Mittag zunehmen soll, außerdem sind unsere Batterien fast leer, da wir in der Nacht unsere Positionslaternen benutzt haben. Genug Argumente für einen Zwischenstopp nach mehr als siebzig Meilen auf See. Wir beschließen kurzerhand, Virtsu, einen Fährhafen am Eingang zum Westestnischen Archipel, anzulaufen. Dort gibt es einen Schwimmsteg für Sportboote mit Strom- und Wasseranschlüssen.

Das Anlegen unter Segeln misslingt. Ich unterschätze die Größe des Hafens völlig. Er ist winzig und wir haben viel zu viel Fahrt drauf, obwohl wir schon frühzeitig die Segel bergen. Zum Wenden ist weder Zeit noch Platz. Der Steg kommt rasch näher. Es gibt einen kräftigen Rums. Irgendetwas splittert. HIPPOPOTAMUS steht.

»Schwein gehabt«, ruft Helmut.

»Das klang aber böse. Alles in Ordnung?«, frage ich vorsichtig nach.

»Halb so wild. Uns fehlt am Bug nur ein wenig blaue Farbe und die Holzleiste am Schlengel hat ihre ursprüngliche Form verloren. Könnte aber schlimmer sein – kein Grund zur Sorge.«

Glücklicherweise haben wir in den letzten Jahren immer mal wieder das An- und Ablegen unter Segeln geübt. Gar nicht auszudenken, wie das Manöver sonst ausgegangen wäre. Trotzdem wäre es mir lieber, wenn es bei freiwilligen Übungen geblieben wäre.

Virtsu ist langweilig. Könnte Gedser in klein sein. Es gibt eine Hand voll Häuser, eine stillgelegte Fabrik, einen kleinen Kaufmannsladen, den winzigen Yachthafen und einen großen Fähranleger. An Land steht das Terminalgebäude, in dem wir wider Erwarten eine neue Sauna mit Dusche sowie eine Post, ein Restaurant und einen Geldautomaten finden. Davor stehen Fahrzeuge aufgereiht in langen Schlangen. Esten, Letten,

Polen und Finnen warten auf eine der Fähren, die mehrmals täglich zwischen Virtsu und Kuivastu auf der Insel Muhu verkehren. Ihre Pkws sind bis unters Dach bepackt: Ferienzeit. Viele von ihnen wollen vermutlich Urlaub auf Saaremaa machen, westlich von hier. Unsere Reise soll hingegen im Schutz der Inseln Muhu und Hiiumaa weiter nach Norden führen. Dazu brauchen wir jedoch passenden Wind, um die stellenweise engen Rinnen auf dem Weg nach Tallinn passieren zu können.

Zwei Tage warten wir auf eine günstige Gelegenheit. Zu allem Überfluss haben die Herren Hafenbetreiber in einem Anfall von Modernisierung einen weiteren Steg hinter unserem Heck verlegt, sodass das Ablegen erheblich erschwert wird.

Dennoch, das Manöver klappt und wir verlassen Virtsu früh am Morgen. 93 Seemeilen bis Tallinn. Es ist Südwest vier und später Nordwest fünf angesagt. Keine idealen, jedoch brauchbare Bedingungen. Ich will schnell los, um vor dem Nordwest die dreißig Seemeilen lange Rinne passiert zu haben. Es läuft nach Plan. Der Wind kommt erst halb und anschließend sogar schräg von achtern. Die Stimmung ist gut, nicht zuletzt auch, weil unser Ableger so hervorragend geklappt hat. Erleichterung bei der Crew. Bei mir weniger. Ich weiß, was es bedeutet, HIPPOPOTAMUS durch die engen Fahrwasser zu manövrieren. Unsere beiden Mitseglerinnen haben dafür nicht so ein Gespür, wie mir scheint. »Dann segeln wir halt«, war der Ausruf meiner Schwester in Roja. Dieses »halt« in ihrem Satz symbolisiert mir zu viel Selbstverständlichkeit. Aber ich finde es besser, wenn sie so denkt als anders herum.

Der Wind nimmt eher zu, als mir lieb ist, und kommt nun von West. Trotzdem können wir unseren Kurs halten. Genua runter, Fock hoch. Bloß nicht mehr Wind, denke ich. Da legt er auch schon los. Nordwest fünf mit einigen Böen der Stärke sechs dazwischen. Unseren Anlieger können wir streichen. Helmut guckt mich an:

»Wir müssen reffen – was meinst du?«

»Ja, müssen wir!«, bestätige ich.

Plötzlich geht alles ganz schnell. Helmut klettert nach vorn. Als er den Mast erreicht und gerade das Fall lösen will, gibt es einen Knall. Eine Art Ruck erschüttert das Boot. Mich durchzuckt es am ganzen Körper.

»Was war das?«

Auf diese drei Worte reduziert sich alles in meinem Kopf. Meine Augen scannen das Schiff ab. Die Wanten und Stage, die Schoten, die Blöcke, die Segel. Treffer! Die Fock flattert. Aber warum? Und dann sehe ich, was passiert ist: Das Vorstag ist weg. Klingt unglaubwürdig, oder? Aber es ist nicht mehr da. Das Segel hängt nur noch an der Schot und am Masttop. Mit ohrenbetäubendem Lärm weht es nach Lee. Ich reiße die Pinne herum, gehe auf einen Kurs mit Wind von achtern. Der Druck von vorn muss weg. Der Mast tanzt im Takt der Wellen in alle Richtungen. Hauptsache, er bleibt stehen. HIPPOPOTAMUS rollt nach Backbord. Der Wind heult. HIPPOPOTAMUS rollt nach Steuerbord.

»Helmut! Das Vorstag ist weg! Schnapp dir das Spifall, beleg es auf der Bugklampe und dann auf der Winsch durchsetzen – wir müssen den Mast stabilisieren!«, brülle ich gegen die Flattergeräusche an.

Der arme Kerl hat noch gar nicht mitbekommen, was passiert ist, weil er mit dem Rücken zum Geschehen stand. Er kämpft mit dem Spifall. Ein Wettlauf gegen die Zeit.

»Ist fest und durchgeholt!«, schreit er zurück.

»Kannst du sehen, was das Problem ist?«

»Ja, unser Bugbeschlag ist entlang der Schweißnaht abgerissen!«

Irgendwie muss die Fock runter. Sie hat inzwischen lauter Löcher wie ein Sieb und ist mehrfach eingerissen, weil der abgescherte Beschlag mit seinen scharfen Kanten durch den Seegang immer wieder dagegen schlägt. Wie ein Messer schlitzt er das Segel bei jedem Kontakt weiter auf.

»Kerstin, du gehst nach drinnen, öffnest das Luk im Vorschiff – Gesa, versuch mit Helmut das nasse Segel zu überwältigen«, schicke ich meine Crew durch die Gegend, während ich versuche, die Ohlson auf Kurs zu halten. Im Seenotfall habe ich das Sagen an Bord. Das haben wir abgemacht. Das wissen alle. Unser Manöver klappt und kurz darauf ist die Fock durch das Luk im Bauch des Schiffes verschwunden. Wir müssen zurück nach Virtsu. Bei dem Wind haben wir allerdings keine Chance, nur mithilfe des Großsegels anzulegen. Unser Mast ist instabil und der Hafen viel zu klein für irgendwelche Manöver dieser Art.

Wir beschließen, eine Dringlichkeitsmeldung per Funk abzusetzen, um Hilfe zu holen. Ich greife zum Hörer des Seefunkgerätes:

»PAN PAN – PAN PAN – PAN PAN – all stations – all stations – all stations – this is HIPPOPOTAMUS – HIPPOPOTAMUS – HIPPOPOTAMUS. – Our Position is 58°39,85' North and 023°19,80' East – engine damage and forestay broken – we require urgent tug assistance. Over«, hallen meine Worte auf Notrufkanal 16 mehrfach über den Äther.

Das ist mein erster Seenotfall im Leben. Ich versuche, ruhig zu bleiben. Äußerlich gelingt es. Innerlich brodelt alles auf. Unsere Erlebnisse laufen wie ein Film an mir vorbei. Die unzähligen Vorbereitungen, unsere Abschiedsparty, die schönen Tage auf Bornholm, das einmalige Polen, die Abenteuer in Litauen und Lettland, der Motorausfall. Jene bedeutenden Momente, jedes Detail, für das wir uns ins

Gebrochener Bugbeschlag – fehlendes Vorstag

Zeug gelegt haben. Alles ist präsent und gleichzeitig im Wege. Hier gilt es, ein Problem zu lösen. Ein Skipper muss Souveränität ausstrahlen, denke ich.

»Kriegen wir alles in den Griff«, beruhige ich daher die anderen im Cockpit und mich selbst. Woher soll ich die Ruhe nehmen? Wir hätten gerade beinahe unseren Mast verloren.

Mein Funkspruch wird auch beim zweiten, dritten und vierten Male nicht beantwortet. »Hört hier denn keiner Kanal 16 ab?«, schaue ich die anderen ungläubig an.

Nächster Anlauf: Mobilfunktelefon. Glücklicherweise haben wir Empfang und ich rufe bei der Deutschen Gesellschaft zur Rettung Schiffbrüchiger in Bremen an. Wenn die Esten uns nicht helfen, dann versuchen wir es eben bei unseren Landsleuten.

»Guten Tag, wie können wir Ihnen helfen?«, meldet sich eine freundliche Männerstimme am anderen Ende der Leitung.

Ich gebe alle relevanten Informationen durch. Unsere Position, eine detaillierte Beschreibung des Problems und die Anzahl der Crewmitglieder.

»Herr Roever, machen Sie sich mal keine Sorgen, wir melden uns wieder.«

Das klingt so einfach. Geradezu erlösend. Augenblicklich fühle ich mich geborgen. Alles wird gut. HIPPOPOTAMUS rast derweil vor dem Wind mit knapp sechs Knoten Richtung Virtsu. Wir harren der Dinge, die da kommen.

Fünfzehn Minuten vergehen – eine Ewigkeit. Es meldet sich das Maritime Rescue Coordination Center Tallinn über Funk – übrigens auf Kanal 16. Wo waren die eben? Man will versuchen, den Lotsen in Virtsu zu erreichen, damit der uns abschleppt. Gern. Kennen wir ja schon aus Lettland. Der Wind nimmt weiter zu. Wir haben Mühe, den Kurs zu halten, da er jetzt außerdem mehr von vorn kommt. Allmählich wird die Situation brenzlig. Ich werde ungeduldig und nehme wieder Kontakt mit den Esten auf, frage, wo unsere Helfer bleiben.

»The pilots will be with you in one hour. Over.«

»Okay – we wait. Over and out.«

Doch dann geht alles recht fix. Am Horizont können wir schon bald das Lotsenboot ausmachen. Signalrot leuchtet es auf der grauen See. Ein Leuchten, das Sicherheit ausstrahlt. Ich spüre, wie sich bei der Crew Entspannung einstellt. Wir nehmen das Groß runter, lassen uns treiben.

Vorsichtig manövriert der Kapitän sein Lotsenboot durch die aufgewühlte See an HIPPOPOTAMUS heran. Ich biete unsere Leine an. Die Gegenseite winkt ab. Sie bereiten eine eigene Trosse vor. Damit ist klar, dass die Lotsen den Preis der Bergung bestimmen dürfen. Wir haben keine Wahl, da wir sonst hier draußen bleiben müssen. Um keinen Preis würde ich das verantworten wollen. Die Leine belege ich – wie in Trance – als ein großes »V« auf den beiden Klampen am Bug. Kraftverteilung.

»In drei Wochen lachen wir über diesen Tag«, mache ich uns Mut.

Ein Blick auf die Logge verrät, dass wir mit acht Knoten Virtsu entgegenpreschen. Viel zu schnell, denke ich. Gischt fliegt dermaßen hart und intensiv über das Schiff, dass wir uns alle paar Minuten an der Pinne abwechseln müssen. Wahrscheinlich hat sich Herbert Grönemeyer in dem Film *Das Boot* auf der Brücke auch so gefühlt, als das Wasser Mal für Mal über den Turm fegte. Bei uns ist es nicht anders. Es gab keine Zeit, Ölzeug anzuziehen. Meine Jeans ist klitschnass.

»Mal wieder mittendrin statt nur dabei!«, versuche ich betont locker zu sein. Während ich noch darüber nachdenke, kehrt spontan Ruhe an Bord ein. Das Rauschen verstummt und die Wellenspritzer nehmen schlagartig ab. Die Trosse ist gerissen. Kein Wunder bei der Geschwindigkeit. In einem großen Kreis kehren die Lotsen zu uns zurück. Wir flicken die gebrochene Leine mit zwei Palstek-Knoten.

»Slow down, please!«, rufe ich hinüber.

Der Mann im Blaumann am Heck nickt.

In Virtsu werden wir rücksichtsvoll mit kleiner Fahrt zum Steg begleitet. Wir haben es geschafft. Mannschaft und Schiff sind sicher im Hafen. Nun kann die Verzweiflung kommen. Sie kommt. Ich bin unfähig, etwas zu überlegen. Zu tief sitzt der Schreck. Wir sind nur knapp einer Katastrophe entgangen.

»Sorry, our service is not free«, unterbricht der Lotse meine Gedanken auf dem Steg.

»How much?«, entgegne ich wie hypnotisiert.

»1000 EEK. 65 Euros.«

»Okay. Thank you.«

Ich nehme den Preis kaum wahr, zahle bar. Wir sind heil hier, das ist das Wichtigste. Ich muss von Bord. Will allein sein. Zumindest für zehn Minuten.

»Gehe an Land telefonieren und bin gleich wieder da«, rechtfertige ich mein Handeln und verlasse das Schiff.

Ich rufe meine Eltern an und erkläre ihnen, was passiert ist. Sie hören sich jedes Wort geduldig an.

»Es tut uns alles so schrecklich leid für dich«, sagt Mama.

Der Satz setzt Gefühle frei. Tränen kullern über meine Wangen, ich kriege kein Wort mehr raus, muss weinen. Der Frust entlädt sich, die ungeheure Anspannung löst sich. Das tut gut. Ich beende das Gespräch mit einem einfachen »Danke«.

Wer mich kennt, weiß, dass ich nie aufgebe, immer wieder aufstehe und versuche, jeder noch so schlechten Situation etwas Gutes abzugewinnen. Dieses Mal fällt es schwer. Ich will nicht länger stark sein und kämpfen. Mir fehlt der Horizont für die Lösungen, die ich sonst immer finde. Er ist verschwommen, irgendwo auf See geblieben.

Leider kommt es noch schlimmer. Der Hafen von Virtsu ist nach Nordwesten völlig ungeschützt, und in der Nacht fegt ein Sturm mit Böen der Stärke acht aus eben dieser Richtung über die estnische Küste hinweg. Innerhalb weniger Minuten verwandelt sich die Bucht in einen Hexenkessel. Unser Schiff schlägt wild von einer Seite auf die andere, reißt an den Leinen, als wenn es abhauen, sich befreien will. Wir sichern es mit zwölf Leinen. Von oben muss es so aussehen, als ob das Boot in einem Spinnennetz liegt. Falls eine Leine reißt, gibt es mindestens eine weitere, die unser Zuhause in dieselbe Zugrichtung absichert. So verhindern wir, dass die Ohlson auf die Steine in unmittelbarer Nähe des Liegeplatzes treibt.

Und dennoch kommen wir nicht unbeschadet aus der Situation heraus. In einem Wellental knallt HIPPOPOTAMUS mit der Ankerhalterung am Bug gehörig auf den Steg. Die beiden Kunststoffrollen zerbersten durch den Aufpralldruck und die Nirohalterung verbiegt stark. Unter Deck fliegt alles durcheinander. Wir spannen die Leinen um, legen das Schiff weiter nach achtern.

Eine fürchterliche Situation. Helmut und ich stehen die ganze Nacht auf dem Steg, schauen dem Treiben machtlos und völlig übermüdet zu. Gesa und Kerstin übernachten im Fährterminal an Land. Wir wissen, dass sie sich ihre Urlaubswoche bei uns an Bord anders vorgestellt haben. Aber auch für uns ist das kein Urlaub mehr. Jetzt nicht mehr. Wenn ständig ein dicker Kloß im Hals sitzt, ist das Maß voll. So viel Pech auf einmal kann ein Mensch doch gar nicht haben. Es reicht!

Wir lernen die Ostsee von einer brutalen und erbarmungslosen Seite kennen. Auch solche Erlebnisse gehören zu einem Törn. Sie prägen die Persönlichkeit, zeichnen eine Reise aus. Unser »Urlaubstörn« ist zu einem Abenteuer geworden, wie wir es insgeheim gesucht haben. Aber muss es gleich so dick kommen?

»Sag mal, Helmut, wie viel Unheil kann ein Mensch eigentlich ertragen? Ich meine, was soll denn noch alles passieren?«

Er schaut mich fassungslos an und zuckt mit den Schultern:

»Ich weiß es nicht!«

Das muss der Tiefpunkt unserer Reise sein, oder kann es noch schlimmer werden?

Der nächste Tag bringt Hoffnung. Der Wind flaut ab. Die Sonne zeigt sich. Wir entwickeln einen Schlachtplan, was zu unternehmen ist, damit der Törn endlich weitergehen kann. Da eine Reparatur des gebrochenen Bugbeschlags oder der Einbau des Ersatzmotors in Virtsu unmöglich ist, weil die Infrastruktur dafür fehlt, brauchen wir jemanden, der uns nach Tallinn schleppt. Aus eigener Kraft können wir unsere Reise definitiv nicht fortsetzen. Helmut und ich führen etliche Telefonate. Mit Reedereien, Lotsen, Privatpersonen, Hafenämtern und und und. Jeder kennt einen, der einen kennt, der vielleicht jemanden weiß, der einen kennt, der uns hilft. Am Ende werden wir mit Janus, einem sympathischen Mittvierziger aus Tallinn, handelseinig. Er will mit seinem Schiff, der KATRIN, einem zwölf Meter langen Stahlbau mit kräftiger Maschine, von Lohusalu nach Virtsu kommen und uns anschließend nach Tallinn bringen. Einen Schlepp nach Helsinki lehnt er kategorisch ab – zu viele Zollformalitäten.

»Ich muss noch Diesel besorgen. Schätze, dass ich morgen Abend bei euch bin. Ich schleppe regelmäßig Yachten ab – ist mein Nebenjob. Bald seid ihr gerettet«, macht er uns neuen Mut.

Gesa und Kerstin verlassen uns vorzeitig, fahren mit dem Bus nach Tallinn. Was sollen sie noch an Bord? So können sie sich zumindest noch ein paar Tage lang die ehemalige Hansestadt ansehen. Wir geben ihnen unsere kaputte Fock mit auf den Weg, weil eine Reparatur bei unserem Segelmacher Beilken in Deutschland am meisten Sinn macht. Dazu sei erklärt, das Beilken unser Partner bei dieser Reise ist und unsere Ostseeumrundung mit vier Segeln unterstützt: Groß, Fock, Genua und Spinnaker. Im Gegenzug führen wir mit den Tüchern einen Langzeittest durch und liefern im Anschluss an die Reise Bildmaterial für Prospekte oder Broschüren. Deshalb kann es für uns nur diese Lösung geben: Die Reparatur soll bei Beilken stattfinden.

Janus hält sein Wort und läuft am nächsten Abend in Virtsu ein. Sein Boot KATRIN ist ein interessantes Wasserfahrzeug – mit Persönlichkeit. Kein Serienschiff. Ein zusammengeschweißter Eigenbau – liebevoll angemalt, ohne Rost, mit vielen Ecken und Kanten, in Grüntönen gehalten. Mit fest montiertem Grill und zwei Plastikgartenstühlen auf dem Achterdeck. Am Heck weht eine viel zu kleine Estlandfahne. Auf dem Dach der Kajüte mit Rundum-Verglasung und Stehhöhe befindet sich eine Rettungsinsel und ein hölzernes Mastkreuz mit Flaggleinen.

Inzwischen ist die Sonne untergegangen. Unsere Umgebung ist schummrig geworden. Wir werden mit fünf bis sechs Knoten durch die angebrochene Nacht gezogen. Janus tuckert vorneweg. Es folgt eine vierzig Meter lange Trosse und schließlich HIPPOPOTAMUS. Brav, wie ein Hund an der Leine.

Helmut schläft. KATRINs Maschinengeräusche höre ich nur selten. Vielmehr vernehme ich das sanfte und angenehme Plätschern, Gluckern und Gurgeln des Wassers. Es klingt wie Sonntagssegeln bei vier Windstärken und halbem Wind. Unter Deck ist der Klang intensiver. Ich erlebe das Gefühl, mitten in einem rauschenden Gebirgsbach zu stehen. Eine irre Akustik. Sie sensibilisiert die Sinne, entspannt und lässt Gedanken abschweifen. Minutenlang stehe ich regungslos da, höre einfach nur zu, genieße die wunderschönen Empfindungen. Und trotzdem traue ich dem Frieden nicht so ganz – es gab einfach zu viel Pech in den letzten Tagen.

Am nächsten Mittag passieren wir die Hafeneinfahrt der estnischen Hauptstadt. Die Überfahrt verlief reibungslos. Hurra! Wir haben es geschafft, sind vorerst am Ziel. Ein riesiger Stein fällt uns vom Herzen. Unsere Odyssee ist hiermit hoffentlich beendet.

Tallinn-Tage

Es ist Sonntag. Um die Reparaturen können wir uns somit frühestens morgen kümmern. Da Gesa und Kerstin sich noch in Tallinn aufhalten, beschließen wir, mit ihnen die Altstadt unsicher zu machen. Offensichtlich gefällt ihnen die Idee, Gesa schreibt per SMS an uns:

»Kommen um 15.00 Uhr mit Sekt, holen euch ab und dann Altstadt, wenn es den Herren recht ist.«

Es ist den Herren recht. Sehr sogar. Wir »plündern« derweil diverse Geldautomaten und den Supermarkt in Hafennähe. Mit dem ersten Teil der vermeintlichen Beute machen wir Janus glücklich – ein Schlepp über neunzig Seemeilen ist verständlicherweise nicht umsonst. Der andere Teil verschwindet in den Stauräumen an Bord und in unseren Bäuchen. Dazu zählen Lachs, Salami, saftige Erdbeeren, Bananen, Tiramisu, Apfeltaschen, Wurst im Schlafrock, gefüllte Spinat-Teilchen, Blätterteig-Hackfleisch-Häppchen, ofenfrisches, noch warmes Ciabatta, Tomaten, Mozzarella, Basilikum, Schafskäse, Oliven, Radieschen, Gurken, Orangensaft, grüner Tee und natürlich Krimsekt. Kaufrausch. Alles, was lecker aussieht, wandert in unseren Einkaufswagen.

»Das gibt ein paradiesisches Festmahl«, freut sich Helmut.

»Jo! Jetzt essen und trinken wir sechs Tage Virtsu beiseite!«

Gesa und Kerstin treffen am Boot ein. Alle sind sichtlich froh über das Wiedersehen unter anderen Vorzeichen. Waren wir in den letzten Tagen eher wortkarg und mit den Herausforderungen, die die Technik uns gestellt hat, beschäftigt, so sprudelt nun wieder allerhand Lebensfreude aus uns heraus. Das liegt vielleicht auch an dem Blubberwasser mit dem russischen Etikett auf der Flasche.

»Ich bin froh, dass Helmut sein Lächeln wieder hat und du dein Leuchten in den Augen«, freut sich Gesa mit uns.

Wir stoßen mit den Mädels mehrfach darauf an, dass wir mit HIPPOPOTAMUS sicher in Tallinn sind, und vergessen darüber letztendlich den Altstadtbummel.

»Den können wir ja nach einem Nachmittagsschlaf am Abend nachholen«, schlägt Kerstin vor.

»Bestens, so können wir uns noch etwas von unserer Nachtfahrt erholen.«

In einem gemütlichen Restaurant mitten in der historischen Altstadt essen wir gemeinsam zu Abend. Anschließend folgt ein ausgedehnter Streifzug durch Tallinns Kneipen-Welt. Es wird ein feucht-fröhlicher Abend, der reichlich spät endet. Als wir das letzte Bierglas abstellen, ist es bereits weit nach Mitternacht. Es heißt Abschied nehmen. Am Morgen geht der Flieger unserer Mitseglerinnen. In nur zwei Stunden werden Gesa und Kerstin eine Strecke zurücklegen, für die wir anderthalb Monate gebraucht haben. Oder besser gesagt: brauchen durften – wir wollten ja gar nicht so schnell sein. Im Gegenteil.

Montagmorgen. Unsere Motorreparatur steht auf der Tagesordnung. Dafür sind wir in Tallinn besser aufgehoben als gedacht. Am Yachthafen befindet sich eine kleine Werft, die auf Volvo-Penta-Maschinen spezialisiert ist. Wir beschließen endgültig, die Reparatur hier statt in Helsinki durchzuführen. Einziger Haken: Unser Ersatzmotor muss irgendwie von der finnischen in die estnische Hauptstadt transportiert werden.

»Kein Problem. Wir kooperieren mit Volvo-Penta Finnland. Einmal pro Tag fährt unser Fahrer hin und her. Der kann heute Abend euren Motor mitbringen«, beruhigt uns der Werftinhaber.

»Abgemacht«, freuen wir uns über die einfache Lösung.

Leider gibt es auch hier – wie schon so oft auf diesem Törn – einen gewaltigen Unterschied zwischen Theorie und Praxis. Unser Paket ist nämlich noch gar nicht bei Volvo Helsinki angekommen. Vielmehr befindet es sich noch in einem Zwischenlager einhundert Kilometer außerhalb der Stadt. Dort ist man wenig begeistert davon, unsere Ladung einfach so herauszugeben. Der Bestimmungsort einer Ware könne nicht einfach geändert werden. Außerdem sei gar nicht gewährleistet, dass ich der bin, für den ich mich am Telefon ausgebe. Da könne ja jeder anrufen. Von den eingeschränkten Öffnungszeiten des Lagers und dem Stau auf der Autobahn dorthin ganz zu schweigen. Es vergehen etliche Telefonate, bis sich die andere Seite bereit erklärt, eine Ausnahme zu machen. Es sei ein besonderer Fall, der besondere Maßnahmen verlange, lautet die Begründung. Danke.

Gegen Abend verkündet der Werftleiter die nächste Hiobsbotschaft. Der Fahrer hätte jetzt zwar unseren Motor aus dem Lager abgeholt, aber keinen Platz mehr auf einer der zahlreichen Fähren nach Tallinn bekommen. Morgen käme er aber sicher bei uns an. Er hätte ein festes Ticket auf einem der Transportschiffe am Vormittag.

Es ist Dienstag. Gegen Mittag werden wir ungeduldig und suchen eine Erklärung beim Werftboss. Verständlich, oder? Seine Antwort überrascht uns nicht. Die Fähre hätte einen Maschinenschaden und sei ausgefallen. Erst am Abend bekämen wir unser heiß begehrtes Ersatzteil.

»Sollen sie doch unseren Motor vorübergehend in die Fähre einbauen«, mache ich mich lustig.

»Wollen die uns auf den Arm nehmen?«

»Verstehe ich auch nicht. Lass uns einfach da, wo wir es können, mit den Reparaturen anfangen.«

Wir beginnen, den Bugbeschlag zu demontieren und stellen fest, dass das gar nicht so einfach ist, weil die Schrauben 27 Jahre nicht bewegt wurden. Fast drei Stunden vergehen und uns wird viel Geduld abverlangt. Mit Letzterer haben wir glücklicherweise genug Übung; dank der vergangenen Tage. Die Jungs von der Werft scheint unser Handeln zu inspirieren, sie beginnen plötzlich mit dem Ausbau der alten Maschine. Endlich passiert etwas. Allerhand Schläuche, Kabel und Leitungen werden gelöst. Ein mobiler Kran fährt am Schiff vor und der alte Motor wird aus dem Innern auf die Pier gehoben. Für mich ist es ein komisches Bild – wie er da so steht. Rausgerupft, abgeklemmt, leblos. Es kommt mir vor, als wenn aus unserem Organismus Boot ein wichtiges Organ entfernt wurde. Genau genommen das Herz – unsere Energiezentrale. HIPPOPOTAMUS hängt am Tropf in Form eines Stromkabels, wird künstlich versorgt. Der Patient ist schwer angeschlagen und braucht Hafenruhe.

Wir gehen von Bord und vertreiben uns die Wartezeit, indem wir ein wenig durch die Anlagen des ehemaligen Olympiahafens Pirita schlendern. Er wurde eigens für die so genannten »Moskauer Boykottspiele« 1980 errichtet. Die USA und sechzig weitere Staaten, darunter auch Deutschland, haben damals die Teilnahme an Olympia verweigert, um ein Zeichen gegen den Einmarsch der Sowjettruppen in Afghanistan zu setzen. Die Spiele wurden zum Austragungsort des Kalten Krieges, denn vier Jahre später haben die Sowjets den Amerikanern ebenfalls eine Absage für die Spiele in Los Angeles erteilt.

»Sieht aus wie unser Olympiahafen Schilksee an der Kieler Förde«, sagt Helmut.

»Stimmt, mehr Funktion als Schönheit«, antworte ich.

Großflächige Betongebäude dominieren das Erscheinungsbild. Nur einen Steinwurf von HIPPOPOTAMUS entfernt befindet sich das ehemalige olympische Feuer. Als ich vor vier Jahren hier war, stand sogar noch die gewaltige Anzeigetafel. Inzwischen wurde sie demontiert und entfernt. Heute ist Pirita das Segelsportzentrum der Esten, Start- und Endpunkt vieler Regatten, aber auch moderner, komfortabler Gasthafen mit Duschen, Toiletten, Sauna, Wäscherei, Bars, Restaurants, Schiffsausrüstern und drahtlosem Internetzugang.

Am Wochenende sind Liegeplätze Mangelware. Das schöne Tallinn, aber auch die Bierpreise, locken Segler aus Finnland an. Wir denken, was die Finnen können, können wir auch und bunkern spontan ein paar Paletten Bier, obwohl wir noch welches aus Polen übrig haben. Sicher ist sicher.

Bei Anbruch der Dunkelheit fährt an Land ein Lieferwagen vor.

»Helmut! Ich glaube, es geht los«, freue ich mich.

Wir sprechen den Fahrer an. Er versteht weder Deutsch noch Englisch und kapiert auch nicht recht, was wir von ihm möchten.

»Volvo Motor, Engine, Moteur, Maschine, Maschinkowsky, Motorjewski«, suche ich einen Weg, ihm klar zu machen, worum es geht.

Immer wieder zeigt Helmut auf das Innere des Wagens. Der Mann winkt sichtlich verwirrt ab, deutet uns an zu warten und greift zum Handy. Sollte er uns womöglich doch verstanden haben? Kurz darauf fährt ein zweiter Lieferwagen vor. Wenn wir dem Aufdruck glauben wollen, handelt es sich um ein Fahrzeug einer belgischen Möbelspedition. Wir glauben es nicht. Der Herr hinter dem Steuer spricht ein wenig Englisch und weiß anscheinend Bescheid. Wie selbstverständlich öffnet er die Tür und zeigt ins Innere des Wagens. Wir trauen unseren Augen kaum. Da steht unser Motor auf einer Holzpalette.

Natürlich haben auf der Werft schon alle Angestellten den Hammer fallen lassen. Sämtliche Tore sind verschlossen. Ist ja auch schon spät – fast Mitternacht. Doch wohin mit dem Motor? Notgedrungen rufen wir den Werftmanager an. Er ist nicht begeistert, verspricht aber, noch einmal vorbeizukommen und den Motor in seiner Halle unterzustellen. Nebenbei weist er uns an, pünktlich aufzustehen und alles vorzubereiten, weil bereits um acht Uhr seine Mitarbeiter für den Umbau anrücken würden.

Sie denken doch nicht etwa, dass das eh nicht klappt, oder? Falls ja, haben Sie Recht. Falls nein, hätten Sie ruhig so denken können. Acht Uhr bedeutet bei einer kleinen Werft im Hafen von Tallinn nichts anderes als 15.00 Uhr! Der Werftbesitzer erklärt mit entschuldigenden Gesten, man hätte übersehen, dass ein paar Teile noch vom alten an den neuen Motor umgebaut werden und er nach der Umrüstung abschließend lackiert werden müsste. Unsere Geduld ist am Ende. Seit drei

Tagen werden wir immer wieder vertröstet. Uns stört nicht, dass alles etwas länger braucht. Nein, das macht nichts. Uns ärgert vielmehr, dass wir in der ganzen Wartezeit wunderbar hätten Tallinn ansehen können. Stattdessen hängen wir den ganzen Tag am Hafen fest und hoffen, dass der Umbau voranschreitet. Hangeln uns von Strohhalm zu Strohhalm.

Als die Farbe endlich trocken ist, hat der Kranfahrer, zu allem Ärger und wie soll es anders sein, bereits Feierabend gemacht. Der Werftdirektor will uns deshalb mit dem Kranen auf den nächsten Morgen vertrösten. Schon der Ansatz dieses Gedankens haut dem Fass endgültig den Boden aus. Mein Gesicht nimmt einen Ausdruck an, bei dem ich vor mir selbst Angst bekommen würde. Ich atme tief durch und bereite mich auf einen verbalen Angriff vor, der an dieser Stelle aus Gründen des Anstands sicherlich nicht abgedruckt werden könnte. Der Werftvorsteher scheint das zu ahnen. Er nimmt eine abwehrende Haltung ein, und ehe ich loslegen kann, bietet er einen Kompromiss an. Vielleicht gelänge es ihm, mit ein paar Telefonaten eine andere Lösung zu finden. Er käme gleich noch mal zum Schiff.

Keine zehn Minuten später – in Buchstaben ZEHN – fährt der Kran mit unserem Motor am Haken vor. Hinter dem Steuer sitzt der Werftvorstand. Alles müsse man selbst machen. Auf die eigenen Leute sei überhaupt kein Verlass. Es würde jetzt so lange gebastelt werden, bis die Maschine laufe. Wir könnten ihn jederzeit anrufen – auch nachts –, falls

Motorwechsel in Tallinn

es Komplikationen gäbe. Die Monteure beginnen mit der Arbeit. Während des Einbaus ruft der Werftmeister noch zweimal an und will wissen, wie es vorangeht. Drei Stunden später ist es vollbracht. Nach 16 abenteuerlichen Tagen ist der Ursprungszustand des Schiffes – unseres Zuhauses – wieder hergestellt. Sein Herz schlägt wieder und unsere höher.

Den Donnerstag verbringen wir damit, den Bugbeschlag einzubauen. Dabei lassen wir eine ganze Weile die Maschine laufen, um zu sehen, ob es irgendwelche Komplikationen gibt. Schließlich kommt der lang herbeigesehnte Moment: Wir legen zur Testfahrt ab. Sie verläuft einwandfrei. Einzig, dass das Schiff seit dem Maschinenwechsel viel stärker nach Steuerbord aus dem Ruder läuft, missfällt uns. Wir nehmen an, dass sich der Radeffekt (durch die Bewegung der Schiffsschraube verursachter seitlicher Drall) gegenüber dem alten Motor verstärkt hat, weil die Ersatzmaschine vier Pferdestärken mehr liefert – 17 insgesamt. Beim Manövrieren auf engem Raum dürfen wir die Pinne zukünftig nicht einfach loslassen. HIPPOPOTAMUS würde sofort zur Seite ausbrechen. Daran können wir uns aber gewöhnen. Entscheidend ist, dass der Motor funktioniert. Wir sind froh, dass das leidige Thema endlich abgeschlossen ist. Einziger Wermutstropfen: Unsere Ankerhalterung konnten wir nicht instand setzen. Die zerbrochenen Plastikrollen sind Spezialteile, die wir in Deutschland bestellen müssen.

Endlich haben wir Zeit für Tallinn. Das lassen wir uns nicht zweimal sagen, brechen sofort in Richtung Innenstadt auf. Helmut stöbert im Bus in unserem Reiseführer:

»Tallinn – 400 000 Einwohner – ist das vitale und ökonomische Zentrum Estlands. Den Stadtvätern ist es gelungen, den historischen Charakter der Stadt zu erhalten, deren Stadtmauern, Kaufmannshäuser und Festungsanlagen bis ins 13. Jahrhundert zurückdatieren und als einzigartiges mittelalterliches Ensemble zum UNESCO-Weltkulturerbe gehören.«

Wir schlendern durch die unzähligen verwinkelten Gassen und stoßen immer wieder auf gut erhaltene Teile der alten Stadtmauer. Vielerorts gibt es Marktstände, an denen Strickwaren angeboten werden: Pullover, Schals, Jacken, Mützen oder Handschuhe. Dazwischen tummeln sich Straßenmusiker, Künstler und Bettler. Sie versuchen, ein paar Dollar, Euro, Kronen oder Pfund zu ergattern. Sie wissen, dass das Geld bei den Touristen locker sitzt, denn im Vergleich zu Westeuropa und Nordamerika ist Tallinn immer noch ein verhältnismäßig preiswertes Pflaster.

Wir setzen unsere kleine Erkundungstour durch den auf dem Domberg höher liegenden Teil der Stadt fort und genießen von einer der zahlreichen Terrassen aus einen herrlichen Ausblick über das Zentrum.

»Guck mal, Helmut, die ersten Zwiebeltürme auf unserer Reise«, schwärme ich, als wir zwei Straßenzüge weiter vor der Alexander-Newski-Kathedrale – einem markanten Bauwerk aus der Zarenzeit – stehen.

»Passt nicht so recht zum restlichen Stadtbild«, findet Helmut.

Während des Stadtbummels fallen uns zunehmend Männer in karierten Röcken auf. Natürlich ist es normal, dass Schotten nach Estland reisen, aber die Konzentration erscheint uns zu hoch. Wir haben eine Vorahnung, warum das so sein könnte, und suchen in der nächsten Touristeninformation nach einer Bestätigung. Die Dame hinter dem Tresen verwundert unsere Frage nicht – im Gegenteil. Sie hat genau die Antwort parat, die wir uns beide erhoffen: Am Abend findet ein Fußball-Länderspiel zwischen Estland und Schottland statt.

»Two tickets, please«, gestaltet Helmut unser Abendprogramm.

»Estonian fan block«, ergänze ich.

Mit zwölf Euro pro Nase sind wir dabei. Und nach einer schnellen Stärkung in einer Sushi-Bar geht es auch schon los in Richtung Stadion, das sich etwas außerhalb der Innenstadt in einem Neubaugebiet befindet. Von überall strömen die Fans heran und versprühen schon vor den Toren der Arena eine volksfestähnliche, freundschaftliche Stimmung. Getreu unserem Motto – Sie wissen schon: »Mittendrin statt nur dabei« – erwerben wir jeder einen Estland-Schal. Sie sind königsblau. In großen weißen Buchstaben steht »EESTI« darauf.

»Machen sich gut zu euren roten Jacken«, versteht die Verkäuferin ihr Handwerk.

Wir betreten das moderne Stadion aus Beton und Stahl. Am Eingang zum VIP-Bereich erlauben wir uns einen kleinen Spaß. Wir erklären, dass wir deutsche Journalisten sind, und werden zu unserer großen Freude hereingelassen. Trotzdem wollen wir das Spiel im Fanblock mit den Esten zusammen erleben. Allerdings ist so für den weiteren Verlauf des Abends die Bierversorgung sichergestellt. Im VIP-Bereich wird es kostenlos ausgeschenkt.

Noch fünf Minuten bis zum Anpfiff. Gemäß unserer Karten sitzen wir Rida 2 Koht 250 und Koht 251. Wir sind die einzigen Gäste weit und breit. Hocken mutterseelenallein gut zwanzig Meter vom Fanblock entfernt.

»Was haben die uns denn da verkauft?«, wundere ich mich.

Jungs mit riesigen Estland-Flaggen und Mädels in blau-weißen Trikots ignorieren uns, rennen an uns vorbei und sammeln sich im Fanblock, zu dem wir neidvoll hinüberblicken. Als die nächsten vorbeihuschen, frage ich einen jungen Esten:

»Interessiert hier irgendwen die Nummerierung der Sitzplätze?«

»Vergiss es«, lautet seine aufklärende Antwort.

Fortan verfolgen wir das Spiel gegen den ehemaligen deutschen Bundestrainer Berti Vogts gemeinsam mit unseren estnischen Artgenossen. Wir kommen mit Anika und Egle, zwei Mädchen in Esten-Fankluft, ins Gespräch. Sie weisen uns in die nationalen Gegebenheiten ein, erklären uns, wer welcher Spieler ist oder was die Fangesänge bedeuten. Im Gegenzug sorgen wir dafür, dass wir alle immer ein volles Bier haben. Eine Hand wäscht die andere. Ist ja auch nicht schwer – geschweige denn teuer. Statt an den nächsten Tresen zu gehen, holen wir den Gerstensaft einfach aus dem VIP-Bereich. »Voitle, Eesti, voitle« – sieg, Estland, sieg – skandieren die Anhänger, während Helmut und ich das Treiben mit allerhand sinnvollen und eben so wichtigen, wenn nicht sogar spielbestimmenden Kommentaren abrunden:

»Langes Ding!«

»Mach ihn rein!«

»Du Blindmann!«

»Üben, üben, üben!«

Am Ende gewinnt Shotimaa – wie die Esten die Schotten nennen – verdient das Spiel. Aber das ist nicht wichtig. Für beide Seiten zählt der Spaß an der Sache.

Die Damen bieten uns an, mit ihnen noch weiter durch die Altstadt zu ziehen. Gern! Jedes Mal, wenn wir auf dem Weg dorthin auf Schotten treffen, reichen sich alle gegenseitig die Hand und gratulieren einander.

»So etwas habe ich ja noch nie erlebt«, staunt Helmut.

Wir sind begeistert von der Aufgeschlossenheit aller Beteiligten. Auch wenn wir keine echten Esten sind, tragen wir gern zur Völkerverständigung bei. Es wird eine lange Nacht, in der Schotten und Esten Arm in Arm durch die Kneipen tanzen und gemeinsam die Hymne *Loch Lomond* der Fans von der Insel singen. Dort heißt es:

»You'll take the high road and I'll take the low road,
and I'll be in Scotland before ye.
Where me and my true love will never meet again
on the bonnie, bonnie banks of Loch Lomond.«

Was das mit Fußball zu tun hat, bleibt uns wohl verborgen, aber schön war es allemal.

Kurs Suomi

Wir haben West vier bis fünf Beaufort und Sonne. Ideale Bedingungen für die 45 Seemeilen lange, in nördliche Richtungen verlaufende Überfahrt von Tallinn nach Helsinki. Am Nachmittag brechen wir auf. Zunächst mit gerefftem Groß und Genua – eine Fock haben wir ja vorerst nicht – hoch am Wind nach Nordwesten. An der Untiefentonne Silligrund-West am Ausgang der Bucht von Tallinn drehen wir nach Nordosten ab, sodass der Wind achterlicher einfällt und wir die Segelfläche vergrößern können.

»Möge die Rauschefahrt beginnen«, ruft Helmut vom Vorschiff, als er das Reff aus dem Großsegel bindet.

Wir genießen unsere zurückgewonnene Freiheit. Wenn wir segeln wollen, segeln wir. Wenn wir motoren wollen, motoren wir. Und das Beste ist, wenn wir Strom verbrauchen wollen, verbrauchen wir Strom. Einfach so – ohne Haushalten. Radio, CD-Player, Autopilot, GPS, Sumlog, Echolot, Positionslaternen, Beleuchtung, Notebook, Kühlschrank. Was wir wollen. So oft wir wollen. Wann immer wir wollen.

Mit über sechs Knoten segeln wir der finnischen Hauptstadt entgegen, erfüllt vom Gefühl, dass nun der unkomplizierte Teil der Tour anfängt. Polen und das Baltikum waren für uns große Unbekannte. Abenteuer eben. Zu viele Schauergeschichten hatten wir zuvor schon gehört. Rückblickend können wir sagen, dass diese Zeiten der Vergangenheit angehören. Wir wurden nirgends ausgeraubt und beim Einklarieren standen keine Soldaten mit durchgeladenen Gewehren an Bord. Im Gegenteil. Von der einstigen Abwehrhaltung haben wir nichts gespürt, sie scheint verschwunden. Überall wurden wir warmherzig und mit offenen Armen empfangen. Die Menschen wirkten spürbar stolz auf die Fortschritte, betonten ihren gewonnenen Abstand zu Russland. Die Versorgungsmöglichkeiten waren durchweg gut, die Häfen weitestgehend komfortabel und sicher. Trotz alledem war es immer wieder spannend, waren wir teilweise aufgeregt, wenn wir in einen Hafen einsteuerten, weil es im Vorwege wenig Informationen über das Revier gab.

Das ist in Skandinavien anders. Die Länder im Norden Europas sind uns vertraut. Wir kennen die Gepflogenheiten, wissen, was man darf und was nicht, mögen die Lebensart und Denkweisen der Menschen.

»Ein neuer Abschnitt beginnt«, bringt Helmut die Situation auf den Punkt, während er unsere letzten Dosen Gulaschsuppe erhitzt.

»Urlaub statt Abenteuer«, ergänze ich.

Der Himmel ist klar, die Sonne verschwindet hinter der Kimm, Pink Floyd klingt aus den Bordlautsprechern, die Windfahne steuert, die Suppe schmeckt. Gelegentlich überholt uns eine Highspeed-Fähre. Mehr als dreißig Fahrten finden täglich zwischen Finnland und Estland statt. Die Positionslampen heben sich deutlich vom roten Abendhimmel ab und sind ein guter Anhaltspunkt für unseren Kurs. Wir folgen ihnen einfach.

Darüber hinaus queren etliche Dampfer und Frachter unseren Kurs. Ein roter von Steuerbord, ein blauer und ein gelber von Backbord. Entweder kommen sie von oder wollen sie nach St. Petersburg. Letzteren schauen wir etwas traurig hinterher. Wir wären auch gern in die Zarenstadt gereist. Aber nach langem Hin und Her haben wir die Idee, auf eigenem Kiel nach Russland zu segeln, verworfen. Durch unsere technischen Probleme haben wir einfach zu viel Zeit verloren. Außerdem stehen morgen früh meine Freundin Judith und ihre Schwester Sylvia auf der Pier in Helsinki. Wir müssen St. Petersburg vertagen. Für mich ist es weniger schlimm als für Helmut. Ich bin vor vier Jahren schon einmal dorthin gesegelt – er noch nicht. Um mit dem Thema endgültig abzuschließen, verbannen wir alle russischen Seekarten auf den Boden unserer großen Kartenkiste, die in der Hundekoje lagert.

Gutes Stichwort: Dass für eine Ostsee-Umrundung sehr viele Seekarten benötigt werden, wussten wir schon vorher. Deshalb haben wir uns auch schon frühzeitig damit beschäftigt und eine Liste aller zu beschaffenden Karten erstellt. Wir lernten schnell, dass der Stapel rund einen halben Meter hoch sein würde und jeder Zentimeter einem Wert von sechzig Euro entspräche. Folglich hätten wir Kartenmaterial im Wert von 3000 Euro käuflich erwerben müssen. Ein Ding der Unmöglichkeit. Es hätte unser Tourbudget gesprengt.

Eine andere Lösung musste her. Wir telefonierten uns die Finger wund. Freunde, Bekannte, Segelkameraden und Vereine. Letztendlich ist es uns gelungen, alle Seekarten, bis auf zwei Stück, auszuleihen. Die beiden fehlenden wünschten wir uns einfach zu Weihnachten.

Elektronische Karten haben wir auch an Bord, aber mehr zum Spaß. Unser Notebook braucht zu viel Strom, um sie dauerhaft zu benutzen.

Außerdem weigert es sich, mit dem GPS-Gerät zu kommunizieren. Beim Testlauf vor der Abfahrt hatte das einwandfrei funktioniert. Aber seit wir weitere Programme installiert haben, schaltet der Computer auf stur. Will vom GPS nichts mehr wissen. Soll er doch! Mag sein, dass wir in ein paar Jahren anders drüber denken, aber jetzt ist das ziemlich egal.

Während der Vorbereitungen in Hamburg hatten wir uns auch mit den finnischen Seekarten beschäftigt und festgestellt, dass sie sehr unübersichtlich sind. Nun ist es notgedrungen an der Zeit, sie zu benutzen. Grüne Flächen sind nicht länger Wattgebiete, sondern Land. Gelbe Sektionen nicht mehr Land, sondern flaches Wasser. Einzig weiße Zonen bleiben tiefes Wasser. Tonnen mit einem Kringel drum sind beleuchtet, Tonnen ohne nicht. Die farbigen Ringe um einen Leuchtturm spiegeln seine Kennung wider. Daran können wir uns am wenigsten gewöhnen. Helmut schüttelt den Kopf:

»Warum schreiben die nicht einfach drei Blitze – zehn Sekunden, wie bei uns?«

Wir brauchen eine ganze Weile, um das neue System vollständig zu verinnerlichen. Außerdem müssen wir das Kartendatum am GPS umstellen, damit die abgelesenen Positionen mit denen in der Karte übereinstimmen. KKJ statt WGS84 lautet die Zauberformel.

Vielleicht hatten wir schon bessere Ideen, als nachts nach Helsinki zu laufen, überlege ich kurz. Egal, nun sind wir unterwegs. Wird schon passen.

Dem ungeachtet haben die Karten auch Vorteile. Sie sind kleiner und handlicher als unsere deutschen. Eine Spiralbindung am Rand hält alle Seiten zusammen. Keine Lose-Blätter-Sammlung. Vielmehr wird der ganze Kartensatz in einer praktischen wasserabweisenden Schutzhülle geliefert, sodass er auch bei Regen problemlos im Cockpit liegen kann.

Die See erscheint dunkelblau und friedlich. Lang gezogene Wellen kommen und gehen. HIPPOPOTAMUS rollt darüber hinweg. Am Horizont erscheint alle zwölf Sekunden der wiederkehrende Blitz des Leuchtturms Helsinki. Sein Name ist allerdings etwas irreführend, weil der Wegweiser – rund 13 Seemeilen vom Festland entfernt – mitten in der Ostsee steht. Er markiert lediglich den Beginn des Fahrwassers, das zum Hafen im Zentrum der finnischen Hauptstadt führt, bietet aber eine gute Orientierung. Viel wichtiger ist ohnehin, dass drei Seemeilen hinter dem Leuchtfeuer der 60. Breitengrad unseren Kurs kreuzt. Er ist für uns der Inbegriff heller Sommernächte, die umso ausgedehnter werden, je weiter wir nach Norden segeln. Wir fiebern der Überquerung regelrecht entgegen, können es kaum erwarten, diesen Meilenstein abzuhaken.

Wir überqueren den 60. Breitengrad

»Wir müssen anstoßen«, schlägt Helmut vor.

»Gute Idee! Und ein Erinnerungsfoto brauchen wir auch!«

Ich binde das Stativ meiner Kamera im Cockpit fest und programmiere den Selbstauslöser, während Helmut zwei eiskalte Bier aus dem Kühlschrank zaubert. Dazu malen wir noch ein Schild mit einer großen Sechs, einer ebenso großen Null und einem kleinen N darauf.

Wir nehmen unsere Plätze ein und schauen gespannt auf die beleuchteten Ziffern der Postionsanzeige im Cockpit. Sekunden später lesen wir 60°00,000'N, jubeln los, stoßen an und die Kamera macht Erinnerungsfotos.

Um zwei Uhr in der Frühe erreichen wir Helsingfors – wie Helsinki auf Finnisch heißt. Der Himmel ist mit Wolken bedeckt, keine Sterne, kein Mond. Es ist stockfinster. Im Schatten der Dunkelheit lassen wir die Segel fallen.

»Wo sind denn nun die hellen Nächte?«, guckt Helmut erstaunt.

»Na ja, werden schon noch kommen – wann auch immer«, lache ich über unsere Erwartungshaltung.

Zu allem Überfluss reißt beim Bergen das Großfall. Der Verbund zwischen Drahtseil und Tau hat nachgegeben. Helmut hält in der rechten Hand ein Stück Draht und in der linken ein Stück Tau:

»Wäre ja auch langweilig, wenn wir einfach nur mal ganz gemütlich von A nach B segeln würden – ohne Panne.«

Entsprechend den Einreisebestimmungen für Sportboote machen wir trotz der unchristlichen Zeit an der Pier der Küstenwache fest. Wer nach Finnland auf dem Seewege einreist, darf nur die vorgeschriebenen Zollwege benutzen und muss als Allererstes bei der nächsten erreichbaren Zollkontrollstation anlegen. Vorher darf das Schiff nirgendwo anders fest gemacht, geschweige denn verlassen werden. Daran wollen wir uns natürlich halten. Am Ende der Pier entdecken wir ein großes, quadratisches, blaues Schild. Umrahmt von zwölf gelben EU-Sternen steht in der Mitte »Suomi – Finland« geschrieben. »Land Nummer sechs seit Hamburg«, zählt Helmut. Der wachhabende Beamte wird aus dem Bett geklingelt, und wir erledigen die Formalitäten.

Eine Seemeile weiter nördlich befindet sich die Insel Blekholmen – nahe dem Stadtzentrum. Dort gibt es ausgezeichnete Liegeplätze für Gastyachten. Von unserem Cockpit aus blicken wir auf das von unzähligen Scheinwerfern angestrahlte Zentrum der Stadt. Über die beleuchteten Fassaden der Häuser ragen die Türme des Doms und der Uspenski-Kathedrale hinweg. Ein schöner Anblick. Trotz der fortgeschrittenen Stunde sind wir beide hellwach. Wir machen eine ordentliche Brotzeit, trinken ein Einlaufbier und stöbern ein wenig durch die E-Mails, die wir in Tallinn noch schnell auf unseren Laptop runtergeladen hatten. Besonders gut gefällt uns eine Mail von meinem Onkel, die sich auf unsere Katastrophen-Fahrt durch Estland bezieht:

Lieber Sönke und Helmut,

ich freue mich sehr, dass ihr wieder lachen könnt. So eine Seenotmeldung ist ja eine ernste Sache, vor allem auch, wenn es nicht in einem so viel befahrenen Gewässer wie der Elbe passiert. Selbst habe ich das noch nicht erlebt, aber es ist wohl eine Erfahrung, die einen prägt. Es ist ja im Leben so, dass weniger die Momente des Glücks als vielmehr die Zeiten von Not und Gefahr die Persönlichkeit eines Menschen bestimmen. Der französische Schriftsteller Marcel Proust hat dies so formuliert: »Glücksgefühle sind wohltätig für den Körper, aber die Kräfte des Geistes werden durch Kummer entwickelt.« Und da ich gerade in meiner Zitatensammlung stöbere, sei ein weiteres angefügt, das auch für euren Törn stehen könnte: »Es gibt keine Freiheit ohne Schmerz, und ebenso keine Kunst.« (Dostojewski)

Da noch etwa zwei Drittel der Tour bevorstehen, hoffe ich, ihr habt erst einmal das wohl unvermeidliche Soll an Pech und Pannen hinter euch, obgleich solche frommen Wünsche nicht immer erfüllt werden. Es gibt auch den alternativen Satz, wonach der Teufel immer auf den dicksten Haufen scheißt. Das wollen wir mal nicht hoffen.

So, ich wünsche euch nun vor allem unbeschwerte Tage. Die Zeit des Klabautermanns sollte vorbei sein. Für alle Fälle füge ich meiner E-Mail ein Bild bei, als Fahndungsfoto sozusagen, damit ihr ihn an Bord finden könnt, sollte er sich dort doch noch aufhalten.

Liebe Grüße und alles Gute für euch

Euer Günter

Das Fahndungsfoto vom Klabautermann

Zum ersten Mal auf dieser Tour werden wir von einem Wecker aus unseren Träumen gerissen. Judiths und Sylvias Ankunft steht auf der Tagesordnung, und die wollen wir nicht verschlafen. Übermüdet und reichlich spät quälen Helmut und ich uns aus den Kojen. Frühstück und Morgendusche fallen aus, es geht direkt zum Flughafen.

Anderthalb Monate ist es her, dass Judith und ich uns in Sassnitz voneinander verabschiedet haben, dass ich sie berührt, gespürt, gerochen habe. Entsprechend groß ist meine Freude, sie endlich wiederzusehen. Meine Erwartungen werden sogar noch übertroffen, weil die Mädels zu unserer Überraschung allerhand schöne Sachen im Gepäck haben. Drei dieser Dinge möchte ich Ihnen nicht vorenthalten:

Erstens: die reparierte Fock. Eine logistische Meisterleistung. Kerstin hatte sie am Montag direkt nach der Landung in Hamburg zu Beilken, unserer Segelmacherei in Bremen, gebracht. Dienstag und Mittwoch haben Inhaber Albert Schweizer und Crew die unteren drei Bahnen ausgetauscht. Donnerstag haben meine Eltern das Segel abgeholt und jetzt steht Judith damit vor uns. Die geplante Logistik hat funktioniert, das Ergebnis ist perfekt.

Zweitens: zwei dunkelblaue T-Shirts von Gesa und Kerstin. Als Dankeschön und Erinnerung an unsere gemeinsame Woche im Baltikum. Auf der Vorderseite steht unübersehbar in weißen Lettern: »…mh, nich ganz!« Das ist bei Helmut und mir ein gängiger Satz für alles, was nicht klappt. Als beispielsweise beim Abbauen der kaputten Ankerhalterung eine der beiden maßgefertigten Unterlegscheiben in den Tiefen der Ostsee verschwindet, kommt der Ausspruch über meine Lippen. Das müssen Sie sich so vorstellen: Erst ein lang gezogenes »mmmh« und dann ein sehr kurzes »nich ganz«. Beim »i« geht die Stimmlage nach oben und das »t« vom »nicht« wird bewusst weggelassen. Ist auf jeden Fall besser, als sich zu ärgern und einen dieser Kraftausdrücke zu benutzen, finden wir. Offensichtlich kam die Formulierung in der Woche mit Gesa und Kerstin des Öfteren zum Einsatz. Gelegenheiten dazu gab es ja genug.

Drittens: vier Packungen Nordseekrabbensalat. Volltreffer. Ein Traum. Großartig. Ausgezeichnet. Hervorragend. Grandios. Soll ich weitermachen? Na gut, einverstanden – ich höre auf damit. Zwei Packungen überleben unser ausgedehntes Frühstück nicht.

Mit gut gefüllten Mägen setzen wir zur Stadtbesichtigung an. Die kleine Fähre von der Insel zum Festland verkehrt auf Zuruf, und vom Anleger sind es nur wenige hundert Meter bis ins Zentrum. Wir spazieren zum Senatsplatz vor dem erhöht stehenden Dom, einem gigantischen weißen Bau mit vielen Säulen, vier Türmen und einer mächtigen

Kuppel. Hinauf führt eine beeindruckende Prachttreppe. Einheimische und Touristen sitzen auf ihr und verweilen entspannt in der wärmenden Nachmittagssonne.

Finnland ist offiziell zweisprachig. Finnisch sprechen ungefähr neunzig Prozent, Schwedisch rund zehn Prozent der Bevölkerung. Daher werden vielerorts beide Sprachen verwendet. Beispielsweise auf Straßenschildern. Zitat Sylvia:

»Guckt mal, auf Schwedisch heißt es Magasinskajen und auf Finnisch Kakasiinilaituri. Das versteht doch kein Mensch, oder?«

Weiter geht's. Wir schlendern die Esplanade – auch Eteläesplanadi genannt – hinauf, eine breite Straße mit einem kleinen Park in der Mitte, umringt von zahlreichen gehobenen Geschäften. Modeboutiquen, Juweliere und Designerläden haben hier ihren Sitz. Trotz der pompösen Bauten mit ihren großflächigen Schaufenstern wirkt Helsinki provinziell. Mehr wie eine Kleinstadt, weniger wie eine große europäische Hauptstadt. Übersichtlicher als Kopenhagen, Stockholm oder Danzig. Von London, Paris oder Rom ganz zu schweigen.

»Helsinki ist eben eine kleine Großstadt«, meint Helmut.

Aber warum? Vielleicht ist die verhältnismäßig kurze Geschichte Finnlands und speziell Helsinkis schuld daran. Denn erst 1550 wurde die Stadt vom schwedischen König Gustav Wasa an der Mündung des Flusses Vantaa gegründet. Er wollte einen neuen Handelsplatz schaffen, der Tallinn auf der anderen Seite des Finnischen Meerbusens Konkurrenz machen sollte. Doch seine Pläne scheiterten. Die Lage an der Flussmündung erwies sich als unvorteilhaft, zu weit im Landesinneren. Helsinki wurde daraufhin 1640 weiter nach Süden an seine heutige Stelle auf einer vorstehenden Landzunge verlegt und erneut aufgebaut. Nur aufgrund der Kriege, die Schweden in Russland, im Baltikum und Deutschland führte, gewann der Handelsplatz endlich an Bedeutung, weil ein militärisch wichtiger Flottenstützpunkt entstand.

Und dennoch, alsbald folgte ein weiterer Rückschlag beim geplanten Aufbau der Metropole. Anfang des 19. Jahrhunderts brannte ein großer Teil der überwiegend aus Holzbauten bestehenden Stadt nieder und die nächste Aufbauperiode setzte ein. Diesmal im großen Stil und mit dem lange herbeiersehnten Erfolg. Helsinki wurde zur neuen Haupt- und Universitätsstadt erhoben und stieg zum größten Industriezentrum des Landes auf. Die Einwohnerzahl wuchs auf über 100 000. Mittlerweile leben 540 000 Einwohner innerhalb der Stadtgrenzen und rund eine Million Menschen in der gesamten Region. Im Vergleich zu den großen europäischen Hauptstädten eben eher wenig.

Baden, Barbecue, Bananaboot

Der nächste Tag bringt Wind und Wolken. Wir wollen weiter. Allerdings nicht ohne vorher das Großfall zu reparieren. Eine Ersatzleine werden wir in Helsinki nicht bekommen. Es ist Sonntag und die Geschäfte haben geschlossen. Das ist aber nicht weiter tragisch, weil wir in der Backskiste für solche Fälle ein zusätzliches dreißig Meter langes Tau haben. Einziger Nachteil: Es ist ein wenig dünner als das Original und reckt sich bei starker Belastung.

»Was meinst du, Helmut? Ich denke, für ein paar Tage wird das gehen. Den endgültigen Austausch müssen wir dann in Hanko, dem finnischen Segelmekka, in Angriff nehmen.«

»Passt schon, wäre doch gelacht, wenn es in Hanko keinen Segelmacher gibt.«

Da das Fall an der Mastspitze über eine Rolle läuft, muss einer von uns nach oben und die Ersatzleine einfädeln. Knobeln, Würfeln oder andere Spielchen fallen aus. Die Sache ist klar. Ich werde das erledigen, weil ich schwindelfrei bin und das Schiff am besten kenne. Da wir während der Törnvorbereitungen Stufen am Mast montiert haben, stellt die Reise zum höchsten Punkt des Schiffes keine große Herausforderung dar. Oben angekommen, stecke ich so lange Leine nach, bis von unten das erlösende »Ist angekommen« zu mir hinaufschallt. Helmut löst meine Sicherungsleine und lässt mich wieder runter, Judith knotet einen neuen Schäkel an das Fall und Sylvia belegt es auf der Klampe. Fertig. Schiff und Mannschaft sind klar zum Auslaufen.

Bevor wir endlich in See stechen, folgt noch eine kurze Sicherheitseinweisung für die Mädels. Judith kennt sie zwar schon, aber wir machen das mit allen Gästen vor dem ersten Ablegen. Im Seenotfall sollen auch sie wissen, wie man das UKW-Sprechfunkgerät bedient, wo die Schwimmwesten und Signalraketen liegen, wie der Feuerlöscher eingesetzt wird, welche Tasten beim Mann-über-Bord-Manöver am GPS-Gerät gedrückt werden müssen, wie man an die Seeventile gelangt, wo der Erste-Hilfe-Kasten und die Bordapotheke lagern. Abschließend drücke ich unseren Mitseglerinnen noch einen Leuchtstab in die Hand:

»Steckt den bitte in eure Segeljacke. Wenn ihr nachts ins Wasser fallt, könnt ihr ihn knicken und er beginnt zu leuchten. Wenn ihr damit winkt, erleichtert ihr uns die Suche.«

»Und, falls das tatsächlich passiert, schließt bitte alle Bündchen eurer Segelkleidung – an den Armen und Beinen, damit nicht ständig kaltes Wasser unter eurer Kleidung zirkuliert«, ergänzt Helmut.

»Ach ja, eins noch: Ob wir euch auch wirklich wieder reinholen, entscheiden wir spontan – quasi je nachdem, wie es uns zu dem Zeitpunkt mit euch an Bord gefällt.«

Wenn der letzte Satz auch nicht ganz ernst gemeint war, so legen wir dennoch sehr viel Wert auf die Einweisung. Uns ist wichtig, dass sich alle Crewmitglieder auf HIPPOPOTAMUS sicher fühlen.

Helmut startet den Motor. Obwohl er einwandfrei anspringt, keine verdächtigen Geräusche macht und Kühlwasser kommt, sind wir immer noch verunsichert. Hören sehr genau hin, wenn er läuft. Achten auf jedes Knattern, Klappern, Rappeln oder Rasseln. Vermutlich überflüssige Angst. Dennoch, die Zeit hat diese Wunde aus unserer jüngsten Vergangenheit noch nicht geheilt.

»Ich bin zwar blutiger Anfänger, stelle mich aber jeder Herausforderung«, kündigt Sylvia ihre Hilfsbereitschaft für das Ablegemanöver an.

»Bestens, dann kannst du bitte auf den Steg gehen, die Vorleinen lösen und anschließend wieder an Bord kommen«, verteilt Helmut die erste Aufgabe.

Wir stechen in See. Hinter uns bleibt Helsinki zurück, vor uns öffnet sich die Schärenwelt. Eine einmalige, verträumte Insellandschaft, in der felsige Klippen und seichte Buchten einander abwechseln. Die Ufer sind mit Nadelhölzern bewachsen, das Wasser schimmert blau und grün in allen nur erdenklichen Nuancen. Sand oder kilometerlange gerade Küstenstriche, wie im Baltikum, gibt es hier nicht. Die Fahrwasser sind verwinkelt und winden sich durch eine uns endlos erscheinende versteinerte Welt. Eine Idylle für das Auge. Weitläufig und eng, bizarr und gewöhnlich, abwechslungsreich und wiederkehrend.

Trotz der Schönheit müssen wir aufpassen und sehr genau navigieren, um nicht auf einen der unzähligen tückischen Unterwasserfelsen zu segeln. Manche der Steine befinden sich nur wenige Zentimeter unter der Oberfläche. Außerdem sieht die Landschaft überall ähnlich, wenn nicht sogar gleich aus. Markante Punkte sind rar und die Inseln austauschbar. Wir müssen regelmäßig unsere eigene Position auf der Karte notieren, da wir sonst ganz schnell den Überblick verlieren würden. Um nichts zu riskieren, folgen wir nur den vorgegebenen Wegen durch das natürliche Labyrinth und haken sicherheitshalber alle passierten Tonnen auf der Seekarte ab.

Für die Nacht suchen wir uns einen Ankerplatz an der Westseite der Insel Stora Brändö (60°02,5'N, 024°35,8'E), rund 15 Seemeilen südwestlich von Helsinki. Auf vier Metern Wassertiefe fällt der Anker. Da die Bughalterung seit Virtsu kaputt ist, kommt statt des Pflugscharankers der Heckanker – vom Typ Draggen – zu seinem ersten Einsatz. Wir rollen ordentlich Leine von der großen Trommel am Heck und belegen das Ende auf der Bugklampe. Nicht optimal, aber wiederholtes Peilen verrät uns, dass der Anker hält. Während des Manövers setzt Regen ein. Der erste auf See – seit Hamburg! Im Hafen haben wir gelegentlich Niederschläge erlebt, aber unterwegs bis heute nicht ein einziges Mal. Dafür gießt es jetzt umso heftiger. Dicke Tropfen prasseln aufs Deck, fallen vom Baum, hängen unter der Reling, laufen über die Fensterscheiben und rinnen am Mast entlang. Alles ist patschnass. Eigenartig, aber wir freuen uns über das kühle Nass von oben, finden Gefallen daran, wollen uns nicht unter Deck verkriechen, bleiben draußen und genießen den warmen Sommerregen. Ich setze den Ankerball und Helmut wirft unsere Angel aus. Wie selbstverständlich, als wenn nichts wäre. Die Damen ziehen sich kopfschüttelnd in die Kajüte zurück und machen es sich gemütlich. Lesestunde. *Harry Potter* für Judith und die Anfänge dieses Buches für Sylvia. Ein lustiges Gefühl, dass sie meine Aufzeichnungen liest, während ich weiter daran schreibe. Für mich ist das wichtig. Es ist quasi das erste Feedback zu meinem Buch.

Nur wenige Minuten später ist der Regenschauer auch schon wieder vorbei und die Sonne lugt unter den Wolken hervor. Ein guter Zeitpunkt, das erste unserer drei Wochenziele zu verfolgen. Dazu sei gesagt, dass wir uns für die Tage mit Judith und Sylvia an Bord vorgenommen haben, das Beiboot aufzubauen, endlich baden zu gehen und den Heckkorbgrill einzuweihen. Der Einfachheit halber nennen wir unsere Ziele nur die drei »B« – Baden, Barbecue, Bananaboot. Das Beiboot heißt so, weil es ein Faltboot ist und zusammengeklappt wie eine Banane aussieht. Da es an Bord nicht genug Platz für ein richtiges Schlauchboot gibt, haben wir uns für diese Beiboot-Variante entschieden und es platzsparend in einer großen Tasche an der Reling festgebunden. Die Zubehörteile verstauen wir in unserem Lagerraum, der Hundekoje. Dort hat alles einen Platz, was nicht regelmäßig gebraucht wird, aber an Bord nicht fehlen darf: Seekarten, Ankerball, Trompete, Gitarre, Angeln und eben die Teile fürs Beiboot. Der Aufbau erfolgt auf dem Vorschiff und ist relativ einfach. Aufklappen, Bordwände auseinander drücken,

Mittelbrett befestigen, die beiden Sitzbänke an den Enden einhaken, Außenborderhalterung und Spoiler anschrauben. Fertig.

Judith und ich nehmen die erste Überfahrt in Angriff und sind somit die Testpersonen für den Versuch, das kleine Ding mit unserem zwei PS starken Außenbordmotor durch die Gegend zu schubsen. Das Bananaboot haben wir schon lange, den Außenborder erst seit dieser Tour. Ein ausführlicher Test dieser Kombination war in Hamburg aus Zeitmangel ausgefallen, und wir sind entsprechend gespannt auf die Jungfernfahrt. Das Ergebnis fällt zu unserer Zufriedenheit aus. Zwei Pferdestärken sind zwar nicht viel, aber sie reichen aus, um mit dem »kleinen Hippo« auf Erkundungstour zu gehen.

»Ich würde sagen, die Probefahrt war positiv«, bemerkt Helmut, als er und Sylvia ebenfalls von einer Testfahrt zurückkehren.

Abgerundet wird unser erster Schärentag durch einen wunderschönen Sonnenuntergang. Ich sitze im Beiboot, lasse mich treiben und mache Fotos von der Ohlson und ihrer Umgebung. Es herrscht Flaute. Das Wasser ist spiegelglatt, unsere Flagge am Heck hängt schlaff herunter und die Ankerleine durch. HIPPOPOTAMUS liegt friedlich und regungslos vor der stark bewaldeten Insel Stora Brändö. Es ist still. Ich höre nichts. Dazu ein irres Sonnenlicht. Es taucht die gesamte Szene-

Unser Bananaboot

rie in einen orangefarbenen Glanz. Alles, was an Bord sonst weiß ist, reflektiert ihre Strahlen in kraftvollen gelben Tönen. So auch die drei Streifen auf dem Rumpf, die Segel, die Aufbauten und der Flügel der Windfahne. Sogar der sonst eher trist wirkende graue Aluminiummast beteiligt sich an dem Farbenspiel. Er ragt leuchtend orange in den dunkelblauen Abendhimmel.

»Der Anker hält nicht! Wir treiben auf die Felsen zu!«, unterbreche ich unser ausgedehntes Frühstück am nächsten Morgen.

Das Echolot bestätigt meine Befürchtungen. Wir haben nur noch vierzig Zentimeter Wasser unter dem Kiel. In Windeseile räumen wir den Cockpittisch leer, schrauben ihn aus der Halterung, werfen die Maschine an und motoren von den Steinen weg.

»Das war knapp«, guckt mich Helmut an.

Ich nicke. Wir wissen beide, dass wir viel Glück gehabt haben, weil die ganze Nacht über die Flaute angehalten hat. Beim Frühstück hatte irgendwann zwischen der dritten und vierten Packung Krabbensalat Wind eingesetzt und HIPPOPOTAMUS in Bewegung gebracht. Wäre das bereits nachts passiert, hätten wir es nicht mitbekommen, hätte uns das Auflaufen auf den Steinen geweckt.

Die Sonne scheint, der Wind kommt aus Südwest mit vier Beaufort und die Temperatur beträgt 14 Grad.

»Könnte mehr sein. Heute fängt immerhin der Sommermonat Juni an«, meint Helmut.

Wir beschäftigen uns ausgiebig mit dem Trimmen unserer Segel. Judith und Sylvia sind wissbegierig, saugen die Informationen auf wie Schwämme das Wasser. Helmut und ich haben Spaß daran, den Geschwistern die Funktionsweise der Schoten, Holepunkte, Fallen, Strecker, Niederholer oder Trimmfäden näher zu bringen. Nicht zuletzt auch, weil die Tücher noch so neu sind und einfach wie eine Eins stehen. Die Schären sind für solche Übungen ideal. Ständig ändert sich die Streckenführung, kommt der Wind aus anderen Richtungen. Von vorn, von der Seite, von hinten. Wir müssen anluven oder abfallen, dichtholen oder fieren. Die Mädels haben ordentlich zu tun. Sylvia trimmt die Fock, Judith das Groß. Später andersherum. Parallel lernen sie, die Karte zu lesen und die eingetragenen Seezeichen auch in der Realität wiederzufinden. Gelb-schwarze, rote und grüne Tonnen, Peilmarken und Leuchttürme. Gelegentlich stehen auf den Inseln große Schilder mit Buchstaben zur Orientierung. T, E, C und Z haben wir bereits passiert.

Im Barösund (59°58,6'N, 023°53,1'E) entdecken wir in einer Bucht eine lang gezogene Pier. Ein großes Schild weist auf einen Supermarkt hin, darunter befinden sich einige Müllcontainer. Bestens: Der Kühlschrank ist leer und der Abfall der letzten zwei Tage soll von Bord. Hier sind wir richtig. Einziger Haken: Der Hafen ist in unserem Handbuch nicht verzeichnet und die Bucht soll laut Seekarte sehr flach sein. Wird die Wassertiefe an dem Steg für uns ausreichen?

Versuch macht klug: Ganz langsam tasten wir uns an die Pier heran. Judith steht auf dem Vorschiff, versucht den Grund zu sehen – vergeblich, das Wasser ist trübe. Einzig, dass es mit zunehmender Nähe zum Ufer heller schimmert, verrät ihr, dass die Bucht allmählich flacher wird. Helmut und Sylvia stehen mit Festmachern und Fendern an der Reling. Uns trennen noch dreißig Meter vom Steg, das Echolot zeigt über zehn Meter. Langsam fahren wir vorwärts. Die Wassertiefe nimmt kontinuierlich ab: sieben Meter, sechs, fünf, vier – das reicht. Helmut springt über und wir vertäuen HIPPOPOTAMUS.

Barösund ist ein Kleinod. An Land stehen einige kleine rote Holzhäuser mit weißen Sprossenfenstern, umgeben von Birken und Fichten. Zu unserer Überraschung befinden sich Kirche, Schule und Postamt in einem Gebäude – praktisch. Gegenüber vom Supermarkt ist ein kleines Café, das zu unserer Enttäuschung aber nur am Wochenende geöffnet hat, etwas weiter südlich verkehrt eine Fähre zwischen den beiden Ufern des Sundes und auf den Wegen entdecken wir etliche Waldameisen.

Besonders originell finden wir eine ausrangierte Telefonzelle. Auf die Scheiben wurden Herzen gemalt und die Sicht ins Innere wird durch rote Vorhänge verwehrt. Über der Tür steht »Puss Kiosk« – das heißt »Kuss-Kiosk«.

»Ist ja niedlich, in der Box wird Kindern das Küssen erklärt«, staunt Judith.

Auf Schildern werden verschiedene Varianten vorgestellt: Der »Eskimo-Puss« mit der Nase, der »Fransk-Puss« als französische Variante auf die Wange und der »Moon-Puss« auf den Mund. Dank der Vorhänge kann niemand herausfinden, für welche Variante sich zwei Menschen im Inneren des Kuss-Kiosks entschieden haben.

Der Kaufmannsladen ist gut sortiert und bietet alles, was wir vermissen: Brot, Butter, Käse, Wurst, Gemüse, Obst und Joghurt, aber auch Fleisch, Grillkohle, Spiritus und Haushaltsrollen wandern in unseren Einkaufswagen.

Zurück am Schiff treffen wir auf Marrku, einen Finnen in den Mittvierzigern, der sein Boot von Haparanda nach Helsinki überführt. Er freut sich, uns zu sehen:

»You are the first German ship this year. Where are you heading to?«

Helmut erklärt ihm unsere Reisepläne und Marrkus Augen beginnen zu leuchten. Er ist total begeistert, dass wir auch nach Haparanda wollen. Letzte Woche habe er da oben noch Eisberge gesehen. Ob er uns einige tolle Plätze zeigen darf, will er wissen.

»That would be great. Please come on board«, lade ich ihn ein.

Wir kramen die entsprechenden Übersichtskarten und einen Schreibblock aus der Hundekoje hervor. Marrku ist nicht zu bremsen, sprüht vor Eifer, erzählt und fertigt etliche Bleistiftzeichnungen mit den Umrissen von Inseln an, zeichnet Ansteuerungsmarken und Kurse ein. Nicht sehr detailliert, aber hilfreich. Insbesondere ein Eiland namens Maakalla dürften wir auf keinen Fall verpassen, wie er sagt. Das müssen wir ihm versprechen. Gut, abgemacht. Wir werden versuchen, dieses Ziel auf unserem Weg zum nördlichsten Punkt der Ostsee anzulaufen.

Barösund gefällt uns allen so gut, dass wir die Weiterfahrt spontan auf den nächsten Tag verschieben. Außerdem sind wir gut in der Zeit auf dem Weg nach Hanko am südwestlichen Ende des finnischen Festlandes. Dort soll am Samstag der nächste Crewwechsel stattfinden. Wir haben gerade mal Dienstag und sind nur noch 36 Seemeilen entfernt. Warum also unnötig beeilen?

Vor dem Einschlafen erreicht uns noch eine SMS von Egle aus Tallinn. Es gab wieder ein Länderspiel – diesmal gegen Dänemark und wir waren nicht dabei:

»Well, I missed you guys at the stadium tonight. We had a good game – a draw 2:2 with Denmark. It is amazing! So have a good trip back home. And thanks for a nice evening! Egle, the girl from Estonia, if you remember.«

Hatten wir bis zum Barösund mit den finnischen Karten aus dem Satz Z »Pellinki bis Inkoo« navigiert, so verläuft die weitere Reise durch die südfinnische Inselwelt auf den Karten der Serie B »Jussarö bis Parainen«. Mit Begeisterung stellen wir fest, dass dem Kartensatz B ein kleines Heft mit Informationen über Ankerbuchten und Gasthäfen beiliegt. Gemeinsam suchen wir die Nummer 492 – Byxholmen (59°51,9'N, 023°21,4'E) – für die nächste Übernachtung aus. An der Insel wird mit dem Bug festgemacht. In den Felsen sind Ringe für die Vorleinen eingelassen und für die Achterleine gibt es eine Boje.

Byxholmen ist unbewohnt und stark bewaldet, teilweise undurchdringbar. Blaubeeren, Moos und Sträucher wachsen in den Felsspalten. Tannenzapfen liegen herum. Einige Bäume sind umgekippt, verrotten. Ihre Wurzeln ragen in den Himmel, geben ein merkwürdiges Bild ab. Natur pur, Einöde und Ursprünglichkeit.

»Könnte eine Kulisse aus dem Film *Herr der Ringe* sein«, sagt Judith.

Für Gäste stehen in einer kleinen Senke zwei Plumpsklos und eine Sauna zur Verfügung. Letztere wird mit selbst gehacktem Holz betrieben, denn Strom und fließend Wasser gibt es auf dem Eiland nicht. Dafür steckt ein Beil in einem Baumstumpf und eine Säge hängt an der Hauswand. Die Bretterbude ist spartanisch, aber praktisch eingerichtet. In der Ecke steht ein verrosteter Ofen mit Steinen drauf. Ausgelesene Zeitungen lagern auf einem Stapel und können zum Anzünden verwendet werden. Im Vorraum hängt eine vergilbte Seekarte und auf einem kleinen Tisch liegt ein Gästebuch. Der erste Eintrag ist vom 27. April 2004: Gunnar, Jouke, Jessica und Amk waren hier.

»Ist das schön hier«, ist Sylvia begeistert.

Wir sind die einzige Yacht, die sich an diesem Abend hierher verirrt hat, und haben somit die Insel für uns, müssen keine Rücksicht auf andere nehmen, können einfach machen, was wir wollen. Damit legen wir auch gleich los und setzen einen Haken hinter das nächste »B« wie »baden«. Während Helmut und ich ein ziemliches Tamtam veranstalten und extra unsere Neoprenanzüge anziehen, weil das Wasser nur 14 Grad hat, springt Judith einfach im Bikini in die Fluten. Unglaublich, so demonstrativ wurden wir lange nicht vorgeführt. Egal. Entscheidend ist, dass wir die Badesaison eröffnet haben.

Als wir wieder aus dem Wasser steigen, fällt mir auf, dass unsere Windfahne in der Ruheposition nicht mittig steht, sondern einen leichten Ruderausschlag nach Steuerbord hat. Nicht viel, nur ein paar Grad vielleicht. Sie muss sich beim vielen Segeln in den letzten Wochen etwas verzogen haben.

»Das müssen wir richten, sonst haben wir ja einen dauerhaften Rechtsdrall«, informiere ich Helmut über den Missstand.

Er guckt mich an, überlegt kurz und meint: »Sag mal, ist dir klar, was du da gerade gesagt hast?«

»Ja, wieso?«

»Ich meine das mit dem Rechtsdrall!«

»Jetzt verstehe ich dich. Na, wir sind ja Leuchten! Natürlich, klar – ist ja logisch, daher kommt der Rechtsdrall beim Motoren. Wieso sind wir da nicht eher drauf gekommen?«

»Vor allem haben wir das bisher völlig zu Unrecht dem neuen Motor in die Schuhe geschoben.«

Auf dem Weg von Ventspils nach Roja und weiter nach Virtsu lief die Selbststeueranlage ununterbrochen, Welle für Welle, Böe für Böe. Weit über hundert Seemeilen. Das war vermutlich zu viel und sie hat sich leicht verstellt. Wir holen das Werkzeug aus der Backskiste, lösen die vier Bolzen, richten die Windfahne neu aus und ziehen die Schrauben wieder fest. Der Rest wird sich beim Weiterfahren zeigen.

Auch das letzte offene »B« wie »Barbecue« setzen wir an diesem schönen Abend noch in die Tat um. Der neue Heckkorbgrill ist schnell montiert. Ein einfaches Prinzip aus Amerika. Teuer, aber eine lohnende Investition. Eine runde Niro-Schale wird mittels einer langen Stange außenbords am Heckkorb festgeschraubt. In der Wanne befindet sich ein Bolzen mit Gewinde, auf den das Grillrost gedreht wird. So lässt sich die Höhe stufenlos über der heißen Kohle verstellen. Als Windschutz dient der Deckel des Grills. Er kann an jeder beliebigen Stelle der Kohlenschüssel angesteckt werden. Ein geniales Patent.

Der Spiritus hält, was er verspricht, und bald darauf brutzeln vier saftige Steaks, Zwiebeln und Knoblauchbrot in der Abendsonne. Wir fühlen uns frisch vom Bad in der Ostsee und genießen das Leben von seiner schönsten Seite. Sonderlich schwer fällt es nicht. Zeit im Überfluss gepaart mit Entspannung. Ich habe das Gefühl, dass wir endgültig in den Schären angekommen sind. Mehr noch: in diese zauberhafte Welt eingetaucht sind. Vergessen sind der Ärger und die Strapazen der letzten Wochen.

Unser Heckkorbgrill

HIPPO muss reichen

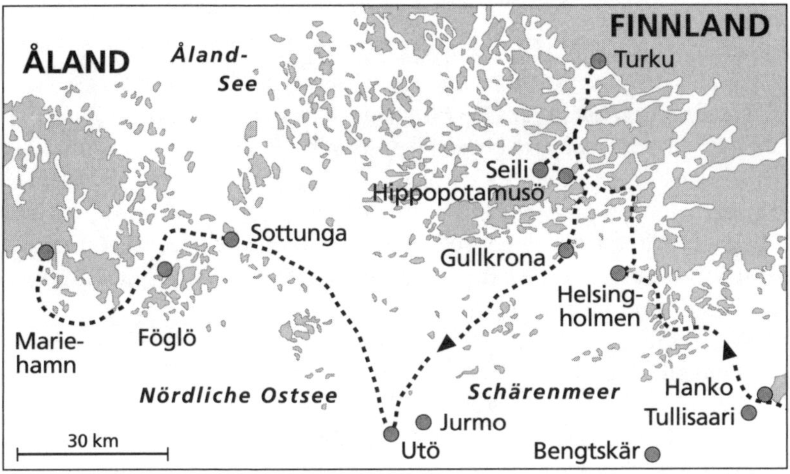

Hanko, gut 65 Seemeilen westlich von Helsinki, markiert den nächsten Eckpunkt unserer Reise. Die sehenswerte Hafenstadt liegt auf der Spitze einer Halbinsel, die als Ausläufer eines eiszeitlichen Moränenzuges auffällig weit in die Ostsee ragt. Schon beim Einlaufen weist ein großes Schild auf die Hafengebühren von 25 Euro hin – inklusive Toilette, Dusche, Strom, Trinkwasser und Sauna. »Wow!«, gucke ich Helmut ungläubig an. Noch vor dem Festmachen wird Hanko für unseren in Klaipeda ausgelobten Teuerster-Hafen-der-Ostsee-Umrundung-Preis nominiert. Die Jury entscheidet einstimmig.

Wir vertäuen HIPPOPOTAMUS im südlicheren der beiden Gasthäfen, gut geschützt hinter zwei kleinen Schären, und widmen uns dem Bezahlen. Dabei kommen wir mit der Hafenmeisterin ins Gespräch. Sie hat lange blonde Haare, ist für Anfang Juni schon erstaunlich braun gebrannt, heißt Henna und ist 19 Jahre alt.

»Heute ist mein erster Arbeitstag. Ihr seid meine ersten Gäste«, erklärt sie lächelnd.

Sie ist nervös, hat Angst, dass sie einen Fehler macht, meistert aber alle Hürden souverän – die Frage nach einem Segelladen, bei dem wir das gerissene Großfall ersetzen können, eingeschlossen. Henna holt einen Stadtplan, macht mit dem Kugelschreiber ein Kreuz hinein, drückt ihn Judith in die Hand und sagt:

»Da müsst ihr hin. Die haben noch 15 Minuten lang auf.«

»Schaffen wir das denn?«

»Zu Fuß? Nein.«

»Und wann hat der Laden morgen wieder auf?«

»Keine Ahnung. Ist auch egal. Ich fahre euch schnell hin.«

Wir springen alle in ein Beiboot und setzen zum Festland über. Auf der kurzen Strecke nutzt Henna ihr Mobilfunk-Telefon und führt zwei Telefonate. Vermutlich eines mit dem Segelmacher, dass er auf uns warten soll, und eines mit dem sportlichen jungen Mann, der wenige Minuten später am Anleger mit einem braunen Lada vorfährt, um uns zum Schiffsausrüster zu bringen. Er ist wie Henna auch Hafenmeister in Hanko, hat heute aber eigentlich frei.

»Wenn Kunden Hilfe brauchen, dann sind wir zur Stelle«, bittet er uns stolz einzusteigen.

»Toller Service«, findet Judith.

Auf der kurzen Fahrt lernen wir viel über Hanko. Dass der Stadtplan an New York in klein erinnere, dass der Discounter am Stadtrand ganz neu sei und die Finnen aufgrund der Bierpreise völlig verrückt danach wären, dass Hanko eine heile Welt sei und dass man vom Wasserturm eine herrliche Aussicht hätte.

Das müssen wir uns ansehen. Mit einem neuen Großfall im Gepäck erklimmen wir das 48 Meter hohe Wahrzeichen des Kur- und Badeortes und werden mit einer atemberaubenden Aussicht belohnt. Die Zehntausend-Seelen-Stadt liegt uns zu Füßen. Direkt neben dem Turm steht eine große Kirche, deren spitzer schwarzer Turm sich fast auf Augenhöhe befindet. Unsere Blicke wandern weiter, vorbei an gepflegten Parkanlagen, in denen ein Meer roter und gelber Tulpen blüht. Zwischen Unmengen von Laubbäumen, die ihre Kronen im Wind wiegen, entdecken wir mondäne Holzvillen mit Türmen und Erkern. In den gemähten Vorgärten haben ihre Besitzer Flaggenmasten aufgestellt, an denen stolz die finnische Flagge weht. Dahinter liegen die Schären, grau und grün. Ein Segler zieht friedlich zwischen ihnen seine Bahn durch das tiefblaue Wasser. Seine kleinen Wellen reflektieren die Sonnenstrahlen und verleihen der See vereinzelt eine glitzernde Oberfläche. Ich merke, wie es anfängt, mir in den Fingern zu jucken, höre die See rufen.

Wollen wir nicht auch weiter, denke ich kurz. Komisch, oder? Ich meine, wir sind gerade erst hier eingelaufen, und ich will schon wieder weiter. Es gibt Momente in meinem Leben, da könnte ich 24 Stunden am Tag auf See sein, sie ansehen, in ihr aufgehen, segeln, segeln und nochmals segeln. Minute für Minute, Stunde für Stunde, Tag für Tag. Gerade ist so ein Moment. Kein Wunder bei der Aussicht; unser Hafenmeister hat nicht zu viel versprochen.

Ich verwerfe meine stillen Gedanken und wir setzen unsere Erkundungen im Inneren des Turmes fort. Wir erfahren, dass er bereits 1942/43 nach dem Abzug der sowjetischen Truppen von der Hanko-Halbinsel erbaut wurde. Das zylinderförmige Wasserbecken fasst 490 Kubikmeter. Lange Zeit war der Turm in einem unauffälligen, wenig hübschen Grau angestrichen. Erst seit ein paar Jahren erhebt er sich leuchtend rot über der Kleinstadt. Judith schreibt »Sönke und Judith – Hamburg – Germany« ins Gästebuch und wir machen uns auf den Weg zurück zum Schiff.

Nächster Tag – nächster Stopp. Knapp zwei Seemeilen westlich vom Yachthafen liegt die Insel Tullisaari. Zwischen ihr und dem Festland verläuft der schmale Sund Hauensuoli, was übersetzt »Hechtdarm« bedeutet. Er diente früher als schützender Hafen für Großsegler. Oft haben die Seefahrer mehrere Tage auf den richtigen Wind gewartet und sich die Zeit vertrieben, indem sie ihre Namen und Wappen in die harten Felsen geritzt haben. 640 Inschriften wurden bis heute auf Tullisaari registriert, daher nennen die Finnen es auch das »Gästebuch der Schärenwelt«.

Wir sind der Meinung, dass dieses Stück finnische Geschichte einen Besuch wert ist, und laufen die Insel an. Allerdings gibt es keinen Hafen, sondern nur eine kleine Brücke, die dem zwischen Hanko und der Insel verkehrenden Wasserbus vorbehalten ist. Da die Fähre weit und breit nicht zu erblicken ist, entscheiden wir spontan, dass auch wir eine Art Wassertaxi sind. Immerhin haben wir Passagiere an Bord.

Der Spaziergang über die Insel gleicht einer Zeitreise. Sie ist übersäht mit Zeugnissen großer Seefahrer, Kaufleute und Könige. Wappen, Schiffsnamen, Jahreszahlen und andere Zeichen wurden in den Stein gemeißelt. GELEIDIG 1859, ROSE 1617, G. A. C. B. S. 66 oder TORRSTEN STOLHANSK 1622 lauten die Inschriften. Sie animieren, Ähnliches zu tun. Schließlich kommt man nicht alle Tage hierher. Die Suche nach einem geeigneten Werkzeug fällt durch einen glücklichen Zufall positiv aus. Aus den Tiefen unserer Werkzeugkiste kommt ein Meißel zum Vorschein. Fragen Sie mich nicht, warum wir den an Bord haben – wir wissen es auch nicht.

Wir suchen einen geeigneten Platz für unsere Inschrift in unmittelbarer Nähe zum Anleger, damit sie auch ja jeder sieht. Helmut beginnt mit der Arbeit. Die Sonne knallt vom Himmel und wir müssen uns regelmäßig abwechseln. Es geht nur langsam voran, weil der Stein verdammt hart ist. Bald müssen wir einsehen, dass wir mit unserem Vorhaben eine Schnapsidee verfolgen. Was beim »H« und »I« von »HIPPOPOTAMUS 2004« noch Spaß macht und von Euphorie begleitet wird, wirkt bereits beim ersten der beiden »P« eher sportlich und aufwändig. Kaum, dass das erste »O« fertig gestellt ist, sind wir uns sicher, dass die Kurzform HIPPO reichen muss. Die 2004 und das Bild eines Nilpferdes ergänzen wir mit einem wasserfesten Filzschreiber.

»Falls ihr mal wieder so eine Tour macht, sollte ein 12-Volt-Bohrhammer nicht auf eurer Packliste fehlen«, kommentieren Sylvia und Judith unser kindliches Treiben.

Den wertvollen Tipp, Hauensuoli anzulaufen, hatten wir von Ville bekommen. Er ist Deutscher und lebt seit fünf Jahren mit seiner finnischen Frau in Turku. Er war über unsere Internetseite gestolpert, als er Informationen über den Schiffstyp Ohlson 8:8 suchte. Vor zwei Wochen hat er sich eine Ohlson in Schweden gekauft, die im Sommer überführt werden soll. Wir haben ein paar Mal mit ihm per E-Mail kommuniziert und wollen uns in Turku treffen. In einer seiner Mails schickt er uns wertvolle Tipps für den weiteren Verlauf der Reise:

Hallo Helmut und Sönke,

die Ålands (Ahvenanmaa) beginnen erst in Kökär, Brändö, Kumlinge, Sottunga, also entsprechend der Kartenserie C. Die ganzen Schären westlich von Hanko bis hoch nach Uusikaupunki nennen sich »Schärenmeer« (Saaristomeri), Kartenserie D.

Sehenswürdigkeiten unterwegs sind:

- *Hauensuoli (gleich bei Hanko): alter Ankerplatz, auf den Felsen findet sich Gekritzel bis zurück um 1400, z.B. diverser schwedischer Könige.*
- *Bengtskär: mächtiger Granitleuchtturm, im 2. Weltkrieg hart umkämpft, begehbar, mit Ausstellung.*
- *Kasnäs: Dort befindet sich das Infozentrum Schärenmeer »Sinisimpukka«.*
- *Högsåra, Helsingholmen, Gullkrona, Kirjainen/Kirjais. Nette kleine Häfen, teils mit Kaufmann.*

Wenn ihr wirklich bis Åland wollt, dann schaut euch in Källskär bei Kökär das Anwesen des »Grafen« Åkerhielm an, die Festungen Kastelholm und Bomarsund nördlich des »Binnenmeeres« Lumparn, Degerby auf Föglö, die POMMERN in Mariehamn und vieles mehr.

Seid vorsichtig mit den ganzen Riffs/Steinen und vergesst nicht, in den Gästehäfen die Saunas zu testen!

Viele Grüße

Ville

Hanko und das Festland bleiben hinter uns, und HIPPOPOTAMUS tritt in das Schärenmeer ein. Animiert durch Villes Tipps stöbern wir in unserer Bordbibliothek, um mehr über diese Traumlandschaft zu erfahren. Im Buch *Küsten der Ostsee* entdeckt Judith eine aufschlussreiche Passage:

»Das Kartenbild der Küste westlich von Hanko und Turku zeigt eine unglaubliche Vielzahl großer, kleiner und kleinster Inseln. Über 40 000 sollen vor der finnischen Küste liegen. Mehr als 8400 Inseln und Schären gibt es allein im finnischen »Nationalpark Schärenmeer«, dem größten Nationalpark an der Ostsee. Dabei wurden aber nur Schären gezählt, die über 100 Quadratmeter groß sind. Es gibt aber noch viel kleinere: je detaillierter die Landkarte, desto mehr Schären tauchen auf – ein völlig unübersichtliches Gewirr aus dem Wasser aufragender kahler Felsbuckel zwischen bewaldeten Inseln.«

Klingt wie eine fraktale Welt. Je weiter man reinzoomt, umso mehr neue Eilande tauchen auf. Quasi ein Schärenmeer im Schärenmeer. Eine geniale Vorstellung. Diese komplexen mathematischen Systeme begeistern mich, seit wir uns in der Schule damit auseinander gesetzt haben. Ihre wiederkehrenden Strukturen losgelöst vom Detailgrad haben etwas Faszinierendes an sich. Die Schären sind genauso. Wären wir, HIPPOPOTAMUS und alles andere, bis auf die Schären selbst, nur ein Zehntel so groß, würden wir das alles hier genauso erleben. Weil die Inseln maßstabslos sind. Weil sie relativ sind. Das Gefühl, durch eine solch komplexe Landschaft zu reisen, begeistert und erfreut mich.

Sylvia gräbt weitere Details mithilfe des Buches *Die Ostsee* von Greenpeace aus. Dort steht:

»Das Gestein dieser Region bildete sich im Präkambrium noch vor der Entstehung des Lebens auf der Erde. Seit jener Zeit ist es ständig den Naturgewalten ausgesetzt; es wurde gedehnt, gestreckt, gestaucht und aufgefaltet. Eine raue und zerklüftete Oberfläche blieb zurück. Vor etwa 80 000 Jahren drangen die eiszeitlichen Gletscher vor und drückten das Gestein herunter. An manchen Stellen polierte das fließende Eis die Gesteinsoberfläche, an anderen schob es Schutt, Sand und Geröll vor sich her. Als die Gletscher zurückwichen, übernahm das fließende Wasser seinen Anteil an der Erosion. Das von der Last des Eises befreite Gestein hebt sich seither langsam wieder, und die von der Arbeit der Gletscher herauspräparierten, abgerundeten flachen Felshöcker werden als Inseln der Schärenküste über der Wasseroberfläche sichtbar.«

»Bleibt mir nur noch, der Natur zu danken, dass sie uns dieses perfekte Stückchen Erde geschenkt hat«, rundet Helmut unsere kleine wissenschaftliche Unterhaltung ab.

Als die Sonne hinter dem Horizont verschwindet, taucht sie Wasser, Inseln und HIPPOPOTAMUS in ein angenehmes Licht. Es weht noch eine leichte Brise und wir gleiten mit zwei, vielleicht drei Knoten durch die fast wellenlose See. Die Gelegenheit ist günstig. Ein perfektes Ambiente zum Fotografieren. Spontan steige ich mit meiner Fotoausrüstung ins Bananaboot und lasse mich treiben. Helmut, Judith und Sylvia drehen etliche Kreise unter Segeln um mich herum. Ich drücke immer wieder auf den Auslöser. Bild um Bild. Einen ganzen Film voll. Das werden schöne Bilder, denke ich und bin neugierig auf die Abzüge.

Wir verbringen die Nacht in einer kleinen Bucht an der Nordseite der Insel Helsingholmen (60°01,8'N, 022°17,2' E). Oberhalb der Pier stehen – wie überall hier oben – ein paar rote Holzhäuser. Oder hatten Sie etwas anderes erwartet? Skandinavien eben. Das Hafengeld wird einfach in einen Briefkasten mit der Aufschrift »Five Euro per night« geworfen. Ein Kescher lehnt gemütlich an einer Hauswand, Hunde streunen bellend über die Wiesen und unter einem Baum steht ein Betonmischer, der nicht so recht ins Bild passt. Ein paar Meter vom Hafen entfernt befinden sich zwei Plumpklos. Spülung? Fehl-

HIPPOPOTAMUS im Abendlicht

anzeige. Neben der Schüssel steht ein großer Sack mit Sägespänen, von denen ein paar Hände voll dem Geschäft hinterher geworfen werden.

Ein weiteres Haus beherbergt eine Art Recyclinghof. Papier, Plastik, Flaschen, Metall und anderer Müll werden sauber in verschiedenen Kisten getrennt. Auf einem Regal stehen leere Schnapsflaschen, ordentlich aufgereiht. Ihnen wurde die Entsorgung erspart. Beefeater London Dry Gin, Tsantali Ouzo Greece, Moskovskaya Russian Vodka, Baileys Irish Cream, Mount Gay Barbados Rum, Napoleon Brandy Scotland, Bacardi Superior Product of Cuba, Mark Twain Kentucky Bourbon Whiskey oder Sandeman Cream Sherry Spain. »Eine schöne internationale Sammlung. Vom Feinsten«, findet Helmut.

»Meinst du, sie spiegelt Träume der Inselbewohner wider?«

»Denkbar, würde ich sagen.«

Zum ersten Mal auf dieser Reise liegen wir in einem Hafen, in dem Leben stattfindet, wo wir nicht das einzige Schiff mit Crew an Bord sind. Neben uns verbringen acht andere Yachten die Nacht auf Helsingholmen. First 36.7, Bavaria 32 oder Hallberg Rassy 29 lese ich. Es ist Freitagabend und viele Finnen haben sich aufgemacht, das Festland zu verlassen, ins Wochenende zu segeln. Es duftet nach brennender Holzkohle, Grillfleisch und Sommer. Irgendwo im Hintergrund sind spielende Kinder zu hören. Singen, klönen, lachen Menschen.

»Großartig – die Saison beginnt«, guckt Helmut mich strahlend an.

Wir sitzen noch lange im Cockpit und tragen unseren Teil zur abendlichen Stimmung bei. Vielleicht auch, weil alle wissen, was keiner ausspricht: Morgen werden Judith und Sylvia uns leider wieder verlassen. Da bekommen die letzten gemeinsamen Minuten eine erhöhte Bedeutung. Da will keiner so recht ins Bett gehen. Da wird auch noch eine zweite und dritte Flasche Wein geöffnet. Als Trost für Helmut und mich steigen Lars und Lars, zwei gute Freunde aus Hamburg, ein. Darauf freuen wir uns mindestens genauso. Für Judith und Sylvia bedeutet der Abschied hingegen, dass sie zurück in unsere alte Welt reisen. Wir Jungs bleiben einfach in diesem anspruchslosen, unbeschwerten Kosmos, frei und losgelöst von Uhren und Kalendern. Der Weg dahin war weit, der Preis ein hoher. Aber wir wissen, dass es das wert ist!

Der nächste Tag bringt erneut Sonne und sommerliche Temperaturen. Schon früh werde ich wach, schiebe meine Decke beiseite und öffne die Luke über den Vorschiffskojen. Neben mir räkelt sich Judith. Warme Sonnenstrahlen streichen über unsere Gesichter. Wach werden unter freiem Himmel – herrlich. Einzig, dass im Hintergrund unentwegt ein Hahn kräht, könnte besser sein.

»Was will der denn so früh von uns?«, murmelt Judith und dreht sich noch einmal um. Urlaub.

Apropos Urlaub: Nach einem kurzen Blick auf die Seekarte entschließen wir uns, den Crewwechsel in Turku statt in Hanko durchzuführen. Warum sollen wir zurück nach Hanko segeln, nur weil wir das irgendwann mal abgemacht haben? Da eh alle Mitsegler von und nach Helsinki fliegen, ist es egal, wo der Wechsel stattfindet, solange es eine Bus- oder Bahnanbindung nach Helsinki gibt. Die Jungs sind einverstanden, wie uns eine SMS von Lars und Lars verrät.

»Bus kommt 19.05 an. Freuen uns auf ein Bier und haben Hunger. Gruß Lars und Lars.«

Klare Ansage. Dem wollen wir entsprechen. Nach einer rauschenden Fahrt unter Spinnaker erreichen wir am frühen Nachmittag die fünftgrößte Stadt Finnlands. Ein Stück Zivilisation neben all der Natur: Duschen und einkaufen stehen auf der Tagesordnung, damit das ausgedehnte Grillvergnügen am Abend kommen kann.

»Dass Finnland teuer ist, wusste ich ja vor der Reise, aber dass hier alles so teuer ist, hätte ich nicht gedacht«, wundert sich Judith kopfschüttelnd, als wir den Supermarkt mit unseren Einkäufen wieder verlassen.

»Achtzig Euro für vier volle Plastiktüten ist relativ normal. Wundert mich nicht«, antworte ich.

»Macht zwanzig Euro die Tüte« ergänzt Helmut.

Judith lässt nicht locker. Sie will den Kassenbon sehen. Von mir aus. Sie kann sich gern ein Bild von den Produkten und ihren Preisen machen. Gut, wenn wenigstens einer von uns den Überblick behält.

Zwei Minuten später stehen wir wieder an der Kasse, an der wir schon mal waren, und reklamieren, dass zwei Gurken 55 Kilo wiegen sollen. Fortan sind unsere Einkaufstüten zwar immer noch gleich schwer, aber nur noch acht Euro pro Tüte wert. Danke Judith.

Der Grillabend mündet in eine kleine Bordparty, da wir eh schon sechs Personen sind und später auch noch Ville und seine Frau Onerva dazustoßen. Acht Personen auf HIPPOPOTAMUS. Das hatten wir lange nicht mehr. Lars und Lars haben wir ewig nicht gesehen, es gibt viel zu erzählen. Außerdem erfahren wir von Ville eine Menge über die Ålands und das Schärenmeer. Dabei lernen wir auch, dass es unhöflich ist, einen Finnen zu fragen, was »Prost« in seiner Sprache bedeutet.

»Das bringt uns nur in Verlegenheit, weil es im Finnischen kein Wort dafür gibt«, sagt Ville.

Herrentour

Da uns seit Turku Lars und Lars begleiten und das namenstechnisch zu Verwechslungen führen könnte, nenne ich die beiden einfach Lars1 und Lars2. Natürlich nur hier im Buch. In der Praxis heißen sie beide weiterhin Lars und Lars. Das ist sehr angenehm für Helmut und mich. Wenn wir beispielsweise fragen: »Sag mal, Lars, wollen wir die Segel setzen?«, dann gehen Lars und Lars beide aufs Vorschiff und hissen die Tücher, weil keiner weiß, wer gemeint ist. Ähnlich verhält es sich mit Tätigkeiten wie einkaufen, abwaschen oder Sauna reservieren. Ein tolles System – ihren Namensgebern sei es gedankt.

Ein paar Worte zu Lars1 und Lars2 möchte ich aber noch verlieren. Beide sind begeisterte Segler. Lars1 hat aber im Gegensatz zu Lars2 ein eigenes Schiff. Eine Bianca 27, die auch auf der Elbe liegt und mit der er 1998 ebenfalls ein halbes Jahr lang um die Ostsee gesegelt ist. Lars2 hingegen war schon auf unzähligen Touren mit uns unterwegs und kennt HIPPOPOTAMUS fast so gut wie wir. Eine praktische Crewkonstellation. Vier Kapitäne auf einem Schiff. Da können wir zwischendrin wunderbar abschalten, nichts tun und Urlaub im Urlaub machen.

Wir verlassen Turku gegen Mittag und nehmen Kurs auf eine Insel namens Seili (60°14,6'N, 021° 58,1'E). Falls Sie jetzt denken, dass das bestimmt wieder einer dieser Tipps von Ville ist, liegen Sie richtig. Wir freuen uns, dass er uns über den Weg gelaufen ist und mit seinen Vorschlägen nicht hinter dem Berg hält. Natürlich hat es seinen Reiz, alles selbst zu entdecken, aber gelegentliche Hinweise zu sehenswerten Orten bereichern eine Reise mindestens genauso. Ob wir sie annehmen, entscheiden am Ende ja immer noch wir.

Seili bedeutet übersetzt »Seeleninsel«. Vermutlich, weil das Eiland mehrere Jahrhunderte das Zuhause vieler ungeliebter Seelen war. Geisteskranke, Aussätzige und andere Menschen, die die Gesellschaft missachtete und ausschloss, fanden auf Seili ihre letzte Ruhe. Keine angenehme Ruhe. Denn wer auf die Insel ausgebürgert wurde, verließ sie nie wieder. Angeblich mussten Ankömmlinge sogar die Bretter für ihren Sarg mitbringen, weil Holz ein knappes Gut war.

Die Lebensbedingungen waren schlimm, und viele der Verbannten starben bereits im Jahr ihrer Ankunft. Gerüchten zufolge lebten die Menschen nur vom Wort Gottes, Quellwasser und Branntwein. Es heißt sogar, dass zwischen den Bewohnern und anderen Inselgemeinden ein reger Handel mit dem hochprozentigen Getränk stattfand.

Wir vertäuen HIPPOPOTAMUS an einer kleinen Holzpier und wandern über die Insel, um uns mit ihrer grausamen Vergangenheit auseinander zu setzen. Offensichtlich ist man auf Besucher eingestellt. Unser Spaziergang wird von Rauchen-verboten-Schildern und Wege-nicht-verlassen-Hinweisen begleitet. An einem Baum hängt sogar ein Feuerlöscher unter einer Plastikhaube. Hinter einer lang gezogenen Kurve entdecken wir am Rande eines Waldstückes eine wuchtige Holzkirche mit einem kleinen Friedhof dahinter. Die Wände des Gotteshauses aus dem Jahre 1733 sind dunkelrot, die Eckpfeiler, Fenster und Kreuze auf den Giebeln weiß. Es passt gut in das typische Bild skandinavischer Häuser. Lange Grashalme wiegen lautlos im Wind, und durch die Baumkronen der hoch gewachsenen Kiefern und dickstämmigen Birken fallen vereinzelte Sonnenstrahlen auf den Friedhof. Lichttupfer auf Gräbern voller Elend und Traurigkeit. Holz- und Eisenkreuze ermöglichen den Blick in eine andere Zeit, geben der grausigen Vergangenheit Namen und Daten. Selma Nimien, Erika Voq oder Anna Olivia Jansson lese ich. Etwas abseits stehen zwei kleinere Kreuze. Ellin, geboren 24.6.1885, gestorben 27.6.1885. Gerade mal drei Tage, denke ich und muss schlucken. Hartes Schicksal. Daneben Arthur, geboren 1.6.1882, gestorben 29.6.1892. Immerhin zehn Jahre. Aber viel ist das auch nicht.

Weiter inseleinwärts befindet sich das ehemalige Sanatorium. König Gustav II. Adolf von Schweden ließ es im Jahre 1622 als Station für Leprakranke errichten. Später wurde daraus eine Nervenheilanstalt, die erst 1962 ihren Dienst einstellte. Heute befindet sich in dem Gebäude eine Forschungsstation der Universität Turku. »Research Institute of Archipelago – University of Turku – Not open for Tourists«, heißt es auf dem Schild an der Tür. Im Innenhof stehen mehrere Liegestühle, Gartenbänke, Biertische und ein Grill.

»Ich glaube, die Studenten haben hier ein ganz leichtes Leben«, meint Lars2.

»Schade nur, dass wir es nicht überprüfen, geschweige denn daran teilhaben können.«

Es ist Sonntag, und geforscht wird nur montags bis freitags.

Manchmal haben wir absurde, nicht immer nachvollziehbare Ideen. So auch am nächsten Morgen, als wir dieses erdrückende, jedoch landschaftlich sehr reizvolle Fleckchen Erde wieder verlassen. Eigentlich ein ganz normaler Tag. Die Segel stehen gut, wir machen ordentlich Fahrt durchs Wasser, hören Musik und diskutieren über eine sinnvolle Altersvorsorge. Dabei kommt auch die Geldanlage in Immobilien zur Sprache. Wir sind uns einig, dass es schön wäre, im Alter ein eigenes Stück Land zu besitzen. Just in dem Moment passieren wir in sicherem Abstand einen auffälligen Felsen, der gerade mal dreißig Zentimeter aus dem Wasser guckt und maximal einen Quadratmeter groß ist. Inspiriert vom Thema frage ich mich, warum ich bis zum Lebensabend warten soll. Großgrundbesitzer kann man bestimmt auch eher werden. Zum Beispiel hier.

»Helmut! Unsere Insel«, klopfe ich ihm auf die Schulter.

»Was meinst du denn?«

»Davon haben wir doch gerade gesprochen. Wir erobern den Stein und machen ihn zu unserer eigenen Insel.«

»Ach so – du meinst, wir sollten... Mmhh. Ja, coole Idee, warum nicht!«

»Also, auf geht's!«

Kurz darauf sitzen wir mit Lars2 im Bananaboot und paddeln auf einen kahlen, von Wellen überspülten Felsen zu. Rotbraun schimmert er eben über der blaugrünen Ostsee. Während Lars1 mit HIPPOPOTAMUS in sicherem Abstand auf- und absegelt und Fotos macht, fühlen Helmut und ich uns zunehmend wie einst die großen Seefahrer und Entdecker auf der Suche nach Neuland. Die Eroberung erweist sich jedoch als schwierig. Der Stein ist glitschig und wir haben Mühe, aus dem kippeligen Bananaboot an Land zu gelangen. Beim dritten Anlauf klappt es endlich. Wir stehen in der Ostsee, rund eine halbe Seemeile vom nächsten größeren Stück Land entfernt. Um uns herum ist überall Wasser. Ein tolles Gefühl. Als wenn man auf dem Meer laufen könnte – wenn auch nicht sehr weit. Aber über die Jahre wird sich das ändern. Besser gesagt, über die Jahrhunderte. Unser Eiland wird von Tag zu Tag größer werden, weil sich das Land in diesem Teil der Ostsee mit ungefähr sechs Millimetern pro Jahr hebt. Während der Eiszeit wurden die Felsen von den Eismassen in den weichen Erdmantel gedrückt. Seit dem Abschmelzen der Gletscher heben sie sich langsam wieder heraus. Frühere Küstenlinien wandern ganz langsam ins Landesinnere und die Ostsee wird immer kleiner. Laut Seekarte ist es in der näheren Umgebung rund siebeneinhalb Meter tief. Das sind 7500 Millimeter. Daraus ergibt sich, dass es noch rund 1250 Jahre dauert, bis unsere Insel so groß ist, dass unsere Nachfahren darauf ein Sommerhaus bauen können. Sie

Wir erobern Hippopotamusö

werden dort leben und auf dem Flaggenmast vor der Tür wird eine Flagge wehen, die an ihre Entdecker erinnert. Sie wird auf dunkelblauem Grund ein graues Nilpferd zeigen. Um dieser grandiosen Entwicklung einen ersten Schub zu verpassen, geben wir unserem Neuland einen Namen. Es soll, wie im skandinavischen Raum bei Inseln üblich, mit dem Buchstaben »Ö« enden. Die Namensfindung ist schnell abgeschlossen. Willkommen auf »Hippopotamusö« – 60°14,15'N, 021° 59,97'E!

Wir nehmen Kurs auf den nächsten Tipp: Gullkrona (60°05,3'N, 022°05,0' E). Eine weitere Insel im Schärenmeer zwischen Turku und den Ålands und trotzdem völlig anders als die bisherigen Stationen. In einer Bucht an der Nordseite liegen zwei Stege gut geschützt gegen Winde aus allen Richtungen. Es ist wenig los, nur fünf andere Schiffe haben sich hierher verirrt.

»Sie können ausnahmsweise längsseits festmachen«, erklärt uns Eva Eriksson, die Hafenmeisterin.

Sie lebt das ganze Jahr zusammen mit ihrer Familie auf Gullkrona. Seit etlichen Generationen ist die Insel im Besitz der Erikssons. Sie bauen ihre Häuser selbst, leben vom Fischverkauf und einem Café mit Selbstbedienung. Dort gibt es frischen Rhabarberkuchen und Schokoladenkekse. Sie sind auf einem Regal neben einer Thermoskanne mit heißem Kaffee ausgestellt. Das Geld dafür wirft man in eine Kasse. Für den Zeitvertreib steht eine große Holzkiste mit Kinderbüchern und Zeitschriften in der Ecke.

In einer weiteren roten Holzhütte ist ein kleines Museum untergebracht. Sägen, Sicheln, Riemen, Reiben, Ruten, Reusen, Hobel, Hammer, Pötte, Blöcke, Bohrer, Netze, Flickzeug und andere Ausstellungsstücke bieten einen Ausflug in die Geschichte der Erikssons. Schwarz-Weiß-Fotografien zeigen Fischer bei der Arbeit, aber auch wie Schnee die ganze Insel bedeckt und der Hafen zugefroren ist. Außerdem gibt es einen Spielplatz, eine Seilfähre, auf der nur Kinder fahren dürfen, und einen Rundweg durch den Wald mit lustigen Figuren aus alten Ästen und bemalten Steinen am Wegesrand. Auf selbst gebauten Schildern wird auf die verschiedenen Sehenswürdigkeiten hingewiesen. Über viele Jahre sind all diese Kleinigkeiten entstanden und zu einer beeindruckenden Gesamtkomposition zusammengewachsen. Sie verleihen der Insel einen liebenswerten Charakter. Wer einmal hier war, kommt sicherlich wieder.

Aber Gullkrona ist mehr. Heile Welt, behütetes Idyll, lebendiges Märchen. Glücklicherweise lässt sich die Insel nur per Schiff erreichen. Eine Anreise mit dem Auto, der Bahn oder dem Flieger ist weder möglich noch gewollt. Der Ort versprüht Charme, ist einer dieser Plätze, die den Reiz des Fahrtensegelns ausmachen. Ursprünglich und echt. Er zieht uns an, macht uns neugierig, lädt zum Entdecken, Erobern und Erleben ein. So ähnlich muss es einst auch der schwedischen Königin Blanka ergangen sein. Im 14. Jahrhundert hat sie Gullkrona das erste Mal besucht. Sie war von der Schönheit dermaßen fasziniert, dass sie ihre goldene Krone vor der Insel ins Meer geworfen und ihr so ihren heutigen Namen gegeben hat.

»Offensichtlich muss man nicht in die Südsee segeln, Ozeane durchkämmen und wochenlang auf See sein, um verträumte Plätze zu finden«, staune ich.

»Stimmt, auch auf der guten alten Ostsee gibt es verwunschene Winkel.«

»Ja, aber sie sind schwer zu finden, stehen in keinem Reiseführer und sind auf keiner größeren Karte verzeichnet. Letztendlich muss man andere Segler oder Einheimische nach ihnen fragen.«

»Wohl wahr. Gerade die Einheimischen waren bisher wertvolle Tippgeber. Ich habe das Gefühl, dass sie stolz auf ihre Landschaft sind und dies auch Fremden vermitteln wollen.«

Gullkrona ist allerdings längst kein Geheimtipp mehr. An den wenigen Wochenenden, die der finnische Sommer bietet, wird die Insel oftmals so gut besucht, dass nicht alle Segler einen Platz im Hafen finden.

»Viele drehen wieder ab und suchen eine andere Bucht für die Nacht auf«, erzählt Eva, während sie das Hafengeld kassiert. »Ich bekomme acht Euro für den Liegeplatz und vier für den Strom.«

Wir erhalten von ihr eine kleine Plakette, die wir gut sichtbar am Mastfuß anbringen sollen. »Gullkrona 2004« steht in goldenen Buchstaben darauf geschrieben.

»Sie gilt das ganze Jahr. Kommen Sie so oft wieder, wie Sie wollen.«

Praktisch. Schade nur, dass der Hafen über 600 Seemeilen von Hamburg entfernt ist. Etwas weit für einen Wochenendtörn.

Die Wettervorhersage für den nächsten Tag ist nicht berauschend: Nord sechs bis sieben mit Regenschauern. Wir beschließen, auf Gullkrona einen Hafentag einzulegen, ausführlich die Insel zu besichtigen und gegen Abend unser erstes finnisches Saunavergnügen in Angriff zu nehmen. Anders als in Deutschland ist Saunen in Finnland eine Familienangelegenheit und kein soziales Happening, wo Müller mit Meier und Schröder mit Schulze schwitzt. Im Gegenteil. Hier wird die Sauna im Vorwege reserviert und bezahlt. Erst darf Häkkinen, dann Räikkönen auf die Holzbank. Wir gehen mit den Gepflogenheiten und buchen im kleinen Fischladen bei Johanna zwei Stunden für 28 Euro. Sie ist Studentin und arbeitet hier als Aushilfe.

»Im Sommer pendle ich wöchentlich zwischen Helsinki und Gullkrona. Montag bis Sonntag«, erzählt sie.

Ihre blonden Pippi-Langstrumpf-Zöpfe wippen dabei lustig hoch und runter und sie strahlt vor Freude bis über beide Ohren:

»Ich muss hier arbeiten – es ist so schön hier!«

Die Sauna erreichen wir über einen hölzernen Steg, der am Rande der seichten Bucht durch saftige Wiesen führt, vorbei an Sauerampfer und Butterblumen. Das Saunahaus liegt in exponierter Lage auf einer Klippe. Am Fuße des Felsens ragt eine Holzbrücke mit einer Treppe am Ende in die Ostsee. Etwas oberhalb befinden sich in weiteren Hütten die Toiletten. Ein Haus für die Damen und ein Haus für die Herren. Ganz ähnlich wie auf den anderen Inseln ohne fließendes Wasser. Und trotzdem anders. Eher à la Gullkrona. Mit Liebe zum Detail. An der Wand hängen ein Spiegel und eine Fotografie aus alten Zeiten. Auf der kleinen Fensterbank steht ein Duftspray, und die Sägespäne werden mittels einer Kelle statt mit der bloßen Hand hinterhergeworfen. Das sind keine großen Unterschiede, jedoch gestalten sie die Benutzung der Plumpsklos vergleichsweise angenehm.

Der Himmel ist grau und voller Wolken. Es regnet wie angekündigt und uns pfeift ein eisiger Wind um die Ohren. »Genau das richtige Wetter, um bei neunzig Grad auf andere Gedanken zu kommen«, findet Helmut. Wie schon so oft auf dieser Reise setzen wir uns auch diesmal mit den nationalen Gebräuchen auseinander und saunen auf die finnische Art, also mit Bierdose in der Hand. Ohne wären wir vermutlich auch zu gehemmt gewesen, bei dem Wetter zur Abkühlung in die kalte Ostsee zu springen. Es fühlt sich an, als wenn der Körper überall mit Stecknadeln gepiekst wird. Mehr als zehn Sekunden hält das keiner von uns aus. Schnell wieder raus, kurz warten und sofort wieder rein ins Wasser. Dann geht es. Die Kälte zieht in Windeseile überall hin. Nimmt jeden Muskel, jedes Gelenk, jedes Organ des Körpers ein, bis ich kaum noch etwas spüre. Diesmal halten wir eine gute Minute durch, dann stehen wir wieder auf dem Steg. Anders als nach dem ersten Eintauchen fühlen sich Luft, Regen und Wind nun einigermaßen warm an. Die Wassertropfen perlen von der roten Gänsehaut ab, die Durchblutung läuft auf Hochtouren. Ich merke, wie das Blut durch meine Adern rauscht. In jedem Winkel meines Körpers ist Bewegung, kribbelt es. Eingehüllt in unsere Handtücher genießen wir von der Veranda mit Vordach den Blick über den kleinen Hafen. Insgesamt vier Mal wiederholen wir die Prozedur, bis unsere zwei Stunden abgelaufen sind. Anschließend fallen wir gut erholt und entspannt in unsere Kojen.

Der nächste Tag beschert uns westsüdwestliche Winde um die drei bis vier Beaufort. Wir wollen nach Utö (59°46,9'N, 021°22,4'E) rund dreißig Seemeilen südwestlich von Gullkrona. Wir müssen kreuzen. Nützt ja nichts. Zehn Stunden lang arbeiten wir uns an unser Ziel heran. Viele Segler empfinden Kreuzen als unangenehm. Der Wind weht direkt ins Gesicht, das Schiff liegt ordentlich schräg und nähert sich augenscheinlich kaum seinem Zielort. Nicht umsonst gibt es ja das bekannte Sprichwort: »Kreuzen heißt, den doppelten Weg in der dreifachen Zeit bei vierfacher Arbeit zurückzulegen.« Trotzdem macht uns der Schlag viel Spaß. Das ist nicht immer so. Aber heute schon. Wir sehen es sportlich, knüppeln Höhe, fahren die Böen aus und trimmen die Tücher immer wieder nach, damit sie stets optimal stehen und wir nichts verschenken. Für das leibliche Wohl gibt es zwischendurch Suppe, Stullen und heißen Tee. Die Zeit vergeht wie im Fluge. Plötzlich ist der Tag um und wir laufen in den kleinen Hafen von Utö ein. Helmut notiert 43 zurückgelegte Seemeilen im Logbuch. Neuer Stand: 1387 Seemeilen.

Der Ort ist vielen Menschen ein Begriff, weil er oft im Zusammenhang mit dem Untergang der Fähre ESTONIA erwähnt wird. Utö ist das dem – rund 25 Seemeilen entfernten – Unglücksort am nächsten gelegene Stück Land. Die Insel liegt weit draußen am Rande der Schärenlandschaft, über dreißig Seemeilen vom Festland entfernt, und ist der letzte Fleck auf der Seekarte vor der Weite der nördlichen Ostsee. Daher hat sie übrigens auch ihren Namen. Denn Utö heißt nichts anderes als »weit draußen liegende Insel«.

Vom 27. auf den 28. September 1994 war die ESTONIA auf dem Weg von Tallinn nach Stockholm, als das Unglück kurz nach Mitternacht seinen Lauf nahm. Die meisten Passagiere wurden im Schlaf überrascht, als das Schiff innerhalb weniger Minuten Schlagseite bekam, kenterte und in den Fluten versank. 852 Menschen wurden in den Tod gerissen. Jene, die es noch an Deck schafften, mussten in die aufgewühlte, pechschwarze und kalte See springen. Am Ende überlebten nur 137 Personen den Kampf gegen die vom Sturm aufgepeitschte Ostsee.

Der Untergang gilt nach wie vor als spektakulär, weil seine Ursache bis heute nicht vollständig geklärt wurde. Während die offizielle Erklärung einen technischen Defekt der Bugklappe als Wurzel des Übels nennt, glauben viele der Hinterbliebenen an einen gezielten Anschlag auf das Schiff. Vermutlich wird es noch eine Weile dauern, bis der Fall endgültig aufgeklärt ist. Bis dahin erinnert auf der Seekarte weiterhin das Symbol für ein Wrack auf der Position 59 Grad 23 Minuten Nord und 21 Grad 42 Minuten Ost an den Vorfall.

Utö wurde von Wind und Wetter gezeichnet, ist wenig bewachsen, wirkt karg und unwirtlich. Bedingt durch die strategische Lage befindet sich ein Stützpunkt des finnischen Militärs auf dem Eiland. Schon von weitem sind Antennenmasten zu erkennen, heben sich Geschütze vom Horizont ab. Das macht Utö interessant. Aber im Vergleich zu Gullkrona, Seili oder Helsingholmen ist die Insel weder idyllisch noch reizvoll. Sie wurde verbaut. Hässliche Betonbunker haben einen Teil der typischen kleinen roten Holzhäuser verdrängt. Rohre und Zäune laufen über die Felsen. Warnschilder weisen Besucher in ihre Schranken: »Stop – Military Area – No entry without special permit.« Soldaten marschieren, rennen, schleichen oder streifen gut getarnt über die Insel, heben sich kaum vom Landschaftsbild ab.

Einziger Lichtblick – im wahrsten Sinne des Wortes – ist der eckige, längs gestreifte rot-weiße Leuchtturm auf dem höchsten Punkt der Insel. Solide trotzt er all der Technik in dieser künstlichen Verteidigungswüste. Schon seit Anfang des 16. Jahrhunderts weisen auf Utö

Leuchtfeuer Fähren und Frachtschiffen den Weg nach Turku. Angeblich wurde hier sogar das erste Feuer Finnlands errichtet.

Das Lustige bei so einem Törn wie dem unsrigen ist, dass es immer irgendetwas zu tun gibt. Dinge sind aufgebraucht und ihr Nachschub muss sichergestellt werden oder Material gibt der dauerhaften Belastung nach, geht kaputt und muss repariert werden. In der Regel ist das kein Problem. Vielmehr macht es Spaß. Es führt zu einer konsequenten Beschäftigung und Abwechslung. Ein paar Beispiele: Ungefähr alle drei bis vier Tage steuern wir einen Supermarkt an. Zweimal pro Woche bunkern wir Trinkwasser, Diesel hingegen nur alle drei bis vier Wochen. Unsere Internetseite erhält regelmäßig ein Update, der Bedarf an Grillkohle hat seit Anfang Juni stark zugenommen, und nun ist unsere Gasflasche, die wir zum Kochen benutzen, leer. Eine Reise steckt eben voller Überraschungen. Aber genau darin liegt ja auch der Reiz, das Abenteuer eines Törns.

Glücklicherweise hat neben uns ein holländischer Einhandsegler festgemacht. Er hat kürzlich seine Firma verloren und segelt allein von Amsterdam nach St. Petersburg und zurück, um »some kind of thinking« zu machen, wie er es nennt. Er freut sich über unsere Gesellschaft. So kommt es, dass wir – wegen der leeren Gasflasche – unser Abendessen auf seinem Herd zubereiten können. Paradoxerweise erwärmen wir in seiner Pantry eine Fischsuppe, die er uns Minuten zuvor geschenkt hatte. Der Fisch war zu groß und er wollte ihn nicht wegwerfen.

»Na ja, so sieht er wenigstens, dass wir sein Geschenk auch wirklich essen«, meint Helmut.

Auch wenn wir hier auf Utö eine gute Lösung gefunden haben, können wir uns schon mal darauf einstellen, dass wir frühestens übermorgen in Mariehamn die Flasche wechseln können. Natürlich wussten wir, dass unser Gas nicht ewig reichen würde, aber wir hatten überschlagen, dass erst in zwei Tagen ein Wechsel fällig werden würde, und liegen damit nun mal daneben. Auf den ersten Blick scheint dies ein hartes Schicksal zu sein. Kein Kaffee oder Tee am Morgen, keine heiße Suppe als Auflockerung langer Segeltage und vor allem kein warmes Essen am Abend. Sicherlich könnten wir unsere Pläne ändern und morgen in einem Rutsch in die Hauptstadt der Åland-Inseln segeln. Aber das wollen wir gar nicht. Schließlich gibt es auf dem Weg nach Mariehamn noch viel zu entdecken. Und so wild ist das auch alles gar nicht. Wir haben ja noch den Heckkorbgrill und wenn wir irgendwo eine Steckdose finden, können wir mit unserem Wasserkocher heißes Tee- oder Kaffeewasser produzieren. Also, kein Grund zur Panik.

Am nächsten Tag kommt es anders, als wir denken. Nach einem flotten 31-Seemeilen-Ritt unter Fock und Groß bei halbem Wind erreichen wir am Abend den kleinen Hafen von Sottunga (60°06,6'N, 020°41,1'E). Zu unserer Überraschung und vor allem zu unserem Glück ist in einem Haus am Hafen eine Küche für die Hafenbenutzer eingerichtet worden – ein Traum. Lars2 und Helmut schwingen sich sofort auf zwei Leihfahrräder und kaufen den drei Kilometer entfernten Supermarkt leer, während Lars1 und ich an Bord alles erforderliche Equipment zusammensammeln und in die Küche bringen. Fast drei Stunden halten wir uns dort auf und bereiten ein herrliches Gulasch zu. Helmuts Erfahrung im Umgang mit Lebensmitteln sei es gedankt. Die Wartezeit vergeht rasch. Die Crew der Herrentour spielt Skat.

Versorgungsengpass

Mariehamn ist die einzige Stadt der Ålands und für uns in vielerlei Hinsicht ein attraktiver Anlaufpunkt. Wir wollen unsere Trinkwassertanks auffüllen, Diesel bunkern, Wäsche waschen, das Museumsschiff POMMERN besichtigen, das lokale Nachtleben ausloten und unsere Gasflasche tauschen oder auffüllen.

Während sich die ersten Punkte einigermaßen leicht durchführen lassen, gestaltet sich der Erwerb von Flüssiggas vergleichsweise schwierig. Um keine Probleme mit dem Gasnachschub zu bekommen, hatten wir vor unserer Abfahrt einen Anruf beim Deutschen Flüssiggasverband getätigt. Dort hatten wir in Erfahrung bringen können, dass es in den skandinavischen Ländern gar kein Problem sei, eine deutsche Propangas-Flasche zu befüllen oder auszutauschen. Aber was nützt die beste Vorbereitung, wenn in der Praxis doch alles anders ist?

Wir starten unsere Gar-kein-Problem-Befüllungs-/Austausch-Aktion direkt in der Marina. Ich klemme mir die Fünf-Kilogramm-Propangas-Flasche unter den Arm und spaziere frohen Mutes zum Hafenmeister, der neben einer Tankstelle für Sportboote auch einen kleinen Shop betreibt. Helmut, Lars1 und Lars2 kümmern sich derweil um die anderen Versorgungsengpässe.

Der Hafenmeister mustert die Gasflasche von oben bis unten, wirft mir einen entsetzten Blick zu, nuschelt irgendetwas in seinen Bart, schüttelt immer wieder den Kopf und eröffnet mir schließlich höflich, aber bestimmt, dass es in Finnland ein eigenes Flüssiggas-System gibt, das mit dem deutschen System bis auf das Gas in den Flaschen keinerlei Gemeinsamkeiten hat. Eine finnische Flasche würde uns nicht helfen, weil sie andere Anschlüsse und Abmessungen hätte. Er könne mir da nicht weiterhelfen. Ein deutsches Gassystem sei in Finnland vollkommen wertlos.

Als ich Helmut, Lars1 und Lars2 meine Hiobsbotschaft überbringe, sind sie ähnlich überrascht und wollen sich genauso wenig wie ich mit den K.-o.-Kriterien des Hafenmeisters abfinden.

»Das kann doch nicht sein, dass es unmöglich ist, Gas in unsere Flasche zu bekommen!«

»Können wir sie nicht irgendwo auffüllen lassen?«

»Vielleicht bei einem Gaswerk oder einer Tankstelle?«

»Oder bei einem Campingplatz, wo deutsche Urlauber sind? Die wissen doch bestimmt eine Lösung.«

»Das könnte sein. Gute Idee!«

»Kümmert ihr euch um den Einkauf, wie besprochen. Ich suche weiter.«

Per Anhalter mache ich mich auf zum nächsten Campingplatz und suche nach Deutschen, die vielleicht eine zweite Flasche übrig haben. Daran glaube ich zwar nicht ernsthaft, aber einfach aufgeben ist auch keine Lösung. Insgeheim hoffe ich, dass der Campingplatz für seine deutschen Gäste volle Flaschen vorrätig hat. Quasi als Serviceleistung.

Das Ergebnis ist ernüchternd. Keine deutschen Flaschen und keine deutschen Gäste. Aber ich solle es mal bei der Tankstelle im Zentrum versuchen – dort könne man mir eventuell weiterhelfen, macht mir der Campingwart neuen Mut. Mit einer Mischung aus Skepsis und Optimismus trampe ich zur Tankstelle. Sicherlich könnte ich den Weg auch zu Fuß zurücklegen, denn so groß ist Mariehamn nicht, aber die Flasche wiegt ein paar Kilo.

Der Tankwart ist vom Fach. Er will helfen und sucht fieberhaft nach einer Lösung. Auffüllen wäre nicht praktikabel, wie er sagt. Das nächste Gaswerk sei in Uusikaupunki. Da könne man die Flasche zwar füllen, aber wir bekämen sie erst in 13 Tagen wieder, weil der Fahrer nur einmal die Woche käme und erst gestern da gewesen sei. Die Situation scheint ausweglos.

Doch plötzlich findet er zu unserer beider Überraschung in seinem Lager noch eine volle schwedische Flasche. Der Anschluss ist identisch. Der Haken: Die Bauform ist anders. Sie ist etwas breiter als unsere. Da wir keine andere Wahl haben, kaufe ich sie. Angebot und Nachfrage bestimmen wie so oft im Leben den Preis, und 75 Euro wechseln ihren Besitzer. Nicht gerade preiswert, aber es gibt ja keine Alternative.

Einigermaßen zufrieden halte ich das nächste Auto an und trampe zum Boot. Dazu sei angemerkt, dass ich meine Fragetechnik mittlerweile so weit optimieren konnte, dass mich das erste angehaltene Auto zu jedem Ziel innerhalb der Stadtgrenzen von Mariehamn fährt. Das geht in etwa so: Mit dem Stadtplan winke ich ein Fahrzeug ran:

»Entschuldigung, ich suche eine Tankstelle. Können Sie mir sagen, wo ich eine finde?«

»Lassen Sie mich mal sehen. Ja, ist gar nicht so weit von hier. Schauen Sie mal, hier ist eine.«

»Super. Vielen Dank für Ihre Hilfe. Ach so, eine Frage noch. Wissen Sie, ob da irgendwie ein Bus hinfährt? Ich muss nämlich diese Flasche transportieren, und die ist sehr schwer.«

»Nein, das weiß ich nicht.«

Dann setzt in der Regel eine Pause ein, in der der Fahrer oder die Fahrerin seine oder ihre hilfsbereite Seite entdeckt:

»Ach, wissen Sie was, ich fahre Sie eben rum. Ist ja nicht so weit.«

»Echt? Das ist ja nett. Vielen Dank.«

Zurück am Hafen müssen wir feststellen, dass die Alternative aufgrund ihrer Überbreite nicht in die Box passt.

»Können die das nicht europaweit normen?«, wundert sich Helmut.

»Das frage ich mich auch. Ich meine, es geht ja sicherlich nicht nur uns so, oder?«

»Wie dem auch sei. Ich bringe die Flasche zurück.«

Der Tankwart ist immer noch sehr entgegenkommend. Er nimmt die Flasche anstandslos zurück und zahlt mir unser Geld wieder aus. Toller Service, wie ich finde. Als Backup erwerbe ich einen Beutel Grillkohle. Dann nutzen wir eben den Heckkorbgrill.

Zurück am Schiff denken wir noch einmal über die ganze Sache nach. Sie lässt uns einfach keine Ruhe:

»Und wenn wir uns selbst einen Adapter bauen?«, guckt mich Helmut fragend an.

»Grundsätzlich wäre das für ein paar Tage okay. Wir sollten aber auf keinen Fall die bestehenden Anschlüsse abschrauben oder verändern. Die habe ich gerade prüfen lassen. Die sind dicht.«

»Einverstanden!«

Kurz darauf stehen wir erneut beim Hafenmeister im Laden und kaufen für 87 Euro eine kleine finnische Zwei-Kilogramm-Propangas-Flasche samt aller vorrätigen Adapter, Reduzierstücke und Schlauchverbindungen. Bastelstunde. Diesmal mit Erfolg. Wir bauen uns einen eigenen Adapter, und bald darauf steht wieder Gas zur Verfügung.

Das ist eine teure, nicht wirklich sinnvolle und vermutlich jeglicher Norm für Gasanlagen widersprechende Lösung. Nicht für die Ewigkeit gedacht, aber bis Uusikaupunki muss sie reichen. Dort wollen wir das Gaswerk aufsuchen und unsere alte Flasche befüllen lassen.

Am Abend verlässt uns Lars1. Seine Woche Urlaub ist vorbei, und der Job ruft wieder. Gemeinsam bringen wir ihn zur Fähre.

»Tschüs, Jungs! Hat tierisch Spaß gemacht. Die Tage an Bord haben mich oft an meine eigene Segelreise damals erinnert. Ich habe kurzzeitig ein längst vergessenes Gefühl wieder entdeckt. Danke dafür!«

»Schön, dass du dabei warst! Komm gut nach Hause.«

Der Abend ist noch jung und somit steht nach langer Abstinenz das lokale Nachtleben auf dem Plan. Ähnlich wie seinerzeit in Liepaja stellt sich zunächst die Frage nach dem »Wo«. Allerdings haben die diversen Gespräche während meiner Mitfahrten in fremden Fahrzeugen im Zuge der Operation »Gasflaschenwechsel« schon eine heiße Spur gelegt. Demnach scheint eine Diskothek namens »Arkipelag« die richtige Anlaufadresse zu sein.

Im Gegensatz zu anderen Momenten auf dieser Reise stimmen Theorie und Praxis diesmal überein. Das »Arkipelag« erweist sich als Volltreffer. Die Disko ist Teil eines Hotels im Zentrum von Mariehamn. Im vorderen Bereich der großen Empfangshalle befinden sich Spielautomaten, Roulette- und Black-Jack-Tische. Weiter hinten erwartet die Besucher eine Tanzfläche, eingerahmt von schmucken Ledersesseln.

Als eine Live-Band zu spielen beginnt, füllt sich die Tanzfläche schlagartig. Zwischen 18 und 70 Jahren sind alle Generationen vertreten. Die Atmosphäre ist familiär. Jeder scheint jeden zu kennen. Wir kommen uns ein wenig wie Fremdkörper vor. Vielleicht auch deshalb, weil wir durch unseren einheitlichen Look – wir tragen unsere Crewshirts – auffallen. Aber das ist gut so. Auf diesem Wege kommen wir schnell mit den Einheimischen in Kontakt.

Zum Beispiel mit Thomas. Ein zwanzigjähriger Sonnyboy. Er kennt alle deutschen Fußballvereine und deren Spieler. Außerdem weiß er schon jetzt, kurz vor Beginn der Fußball-Europameisterschaft, wie sie ausgeht:

»Deutschland fliegt schon in der Vorrunde raus und wir holen den Titel!«

»Das ist uns relativ egal. Für uns Deutschen ist nur wichtig, dass wir besser als Holland abschneiden!«, entgegnet Helmut.

Die Band spielt *Waterloo* von ABBA. Chris spricht uns an. Er ist in unserem Alter, hat eine Glatze, trägt im linken Ohr einen Ring und hat eine Tätowierung am Arm. Er drückt ungefragt jedem von uns ein Bier in die Hand und beginnt das Gespräch:

»Ihr seid nicht von hier, oder?«

»Nein, wir kommen aus Hamburg. Mit unserem Segelboot.«

Schon nach wenigen Sätzen merken wir, dass Chris nur ein Thema im Kopf hat – das andere Geschlecht. Offensichtlich braucht er dafür Publikum, und da kommen wir gerade recht:

»Ich komme eigentlich aus Schweden, bin aber lieber hier – wegen der Mädels. In Finnland redet man nicht lange herum, da sagt man einfach, mit wem man ins Bett möchte. In Schweden muss man vorher erst noch Getränke ausgeben und Bla Bla Bla machen, das nervt.«

»Und warum hast du uns ein Bier ausgegeben und machst Bla Bla Bla mit uns?«

»Einfach so.«

Weiter geht die Konversation nicht.

Eine gut aussehende, blonde Frau passiert unseren Stehtisch. Im Vorbeigehen wirft sie Chris einen verführerischen Blick zu, und schon hängt er an ihren Fersen.

Die Band spielt *Summer of 69* von Bryan Adams. Ich komme mit Ulrika ins Gespräch. Sie ist Studentin und arbeitet während der Sommerpause als Kellnerin auf der Nachbarinsel Föglö. Für den Abend ist sie extra nach Mariehamn gekommen. Auf Föglö sei der Hund begraben, erklärt sie. Wir plaudern übers Segeln, Reisen, Studieren und das Leben in Finnland.

Die Band spielt *Highway to Hell* von AC/DC. Helmut kommt von der Toilette zurück:

»Ist dir mal aufgefallen, dass es hier keine Pissoirs gibt? Man pinkelt einfach auf den Boden, der aus einem Gitter besteht. Darunter gibt es ein Becken, dass das durchgelaufene Bier abtransportiert.«

»Nein, da war ich noch nicht.«

Die Band spielt *Living on a Prayer* von Bon Jovi. Helmut und Lars2, den ich im Folgenden nur noch Lars nennen werde, halten Smalltalk mit Anne, Elina und Marjo. Die Mädels studieren Biologie, Spezialgebiet Schmetterlinge. Seit Februar sind sie in Mariehamn und warten auf den Sommer:

»Vorher zeigen sich die Tierchen nicht«, erklärt Anne.

»Ja, und was habt ihr dann die ganze Zeit bisher gemacht?«

»Party!«

Die Band spielt ein Lied, das wir nicht kennen. Allerdings scheint der Song seine Fans zu haben. In nur wenigen Sekunden verwandelt sich der Saal in einen Hexenkessel. Kreischende Mädels stürmen auf die Tanzfläche. Harte Kerle lassen das Bier stehen. Alle liegen sich in den Armen. Einige tanzen auf den Tischen, andere auf den Bänken.

»Was hat es denn mit dem Song auf sich?«, sucht Helmut eine Erklärung bei Elina.

»Das ist bei uns jedes Jahr der Sommerhit!«

»Hab ich aber noch nie gehört!«

»Ist von Per Gessle, dem Sänger von Roxette. Es heißt *Sommartider.* Das bedeutet ›Sommerzeit‹!« Wir sind beeindruckt.

»Ich hatte ohnehin schon das Gefühl, dass die Bewohner Mariehamns keine Kinder von Traurigkeit sind, aber was hier jetzt abgeht, ist ja der Wahnsinn«, rufe ich Helmut ins Ohr.

»Unglaublich. Der Song ist zwar nicht berauschend, aber den müssen wir unbedingt haben!«

»Sieht so aus, ja. Die sind ja alle völlig aus dem Häuschen.«

»Der Per Gessle muss ein Volksheld, eine Art Udo Jürgens von Schweden sein!«

»Wahnsinn!«

Die Band spielt *Baby, one more Time* von Britney Spears. Ich bin mit dem Biernachschub beschäftigt und werde an der Bar angesprochen. Mein weibliches Gegenüber dürfte so um die 35 sein. Und beim näheren Hinsehen wird mir klar, dass es die Frau ist, der Chris hinterher gezogen war. Sie hat offensichtlich einen über den Durst getrunken, kann sich kaum auf den Beinen halten und lallt mich an:

»Warum kaufst du mir nicht einen Drink und dann sorge ich für ein bisschen Action zwischen deinen Beinen?«

Ich bin sprachlos, muss mich kurz berappeln und lehne höflich ab.

Die Band spielt *Left outside alone* von Anastacia. Mittlerweile sind ein paar Stunden vergangen, seit wir das »Arkipelag« betreten haben. Viele Gäste haben die Kontrolle über sich und ihren Körper verloren, kennen ihre Grenze beim Konsum von Alkohol nicht. Helmut meint:

»Halb betrunken ist hier offenbar rausgeschmissenes Geld.«

Andere haben sich gefunden, sitzen eng umschlungen auf den Ledersesseln, während wieder andere unermüdlich tanzen.

Die Band spielt *Nothing else matters* von Metallica. Eine langsame Rockballade. Es ist das letzte Lied. Sperrstunde. Auf der Tanzfläche wird es ruhig. Sie verwandelt sich in ein Meer von Engtänzern. Anne und Lars, Elina und Helmut, Ulrika und ich. Mittendrin statt nur dabei. Ein sehr lustiger Abend, der uns viele interessante Einblicke in das Nachtleben auf den Ålands gewährt hat, findet sein Ende.

Beim Frühstück beschäftigt sich Helmut mit einer Infobroschüre aus der Touristeninformation:

»Die Ålands gehören zu Finnland, sind jedoch schwedischsprachig und seit 1922 unabhängig.«

»Du meinst, sie verwalten sich selbst?«

»Ja, es gibt ein autonomes Parlament und eine eigene Flagge. Dazu ist im Gesetz über die Selbstverwaltung geregelt, in welchen Bereichen Åland eigenmächtig handeln darf. Wenn die Herren einverstanden sind, lese ich eine kurze Passage dazu vor.«

»Nur zu!«

»Im Gesetz über die Selbstverwaltung werden die Bereiche aufgeführt, in denen das Parlament eigene Gesetze verabschieden kann. Zu den wichtigsten Gebieten gehören: Bildung und Kultur, Gesundheitswesen, Umwelt, Wirtschaft, Verkehrswesen, Polizeiwesen, Post sowie Radio und Fernsehen. Finnlands Gesetze gelten hingegen in den Bereichen der Außenpolitik sowie des Zivil- und Strafrechts. Der finnische Staat erhebt Steuern und Zölle auf Åland. Im Gegenzug wird dem Parlament eine Summe aus dem Staatshaushalt zur Verfügung gestellt, mit der Angelegenheiten finanziert werden sollen, die im restlichen Finnland vom Staat getragen werden. In Fällen, in denen Finnland internationale Verträge eingeht, die auch Åland berühren, muss das Einverständnis Ålands eingeholt werden. Ein Beispiel hierfür war der Beitritt Finnlands und Ålands zur Europäischen Union 1995. Außerdem wurden die rund 6500 Ålandinseln 1856 demilitarisiert. Sie dürfen militärisch weder befestigt noch besetzt werden und sind eine neutrale Zone zwischen Schweden im Westen und Finnland im Osten. Daher werden sie auch gerne als ›Inseln des Friedens‹ bezeichnet.«

»Vielleicht sollten wir uns später hier zur Ruhe setzen. Klingt nach einem friedlichen Lebensabend.«

»Gute Idee, aber vorher besichtigen wir die POMMERN.«

Schon von weitem war uns beim Einlaufen in den Hafen von Mariehamn die Viermastbark aufgefallen. Unübersehbar liegt der 95 Meter lange und 50 Meter hohe Frachtsegler am Eingang zum Yachthafen.

Der Besuch lohnt sich. Auf den Decks, in den Kabinen und Laderäumen gibt es viel Interessantes aus der bewegten Vergangenheit des Schiffes zu sehen. Schwarz-Weiß-Fotografien und Hinweisschilder vermitteln einen guten Eindruck von der Geschichte des Schiffes und dem damaligen Leben an Bord.

Die POMMERN wurde 1903 in Glasgow für die Reederei B. Wenke & Schöne aus Hamburg gebaut und hieß zunächst MNEME – nach der griechischen Göttin der Erinnerung »Mnemosyne«. Schon bald wechselte sie in den Besitz der Reederei F. Laeisz und wurde ein »P-Liner«. So werden die Schiffe der Reederei umgangssprachlich genannt, weil sie allesamt einen Namen mit dem Anfangsbuchstaben »P« tragen.

Nach dem Ende des Ersten Weltkriegs wurde die deutsche Handelsflotte zwischen den Siegermächten aufgeteilt, und die POMMERN fiel Griechenland als Entschädigung zu. Da die Griechen kein Interesse an dem Schiff hatten, verkauften sie es an den åländischen Reeder Gustav Erikson. Er ließ den Frachtsegler bis zum Ausbruch des Zweiten Weltkriegs 1939 regelmäßig Getreide von Australien nach England verschiffen. Fortan lag die POMMERN mit einigen Unterbrechungen in Mariehamn, bis die Reederei Erikson sie 1953 der Stadt schenkte.

Im Laderaum finden wir viele antike Ausstellungstücke, Zeitungsartikel, Fotografien und Tagebuchnotizen, die den Bordalltag der Matrosen verdeutlichen. Besonders gut gefallen uns die kunstvoll bemalten Seekisten für das Privateigentum der jungen Seefahrer. Auf einer Infotafel lesen wir dazu:

»Die Kiste wurde von Schiff zu Schiff mitgenommen und enthielt: Unterzeug, zum Beispiel aus Flanell, Unterhemd und Unterhosen, Wollunterhosen für den Winter, Strümpfe, Schuhe, Stiefel, dicker Wollpullover, Arbeitskleidung, auch für die Tropen, Regenkleidung, Kostüm, weißes Hemd für den Landgang, Schlips und Hut. Im Seitenfach wurde Folgendes verwahrt: Wertgegenstände, Necessaire, Nähzeug, Tabakwaren, Briefe und Fotografien, die Bibel oder ein anderes Buch.«

Bis zu 16 Schiffsjungen lebten in einer Kabine. Es gab Jungmatrosen, Leichtmatrosen und Matrosen. Je höher der Rang, desto besser und bequemer war die Koje. Matrosen mit niedriger Stellung mussten quer zur Fahrtrichtung des Schiffes schlafen, waren den rollenden Bewegungen des Schiffes ausgeliefert.

»Gut, dass HIPPOPOTAMUS vergleichsweise klein ist. Da liegen wir zwangsweise in Fahrtrichtung«, bemerkt Lars.

Wir setzen unseren Rundgang über das Deck fort. Auch hier gibt es viel zu bestaunen. Etwa der Blick über das Schiff vom Steuerstand aus oder die Ausmaße der wuchtigen Takelage.

Abgerundet wird der geschichtsträchtige Ausflug durch die Besichtigung des zugehörigen maritimen Museums. Zwischen Unmengen von Schiffsmodellen entdecken wir auf einem der zahlreichen Ölbilder ein Schiff, das HELMI heißt.

»Guck mal, das Boot hier heißt quasi wie ich«, freut sich Helmut.

Er fragt die Kassiererin nach der Bedeutung und wir erfahren, dass »Helmi« finnisch ist und übersetzt »Perle« bedeutet.

»Na bitte. Das ist doch was!«

Am Nachmittag packen wir unser Bananaboot wieder ein, weil es auf den langen Schlägen, die wir in den nächsten Tagen nach Norden machen wollen, eher stört als nützt. Helmut klappt es zusammen, steckt es in seine Tasche und bindet es an der Reling fest. Ich verstaue die übrigen Teile wie Sitzbänke oder Paddel in der Hundekoje.

Anschließend probieren wir ein neues Angelspielzeug aus. Helmut hat ein so genanntes Heringsbesteck erworben, das sich nun in der Praxis bewähren soll. Es besteht aus einer Leine, an der sechs ganz winzige

Häkchen hängen. Der Vollständigkeit halber sei noch ergänzt, dass der Hering in der Ostsee »Strömling« heißt. Denn sobald ein Hering die Nordsee verlässt und in die Ostsee schwimmt, gilt er als Strömling. Darüber hinaus sind Strömlinge kleiner und fettärmer als Heringe. Da die Ostsee im Frühsommer reich an diesen Fischchen ist, stehen unsere Chancen gut, ein paar von ihnen zu erwischen.

Langsam lässt Helmut die Schnur ins Wasser:

»Das ist ja lustig. Da hat schon einer angebissen.«

»Ach Quatsch!«

»Doch, ehrlich!«

»Na, dann hol die Angel doch gleich mal wieder hoch.«

Und tatsächlich: Helmut zaubert vier kleine Strömlinge aus dem Wasser. Einer springt wieder ab, aber die anderen drei retten Lars und ich sicher in die Pütz.

»Na, das ging ja schnell.«

»Vielleicht haben wir einen Schwarm erwischt?«

»Keine Ahnung, aber am besten versuchen wir es gleich noch mal.«

Es muss so sein, denn allzu schwer machen es uns die Fische nicht. Köder langsam runterlassen und, sobald er den Grund berührt hat, gemütlich wieder aufrollen. In der Regel hängen dann vier bis fünf der zappeligen Fischchen an der Angel. Es braucht nur ein bis zwei weitere Versuche und wir sind sogar in der Lage zu spüren, wie einer nach dem anderen anbeißt. Jeder ist mal dran und darf sein Glück versuchen. Wer alle sechs Haken bei einem Auswurf voll bekommt, wird mit einem ordentlichen Applaus und »Full-House«-Rufen bedacht.

Als der sechzigste Strömling in unseren Eimer wandert, beenden wir unseren Feldzug durch Mariehamns Fanggründe. Schade, denn wir könnten noch stundenlang Beute jagen, aber wir fischen grundsätzlich nicht mehr, als wir auch verzehren können.

»Prost Jungs! Die nächsten zwei Tage gibt es Strömling satt«, wird beim Ausnehmen der zierlichen Tierchen miteinander angestoßen, bevor sie als Bratheringe neben Pellkartoffeln und einer Apfel-Zwiebel-Soße auf unseren Tellern landen.

Die Fußball-Europameisterschaft beginnt. Während die Schweden die Bulgaren mit 5:0 besiegen, segeln wir über Nacht weiter in Richtung Uusikaupunki an der finnischen Westküste. Über 87 Seemeilen schlängelt sich unser Kurs durch das Inselgewirr der Ålands nach Norden.

Bei Anbruch des neuen Tages legt der Wind zu, dreht von West auf Nord und verhindert, dass wir Uusikaupunki direkt ansteuern können. Helmut und ich binden ein Reff ins Groß, tauschen das größere gegen

Anglerglück – Strömlinge

das kleinere Vorsegel und kreuzen Schlag für Schlag unserem Ziel entgegen. Lars gönnt sich derweil eine Pause. Er schläft eingepfercht zwischen Rückenlehne und Leesegel auf der Steuerbordkoje. Davon können ihn weder unsere Wenden noch der Seegang abhalten.

Gegen Mittag erreichen wir Uusikaupunki, was übersetzt nichts anderes als »Neustadt« bedeutet. In unserem Hafenhandbuch hingegen wird Uusikaupunki als »Hafen der Glückseligen« bezeichnet. Wir sind gespannt, ob die Stadt ihrem Ruf alle Ehre macht. Genau genommen müssten dafür nur zwei Wünsche erfüllt werden. Erstens: Wir lösen unser Gasproblem. Zweitens: Die deutsche Nationalelf gewinnt ihr erstes Vorrundenspiel gegen Holland.

Das Gaswerk befindet sich in einem Gewerbegebiet nahe der Sportbootpier. An einem großen eisernen Tor klingeln wir. An der Gegensprechanlage meldet sich eine unverständliche Stimme. Ich trage auf Englisch unser Anliegen vor und wir werden angewiesen zu warten. Ein Wachmann kommt, holt uns ab und geleitet uns in ein Büro außerhalb des Geländes. Dort erwartet uns ein weiterer Wachmann, dem wir unser Problem schildern. Er ist wenig kooperativ und erklärt, dass man keine Endkunden bediene und uns deshalb auch nicht helfen könne. Daraufhin erzählen wir ihm von unserer Odyssee in Mariehamn und er lässt uns ein weiteres Mal wissen, dass man keine Endkunden bediene und uns deshalb auch nicht helfen könne. Unsere letzte Chance sehen wir darin, ihm auch noch zu erläutern, dass wir extra nach Uusikaupunki gesegelt seien, weil wir gehört hätten, dass man uns hier am Gaswerk helfen würde. Dem Mann ist es egal. Er belehrt uns noch einmal darüber, dass man keine Endkunden bediene und uns deshalb auch nicht helfen könne. Das wollen wir aber nicht wahrhaben. Warum auch? Wir haben endlich ein Gaswerk erreicht, wo man unsere Flasche befüllen könnte, und nur weil unser Gegenüber einen schlechten Tag hat, sollen wir seine Absage akzeptieren? Wir bitten darum, mit seinem Chef sprechen zu dürfen. Der Vorschlag wird abgelehnt. Daraufhin beschließen wir, dass wir das Büro der Firma erst wieder verlassen, wenn entweder unsere Flasche befüllt oder der Chef geholt wurde.

In dem Moment kommt aus einem Nachbarzimmer ein weiterer Angestellter, der unsere kleine Unterredung anscheinend mitbekommen hat. Er wirft seinem Kollegen einen bösen Blick zu, packt unsere Gasflasche, verschwindet in einem anderen Gebäude und bringt sie uns kurz darauf voll gefüllt zurück:

»Ich besitze auch ein Sportboot. Wir Segler müssen zusammenhalten!«

Wir sind begeistert, bedanken uns herzlich und verlassen die Fabrik.

»Schön, dass es noch solche Menschen gibt, die nicht nur an sich und ihre Vorschriften, sondern auch an andere denken«, findet Helmut.

»Stimmt, da haben wir Glück gehabt.«

Sicherlich hätten wir uns das alles sparen können, wenn wir die Broschüre *Wassersport in Finnland* der Kreuzer-Abteilung des Deutschen Segler-Verbandes etwas genauer gelesen hätten. Dort steht:

»Austausch und Füllung von Flüssiggasflaschen können wegen der unterschiedlichen Anschlussstücke Schwierigkeiten bereiten. Propangasflaschen können in Finnland nur bei wenigen Firmen nachgefüllt werden. In Espoo am westlichen Stadtrand von Helsinki, in Lohja ca. 75 Kilometer westlich von Helsinki (nur per Auto zu erreichen) und in Turku.«

Hinterher ist man bekanntlich immer schlauer. Aber letztendlich hat es ja geklappt – wenn auch auf Umwegen. Aus Spaß ergänze ich handschriftlich in der Broschüre: »...und in Uusikaupunki am Gaswerk, wenn die Wachmänner einen guten Tag haben.«

Obwohl Deutschland und Holland sich nur mit 1:1 trennen, macht Uusikaupunki seinem Ruf als Stadt der Glückseligen alle Ehre. Wir zumindest zählen uns an diesem Abend zu den glücklichen Menschen, denn auf unserem Kocher brutzelt in der Pfanne die nächste Ladung Strömlinge und das Gas dafür kommt aus unserer eigenen Flasche.

Posteingang

Mittlerweile ist unsere Internetseite zu einem festen Bestandteil der Reise geworden. Was ursprünglich für Familie, Freunde, Verwandte und Bekannte gedacht war, hat – dank einiger Zeitungsartikel – inzwischen über 10 000 Besucher angezogen, die mit Informationen versorgt werden wollen. Wir sind sehr froh über diese Entwicklung, weil wir so andere Menschen an unserer Reise teilhaben lassen können. Im Gegenzug erhalten wir – zu unserer großen Freude – recht viele E-Mails an Bord.

Ungefähr einmal pro Woche stellen wir einen neuen Reisebericht und Fotos auf unsere Homepage – *www.Hippopotamus.de*. Allerdings ist es nicht immer einfach, einen Internet-Zugang zu finden, der auch den Zugriff auf unseren Server erlaubt. Insbesondere in öffentlichen Einrichtungen sind die Sicherheitseinstellungen derart hoch, dass wir viel Kreativität und Forscherdrang benötigen, um ein Update live zu erstellen.

Auf Bornholm haben wir den Computer in der Bibliothek von Allinge genutzt. In Danzig, Liepaja und Roja gab es Internetcafés. Tallinn und Turku bieten drahtloses Internet am Liegeplatz, und in Helsinki hing neben dem schwarzen Brett am Hafenmeisterbüro ein LAN-Kabel für die Gäste. Den besten Zugang haben wir bis jetzt auf Utö gefunden. Dort steht kostenlos ein PC zur Verfügung, den man rund um die Uhr so lange benutzen kann, wie man möchte. Das Angebot ist Teil eines EU-Projektes, das sich damit beschäftigt, abgelegene Zipfel Europas mit öffentlichen Zugängen zum World Wide Web zu versorgen. Zu guter Letzt sei noch Hanko erwähnt, dort durften wir uns mit unserem Notebook im Büro von Henna, der Hafenmeisterin, einwählen. Irgendwie klappt es immer.

Und nun, in Uusikaupunki? Ich sitze im Keller einer Sportbar im Büro des Chefs und bin über Modem mit dem Netz der Netze verbunden, um unsere Neuigkeiten zu verbreiten. Die Verbindung ist recht langsam, und so stöbere ich parallel durch unseren Posteingang, in dem sich inzwischen mehr als dreihundert E-Mails angesammelt haben. Es ist immer wieder schön, das Feedback unserer Nutzer zu lesen:

Hallo, ihr zwei und noch so einige!

Freue mich schon jetzt sehr über euren Törn – insbesondere auf eure Erfahrungen in Polen und den baltischen Staaten. Träume seit Jahren davon, genau diese Ostsee-Ecke segelnd zu erkunden, doch leider oder Gott sei Dank habe ich Familie und drei Kinder und noch ein altes Haus, daher passte es die letzten Jahre nicht.

Also, toi, toi, toi und schreibt uns – denen, die bisher noch nicht den Hintern hoch bekommen haben – fleißig.

Gruß aus MeckPomm von Lars

Moin!

Segel selbst auf der Ostsee und will in ein bis zwei Jahren mal nach Lettland. Ich bin vor 15 Jahren mit meinem Wohnmobil bis nach Russland gefahren. Das war ganz schön chaotisch zu der Zeit. Habe damals unsere Reise mit Kaviarankauf in Lettland finanziert. Jetzt will ich das Ganze vom Wasser aus sehen. Aber Kaviar kann man heute dort bestimmt nicht mehr so billig kaufen, oder?

Immer eine Handbreit Wasser unter dem Kiel wünscht euch:

Ein mitfühlender Segler

Lieber Helmut, lieber Sönke,

eigentlich wollte ich euch ein bisschen Hamburger Wind schicken, aber das ist ja nun gar nicht mehr nötig – und auch mit zu viel Regen verbunden! Vielleicht eine Tüte voll zum späteren Gebrauch?

Gerade hab ich mir eure weiteren Routenpläne angesehen und möchte euch gern einen Tipp geben – möglicherweise gar nicht nötig oder angebracht, aber trotzdem, für alle Fälle. Die schwedischen »Highlands«, wie ihr schreibt, sind wirklich wunderbar, weil sich das Land dort nach dem Abschmelzen der letzten Eiszeit noch immer jährlich ziemlich beträchtlich hebt. Ich bin vor zwei Jahren dort mit einem Motorboot längsgefahren. Nun sehe ich auf eurer Route, dass ihr von Umeå aus ziemlich weitab der Küste direkt nach Süden segeln wollt. Der allerschönste Teil dieser Küste beginnt aber eigentlich erst südlich von Örnsköldsvik, sodass es sich wirklich lohnt, noch ein bisschen länger direkt an der Küste entlang zu segeln!

Na ja, wahrscheinlich habt ihr eure Tour schon bewusst so geplant! Aber ich konnte es doch nicht lassen, diesen Tipp zu geben, weil die Küste eben so wahnsinnig schön ist!

Mein Freund Harry in Luleå hofft übrigens, euch nicht zu verpassen!

Wir werden weiterhin mit großer Spannung und Interesse und vor allem besten Wünschen eure Traumreise verfolgen.

Viele Grüße aus Hamburg von

Barbara

Lieber Sönke und Helmut!

Es macht mir Ehre, auf Ihrer Mailingliste zu sein. Ich verfolge Ihre Reise mit Interesse. Für mich ist es auch eine gute Deutschübung, die Logbücher zu lesen. Vielleicht treffen wir uns, wenn Sie in meiner Heimatstadt Luleå anlegen.

Liebe Grüße von Harry

Hi, Hippo-Crew,

das mit dem Gas kenne ich. Zum ersten Mal habe ich es 1964 erlebt, auf einem Törn mit einem Jollenkreuzer. Wir lagen in Sønderborg, als uns das Gas ausging. Also lag es nahe, mit der Flasche nach Flensburg zu trampen. Da kriegten wir sie auch gefüllt, nur, an der Grenze (Jahre vor Schengen) merkte ich: Mein Pass ist weg. Der war in Flensburg abhanden gekommen. Egal. In Hamburg hatte ich noch einen Personalausweis. Also bin ich samt Flasche nach Hamburg getrampt und habe Mama Erika überrascht. Sie hat mich am nächsten Tag mit ihrem Käfer nach Sønderborg gefahren. (Ja, die Mama hatte einige gute Seiten!) Die restliche Crew hatte sich ein wenig über unser langes Ausbleiben – na, sagen wir mal, gewundert –, bedenkt, es gab noch keine Handys! Aber dennoch waren alle sehr zufrieden, als wir mit der vollen Flasche auf der Pier standen.

Trotzdem – ich habe daraus gelernt und spare Gas, wo es nur geht. Zum Beispiel durch einen elektrischen Wasserkocher. Außerdem wird nur einmal täglich heiß abgewaschen und drittens hab ich eine Federwaage und kontrolliere von Zeit zu Zeit das Gewicht der Flasche, damit mich deren Leere nicht überrascht.

Ach ja, eines will ich noch ergänzen, wenn der zeitliche Bezug auch nicht mehr ganz passt: Auf Hiddensee war ich auch mal. In Vitte hab ich die erste Fisch-Waschmaschine meines Lebens gesehen: eine große Bettenwaschmaschine. Fische rein, Schongang an (ohne Waschmittel). Erst danach waren die Fischer aus der Genossenschaft bereit, uns Butt zu verkaufen. Da waren wir platt wie die Flundern.

Also, alle guten Wünsche!

Deine Tante Sabine

Hallo Sönke, hallo Helmut!

Na, habt ihr in Uusikaupunki auch die Rah der PEKING *gefunden? Wie ihr sicher mittlerweile wisst, war der Großteil der Segelschiffe der Welt so zwischen 1920 und 1940 in Finnland beheimatet, u.a. fast alle »Flying-P-Liner«. Die meisten in Mariehamn, ein paar aber auch in anderen Städten.*

Ja, die Gasflaschen. Macht euch auf dieselben Probleme in Schweden gefasst. Die hier in Skandinavien üblichen 5-kg-Flaschen sind dicker als die deutschen.

Hier noch ein paar Tipps für die Weiterfahrt nach Vaasa. In der Nähe gibt es wieder eine Menge schöner Schären:

– Norrskär: vogelreiche Leuchtturminsel

– Fäliskäret: schöne Außenschäre mit ältestem »Markierungsturm« Finnlands (seit 1784, als Landmarke für Seefahrer)
– Auf der Nord- und Südseite von Bredskär
– Valassaaret: Moräneninsel mit markantem Eisenleuchtturm, der von derselben Firma wie der Eiffelturm erbaut wurde. Der Anleger ist bei der »Lotsenstation« (Merivartiosto) im Norden von Storskär.
Viel Spaß weiterhin!
Viele Grüße
Euer Ville

Hey guys!
I was just visiting your homepage, and it was really nice! I took a look at your logbook and saw that you have visited many of our most beautiful islands here in south-western Finland, as Gullkrona and Utö. But you missed one that I really would recommend – Jurmo. This island consists mostly of rock. But actually I am glad you missed it, so that you happened to be in the Discotheque „Arkipelag" in Mariehamn at the same time with us (Anne, Elina and Marjo)! We really enjoyed to spend the evening there with you, and it was a shame we didn't have time to check out HIPPOPOTAMUS on Sunday. The weather turned out fine, so we were looking after our butterflies. I am looking forward to read more about your voyage in the internet and especially your thoughts about Åland and Mariehamn.
Have fun,
Anne

Moin Moin!
Ein Insidertipp von außen: Letztes Jahr fand zu dieser Zeit in Kristinestad und Vaasa jeweils ein dickes Rockspektakel mit jeder Menge trunkener, zauberhafter Finninnen statt.
Viele Grüße aus dem schleswig-holsteinischen Sommer, nachts vier bis neun Grad, tagsüber Wind und Regen.
Klaus

Hey, ihr beiden,
Wetter ziemlich bescheiden, eine Gewitterfront jagt die nächste, Sommer noch nicht in Sicht, zittern vorm Siebenschläfertag, Kieler Woche läuft mit viel Wind, US-Verteidigungsminister Rumsfeld ist überführt, im Irak Folter erlaubt zu haben, Kanzler Schröder will Reformkurs weiterführen, Finanzminister Eichel stellt den unausgeglichenen Haushalt vor und hat laut Opposition die Hälfte der geplanten Ausgaben noch vergessen. Ihr seht: alles beim Alten!
Grüße, Eule

Tag- und Nachtfahrt

Von Uusikaupunki wollen wir in einem Rutsch bis Vaasa durchsegeln. Deshalb verlassen wir beim Leuchtturm Hylkkari den inneren Schärenweg. Hier draußen, abseits der zerklüfteten Küste, können wir einen direkten Kurs nach Norden segeln. Immer auf dem 21. Längengrad lang. So sind es in Summe nur 155 statt 170 Seemeilen bis Vaasa – zumindest nach unserer Berechnung. Gut drei Stunden Zeitgewinn – je nach Wind und Wetter. Vor allem bedeutet es aber eins: Wir sind endlich wieder auf See. Nicht bloß auf dem Wasser, irgendwo im Gewirr der unzähligen Schären mit ihren verwinkelten Fahrwassern, sondern richtig auf See. Mit einem ständig sichtbaren Horizont, tiefem Wasser, langen Wellen und festem Kurs.

Mittlerweile ist es 21 Uhr und der erste Wachwechsel steht an. Ich übernehme das Kommando, Helmut legt sich hin, Lars leistet mir Gesellschaft. Wir passieren den 61. Breitengrad und hören den Wetterbericht. Für die Nacht werden schwache umlaufende Winde angekündigt. Schade, denn noch machen wir bei Westnordwest um die drei Beaufort gute fünf Knoten Fahrt durchs Wasser. Über Grund, dank der mitlaufenden Strömung, sogar etwas mehr.

Mehr als zehn Seemeilen haben wir uns schon vom Festland entfernt. Teilweise werden es sogar bis zu 15 Seemeilen werden, weil die Küste einen langen Bogen macht. Kein anderes Schiff ist zu sehen und das Land können wir nur noch schemenhaft erahnen. Einzig die rauchenden Schornsteine der Industrieanlagen von Rauma ragen weithin sichtbar über den Horizont hinaus.

»Irgendwie scheint in Finnland jede Stadt eine Fabrik als Erkennungsmerkmal zu haben. Nicht wie bei uns Kirchtürme«, amüsiert sich Lars.

»Sieht so aus. Ist schon ein komisches Bild. Hier draußen ist echt nichts außer Wasser, Schornsteinen und uns. Nicht mal eine Möwe oder ein anderes Schiff.«

Der Tag neigt sich dem Ende zu. Am Horizont versinkt die Sonne. Das ist nichts Besonderes, werden Sie vielleicht sagen, und grundsätzlich liegen Sie damit auch richtig, aber diesmal ist es etwas Besonderes.

Erstens, weil die Sonne ewig braucht, und zweitens, weil der Untergang von einem umwerfenden Farbschauspiel begleitet wird.

»Weckt mich bitte, wenn die Sonne untergeht. Bei dieser Weitsicht hier will ich das miterleben«, hatte Helmut uns klare Anweisung gegeben, bevor er in der Koje verschwand. Sie ist nur noch einen Spalt breit vom Horizont entfernt und wir wecken Helmut, seinem Wunsch entsprechend. Zu früh, wie wir feststellen. Der Untergang dauert viel länger als in unseren Breiten. Jene gute alte Regel, die besagt, dass man mit einem ausgestreckten Arm nur zu zählen braucht, wie oft die eigene Faust zwischen Horizont und Sonne passt, um zu wissen, wie viele Stunden sie noch zu sehen ist, gilt nicht mehr. Wir segeln dafür zu weit nördlich. Hier oben lässt sie sich mehr Zeit.

Erst um halb eins können wir sie nicht mehr sehen. Eigentlich habe ich seit einer halben Stunde Freiwache und könnte in meiner Koje vor mich hinträumen, aber ich will gar nicht. Es ist das erste Mal in meinem Leben, dass ich um Mitternacht die Sonne sehe, da kann ich doch nicht einfach schlafen gehen.

Im Vergleich zu Dämmerungsstimmungen, die ich auf der Elbe erlebt habe, ist es unglaublich hell. Alles leuchtet kräftiger, als wir es kennen. Selbst mit Sonnenbrille bin ich teilweise geblendet. Die gesamte Ostsee erscheint in einem eigenartigen Licht. Vor uns glänzt das Wasser orange-blau, achteraus schimmern die Wellen zartlila. Entlang des Horizonts zieht sich ein purpurner Wolkenstreifen und der Himmel leuchtet in den schönsten Rot- und Blautönen.

Ich verbringe meine wachfreie Zeit komplett im Cockpit und erfreue mich gemeinsam mit Lars und Helmut am Farbenreichtum der nicht vorhandenen Nacht. Ich bin hellwach. Leider kann man das vom Wind nicht behaupten. Er schläft ein. Flaute. Der Wetterbericht behält Recht. Wir nehmen notgedrungen die Segel runter, starten den Motor. Glücklicherweise nur für eine Stunde, denn der Wind hat Erbarmen mit uns, kehrt kurz vor dem Wachwechsel um zwei Uhr in der Früh zurück. Helmut legt sich wieder hin, Lars setzt Groß und Genua und ich stelle die Windfahne ein.

»Ist schon faszinierend. Nur mit der Kraft des Windes werden wir vorwärts bewegt. Wir müssen keinerlei Energie aufbringen, das macht alles die Natur.«

»Ja, vor allem nicht mal zum Steuern. Das macht auch die Natur, jetzt, wo du die Windfahne eingestellt hast.«

»Und wir laufen über fünf Knoten. Das ist das Beste, finde ich.«

»Jo, und wenn wir so weiter rasen, sind wir gleich in Haparanda.«

»Wir sollten sehen, dass wir eine Heckleine klar haben, die wir irgendwie um einen Pfahl wickeln, um das Schiff zu stoppen, sonst bohren wir uns bis zum Nordkap durch!«

»Lustige Idee! Dann gäbe es eine Art Grenzkanal zwischen Finnland und Schweden. Einssechzig tief und zweifünfundachtzig breit!«

Der Wind dreht etwas rück und HIPPOPOTAMUS läuft plötzlich 349 statt 0 Grad. Noch vor wenigen Tagen wäre ich aufgesprungen und hätte die Einstellung der Windfahnensteuerung angepasst. Inzwischen sehe ich das anders, bin ich entspannter, warte erst mal ab. Zur Not kann ich die Justierung in zehn Minuten ja immer noch korrigieren – falls erforderlich.

»Ich lege mich dann auch mal hin. Die letzte halbe Stunde bis zum nächsten Wachwechsel schaffst du auch alleine«, verabschiedet sich Lars.

»Klar, kein Problem. Werde noch ein paar Fotos schießen, wenn die Sonne wieder aufgeht, und dann ist Helmut ja auch schon wieder dran.«

Ich lege einen neuen Film in die Kamera, setze das Teleobjektiv auf und warte. Knallrot und kurzzeitig durch ein paar Wolken verdeckt erhebt sich der Fixstern wieder gen Himmel. Weniger hell und schneller als beim Untergang. Wenn ich es mir genau überlege, macht das keinen Sinn, oder? Vermutlich kommt es mir einfach nur so vor, weil mein Zeitgefühl durch das ständige Tageslicht etwas durch den Wind ist.

Um vier löst mich Helmut ab und ich verschwinde endlich in der Koje. Natürlich hätte ich meine Pause auch eher haben können, aber das Durchmachen hat sich gelohnt. Ich lege mich wie immer ins Vorschiff. Mit dem Kopf zur Spitze. Füße nach achtern. So kann ich – auf dem Rücken liegend – nach hinten gucken und meine Umgebung vor dem Einschlafen beobachten. Hinter dem Heck tanzt der Himmel im Takt der Wellen auf und ab. Wolken wandern hoch, runter, hoch, von links nach rechts und zurück. Ich habe alles im Blick, bin jedoch weit weg von Geräuschen und Gesprächen. Bekomme nur gelegentliche Fetzen mit. Höre stattdessen das Rauschen der See an der Bordwand.

Während ich so daliege, wird HIPPOPOTAMUS am Bug von den Wellen immer wieder rund einen Meter in die Höhe gehoben, um dann ins nächste Wellental zu fallen. Es ist großartig. Ich spüre jede Woge in meinem Magen. Das Auf und Ab setzt ein angenehmes Kribbeln frei. Wie beim Achterbahnfahren. Nur milder. Die Sparversion eben. Dafür regelmäßiger und länger andauernd. Manchmal, wenn das Schiff fällt, hebt mein Körper von der Matratze ab. Und, obwohl er nur ein paar Bruchteile von Sekunden schwebt, lande ich nicht wieder dort, wo ich abgehoben habe. Ein tolles Gefühl. So lässt es sich gut einschlafen.

»Guten Morgen«, schüttelt eine Hand meine Schulter. Helmut guckt mich freundlich an: »Wachwechsel und Frühstück. Es ist sieben Uhr.«

Es duftet nach Rührei, Zwiebeln und Speck im Schiff. Ich freue mich über den Geruch, weil es an Bord selten nach etwas riecht. Woher auch? Das Leben findet ständig an der frischen Luft statt. Das Land ist weit weg und das Ostseewasser riecht hier draußen nun einmal nach nichts.

Wir passieren den 62. Breitengrad. Auf unserem geliehenen Übersegler entdecke ich die eingetragenen Positionen von Dietger und der AUGUSTA-Crew. Im Sommer 2003 hatten sie im Schnelldurchgang die Ostsee bereist. Die Bleistiftkreuze spiegeln den Abschnitt von der Höga Kusten nach Mariehamn wider. Rund 200 Seemeilen am Stück. Da kommt mir unser Schlag nach Vaasa direkt klein vor. Eigentlich wollte ich damals auf dem Teilstück nach Haparanda dabei sein, war aber beruflich verhindert. Auf jeden Fall hat Dietger uns einen Großteil seiner Ostseekarten für diese Reise zur Verfügung gestellt. Dafür sind wir ihm äußerst dankbar.

Gegen elf Uhr wecke ich Helmut und verschwinde für unbestimmte Zeit in der Koje. Er hat jetzt die lange Schicht bis 17 Uhr. Das sind sechs Stunden. Nicht gerade wenig, nach dem bisschen Schlaf. Werde mich später zu ihm gesellen. Außerdem ist Lars ja auch noch da. Wird schon passen. Für mehr reichen meine Gedanken nicht, ich bin todmüde.

Drei Stunden später fühle ich mich wieder fit. Bestandsaufnahme: Lars schläft, Helmut lernt Schwedisch, die Sonne scheint, wir haben Wind, Groß und Genua stehen gut, 4,6 Knoten Fahrt durchs Wasser, 351 Grad Kompasskurs, 26 Meter Wassertiefe und noch zwölf Seemeilen bis zu unserem Wegpunkt südöstlich des Flachs »Eriksson«.

Inzwischen sind wir seit mehr als 24 Stunden auf See, irgendwo abseits der finnischen Küste. Früher lagen mir so lange Schläge nicht. Trotzdem hat es mich immer zu denen hingezogen, die solche Touren unternommen haben. Ich wollte alles von ihnen darüber wissen. Wie das ist, lange draußen zu sein, ob es Spaß macht und worin der Reiz liegt. Eine vernünftige Antwort habe ich nie bekommen. Auch mir fällt es schwer, das zu beschreiben. Vielleicht fehlt mir aber auch der Maßstab für solche Gedanken, weil der größte Schlag in meinem Leben gerade mal 300 Seemeilen lang war. Damals bin ich mit Helmut von Kiel nach Strömstad gesegelt. Obwohl wir uns mehr als zwei Tage lang nur auf der Grundfläche des Schiffes bewegen konnten, haben wir uns unheimlich frei gefühlt. Vermutlich, weil man auf See in alle Richtungen fahren kann. Nirgendwo ist Land im Weg. Frei nach dem Motto: »Dänemark gefällt dir nicht? Gut, dann fahren wir eben nach Schweden oder Norwegen!«

Das Beste an dem Törn war jedoch das Ankommen. Daran erinnere ich mich noch genau. Ich bin sofort zu einer Telefonzelle gerannt und habe meine Eltern angerufen:

»Mein Jung, wo seid ihr denn?«, hatte Mama gefragt.

Ich ließ eine kleine Weile verstreichen, um dann genüsslich zu antworten:

»In Strömstad – am Eingang zum Oslofjord.«

»Das ist jetzt nicht wahr!«

»Doch!«

»Aber ihr wart doch vor drei Tagen noch in Kiel?«

»Schon, aber wir sind sechzig Stunden durchgesegelt, wollten mal wissen, wie das ist.«

Natürlich besteht der Reiz einer Langfahrt aus mehr als dem Ankommen. Wie so oft im Leben ist der Weg das Ziel. Er ist Kontrastprogramm zum Alltag mit all seinen Herausforderungen und Hürden. Da reicht schon ein einfaches Wochenende auf der Elbe. Sobald mir der Wind um die Nase weht, setzt ein Gefühl von Urlaub und Erholung ein, rutschen die eigenen Wünsche in den Vordergrund. Dann kann ich abschalten.

Auch wenn es komisch klingen mag, aber manchmal stört es mich schon, wenn ein Mitsegler mit einer Tageszeitung oder einem Nachrichtenmagazin an Bord auftaucht. Ich kann auch gut ein halbes Jahr lang nur von einer Handbreit Wasser unter dem Kiel leben – die Fußball-Europameisterschaft mal ausgenommen.

Natürlich mache ich mir das Leben mit dieser Einstellung ziemlich einfach, aber ist das verwerflich? Der Alltag wird uns noch früh genug wieder einholen.

17 Uhr – Wachwechsel. Ich bin wieder dran. Wir verlassen die offene See, biegen ab in Richtung Inselwelt. Sie hat sich verändert. Die Eilande sind flacher, die Buchten seichter, die Höhenunterschiede verschwunden.

»Die Küste hier sieht langweilig aus«, finde ich.

»Irgendwie schon. Als ob wir auf einem See unterwegs wären. Flachland mit Wald bis ans Ufer.«

Wir verwerten unsere letzten Frischwaren. Vier Tomaten, eine Packung Mozzarella, ein halber Kopfsalat, eine Zwiebel, Balsamico-Essig, Olivenöl, Salz und Pfeffer finden ihren Weg in unsere Salatschüssel.

Judith ruft an. Sie macht Gebrauch von unserer neuen Bordtelefon-Nummer. Das System ist einfach. In Mariehamn haben wir uns bei einem Telefonhändler eine finnische SIM-Card für mein Mobilfunktelefon gekauft. Nun sind wir unter einer nationalen Telefonnummer erreichbar. Der Vorteil dabei ist, dass der Anrufende die Kosten des Gesprächs trägt und wir keinen Cent dazuzahlen. Judith hat einen günstigen Anbieter für 13 Cent pro Minute gefunden.

Wir plaudern über Gott und die Welt. Ich genieße es, ohne Zeitdruck und Dollarzeichen in den Augen mit ihr zu klönen: Das Handballtraining war anstrengend, sie geht mit dem Arbeitskreis von der Uni ins Theater und kommt per Billigflieger nach Stockholm, um ein paar Tage mitzusegeln. Ich erzähle von unserem langen Schlag, der Gasflaschen-Befüllaktion, dem Nachtleben in Mariehamn und der POMMERN. Judith will wissen, was ein »P-Liner« ist und ich frage sie, ob sie mir zwei neue Plastikrollen für die Ankerhalterung am Bug postlagernd nach Luleå senden kann. Die Minuten vergehen wie im Flug. Wir tauschen wichtige und belanglose Informationen aus. Ich freue mich, ihre Stimme zu hören.

Als ich auflege, schläft der Wind ein. Helmut lässt die Genua runter, ich starte den Motor, Lars schnappt sich ein paar Zeisinge und legt das gute Tuch ordentlich zusammen.

»Kurze Frage: Wollen wir vielleicht einfach die nächste brauchbare Bucht anlaufen und dort die Nacht verbringen?«

»Ist auf jeden Fall besser, als durch die Flaute zu motoren.«

»Reicht ja auch, wenn wir morgen Abend in Vaasa sind, dann kriegt Lars locker seinen Flieger nach Hamburg. Lars, was meinst du?«

»Klingt gut.«

Wir entscheiden uns für den kleinen Hafen von Bredskär (62°55,7'N, 021° 11,0'E) am nördlichen Ende der gleichnamigen Insel rund zwanzig Seemeilen südwestlich von Vaasa. Nach 33 Stunden haben wir wieder festen Boden unter den Füßen. Vermisst haben wir ihn nicht. Im Logbuch notiere ich:

»Ankunft: 18. Juni 2004 um 21.50 Uhr. Fahrtzeit: 33 Stunden. Strecke: 148,0 Seemeilen von nun insgesamt 1685,0. Der Abend klingt gemütlich beim Bier an Bord aus. Wo auch sonst?«

Party in Vaasa

Der Zwischenstopp auf Bredskär hat sich gelohnt. Am nächsten Morgen weht es wieder: West, um vier Beaufort – Rückenwind. Dazu blauer Himmel und nur ein paar vereinzelte Wolken am Himmel. Wir setzen Groß und Genua und überqueren den 63. Breitengrad. Kurs Vaasa. Helmut beschäftigt sich mit der Seekarte:

»Ist dir mal aufgefallen, dass alle finnischen Städte, die wir bisher angesteuert haben, das gleiche eckige Straßenmuster haben?«

»Jetzt, wo du es sagst, schon.«

»Ich meine, die sehen alle total künstlich aus!«

»Ja, und woran liegt das?«

»Bei Vaasa und Turku zum Beispiel am Feuer! Beide Städte wurden durch verheerende Brände Anfang des 19. Jahrhunderts vernichtet. Holzbauten eben.«

»Na, du als Bauingenieur musst es ja wissen.«

»Das nun auch wieder nicht, aber ich habe mich im Vorwege halt informiert. Im Internet gibt es viele Infos dazu.«

»Das ist nicht zu überhören. Und?«

«Nun, das Feuer in Vaasa zerstörte zum Beispiel fast alle Häuser der Stadt. Mehr als 3500 Menschen sind über Nacht obdachlos geworden. Allerdings kam niemand ums Leben. Vaasa wurde sieben Kilometer westlich seines ursprünglichen Standorts wieder aufgebaut – quasi auf dem Reißbrett neu entworfen. Deshalb ist das Straßenmuster auch so eckig. Ist eben alles künstlich.«

»Na, wenigstens weiß einer von uns Bescheid.«

»Wie du schon sagst: Ich bin Bauingenieur!«

Wir erreichen Vaasa am frühen Nachmittag und stoppen zunächst an einer Bootstankstelle. Im Gegensatz zu Deutschland ist es in Finnland erlaubt, Sportboote mit Heizöl zu betreiben. Für gerade mal 16 Euro bekommen wir dreißig Liter Polttoöljy – wie der Kraftstoff auf Finnisch heißt.

Wir vertäuen HIPPOPOTAMUS im südlichsten der drei Yachthäfen auf der Insel Vaskiluoto. Die Marina ist modern und verfügt über alle gängigen Serviceeinrichtungen. Insbesondere die Sauna direkt vor dem Bug unseres Schiffes hat es Lars und mir angetan.

Es ist sein letzter Abend mit uns, zudem auch noch Samstag, und in der 57 000 Einwohner zählenden Stadt leben 10 000 Studenten und Studentinnen.

»Hier sind wir richtig!«, findet Helmut.

»Gut, wo fangen wir an? In einer Sportbar? Fußball-Europameisterschaft? Deutschland gegen Lettland?«

»Gute Idee. Dann sehen wir weiter!«

Wir machen uns auf in Richtung City und finden nahe dem Marktplatz ein Restaurant mit Großbildleinwand. Wir sind die einzigen Gäste. Das Spiel beginnt. Selbstbewusst breiten wir unsere vom Schiff mitgenommene Deutschlandflagge auf dem Tisch aus. Sie wirkt fehlplatziert und kann letztendlich auch nicht von neunzig torlosen und langweiligen Minuten ablenken.

»Warum ist die Kneipe eigentlich so leer? Ich meine, heute ist immerhin Samstag«, wundert sich Helmut.

»Stimmt, wo sind die alle? Ich frage mal nach.«

Ein kurzes Gespräch mit dem Wirt klärt die Sachlage. Er erzählt, dass im Nachbarort Seinäjoki ein Rockfestival stattfinde und es deshalb in Vaasa mit dem Nachtleben heute nicht so doll sei.

»Moment mal, davon hatte uns doch einer unserer Leser per Mail berichtet!«

»Da hast du Recht! Da kann es nur ein Ziel geben. Oder?«

»Du meinst: Mittendrin statt nur dabei?«

»Yepp!«

Wir machen uns auf zum Bahnhof und müssen einsehen, dass es nur alle fünf Stunden eine Zugverbindung in das achtzig Kilometer entfernte Seinäjoki gibt. Um 18 Uhr ist ein Zug gefahren und erst um 23 Uhr fährt der nächste. Unglücklich das Ganze. Genau genommen: zu spät für unsere Planung. Daher wird die Idee schweren Herzens abgehakt.

Notgedrungen bewegen wir uns innerhalb der Stadtgrenzen von Vaasa weiter. Wir suchen ein italienisches Restaurant auf und widmen uns der Nahrungsaufnahme in Form von Pizza.

Um zumindest für den weiteren Verlauf des Abends eine zuverlässige Planungsgrundlage sicherzustellen, interviewen wir die Bedienung. Vergeblich, wie sich herausstellt. Sie erklärt, dass im Nachbarort ein Rockfestival stattfinde und es deshalb heute Abend in Vaasa kein Nachtleben gebe.

Glücklicherweise sitzen am Nachbartisch Johanna, Emma und Klaus. Sie haben unser Gespräch mitbekommen und sehen das ganz anders.

»Besucht erst die ›Spacebar‹ und anschließend das ›Giggling Mårlin‹«, lautet ihr einhelliger Tenor.

»Vielen Dank. Werden wir uns überlegen.«

»Warum setzt ihr euch nicht einfach zu uns, das wäre ja noch viel einfacher?«, schlägt Emma vor.

Die Idee gefällt uns und wir rücken einen Tisch weiter. Emma übernimmt das Zepter. Sie ist der Meinung, dass sich jeder erst mal zwei Minuten lang vorstellen müsste, bevor wir fortfahren. Wir finden das zwar etwas albern, aber was spricht dagegen?

Es geht reihum. Emma und Johanna wohnen in einer Wohngemeinschaft: neunzig Quadratmeter mit Sauna und Dachterrasse mitten in Vaasa. Während Johanna das alles ziemlich locker sieht, scheint Emma der WG-Alltag gelegentlich über den Kopf zu wachsen. Sie war ein paar Tage im Urlaub, in denen Johanna, entgegen der gemeinsamen Abmachung, in der Wohnung geraucht hat. Unglücklicherweise hat Johanna den Vorfall abgestritten, bis Emma die Asche im Mülleimer gefunden hat.

Klaus versucht die Situation zu retten, indem er fortfährt:

»Ich bin Ingenieur.«

»Ich auch. Nächstes Jahr bin ich durch. Mir fehlt nur noch eine Klausur«, unterstützt Helmut ihn.

Lars erzählt, dass er Wirtschaftsmathematiker ist, und ich erwähne mein BWL-Studium.

»Kommt doch mit zu uns! Ihr könnt gucken, wie die Tschechen die Holländer besiegen, und wir machen uns klar für die Piste!«, ergreift Emma wieder die Initiative.

Wir sind einverstanden. Nach einem Stopover, in dem Johanna und Emma in Summe rund zwanzig verschiedene Paar Schuhe vorführen und die Tschechen tatsächlich die Holländer besiegen, erreichen wir gegen Mitternacht die Diskothek »Giggling Mårlin«. Johanna kennt den Türsteher, und wir sparen neben dem Eintritt das Anstehen in der Warteschlange.

»Von wegen, nichts los hier!«, wundert sich Helmut über den Andrang.

»Weiß auch nicht, wieso die alle das behaupten. Ist doch gut gefüllt, der Laden.«

»Sag mal Sönke, willst du in deinem Buch eigentlich schon wieder über unser Nachtleben berichten?«

»Ich glaube eher nein. Letztendlich wird der Abend vermutlich ähnlich dem in Mariehamn verlaufen. Ich will damit nicht langweilen. Und dennoch finde ich, dass das Nachtleben in Skandinavien Erwähnung verdient. Es ist anders als bei uns. Allerdings suche ich immer noch nach dem Unterschied.«

»Wenn du mich fragst, ich glaube, es sind die Menschen selbst.«

»Ja, das vermute ich auch. Aber was ist hier anders? Ich meine, warum ist es hier so reizvoll, dabei zu sein?«

»Vielleicht, weil die Skandinavier wissen, wie man eine zünftige Party feiert, mehr aus sich rauskommen.«

»Das auf jeden Fall. Aber sie sind auch offener und herzlicher.«

»Stimmt! Sie wirken wie eine große Familie und es macht Spaß, ein Teil davon zu sein. Das könntest du ruhig schreiben.«

»Werde ich mir überlegen. Aber letztlich hast du Recht. Ich meine, unsere Streifzüge durch das Nachtleben sind ein Teil dieser Tour und gehören somit auch in mein Buch.«

Die Zeit rast dahin. Helmut klönt mit Johanna. Lars stößt mit uns an. Emma küsst Klaus. Helmut lernt Raila kennen. Lars tanzt mit Johanna. Teemu gesellt sich dazu. Johanna will wissen, ob ich ihr Parfüm mag. Helmut mustert Raila. Klaus reicht Teemu ein Bier. Johanna, Emma und Raila verschwinden zusammen auf der Toilette. Helmut holt die nächste Runde. Klaus klopft Teemu auf die Schulter. Johanna will wissen, ob mir ihre Schuhe gefallen. Lars tanzt mit Raila. Helmut klönt mit Emma. Teemu spendiert Klaus ein Bier. Lars tanzt mit Emma. Helmut flirtet mit Raila. Ich gebe Lars und Helmut einen aus. Klaus küsst Emma. Johanna will wissen, ob ich mit ihr zum letzten Lied tanze. Helmut und Raila tanzen zum letzten Lied. Johanna tanzt mit mir. Emma und Klaus knutschen. Lars will zum Schiff zurück. Das Licht geht an. Sperrstunde.

Teemu lädt uns auf einen Absacker in seine Wohnung ein. Lars geht an Bord, damit er den Flieger nicht verpasst. Raila, Johanna, Helmut und ich nehmen die Einladung dankend an. Sein Apartment gefällt uns. 120 Quadratmeter über den Dächern der Stadt. Große Fenster durchfluten die Räume mit Licht. Wir genießen den Blick über Vaasa morgens um vier. Es ist taghell.

Unser Gastgeber will ein guter Gastgeber sein und bietet sein Sortiment an alkoholischen Getränken feil. Vodka-Vanilla für die Damen. Bacardi-Cola für die Herren. Er ist nicht zu bremsen, will unbedingt Deutsch sprechen. Seinerzeit war er – im Zuge eines Praktikums – in Deutschland. Irgendwo in einem kleinen Ort zwischen München und Stuttgart, dessen Namen er vergessen hat. Er spricht nicht viel Deutsch und ist schwer zu verstehen, weil seine Ausführungen einen schwäbisch-bayerischen Akzent tragen. Ein groteskes Bild. Teemu redet und redet und redet. Über Kinofilme, Fastfood, Computerspiele, deutsche Produkte und deutsche Bands. Und wir sitzen einfach nur da. Nicken, lachen oder gähnen. Es ist spät. Oder besser gesagt: früh. Kurz vor sechs Uhr ist unser Speicher voll. Ende der Vorstellung. Helmut will Raila nach Hause bringen, ich will einfach nur schlafen und gehe daher direkt zum Schiff.

»Gute Nacht – Sönke!«

»Jo, bis gleich! Mal sehen, vielleicht erwische ich ja noch Lars.«

»Bestell ihm schöne Grüße von mir!«

Da es zum Hafen rund zwei Kilometer Fußmarsch wären und ich dafür gerade nicht aufgelegt bin, entscheide ich mich fürs Trampen.

Erster Anlauf: Am Straßenrand entdecke ich eine Person, die gerade in ihr parkendes Auto einsteigt.

»Hey, nimmst du mich mit?«

»Gern, also, ich meine, grundsätzlich schon, aber ich kann nicht mehr fahren. Kannst du noch fahren? Also, ich meine, ich bin voll!«

»Tut mir leid, da kann ich uns nicht weiterhelfen.«

Zweiter Anlauf: An einer roten Ampel entdecke ich einen Kleinwagen.

»Sorry, aber kannst du mich mitnehmen – in Richtung Yachthafen?«

»Klar, warum auch nicht – heute ist mein Tag. Da mache ich alles!«

»Was meinst du?«

»Ach, weißt du – ich bin gerade Vater geworden! Meine Frau liegt im Krankenhaus und ich bin fünfzig Kilometer gefahren, um eine Zigarre zu kaufen. Ich wollte immer eine Zigarre rauchen, falls ich Papa werde.«

»Und? Warst du erfolgreich? Ich meine, wenn du willst, gebe ich dir eine aus? Irgendwo an Bord ist bestimmt noch eine.«

»Nein, das passt schon. Habe eine bekommen. Alles bestens!«

Im Cockpit treffe ich Lars mit seiner Tasche in der Hand:

»Da kommst du aber gerade noch rechtzeitig. Ich muss los – mein Taxi zum Flughafen wartet schon. Danke für alles! Wir sehen uns in Hamburg. Grüß Helmut von mir!«

»Mach ich. Ich soll auch von ihm grüßen. Also, halt die Ohren steif!«

Gegen drei Uhr nachmittags wecken mich Helmut, Johanna und Raila. Sie haben einen Supermarkt leer gekauft und allerhand Leckereien für ein typisches finnisches Katerfrühstück dabei: gefüllte Blätterteigtaschen mit Reis und Gemüse, pfannkuchenartigen Käse, der mit Marmelade bestrichen oder Salz bestreut werden kann, Baguette, verschiedene Streichkäsesorten und – zu allem Überfluss – Prosecco.

Zeitlos in den Norden

»Südwest um vier Beaufort, Sonne, 20 Grad! Danke, Rasmus!«, freut sich Helmut beim morgendlichen Blick aus der Luke.

»Haparanda, wir kommen!«, begeistern mich die Rahmenbedingungen ebenfalls.

Oft habe ich mir gewünscht, einmal im Leben auf eigenem Kiel nach Haparanda, dem nördlichsten Punkt der Ostsee, zu segeln. Nun scheint meine persönliche Pilgerstätte zum Greifen nahe. 200 Seemeilen trennen uns noch. Wenn ich darüber nachdenke, dann ist es etwas überzogen, Haparanda so viel Bedeutung beizumessen. Ehrlich gesagt kann ich Ihnen auch gar nicht genau erklären, warum ich das tue. Vermutlich, weil der Ort, von Hamburg aus gesehen, das Ende der Ostsee markiert. Keine andere Stadt entlang ihrer Küste ist weiter entfernt. 1600 Kilometer – Luftlinie. Das ist mehr als der Abstand zwischen Hamburg und Rom. Wie dem auch sei, ich freue mich auf dieses Etappenziel nahe dem Polarkreis.

Vorher wollen wir allerdings Maakalla (64°18,9'N, 023° 31,1'E) einen Besuch abstatten. Maakalla ist das Eiland, das Marrku uns empfohlen hat, als wir ihn im Barösund getroffen haben. Auf seiner Zeichnung für die Ansteuerung ist allerdings nicht viel zu erkennen: Ein Kreis skizziert die Insel, eine Linie den von uns zu fahrenden Kurs. Wir sollen uns von Süden annähern, im Westen 300 Meter und im Norden 150 Meter Abstand halten. Auf der Ostseite befindet sich eine kleine Pier. Ansonsten müssen wir einen Unterwasserfelsen im Nordosten der Insel beachten. Wir sind gespannt.

Wir verlassen Vaasa und rauschen mit flotten sechseinhalb Knoten, unter Groß und Genua, in Richtung Norden. Bewaldete Inseln kommen und gehen, wiederholen sich. Die See ist dunkelblau, der Himmel hellblau und wolkenfrei. Tonnen säumen unseren Weg und markieren das Fahrwasser: rote an Backbord, grüne an Steuerbord. Helmut liest, ich steuere.

»Endlich mal wieder eine Brücke!«, freue ich mich, als voraus eine Hängebrücke auftaucht.

»Wie lange ist das eigentlich her, dass wir das letzte Mal eine Brücke passiert haben?«

»Keine Ahnung. Lange!«

Ich habe Mühe, das zu rekonstruieren. Finnland? Bisher keine. Estland, Lettland, Litauen? Viele Hafenstädte, aber keine Brücken. Polen? Beim Einlaufen in Danzig vielleicht? Auch nicht. Bornholm? Mit Sicherheit nicht. Deutschland? Bestimmt, aber wo? Elbe, Nord-Ostsee-Kanal, Fehmarn? Na klar! Die Fehmarnsundbrücke. Das ist lange her. Mehr als 1500 Seemeilen.

»Ich habe es: die Fehmarnsundbrücke!«, gebe ich mein Wissen preis.

»Du irrst, ich habe auch nachgedacht. Es gab danach noch eine.«

»Welche denn?«

»Stralsund. Die Klappbrücke, wo wir auf die Durchfahrt warten mussten.«

»Stimmt. Das war der letzte Punkt auf dieser Reise, an dem ein physikalisches Hindernis die Weiterfahrt verhindert hat.«

Am Abend haben wir Bergfest. Es ist der 21. Juni 2004 – die kürzeste Nacht des Jahres. Just an diesem Datum erleben wir die Mitte unseres Törns. Das ist ein Zufall, der sich ergibt, wenn man am neunten April in See sticht und am dritten September zurückkommen will. Den Termin für die Ankunft haben wir so gewählt, weil dann Hamburger Yachthafenfest ist und an Land Bierbuden aufgebaut werden. Wir finden, dass das eine gute Gelegenheit ist, um mit unseren Freunden das Wiedersehen zu feiern. Natürlich könnten wir auch erst im Oktober heimkehren, aber das wollen wir nicht. Dann wehen bereits die ersten Herbststürme über die Ostsee hinweg und die Tage werden kalt und ungemütlich. Wir wollen gehen, wenn es am besten ist, und dafür scheint uns ein Termin im Spätsommer gerade richtig. So werden wir die Ostsee vermutlich in guter Erinnerung behalten.

»Durch diesen Zufall verbringen wir die höchstmögliche Zeit, die man auf einer fünfmonatigen Ostseereise im Hellen verbringen kann, im Hellen!«, meldet sich der Ingenieur zu Wort.

»Bestens! Sag mal, Helmut, bist du traurig, dass die erste Hälfte schon um ist?«

»Nein, es liegt noch so viel vor uns. Das kann mich nicht beunruhigen.«

»Es fühlt sich so an wie zehn Sommerurlaube am Stück, oder?«

»Ja, das Gefühl für das Normale geht verloren. Freizeit wird zur Selbstverständlichkeit – wird zum Alltag. Es wird sicher nicht ganz einfach, sich hinterher wieder an den echten Alltag zu gewöhnen.«

Ähnlich wie die Überquerung des 60. Breitengrades muss auch dieses Ereignis gefeiert werden. Wir befestigen am Ende des Großbaums

Bergfest mit unserem Bord-Maskottchen »Flodhäst«

eine Girlande, gönnen uns ein Bier und stoßen zusammen mit unserem Bord-Maskottchen »Flodhäst« – einem grauen Plüschnilpferd – an.

Leider schläft der Wind immer mehr ein. Als wir nur noch einen halben Knoten Fahrt über Grund machen, streichen wir die Segel und starten den Motor. Weit und breit ist kein anderes Schiff zu sehen. Wir sind mal wieder völlig allein hier draußen, fernab der finnischen Küste. Die Ostsee beruhigt sich, verwandelt sich in eine bleierne Fläche. Aus der Vogelperspektive muss sie wie ein spiegelglattes Nichts aussehen. Nur unsere Wellen durchbrechen die Gleichförmigkeit, bilden eine Struktur auf ihrer Oberfläche. Rhythmisch überziehen sie das ruhige Wasser, schieben sich augenscheinlich darüber hinweg und hinterlassen kleine Bläschen. Minutenlang schaue ich dem Treiben zu. Es ist langweilig, weil eine Welle nach der anderen entsteht. Aber der Anblick ist auch abwechslungsreich, weil jede Welle anders aussieht.

Nahe dem Schiff wirkt die See tief und schwarz. Weiter entfernt reflektiert sie die untergehende Sonne und erscheint in den unterschiedlichsten Farben: blau, lila, rot, orange, gelb, weiß. Einzig grün ist absolut nirgendwo zu erblicken. Untermalt wird das Ganze von einem angenehmen, wiederkehrenden Wasserrauschen. Es klingt wie kontinuierliche Schwimmzüge an einem sonst lautlosen Ort.

Die Sonne verschwindet hinter dem Horizont. Es ist halb eins. Ein roter Streifen bleibt, deutet ihre Nähe an. Gerade mal dreißig Minuten später geht sie auch schon wieder auf. Wahnsinn. Die ewige Helligkeit führt dazu, dass wir mit unserem Zeitgefühl ins Schleudern kommen. Genau genommen haben wir es verloren. Wann sollen wir ins Bett gehen, wann sollen wir aufstehen? Uns fehlt das Gespür dafür. Die Uhr ist wertlos, weil ihr der Körper die Unabhängigkeit erklärt hat. Wenn wir auf dem Ziffernblatt beispielsweise ablesen, dass es zwei Uhr in der Nacht sein soll, dann sagt der Kopf nur »kann sein«, weil der Verstand die Information nicht bewerten kann. In Hamburg hätte er gesagt: »Ja, aber mir kommt es erst wie 23 Uhr vor.« Hier können wir es nicht mehr unterscheiden. Der Maßstab fehlt. Tage reihen sich aneinander, ohne Anfang, ohne Ende. Sie gehen nahtlos ineinander über und verschwimmen, lassen uns eine zeitliche Schwerelosigkeit im Hier und Jetzt erleben. Wir schlafen, wenn wir müde sind, und nicht, wenn es dunkel ist. So um die drei bis vier Stunden später stehen wir auf, weil wir wach sind, und nicht, weil es hell ist. Warme Mahlzeiten landen zu den unsinnigsten Tageszeiten auf dem Tisch, und wir sagen »Guten Morgen«, wenn es Nachmittag ist. Eine beeindruckende Grenzerfahrung.

»Noch 25 Seemeilen bis Maakalla, noch 115 bis Haparanda«, markiere ich unsere Position auf der Seekarte. Wir passieren Tankar (63°56,9'N, 022°51,2'E), eine kleine Insel auf der Höhe von Kokkola. Sie ist ungefähr einen halben Kilometer breit und dicht bewachsen. Holzhütten reflektieren leuchtend rot das Licht der aufgehenden Sonne, und ein Leuchtturm erhebt sich in den Himmel über ihr. Tankar sieht friedlich und verschlafen aus, wirkt einladend.

Wir ändern spontan unsere Pläne und nehmen Kurs auf den kleinen Hafen an der Ostseite der Insel. Da unsere Seekarte nicht genug Informationen über die Wassertiefe bietet, nähern wir uns Tankar nur sehr langsam. Das Echolot ständig im Blick, laufen wir zwischen zwei roten und einer grünen Tonne hindurch in das großzügige Hafenbecken ein. Es ist tief genug und wir können HIPPOPOTAMUS problemlos an einem der schwimmenden Holzstege vertäuen.

Inselrundgang. Das Gras ist feucht, die Vögel zwitschern. Sonst ist es still. Der Leuchtturm wurde frisch gestrichen, rot und weiß. Auf einer Leine trocknet Wäsche in der Morgensonne. Alles schläft. Im Gegensatz zu uns kommen die Insulaner mit der Helligkeit klar und gehen einem gesunden Schlafrhythmus nach.

Auf einer Anhöhe steht die kleinste Holzkirche, die wir bisher auf dieser Reise gesehen haben. Rund fünfzig Gläubige finden Platz in ihr.

Unter dem Dach hängt ein altes Schiffsmodell, an den Wänden Bilder, die Szenen aus der Bibel darstellen. An der Stirnseite steht ein hölzerner Altar mit zwei Kerzen darauf.

Tankar ist Lotsenstützpunkt und scheint früher eine Robbenfangstation gewesen zu sein. Zumindest gibt es ein kleines Museum, in dem Robbenfanginstrumente ausgestellt werden. Nach nur einer Stunde erklären wir die Inselbesichtigung für beendet, lösen unsere Leinen und nehmen gespannt Kurs auf Maakalla.

»Ob die Insel hält, was Marrku uns versprochen hat?«

»Das wüsste ich auch gern. Immerhin hat er sie ziemlich in den Himmel gehoben.«

»Warten wir es ab.«

Maakalla enttäuscht uns nicht. Allerdings haben wir etwas Mühe, unser Schiff zu vertäuen. Wir finden zwar eine Heckboje, an der wir die Achterleine befestigen können. Aber am Kopf des zugehörigen Schwimmsteges ist das Wasser nicht tief genug. HIPPOPOTAMUS stößt mit der Kielflosse an den weichen Sandgrund. Das ist jedoch kein großes Problem, weil der Schwimmsteg nicht sehr fest verankert ist. Wir ziehen ihn einfach mit Gewalt etwas vom Strand weg ans Boot ran und steigen über. Die Vorleinen lassen wir locker durchhängen und mit einer zweiten Leine ziehen wir den Steg dann vom Schiff weg zum Land hin. So fungiert er als eine Art Fähre zwischen Land und Boot. Das Verfahren ist zwar nicht optimal, aber wir sind das einzige Schiff in der seichten Bucht und stören daher niemanden damit.

Maakalla ist ein wahres Paradies, Marrku hat nicht zu viel versprochen. Rund dreißig kleine Holzhütten stehen verstreut auf der gerade mal dreieinhalb Hektar großen Insel. Der Rest ist mit Wiesen und Geröll überzogen. Teilweise wurden die Steine zu kleinen Haufen zusammengetragen. Bäume gibt es nur vereinzelt. Straßen, Autos, Ampeln oder Lärm – Fehlanzeige. Es ist absolut still auf der Insel. Wir treffen kaum andere Personen. Nur zwei ältere Damen sitzen vor einer Hütte in der Sonne. Sie wirken entspannt, scheinen im Einklang mit sich und der Natur zu leben.

»Das ist der schönste Fleck Erde, den wir bisher auf diesem Törn betreten durften«, spricht Helmut aus, was auch ich denke.

»Die weite Reise zum Ende der Ostsee hat sich bisher mehr als gelohnt. Ich finde, hier oben strahlen die Menschen eine unglaubliche Ruhe und Gelassenheit aus.«

»Hast Recht. Hier bekommt keiner einen Herzinfarkt. Es ist schön, das zu erleben.«

»Vielleicht können wir uns ja ein Stück davon bewahren und mit nach Hamburg nehmen.«

Wir schlendern zum westlichen Ende der Insel, vorbei an einer alten Kirche und einem Leuchtturm, und entdecken dort eine kleine Bucht, in der einige Fischerboote in der Mittagssonne dümpeln. Vor einer Hütte trocknet ein alter Fischer seine Netze. Wir sprechen ihn an, fragen nach frischem Fisch.

»Kein guter Tag, kein Fisch heute. Morgen vielleicht. Von wo kommen Sie?«

»Aus Deutschland – Hamburg.«

»Das ist weit. Sie müssen viel Zeit haben«, nuschelt er in seinen Bart und geht seines Weges.

Wir legen uns an den Strand, der angenehm warm ist, weil ihn die Sonne schon ordentlich aufgeheizt hat. »Sommer« – ist der letzte Gedanke, an den ich mich erinnern kann, als ich einige Stunden später wieder aufwache. Neben mir liegt Helmut und döst vor sich hin. Offensichtlich war es Zeit für ein Nickerchen. Diese ewige Helligkeit bringt uns einfach völlig durcheinander.

Als ich von einem erfrischenden Bad in der Ostsee zurückkehre, wacht auch mein Mitsegler wieder auf. Er räkelt sich in der Sonne:

»Wie spät ist es?«

»Keine Ahnung. Irgendwie nachmittags.«

»Wollen wir heute eigentlich noch weiter?«

»Gemäß unserer Routenplanung müssten wir es. Lust habe ich nicht so richtig. Ich überlege schon die ganze Zeit, ob wir den Abstecher über Land zum Nordkap verwerfen sollten, das bringt fünf Tage. Dann müssten wir hier nicht überall so durchrasen.«

»Das Rasen finde ich weniger schlimm, aber das Motoren geht mir auf den Nerv. Wenn wir wenigstens Wind hätten. Die Entscheidung mit dem Nordkap fällt mir schwer. Wer weiß, wann wir hier oben noch mal hinkommen.«

»Das stimmt. Vielleicht sollten wir es einfach bei der Planung lassen und das Wetter nehmen, wie es ist. Es ist eben nicht möglich, in nur fünf Monaten jeden Winkel der Ostsee anzulaufen, ohne auch mal den Motor zu benutzen – zumindest nicht bei so viel Flaute. Dann hätten wir einen anderen Zeitplan machen müssen.«

»Haparanda?«

»Einverstanden. Auf geht's!«

Wir kehren Maakalla den Rücken und motoren weiter. Schnell ist die kleine Insel am Horizont nicht mehr auszumachen. Wir sehen nur noch Wasser um uns herum. Und obwohl einige Wolken über dem Horizont wie Inseln im Nebel aussehen, wird sich das die nächsten zwölf Stunden auch nicht ändern.

Turku Radio kündigt südwestliche Winde um drei Beaufort an. Immerhin, ein Lichtblick. Gegen Abend setzen sie ein und wir hissen die Segel. Groß und Genua sind für vier bis fünf Knoten gut.

Wir gehen wieder unserem Wachsystem nach, passieren den 65. Breitengrad und nähern uns unaufhaltsam dem Ende der Ostsee. Dank des ständigen Tageslichts sind die Wachen vergleichsweise angenehm. Einziger Wermutstropfen: Gegen Mitternacht verlässt uns der Wind wieder. Segel runter – Motor und Autopilot an. Die Sicht ist gut und wir gucken nur noch alle Viertelstunde die Umgebung ab. Andere Verkehrsteilnehmer entdecken wir nicht.

Helmut schläft. Ich langweile mich. Zum ersten Mal auf diesem Törn suche ich nach einer Beschäftigung. Sonst konnte ich immer an den Segeln zupfen. Hier ein bisschen fieren, da ein wenig dichter holen, um noch einen Zehntelknoten aus HIPPOPOTAMUS rauszuholen. Und nun? Einfach nur dasitzen ist mir zu wenig.

Ich lege ein Hörbuch zum Thema »Fitness« ein. Neben zahlreichen Ernährungstipps gibt es lustigerweise auch ein Kapitel über das Schlafen und die Entspannung. Der Autor stellt die Methode des »Reflex-Tiefschlafs« vor, die es ermöglichen soll, jederzeit und überall einzuschlafen und so Entspannung zu finden. Na, das passt ja gut zu unserer aktuellen Schlafsituation, denke ich. Normalerweise verhalte ich mich solchen Tipps gegenüber sehr distanziert. Aber die Methode erscheint mir sinnvoll. Sie funktioniert folgendermaßen:

Unser Geist führt ständig Selbstgespräche. Mit über 600 Wörtern pro Minute reden wir auf uns selbst ein. Insbesondere, wenn wir ins Bett gehen, prasselt der Gedankenmüll auf unser Gehirn herab. Statt süßer Träume denken wir störende Gedanken und können nur schwer einschlafen oder abschalten. Angeblich geht das 97 % aller Menschen so.

Mithilfe des »Reflex-Tiefschlafs« kann dieses Geschnatter abgeschaltet und der Körper in einen ruhigen Zustand versetzt werden. Um das zu erreichen, dürfen wir nur einen Gedanken denken, den wir ständig wiederholen. Am besten präsentieren wir unserem Geiste Unsinn. Dazu denkt man sich ein Kunstwort aus, das unser Gehirn nicht kennt, und wiederholt es immer wieder. Es muss sich überall im Körper ausbreiten, denn nur dann werden wir in einen Zustand mit verlangsamten Gehirnströmen geführt. Das funktioniert, weil die Technik den Bereich des Gehirns stimuliert, der uns in den Tiefschlaf versetzt.

So einen Kunstbegriff findet man ganz einfach – wie der Autor erklärt. Aus einem beliebigen Wort werden die harten Buchstaben herausgestrichen. Beispielsweise bei »Triathlon« »T« und »r«. So wird »Triathlon« zu »Iahlon«. Jetzt noch das »hl« durch den weichen Buchstaben »m« ersetzen und das Kunstwort »Iamon« ist fertig.

Anfangs dauert es ungefähr eine Viertelstunde, bis der »Reflex-Tiefschlaf« kommt. Wenn man jedoch jeden Tag übt, braucht das Gehirn nach sechs Wochen angeblich nur noch wenige Sekunden dafür. So die Theorie.

Wachwechsel. Zeit für die Praxis. Ich lege mich in meine Koje und baue mir ein Wort zusammen. Es dauert nicht lange und ich habe »Jamila« komponiert. Ein schönes Wort, wie ich finde, und, wie gefordert, ohne jegliche Bedeutung.

Rund zwei Stunden später weckt mich Helmut wieder. Mein Wort muss funktioniert haben. Allerdings kann ich nicht sagen, ob das daran liegt, dass ich übermüdet bin, oder die Methode gegriffen hat. Eines weiß ich jedoch sicher: Gedankenmüll gab es beim Einschlafen nicht. Spannend. Ich werde es einfach weiterhin ausprobieren.

Im fahlen Gegenlicht taucht am Horizont Land auf. Ein lange herbeigesehnter Moment wird wahr. Ein Traum geht in Erfüllung. Das Ende der Ostsee liegt uns zu Füßen, und der Name Haparanda bekommt ein Gesicht.

Voller Freude tausche ich die finnische gegen die schwedische Gastlandsflagge, tanze zur Musik von R.E.M. im Cockpit, koche Hühnersuppe, wasche ab, schüttle die Teppiche aus, kippe zehn Liter Diesel vom Kanister in den Tank, nähe fehlende Taklinge auf unsere Leinen, ziehe alle Schäkel nach und stelle die Uhr eine Stunde zurück. Sechs statt sieben in der Früh. Ich bin voller Aktionismus und kann es kaum erwarten, in den Hafen zu kommen.

Da Haparanda nur für Schiffe mit einem Tiefgang von bis zu fünfzig Zentimetern ansteuerbar ist, suchen wir uns einen Liegplatz im sechs Seemeilen entfernten Haparandahamn auf der Landzunge Nikkala. Die Anlage ist fast ausschließlich mit Motorbooten belegt. Eine deutsche Yacht aus Bremen und HIPPOPOTAMUS sind die einzigen Segelboote am Steg.

An Land steht den Gästen ein Klubheim mit Toiletten, Dusche, Sauna und Küche zur Verfügung. Das Hafengeld wird in einen Briefkasten geworfen. Fünf Euro pro Tag oder 22 pro Woche. An der Wand im Aufenthaltsraum hängen etliche Klubstander anderer Fahrtensegler. »Juni 2003 – EARL GREY – SVA Arnis«, »6. Juli 2001 – SY MOMO – Lübeck«

oder »SY SARAZENE – 21. Juli 2001 – Wassersportverein Luv Bremen«. Dänen, Schweden, Holländer, Finnen, Deutsche. Sie alle waren hier und haben sich an diesem Pilgerort verewigt.

Dem wollen wir natürlich nicht nachstehen. Ein Wort ergibt das andere und wir hängen unseren Vereinsstander dazu: »SY HIPPOPOTAMUS – 06/2004«.

Den Nachmittag verbringen wir in Haparanda-City am Westufer des Flusses Törneälven. Gegenüber, am Ostufer, befindet sich die finnische Stadt Tornio. Zwischen beiden Orten kann man problemlos hin- und herwechseln. Ist der Zucker im Supermarkt in Haparanda gerade vergriffen, kauft man ihn einfach in Tornio oder umgekehrt. Einzig die Öffnungszeiten müssen die Finnen und Schweden dabei beachten, weil der Zeitunterschied zwischen Tornio und Haparanda eine Stunde beträgt.

Wir suchen die Touristeninformation auf und organisieren einen Mietwagen für den nächsten Vormittag. Einen VW Golf. Fünf Tage – 400 Euro. Auf zum Nordkap. Wir haben das noch einmal überdacht und wollen die Gelegenheit wahrnehmen. In der letzten Woche haben wir etliche Seemeilen gemacht. Knapp 400 von Nystad bis Haparanda, rund sechzig pro Tag. Da können wir HIPPOPOTAMUS auch gut mal eine Pause gönnen. 850 Kilometer über Land sind es bis zum nördlichsten Punkt Europas. In zwei Tagen wird das Mittsommernachtsfest in Skandinavien gefeiert, dann wollen wir dort sein.

»Vermutlich hat niemand anderes die Idee, und wir sind die Einzigen«, verteilt Helmut Ironie.

Den Abend lassen wir gemütlich bei einem Absacker im Cockpit ausklingen. Aus den Bordlautsprechern singt uns Herbert Grönemeyer aus der Seele:

»Momentan ist richtig, momentan ist gut.
Nichts ist wirklich wichtig, nach der Ebbe kommt die Flut.
Am Strand des Lebens ohne Grund, ohne Verstand,
ist nichts vergebens – ich bau die Träume auf den Sand.
Und es ist, es ist o.k. Alles auf dem Weg,
und es ist Sonnenzeit, unbeschwert und frei.«

Mittsommernacht am Nordkap

Es ist ein komisches Gefühl, HIPPOPOTAMUS zu verlassen, um für ein paar Tage über Land Ziele fernab der Ostsee zu besuchen. In den letzten drei Monaten ist die Ohlson unser Zuhause geworden und uns ans Herz gewachsen. Acht Quadratmeter Wohnraum sind zwar nicht viel, aber zum Segeln, Schlafen, Essen und (Er-)Leben reichen sie völlig aus.

Unsere Motivation für den Abstecher zum Nordkap ist groß. Es fehlt uns beiden noch in der Sammlung lohnenswerter Reiseziele. Seit Jahrhunderten zieht der nördlichste Punkt Europas Menschen an und fasziniert sie. Wir packen unsere Taschen, legen Schlafsäcke und Fotoapparate in den Kofferraum des Mietwagens und brechen auf.

Erstes Ziel: Der Polarkreis nahe der finnischen Stadt Rovaniemi rund hundert Kilometer nördlich von Haparanda. Ab dort steht die Sonne im Sommer mindestens einen Tag lang ununterbrochen über dem Horizont. Entsprechend geht sie im Winter mindestens einen Tag lang nicht auf.

Wir passieren den Ortseingang von Rovaniemi und diskutieren den schlechten Zustand der deutschen Fußball-Nationalmannschaft, der am gestrigen Abend einen neuen Höhepunkt gefunden hat. Holland hat das Viertelfinale der Europameisterschaft erreicht. Wir nicht! Das schmerzt. Der einzige Vorteil, den wir diesem Debakel abgewinnen können, ist, dass das Turnier fortan keinen Einfluss mehr auf unsere Hafenplanung hat. Die restlichen Spiele sind uns nicht so wichtig. Wir müssen sie nicht unbedingt auf einer Leinwand oder einem Fernseher mitverfolgen. Dazu eine SMS von Judith:

»Guten Morgen. Im Gegensatz zur Nationalelf hat Norddeutschland kein Sturmproblem. Kalt und stürmisch. Wir warten weiter auf den Sommer. Viel Spaß beim Abstecher zum Kap. Deine Judith«

Als der Polarkreis unsere Landstraße kreuzt, sehen wir nicht bloß eine Linie auf dem Boden. Zu unserer Überraschung befindet sich dort auch das Joulupukin Kammari – das Büro des Weihnachtsmanns. Lange Zeit hatten die Menschen geglaubt, dass Santa Claus am Nordpol lebt. Doch

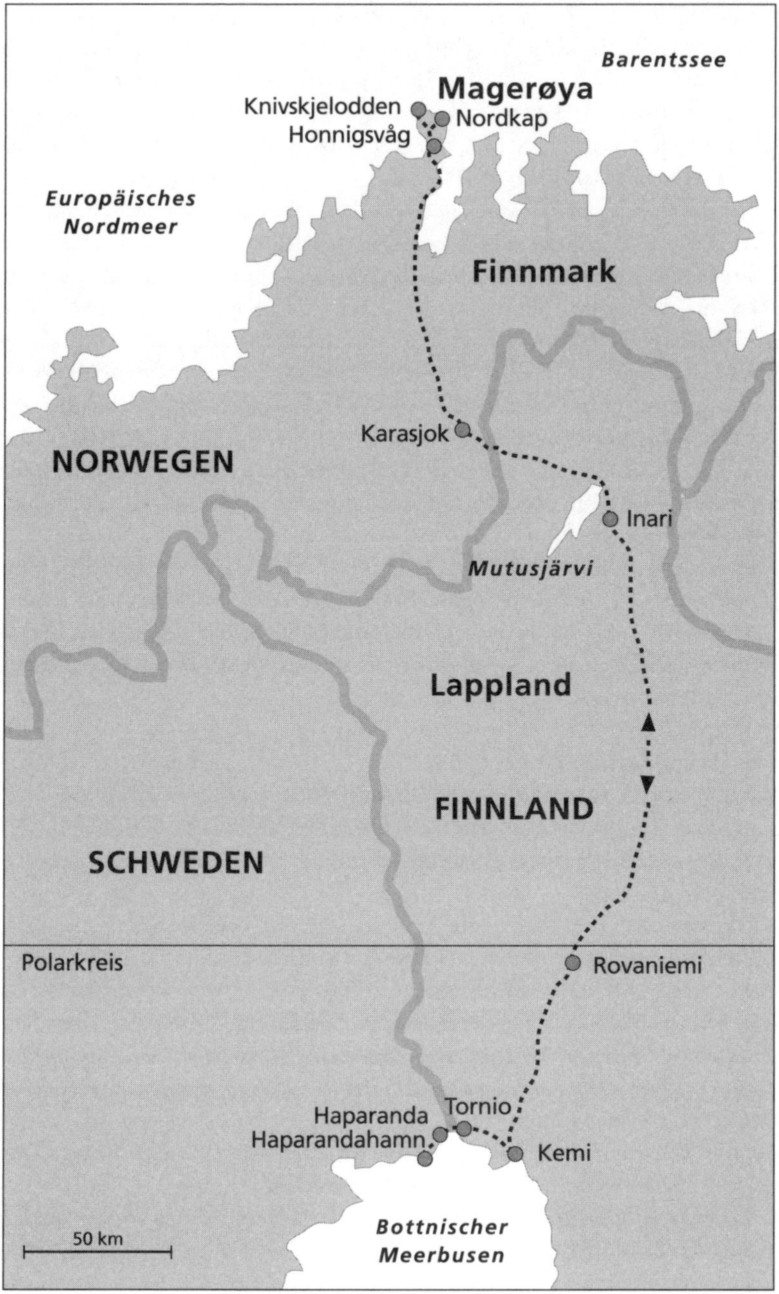
Barentssee
Magerøya
Knivskjelodden
Nordkap
Honnigsvåg
Europäisches
Nordmeer
Finnmark
Karasjok
NORWEGEN
Inari
Mutusjärvi
Lappland
FINNLAND
SCHWEDEN
Polarkreis
Rovaniemi
Tornio
Haparanda
Haparandahamn
Kemi
50 km
Bottnischer
Meerbusen

im Jahre 1925 fanden Zeitungen heraus, dass das Weiden der Rentiere am Nordpol gar nicht möglich ist, und enthüllten, dass der Weihnachtsmann in Wirklichkeit in Lappland am Polarkreis wohnt. Seitdem sind zunehmend Briefe an ihn – von überall auf der Welt – in Rovaniemi gelandet. Vermutlich, weil die Stadt zum einen in Lappland und zum anderen am Polarkreis liegt.

Schließlich hat 1950 ein cleverer Geschäftsmann die ganze Idee zu einem ausgeklügelten Touristen-Nepp ausgebaut und das Büro des Weihnachtsmanns eröffnet. Seitdem sind über zehn Millionen Briefe in Rovaniemi eingetroffen – Tendenz steigend. Weihnachten 2003 allein 500 000 Stück. Darüber hinaus kommen jährlich mehr als 300 000 Besucher in sein Büro. Sie schreiben eine Postkarte, die erst am 24. Dezember zugestellt wird, oder lassen sich für 18 Euro mit dem Herrn im rotweißen Kostüm fotografieren.

Wir entscheiden uns lieber für ein kostenloses Foto im Freien an der weißen Linie, die den Polarkreis markiert. »Arctic Circle North 66°32'35" « steht auf dem Boden.

»Ich weiß nicht so recht, was das hier alles soll«, schüttelt Helmut den Kopf.

»Absolut. Der Ort ist eine Farce, oder? Ich meine, wir stehen hier in der prallen Sommersonne und müssen uns mit Weihnachtsmusik beschallen lassen.«

»Jingle Bells und Hochsommer. Das passt einfach nicht zusammen!«

»Übrigens, mir fällt gerade auf, dass heute der 24. Juni ist und Weihnachten somit entweder ein halbes Jahr zurück oder voraus liegt.«

»Genau genommen ist somit nichts ferner als Weihnachten!«

»Lass uns eine Postkarte schreiben und weiterfahren.«

»Einverstanden.«

Als wir das weihnachtliche Postamt wieder verlassen, entdecke ich nahe dem Ausgang auf einem großen Tisch ein paar ausgestellte Briefe. Einer ist auf Deutsch und zeigt auf einem Foto eine Kindergruppe:

»Lieber Santa Klaus, wir, die Kinder aus der Gruppe 14 aus der 38ten Kindertagesstätte in Berlin, wissen, dass du in diesen Tagen besonders viel zu tun hast, darum möchten wir dir mit unseren Bildern eine kleine Freude bereiten. Natürlich wünschen wir uns auch Spielsachen von dir, aber ganz besonders wünschen wir uns, dass alle Kinder auf der ganzen Welt so ein ruhiges und friedliches Weihnachtsfest feiern können wie wir hier in Deutschland.

Laura, Tim, Lukas, Sven, Justin, Nele, Tom, Erik, Sarah, Jonny, Sammy, Christina, Kristin, Kimberly und Jamila.«

Wie bitte? Habe ich richtig gelesen »...und Jamila«? Das kann doch nicht wahr sein. Das ist mein Kunstwort, das ich mir zum Einschlafen ausgedacht habe. Ich war fest davon überzeugt, dass es das Wort nicht gibt. Nun heißt ein kleines Mädchen aus Berlin so, und ich kann sogar ihr Foto sehen. Das ist mir suspekt und unheimlich. Manchmal frage ich mich, ob solche Erlebnisse wirklich Zufall sind. Oder sind sie ein Zeichen? Gibt es etwas Höheres, das einen ständigen Blick auf uns wirft und unser Leben beeinflusst? Ich weiß es nicht.

Wir nähern uns Inari, 350 Kilometer oberhalb von Rovaniemi.

»Seit Mariehamn sind wir nur noch nach Norden gereist. Ungefähr zehn Breitengrade«, stellt Helmut fest.

»Gefällt mir. Von mir aus könnten wir auch bis zum Nordpol durchfahren, wenn da nicht so viel Wasser dazwischen wäre.«

»Ab da würde es dann aber zwangsweise nach Süden gehen!«

Wir bekommen Hunger und erwerben in einem Supermarkt einen Einweg-Grill, vier Schaschlik-Spieße, zwei Nackenkarbonaden, Ketchup, Senf, eine Tüte Aufbackbrötchen, zwei Büchsen Bier und Anti-Mückenspray. Der See Mutusjärvi nahe Inari scheint uns für unser abendliches Picknick gut geeignet. Wir halten, laufen ein wenig durch den Wald und finden eine kleine Lichtung am Ufer. Das intensive Blau des Himmels spiegelt sich im Wasser. Dazu ein paar weiße Schönwetterwölkchen. Dürre, verkrüppelte Kiefern wachsen zwischen Geröll und Gräsern. Die Mücken kreisen über unseren Köpfen, halten jedoch genug Abstand – dem Moskito-Spray sei Dank, es riecht nach Nadelwald und glühender Holzkohle. Gegessen wird vom Pappteller.

Wir sind nicht die Einzigen. Ein paar Meter weiter sitzt ein junges Pärchen aus der Schweiz. Sie waren schon am Nordkap, sind auf dem Rückweg nach Helsinki und gar nicht begeistert. Sie warnen vor Touristen-Abzocke und erzählen, dass der Ort mit Mystik nichts mehr zu tun hätte. Er sei vielmehr eine clevere Geldmaschine.

Wir schlafen ein wenig im Auto. Ein, zwei Stunden, vielleicht auch drei – bis wir wieder fit sind. Passieren die norwegische Grenze um Mitternacht. Tragen Sonnenbrillen. Werden durchsucht, zeigen und öffnen alle Gepäckstücke. Lassen uns von der Sonne blenden. Hören Cat Stevens und müssen schließlich tanken.

In einem Ort namens Karasjok finden wir eine Tankstelle. Sie ist – wie in Norwegen üblich – nachts nicht besetzt, aber es gibt einen Kreditkarten-Automaten. Helmut führt routiniert seine Karte ein und just in dem Moment geht der Strom aus. Das Display des Automaten verlischt. Das eintönige Surren der Zapfsäulen verstummt. Die digitale Anzeige mit den Benzinpreisen schaltet ab. Aber nicht nur unsere Tankstelle hat offensichtlich keinen Strom mehr. Nein, der ganze Ort ist plötzlich ohne elektrische Versorgung. Ampeln gehen aus. Die Leuchtreklame einer Imbissbude verlischt. Es wird merkwürdig still. Ich gucke Helmut fragend an:

»Helmut, was machst du?«

»Ich versuche zu tanken!«

»Ja, das sehe ich!«

»Kurzschluss? Kettenreaktion? Habe ich was falsch gemacht?«

Die Situation ist grotesk. Es ist ein Uhr morgens. Der Strom ist weg und der Automat hat unsere Karte verschluckt. Weit und breit ist keine Menschenseele zu sehen. Nirgendwo steht eine Telefonnummer oder ein Hinweis. Wir stehen ratlos in der Gegend herum, fragen uns, ob wir etwas falsch gemacht haben, als plötzlich zwei Fahrzeuge einer Elektroinstallationsfirma auf der anderen Straßenseite an einem Trafohäuschen anhalten. Vier Männer steigen aus und entladen allerhand schweres Werkzeug. Wir sprechen sie an:

»Entschuldigung, können Sie uns sagen, warum der Strom aus ist?«

»Ja, klar, den haben wir abgeschaltet.«

»Ach so, und für wie lange? Unsere Kreditkarte hängt nämlich in dem Tankautomaten da drüben fest.«

»Von ein Uhr bis sieben Uhr. Wegen Wartungsarbeiten. Da müssen Sie warten. Aber das hätten Sie ja wissen können, es stand ja schließlich überall in der Zeitung.«

Wir sind perplex und wissen nicht so genau, ob wir lachen oder weinen sollen. Helmut erklärt den Elektrikern unsere Situation und bittet mehrfach darum, dass der Strom nur für dreißig Sekunden noch einmal eingeschaltet wird, damit unsere Karte wieder ausgespuckt wird und wir weiterfahren können. Mit Erfolg. Der Angestellte zögert kurz und gibt schließlich nach:

»Sie müssen einen Moment warten. Ich muss erst noch meine Kollegen informieren. Wir arbeiten heute Nacht an dreizehn verschiedenen Trafohäuschen. Das braucht Zeit. Ich mache da eine ganz große Ausnahme für Sie – ist Ihnen das klar? Sie warten bitte auf der Tankstelle. Dann bekommen Sie mit, wenn der Strom wieder da ist! Verstanden?«

»Ja klar. Großartig. Herzlichen Dank. Sie helfen uns sehr damit!«

»Wie gesagt, das ist eine Ausnahme – dreißig Sekunden, mehr nicht!«

Der Strom kommt wieder. Das Display der Bargeldlos-Bezahl-Maschine leuchtet auf und das Surren der Zapfsäulen kehrt zurück. Und dennoch – der Apparat spuckt die Karte nicht aus. Noch zwanzig Sekunden. Wir drücken mehrfach auf die Abbrechen-Taste. Keine Reaktion. Noch zehn Sekunden. Wir drücken alle möglichen Tasten. Immer noch keine Reaktion. Das Display der Betrag-nach-Tanken-vom-Konto-abbuchen-Anlage verlischt wieder.

Der Einsatz war vergeblich. Das Tanken-gegen-Geld-Gerät kennt die Funktion »Karte nach Stromausfall wieder ausspucken« nicht.

»Sag mal Helmut, sollen wir jetzt sechs Stunden warten, bis der Strom wieder eingeschaltet wird, obwohl wir schon jetzt wissen, dass der Automat die Karte dann auch nicht ausspuckt?«

»Das ist für mich keine Alternative. Vor allem, wenn wir die Öffnungszeiten der Tankstelle berücksichtigen. Demnach fängt der Tankwart frühestens um acht Uhr mit dem Dienst an.«

»Na super, da wollen wir doch schon längst am Nordkap sein!«

Wir überlegen ein wenig hin und her und stellen bei näherem Hinsehen fest, dass der Kein-Strom-keine-Tankfüllung-Kasten gar nicht verschlossen ist. Großartig. Wir leihen uns bei den Herren Elektrikern einen Schraubenzieher, zerlegen fachmännisch die Mechanik der Zur-Zeit-kein-Benzin-Kiste und holen die Karte manuell heraus.

»Geht doch!«, freut sich Helmut, als er seine Kreditkarte wieder in den Händen hält.

»Unglaubliche Verkettung von Zufällen das Ganze!«, muss auch ich über den Vorfall lachen.

»Weiter geht's. Dann tanken wir eben im nächsten Ort.«

Wir zerlegen fachmännisch den Tankautomat

Vor uns tauchen die ersten Berge auf. Sie sind schneebedeckt und ragen kahl und karg viele hundert Meter hoch über die sie umgebende vegetationsarme Landschaft hinweg. 1139 Meter misst die höchste Erhebung auf unserer Straßenkarte. Bäume sehen wir kaum noch. Graue, mit Geröll bedeckte Hänge durchbrechen die raue Sträucher-Landschaft. Dazwischen schlängelt sich scheinbar endlos unsere Landstraße hindurch. Immer wieder warnen Schilder vor Rentieren. Wir müssen zwar nie scharf bremsen, treffen aber viele dieser Zeitgenossen. Sie stören uns nicht – im Gegenteil. Die geselligen Tiere gehören zu Lappland und der Finnmark dazu. Sie bereiten uns Freude und wir machen Fotos von ihnen.

Gelegentlich taucht irgendwo am Wegesrand eine dieser typischen blutroten Holzhütten auf. Schon frühzeitig können wir sie ausmachen, weil sie sich kontrastreich von der grau-grünen Bergwelt abheben. Sie sind eine Art Lichtblick, ein Farbtupfer – umgeben von einer Natur, deren Ursprünglichkeit ihresgleichen sucht.

»Nordkapp 88 Kilometer« verkündet ein Schild. Die Flora reduziert sich auf Moos und Wiesen. Einen Baum haben wir schon lange nicht mehr gesehen, und selbst die Sträucher sind verschwunden. Der Schnee auf den Hängen nimmt zu und die Farbwelt verkümmert. Hatten wir es weiter südlich noch mit verschiedenen Grüntönen zu tun, so präsentieren sich die Pflanzen jetzt in einem einheitlichen Dunkelgrün. Felsgestein-Farbspiele sind einem tristen Einheitsgrau gewichen. Gräser haben Mühe, zwischen Steinen und Geröll durchzubrechen, ein Stück fruchtbaren Boden zu verteidigen. Lediglich großflächige Moosteppiche trotzen den Urgesteinen. Diese einzigartige Landschaft gefällt uns. Ihr Anblick – besser gesagt ihre Schroffheit – fasziniert uns und lässt schon jetzt erkennen, dass dieser Abstecher über Land eine großartige Idee ist.

Durch einen Tunnel erreichen wir die Insel Magerøya, an deren Nordspitze sich das Nordkap befindet. Auf 71 Grad und 10,4 Minuten nördlicher Breite erhebt es sich 307 Meter hoch über der Barentssee.

Bereits 1553 kam der britische Entdecker und Kapitän Richard Chancellor auf der Suche nach der Nordostpassage hier vorbei und gab dem Felsen seinen Namen. Als erster offizieller Nordkap-Tourist gilt jedoch Francesco Negri – ein Pfarrer und Wissenschaftler aus Ravenna in Italien. Er reiste 1664 zu Fuß und ohne Gefolge zum Kap. Am Ziel angekommen, notierte er in seinem Tagebuch:

»Hier bin ich am Nordkap am äußersten Ende der Finnmark und kann genauso gut sagen: am äußersten Ende der Welt, da es weiter nördlich keinen von Menschen bewohnten Ort gibt. Mein Wissensdurst ist jetzt gelöscht und ich werde nach Dänemark und, wenn Gott es will, in mein Heimatland zurückkehren.«

So ursprünglich der Besuch des Kaps seinerzeit auch gewesen sein muss, desto touristischer ist der Anblick heute. Von einem »Mythos Nordkap« ist wenig zu spüren. Die beiden Schweizer, die wir am See trafen, hatten Recht. Statt einsamer Natur erwartet uns ein 5000 Quadratmeter großes Touristen-Zentrum mit Panorama-Kino, Restaurant, Café, Postamt, Kapelle und einer Aussichtshalle im Felsen.

Dem nicht genug. Um überhaupt hierher zu gelangen, sind wir mit 22 Euro Eintritt pro Nase und 34 Euro Maut für den Straßentunnel zur Insel dabei! Da wir hungrig sind, kommen noch zwei Kopenhagener, eine Tasse Tee und ein Becher Kaffee für weitere elf Euro dazu.

»Ist ja wie am Flughafen hier!«, wundert sich Helmut.

»Tja, nicht gerade zimperlich, die Norweger.«

Wer möchte, kann auch noch einen draufsetzen und den Abend in der »Grotten-Bar« zusammen mit 350 anderen Besuchern verbringen. Für 18 Euro pro Person gibt es dann ein Glas Champagner und ein arktisches Kaviarhäppchen. Um 23 Uhr werden die Vorhänge vor den großen Panorama-Fensterscheiben heruntergelassen und Kerzen angezündet. Um Mitternacht werden sie unter dem Gejohle der Menge wieder geöffnet, und die Mittsommernachtssonne fällt in die Gesichter der Kap-Touristen.

Wir sind enttäuscht. Das alles entspricht nicht unserer Vorstellung von der Mittsommernacht. Ohnehin sind wir verwundert, dass wir gar keine jungen Leute treffen. Wir suchen eine Erklärung und fragen ein junges Mädel am Informationsschalter der Touristenzentrale nach unseren Altersgenossen. Sie heißt Linda und arbeitet als studentische Aushilfskraft am Kap.

»Junge Leute?«, lacht sie, »die gibt es hier nicht. Hierher kommen nur Rentner und Reisegruppen.«

»Und wo sollen wir dann jetzt die Mittsommernacht feiern?«

»Kein Problem. Feiert mit uns – den Aushilfen. Wir sind alle unter dreißig. Die meisten von uns sind aus Schweden und jobben hier die Sommermonate über, um neben dem Studium ein paar Kronen zu verdienen und fremde Sprachen zu trainieren.«

»Klingt cool – wo feiert ihr denn?«

»An einer Lagune drei Kilometer vor dem Ort Honningsvåg. Das könnt ihr gar nicht verfehlen. In vier Stunden geht es los – seid ihr dabei?«

»Klar, warum nicht?«

Wir mögen die Offenheit der Skandinavier und finden die Idee klasse. Sie wissen ja – mittendrin statt nur dabei. Und während wir uns noch über die Einladung freuen, entsteht ein ungewollter Zielkonflikt. Durch Zufall erfahren wir nämlich, dass das Nordkap gar nicht der nördlichste Punkt Europas ist. Vielmehr liegt etwas weiter nordwestlich die Landzunge Knivskjelodden. Dort befindet sich der wahre nördlichste Punkt Europas. Einziger Haken: Man kann dieses Fleckchen Erde nur zu Fuß erreichen. Rund zehn Kilometer Fußmarsch pro Richtung über etliche hundert Höhenmeter. Die Vorstellung, dass dort so gut wie kein Tourist hingeht, verführt dazu, es selbst zu versuchen.

Mittsommernachtsparty oder wahres Nordkap? Wir müssen eine Entscheidung fällen. Beides wird heute nicht mehr möglich sein. Dafür ist der Tag schon zu weit fortgeschritten.

»Wir können ja erst mal losgehen und dann rechtzeitig umkehren«, schlägt Helmut vor.

»Gute Idee. Dann haben wir es zumindest versucht. Wobei ich sagen muss, dass es ja auch seinen Reiz hätte, zur Mittsommernacht am wahren nördlichsten Punkt Europas zu sein!«

»Keine Frage – von mir aus gern!«

Während Helmut solche Ausflüge liebt, bin ich – wie schon erwähnt – kein Wandervogel. Es wäre übertrieben zu behaupten, dass ich mit dem Auto zur Toilette fahre, aber lange Fußmärsche sind eben nun mal nicht mein Ding. Die längste Wanderung in meinem Leben, an die ich mich erinnern kann, habe ich in Australien erlebt. Da bin ich aus Respekt vor den Aborigines statt auf den Ayers Rock hinauf um ihn herum gelaufen. Das waren immerhin zehn Kilometer.

Im Auto finden wir noch einen Liter Wasser im Kofferraum, den wir vorsichtshalber mitnehmen. Der Weg ist schlecht beschildert und führt querfeldein über Stock und Stein. Es ist ohnehin die Frage, ob man den Pfad so nennen sollte. Er ist weder befestigt noch ausgetreten.

Und dennoch – der Abstecher lohnt und verzückt uns mit seiner überwältigenden Natur. Wir stolpern über unebenen Boden, sehen bizarre Gesteinsformationen, laufen auf holprigen Felsen, passieren karges Geröll, überqueren sprudelnde Bäche, entdecken tiefe Seen, durchkämmen feuchten Schnee, erspähen saftiges Moos, riechen frisches Gras, hören singende Vögel, genießen eindrucksvolle Berge, fotografieren massive Hänge, sehen schroffe Klippen, lauschen dem Meer, bewundern bedrohliche Wolken, spüren warme Sonnenstrahlen und fühlen uns frei. Zum ersten Mal in meinem Leben kann ich mich fürs Wandern so richtig begeistern und darin aufgehen. Und trotzdem: Wir haben zu wenig Wasser dabei und tragen das falsche Schuhwerk. Bootsschuhe sind für unser Vorhaben denkbar ungeeignet.

Vor uns öffnet sich eine Schlucht. Steil windet sich der Pfad in ein 300 Meter tiefer liegendes Tal hinab. Knivskjelodden ist immer noch nicht zu sehen, und wir müssen uns entscheiden: wahres Nordkap oder Party. Immerhin ist es bereits acht Uhr abends, und wir sind seit zwei Stunden unterwegs.

Die Vernunft siegt. Wir entscheiden uns umzukehren. Irgendwann in unserem Leben wird es sicherlich noch einmal die Chance geben, den wahren nördlichsten Punkt Europas zu erreichen – er kann ja nicht weglaufen. Dann jedoch mit dem richtigen Schuhwerk und genügend Wasser. Die Entscheidung ist uns nicht leicht gefallen. Sie erinnert an den Versuch, durch das Kurische Haff nach Nida zu segeln. Zum zweiten Mal auf dieser Reise drehen wir aus Vernunft um.

Schritt für Schritt geht es zurück zum Auto. Wir sagen nichts, kämpfen mit der Entscheidung. Vernünftig war sie, aber war sie richtig? Die Antwort nimmt uns eine norwegische Familie ab. Sie joggt die Strecke und holt uns von hinten ein – kein Scherz. Vater, Mutter und Tochter tragen Turnschuhe, modische Sportoutfits und sind schweißgebadet.

»Warum haben Sie denn umgedreht?«, will der Vater wissen.

»Weil es zu weit ist. Wir haben nur noch wenig Wasser und das falsche Schuhwerk.«

»Nun stellen Sie sich mal nicht so an. Sie sind nur noch maximal eine Stunde entfernt. Wer weiß, wann Sie hier wieder hinkommen. Sie sollten zur Spitze gehen.«

Wir sind hin- und hergerissen. Irgendwie liegt es uns heute nicht, eine Meinung zu bilden. Einerseits sind wir dankbar für den Aktionismus der Familie, andererseits stört er nur – denn wir hatten uns doch schon entschieden. Argumente wandern hin und her. Letztendlich ist die Tochter das Zünglein an der Waage. Sie ist sehr attraktiv, und wir wollen uns vor ihr keine Blöße geben.

»Einverstanden – wir gehen zur Spitze!«

Die Familie joggt weiter und ich bin froh, dass wir es doch noch versuchen. Letztendlich war ich unzufrieden mit mir selbst, weil wir umgedreht haben – aufgegeben haben. Das widerspricht meinem Naturell. Und wenn wir ehrlich sind, dann wird uns schnell klar, dass dies eine einmalige Gelegenheit ist. Partys können wir noch genug feiern.

Auf Knivskjelodden erwartet uns ein unauffälliger hüfthoher Stein, der den nördlichsten Punkt unseres Kontinents – auf einer Breite von 71 Grad und 11,1 Minuten – markiert. Dicht daneben befindet sich ein Kasten, der ein Gästebuch enthält. Der Eintrag ist Pflicht: »25.06.2004 – Helmut und Sönke – Hamburg – Germany.«

Rund zweieinhalb Stunden später sind wir wieder am Auto. Insgesamt waren wir knapp sechs Stunden unterwegs. Glücklich und stolz machen wir uns auf den Weg nach Honningsvåg zur Party. Sie ist noch in vollem Gange und wir werden nicht enttäuscht, als wir uns kurz nach Mitternacht dazugesellen. Im Logbuch notiere ich später:

»Interessante Mittsommernachtsparty vor dem Wohnheim der studentischen Aushilfskräfte. Alle arbeiten am Kap, Stundenlohn 13 Euro. Anna erkennt uns wieder, weil sie uns am Nachmittag die Kopenhagener im Kap-Restaurant verkauft hat. Sie ist redselig, macht sich über die deutschen Touristen lustig, die immer nur »Zwei Waffeln, bitte!« rufen und hört sich gern englisch sprechen. Wir lernen viel über das schwedische Mittsommernachtsfest. Man isst Pellkartoffeln mit Schnittlauch und Crème Fraîche. Dazu Matjes in einer Senfsauce – lecker! Wir feiern mit vierzig Leuten, die alle um die 23 Jahre alt sind. Eine Norwegerin schwärmt über ihr Land. Man sei reich vom Öl und dennoch sparsam – falls schlechte Zeiten kommen. Sie will auf keinen Fall die EU. Dann müsste man alles teilen und würde zerstören, was man über Jahre aufgebaut hat. Sie will eine politische Diskussion führen, ich mein Bier trinken und in die Sonne gucken, die um ein Uhr morgens so sehr blendet, dass wir Sonnenbrillen tragen. Manche wundern sich, dass wir so braun sind, weil der Sommer am Nordkap erst vor einer Woche angefangen hat. Bei Helmut und mir hingegen schon im April. Erst zehn Regentage auf dieser Reise. Lustige Party. Die Schweden trinken alles, was man mischen kann. Hauptsache, es macht betrunken. Viele sind schnell voll, können sich kaum auf den Beinen halten. Deshalb fällt auch der Mittsommernachtstanz um den Baum aus – einer der Studenten hat ihn vorzeitig ins Feuer geworfen, das Holz war alle. Später haben sie noch einen Stuhl verbrannt. Sind morgens um sechs im Bett. Schweden feiern ausgiebig.

Essen zum Frühstück den teuersten Döner unseres Lebens für zehn Euro. ›Wertvolle‹ Mahlzeit! Besichtigen eine Bar aus ewigem Eis, verbringen den Nachmittag am Hafen und treffen am Abend die meisten Studenten wieder. Gucken das Fußballspiel Schweden gegen Holland zusammen mit ihnen in einer Kneipe. Ergebnis: 4:5 nach Elfmeterschießen. Unsere Mitsommernachts-Gastgeber sind traurig. Wir auch. Wann fliegt Holland bloß endlich raus?«

Zurück am Schiff wird uns klar, dass der Abstecher eine brillante Idee war. Das touristische Nordkap selbst ist unspektakulär, aber der Weg dahin war die Reise wert. Seit mehreren Jahrhunderten unternehmen Menschen Fahrten zu diesem nördlichsten Punkt Europas, weil es für sie etwas Mystisches hat, einmal im Leben dort gewesen zu sein. Es ist was dran, und wir reihen uns gern in die Kette der Nordkap-Touristen ein. Im Nachhinein frage ich mich, wieso ich überhaupt in Erwägung gezogen habe, auf den Abstecher zu verzichten.

Barbara, Harry und Holger

Überraschenderweise gibt es in fast allen größeren finnischen Städten einen namhaften deutschen Discounter. Das Gute daran ist, dass es sich eins zu eins um unser heimatliches Sortiment handelt und auch das Preisniveau eher deutsch als finnisch ist.

»Helmut! Das ist unsere Chance! Jetzt packen wir das Schiff noch einmal richtig voll. Wer weiß, wann wir wieder so günstig einkaufen können.«

»Bestens. Zumal wir noch den Mietwagen haben, um alles zu transportieren.«

Wir fahren ins finnische Kemi – rund zwanzig Kilometer östlich von Haparanda – und starten unsere Einkaufsoffensive.

»Guck mal hier, Sönke. Frankfurter Würstchen und Fleischsalat!«

»Schon eigenartig, oder? Kurz vorm Polarkreis in einem Supermarkt mit lauter deutschen Produkten einzukaufen. Aber die Preise sprechen für sich.«

Drei volle Einkaufswagen später sind wir auf dem Weg zur Kasse und stolpern über ein Schild mit dem Hinweis »Premium Pils 99 Cent«.

»Wow, das ist aber ein Kampfpreis!«

»Stimmt, wenn man bedenkt, dass der halbe Liter Bier in Finnland sonst rund zwei Euro fünfzig kostet.«

»Da brauchen wir wohl noch einen vierten Einkaufswagen, oder?«

»Nützt ja nichts! Wat mutt, dat mutt!«

Zurück an Bord krempeln wir das ganze Schiff um. Nach drei Stunden sind alle Bilgen und Fächer geputzt und aufgeräumt, haben alle Lebensmittel einen Platz gefunden.

Zeit für die Weiterreise. Wir verlassen Haparandahamn mit dem Ziel Törehamn. Der Ort stand bis vor kurzem noch nicht auf unserer Törnplanung, hat sich aber kurzfristig zum Pflichthafen für uns entwickelt. Schuld daran ist ein Plakat, das wir am schwarzen Brett in Haparandahamn entdecken:

»Der nördlichste Punkt des Bottnischen Meerbusens liegt im Törehafen. Auf 65°54,1'N und 022°39,0'E befindet sich eine Boje mit einem Briefkasten. Bitte füllen Sie das Formular aus, das Sie im Briefkasten vorfinden. Danach wird Ihnen

ein Zertifikat nach Hause geschickt, das bezeugt, dass Sie diese Landmarke besucht haben. Wir wünschen Ihnen eine schöne Seereise. Kalix Kommune.«

Ähnlich wie am Nordkap gibt es also auch an der Ostsee einen Hafen, der nördlicher liegt als der, den alle für den nördlichsten halten. Uns gefällt die Idee mit dem Briefkasten und dem Zertifikat. Wir sind zwar keine Rekordjäger, aber ein Umweg von dreißig Seemeilen scheint uns akzeptabel. Außerdem hat uns unsere Offenheit für solche Späße schon viele interessante Erlebnisse auf dieser Reise beschert. Der Tanzabend in Polen, das Länderspiel in Tallinn, der Partyabend in Vaasa, die Tipps von Marrku oder die Mittsommernacht am wahren Nordkap sind nur einige wenige Beispiele. Daher folgen wir auch diesmal unserem Bauchgefühl und segeln nach Törehamn.

Schon von weitem entdecken wir nahe dem Hafen eine runde gelbe Spitztonne, an der tatsächlich ein Briefkasten hängt. »65°54'07 N, 022° 39'00 E« steht in dicken schwarzen Lettern auf ihrer Seite. Einziger Haken: Der Wind fegt mit Südost sieben Beaufort über uns hinweg und macht es nicht leicht, an der Zertifikat-Boje festzumachen. Immerhin ist die Bucht von Töre durch umliegende Wälder und Inseln einigermaßen gut geschützt, sodass wenig Seegang entsteht. Sonst bräuchten wir das Manöver gar nicht zu versuchen.

Helmut hängt am Bugkorb und gibt Zeichen:

»Mehr nach Backbord.«

Vorsichtig fahre ich HIPPOPOTAMUS an den wippenden Stahlklotz heran.

»Mehr nach Steuerbord.«

Ich setze um, was er mir zuruft, bis wir dicht genug dran sind. Helmut springt über, steckt unsere Vorleine durch einen Ring und hält uns fest. Der Wind drückt die Ohlson sofort von dem Seezeichen weg und hält uns auf Abstand. Bestens. Ich gehe aufs Vorschiff, nehme Helmut die Leine ab und belege sie an Deck. Er öffnet derweil den Briefkasten und zieht ein Formular heraus. Wir tragen unsere Namen, die Adressen, das Datum und den Schiffsnamen ein. Helmut wirft das Papier in den Kasten, verlässt das schaukelnde Pilger-Fass wieder und löst die Vorleine. Ende der Turnübung. Ich bin sehr gespannt, ob und was für ein Zertifikat wir dafür bekommen.

Törehamn selbst hat nicht viel zu bieten. Genau genommen: gar nichts. Im Schatten eines stillgelegten Silos und einiger industrieller Gebäude finden wir eine kleine Steganlage. Außer uns hat sich nur noch ein schwedisches Ehepaar hierher verirrt.

»We are here for the certificate«, erklärt der Mann.

Ich gucke Helmut an und muss lachen:

»Ohne diese Touristen-Tonne würde Törehamn vermutlich aussterben.«

»Auf jeden Fall. Die geben sich hier aber auch wenig Mühe, ihre Gäste zu verwöhnen, oder?«

»Stimmt. Wozu gibt es hier Toiletten und Duschen, wenn sie verschlossen sind? Sicherlich kann man alternativ die sanitären Anlagen auf dem Campingplatz da vorn benutzen, aber ich zahle doch nicht drei Euro für eine Dusche – das ist Wucher!«

Trotz alledem und unabhängig vom Ich-war-am-nördlichsten-Punkt-der-Ostsee-Diplom hat es sich aber auch noch aus einem anderen Grund gelohnt, nach Törehamn zu segeln: An einer Straßentankstelle finden wir eine Imbissbude mit Fernseher. So können wir bei Burger und Fritten miterleben, wie die Portugiesen die Holländer aus der Europameisterschaft schießen! Endlich fahren die Oranjes nach Hause.

Unser nächster Stopp heißt Luleå, eine 70 000 Einwohner zählende Stadt an der schwedischen Ostküste. Hier wollen wir Barbara und Harry

Törehamn – nördlichster Punkt der Ostsee

treffen. Barbara ist aus Hamburg und besucht in diesen Tagen ihren Freund Harry, der in Luleå lebt. Beide verfolgen seit Törnbeginn intensiv unsere Homepage und sind neugierig darauf, uns persönlich zu sehen. Gern, warum nicht? Per Handy verabreden wir uns für den nächsten Abend.

Wir erreichen Luleå kurz vor dem Anpfiff zum Halbfinalspiel zwischen Griechenland und Tschechien. Und obwohl wir geglaubt hatten, dass die Europameisterschaft durch das Ausscheiden der deutschen Fußball-Nationalmannschaft für uns keine Rolle mehr spielt, wollen wir beide unbedingt das Spiel sehen. Das liegt daran, dass die Griechen unser neuer Wunschkandidat für den Titel sind. Oberflächlich betrachtet lässt sich das vielleicht nicht nachvollziehen, aber wir sind kreativ bei der Suche nach Argumenten. Erstens sind die Akropolis-Kicker ein Außenseiter. Zweitens werden sie vom deutschen Trainer Otto Rehagel betreut. Drittens hat Helmut in Hamburg mit zwei Griechen zusammen in einer Wohngemeinschaft gelebt. Noch Fragen?

Griechenland gewinnt, und wir kehren frohen Mutes zum Schiff zurück. Schließlich ist das der erste Sieg einer Mannschaft, der wir bei diesem Turnier anhängen! Während wir bei Zigarillos und Jazz-Musik zur Feier des Tages im Cockpit die letzte Pfütze Whisky opfern – die Flasche hat immerhin seit Hamburg bis hier gereicht! –, kommen wir mit Holger ins Gespräch. Er kommt aus der Nähe von Bremen und liegt mit seinem Schiff SABETH – einer Sirius 31 – direkt neben uns. Seit seiner frühzeitigen Pensionierung als Hubschrauberpilot bei der Polizei vor einigen Jahren ist auch er dem Hobby Fahrtensegeln verfallen:

Es ist zwar schon spät, aber wir laden ihn dennoch auf ein Premium Pils aus dem Discountmarkt in unser Cockpit ein – der Whisky ist ja alle. Wie Sie bereits wissen, interessiert uns die Uhr ohnehin nicht mehr, weil wir mittlerweile seit mehr als zwei Wochen in unserem eigenen Rhythmus ohne Dunkelheit leben. Holger scheint dies ähnlich zu gehen: »Danke – ich bin eh noch hellwach«, nimmt er die Einladung an.

Wir plaudern über Häfen, Ankerplätze, Reiseziele, Erlebnisse, Pläne, Träume und Ideen. Was wir in unserer Auszeit an einem Stück erleben, verteilt Holger auf mehrere Jahre:

»Letztes Jahr war ich im Baltikum, dieses Jahr bereise ich den Bottnischen Meerbusen. Meine Frau ist leider noch berufstätig und kann daher nur auf einzelnen Etappen mitsegeln. In Haparanda ist sie von Bord gegangen und in vier Wochen wird sie in Stockholm wieder einsteigen«, erzählt er.

»Eine schöne Perspektive, solch eine Reise auf mehrere Jahre zu verteilen. Das lässt mehr Zeit für einzelne Abschnitte. Weniger Raserei als bei uns«, sagt Helmut.

»Ja, da fühle ich mich bevorzugt, aber dafür habt ihr die Jugend auf eurer Seite, Pläne und Perspektiven!«

Gegen zwei Uhr in der Frühe tauchen überraschend Barbara und Harry am Schiff auf:

»Entschuldigung, dass wir stören. Wir kommen gerade von einer gemeinsamen Urlaubsreise im Norden zurück und wollten nur mal eben gucken, wo euer Schiff liegt, damit wir euch morgen auch finden.«

»Kommt an Bord, wie ihr seht, sind wir eh noch wach! Barbara, Harry – das ist Holger. Holger – das sind Barbara und Harry.«

Wir klönen über Gott und die Welt, als wenn wir uns alle schon ewig kennen, und beschließen, den für morgen geplanten Abend in Harrys Wohnung zu verbringen, um gemeinsam zu kochen. Holger soll für die Vorspeise sorgen, Barbara und Harry für den Hauptgang, Helmut und ich für die Getränke. So einfach ist das.

Nach einem ausgedehnten Frühstück mit Fleischsalat und Butterkäse in Scheiben – dem Discount-Einkauf sei Dank – nutzen wir die zahlreichen Versorgungsmöglichkeiten der Studentenstadt. Helmut kauft eine Box mit Würmern zum Angeln und Nackenkarbonaden zum Grillen. Wir waschen unsere Wäsche, machen einen Ölwechsel, bunkern Trinkwasser und Diesel und beseitigen einen Wackelkontakt an der Lampe über Helmuts Koje. Abschließend versuche ich noch zum Frisör zu gehen, aber zweieinhalb Stunden Wartezeit halten mich davon ab. So wichtig ist das dann doch nicht. Viel wichtiger ist, dass wir auf dem Postamt – wie geplant – ein Paket von Judith in Empfang nehmen können, das die lange ersehnten Ersatzrollen für die Ankerhalterung am Bug enthält. Unglücklicherweise benötigen wir für die Reparatur auch noch zwei Schrauben, die der gut sortierte Schiffsausrüster am Hafen wider Erwarten nicht führt. Das hatten wir uns einfacher vorgestellt, nehmen es aber mit Humor. Wir können es ja eh nicht ändern. Dennoch, seit über einem Monat ist der Beschlag kaputt und die Konstruktion unbrauchbar. Das ist zwar nicht schlimm, weil wir immer noch den Heckanker haben, aber trotzdem entwickelt sich die Reparatur allmählich zur Farce.

Plötzlich ist der Tag rum und das gemeinsame Abendessen steht auf dem Programm. Pünktlich um 19 Uhr fährt Harry den Wagen vor, und wir fahren in seine Wohnung etwas außerhalb von Luleå.

Unser Menü kann sich sehen lassen: Schafskäse auf saftiger Tomate mit schwarzen Oliven. Krabben an frischem Dill mit Salat der Saison und Ei auf knusprigem Toast. Eingelegter Matjes mit Meerrettichkäse auf Apfelscheibe. Zarte Filetspitzen à la Stroganov auf Reis-Teppich. Erlesene Stückchen von der Schokoladentorte. Sekt zur Begrüßung, Rotwein zum Essen, Schnaps zum Verteilen, Likör zum Nachtisch. Die Stimmung ist gut, das Essen schmackhaft und der Bauch voller als mir lieb ist. Deutsch-schwedische Lebensart in Vollendung.

Wir setzen die Gesprächsthemen vom Vorabend fort. Harry ist Hochschullehrer für Mathematik und dieses Jahr mit sechzig vorzeitig in den Ruhestand gegangen, weil die Studentenzahlen nachgelassen haben. Nun plant er eine große Reise mit seinem Motorboot SANIJA in Richtung Stockholm und weiter durch den Göta-Kanal nach Göteborg bis in die Westschären. Er schwärmt von der Höga Kusten:

»Da könnt ihr mit einem Autoatlas segeln. Seekarten sind nicht nötig. Das Land ist hoch, das Wasser tief, die kleinen Buchten und Häfen reizvoll.«

Der große Zeiger dreht auf der Uhr seine Runden und wir verklönen die Zeit. Mich interessiert Holgers Leben als Hubschrauberpilot. Harry schwärmt von seinem Literaturkreis, bei dem man sich reihum trifft und kocht. Holgers Rezepte will er sich daher merken. Helmut erzählt von seinem Studium als Bauingenieur. Barbara überlegt, mit 52 noch den Segelschein zu machen, und will wissen, ob es dafür schon zu spät ist. Während sie mit Holger und Helmut darüber diskutiert, nutze ich Harrys Internet-Zugang und stelle unser Logbuch mit den Fotos vom Nordkap online.

Ich freue mich, dass wir die Homepage haben. Durch sie können wir viele Menschen an unseren Abenteuern teilhaben lassen. Uns gefällt das. Andere Segler fragen oft, wenn sie davon hören, ob wir es nicht als stressig empfinden, unsere Leser ständig mit Informationen zu versorgen. Die Antwort ist einfach: »Nein – im Gegenteil«. So ein Update dauert ungefähr zwei Stunden alle fünf bis acht Tage. Was ist das schon? Außerdem schreiben wir die Einträge gern. Weil sie für uns eine schöne Erinnerung sind, weil wir durch sie das Erlebte reflektieren können, weil sie uns dankbar für diese Reise machen und weil sie uns immer wieder zeigen, wie gut es uns geht.

Und nicht zuletzt hat unsere Internetseite zu diesem Abend geführt. Ein Treffen mit offenen Menschen, die sich kaum kennen und trotzdem wie alte Bekannte verhalten. Das hat doch was, oder? Deshalb lassen wir uns auch erst weit nach Mitternacht von Harry ein Taxi für die Rückfahrt zum Hafen bestellen.

Am nächsten Morgen heißt es Abschied nehmen. Holger ist früh auf den Beinen und möchte weiterreisen. Wir wollen erst noch in Ruhe duschen und frühstücken, bevor wir ablegen. Helmut hilft beim Lösen der Vorleinen, ich drücke SABETHs Bug herum, und wir wünschen uns gegenseitig Mast und Schotbruch. Insgeheim hoffe ich, dass sich unsere Kurse noch einmal kreuzen, aber das ist unwahrscheinlich. Holgers Reise verläuft in einem anderen Tempo. Er hat schlicht mehr Zeit. Der Wind ist flau, und so will er nur eben um die Ecke in eine andere Bucht segeln. Wir hingegen wollen einen größeren Schlag durch die schwedische Inselwelt nach Süden machen. Unser Ziel? Unbekannt – das hängt von der Wetterentwicklung ab. Was wir an Seemeilen bekommen können, nehmen wir mit.

Am frühen Nachmittag brechen wir auf. Der Wind weht aus Südost. Unsere Segel füllen sich nur mit Mühe. Und wir? Wir trimmen das Rigg, als würden wir Regatta segeln. Als ginge es um alles. Jeder Zehntelknoten zählt. Wir lösen das Achterstag, lockern die Fallspannung der Segel, öffnen ihre Unterlieken, setzen den Traveller leicht nach Luv und die Schotwagen nach vorn. Vier Tonnen Schiff bei zwei Windstärken in Fahrt zu bringen verlangt Fingerspitzengefühl.

Rund drei Stunden später schleichen wir fast lautlos an der Insel Antnäs Börstskäret vorbei und entdecken in einer kleinen Bucht an ihrer Westseite SABETH. Helmut und ich überlegen kurz, die Segel zu streichen, blau zu machen und den Abend mit Holger zu verbringen, obwohl das nicht in unseren Zeitplan passt. In zwei Wochen wollen wir schon knapp 400 Seemeilen weiter südlich sein. Eine Zwickmühle, in der die Vernunft siegt. Als Trost winken wir mehrfach. Ob Holger uns sieht?

Ein paar Tage später erfahren wir, dass er uns wahrgenommen hat. Per E-Mail sendet er uns sein Tagebuch. Dort steht:

»Ich entdecke sie aus großer Entfernung. Der dunkelblaue Rumpf von HIPPOPOTAMUS ist nicht zu übersehen. Stolz stehen ihre Segel in der leichten Brise, perfekt getrimmt. Für mich haben sie eine magische Anziehungskraft, als würden sie mich rufen. Ich verstaue schnell alle umherliegenden Teile, schlüpfe in meine Bordschuhe und hole die Karte hervor, doch dann wird mir der Unsinn bewusst. Sönke und Helmut wollen heute einen großen Schlag machen, eventuell sogar die Nacht durchsegeln, um mehr Zeit für die Hohe Küste zu haben. Dort will ich jedoch frühestens in einer Woche ankommen. Also ziehe ich Bordschuhe und Socken wieder aus.

Jeder, der von meiner Einhandtour hört, fragt als Erstes, ob es mir nicht langweilig würde, und ich antworte regelmäßig, dass ich sehr gut allein zurechtkäme. Widersprüchlichkeiten.«

Unser Törn in Richtung Mal-sehen-wo-wir-landen wird durch den abendlichen Wetterbericht eingeschränkt. Stockholm Radio gibt über

UKW-Seefunk auf Kanal 25 für die Nacht eine Unwetterwarnung heraus. Sommergewitter mit Böen der Stärke sieben aus südlichen Richtungen.

Ein brauchbarer Hafen steht weit und breit nicht zur Verfügung, und so entscheiden wir uns, den Sturm im Schutze der Insel Mellerstön (65°14,0'N, 021°47,6'E) abzuwettern. An der Nordseite gibt es laut Seekarte eine ausreichend große Bucht, die zum Ankern einlädt. Da unser Buganker immer noch kaputt ist, werden wir wieder den Heckanker über das Vorschiff einsetzen. Nicht optimal, aber machbar.

Seit Haparanda benutzen wir schwedische Seekarten mit uns bekannten Farbgebungen. Sie sind für uns die Crème de la Crème der Navigation: weil sie so exakt vermessen sind, weil jeder Stein eingezeichnet ist. Während die deutsche Ostseeküste meistens im Maßstab 1:80 000 oder gröber kartografiert wird, geben die schwedischen Unterlagen die Inselwelt im Maßstab 1:50 000 oder feiner wieder. Eine Seemeile entspricht ungefähr 3,7 Zentimetern. Ein Millimeter auf dem Papier gleicht 50 Metern in der Natur. Da fällt es leicht, einsame Buchten zu finden. Wir müssen nur nach ihnen suchen.

Mellerstön verbreitet nicht die Einsamkeit, die wir erwarten. Vielmehr scheint der Naturhafen bei den Schweden bekannt und beliebt zu sein. Vom Land aus reicht ein Steg in die Bucht hinein und somit entfällt das Ankerexperiment. Der Heckanker bleibt Heckanker. Er hält uns nach achtern. Vorn bringt Helmut zwei Leinen zum Steg aus. Fertig.

Am Ufer der seichten, von Nadelbäumen eingeschlossenen Bucht sitzen Schweden in der Sonne und grillen. Senkrecht steigt der Rauch in den tiefblauen Abendhimmel auf. Flaute. Die Ruhe vor dem Sturm, wie uns scheint.

»Was die können, können wir auch!«, findet Helmut.

»Absolut. Im Kühlschrank sind noch die Nackenkarbonaden.«

»Bestens. Wenn der Herr einverstanden ist, könnte ich dazu noch ein wenig Gemüse anbraten.«

»Klingt gut. Dann heize ich mal den Grill an.«

Während die Kohle in unserem Heckkorbgrill langsam weiß wird, bricht an Land abrupt Hektik aus. Die ausgelassene Stimmung der Skandinavier weicht einer konzentrierten Aufräumaktion. Sie löschen den Grill, sammeln den Abfall ein, falten die Klappstühle zusammen und starten die Motoren an ihren Booten. Als ich gerade nachfragen will, was denn los sei, kommt auch schon einer der Schweden auf mich zu:

»There is a gale warning for tonight. Southerly winds up to seven Beaufort – we leave!«

19

20

21

19 Faszinierendes Inselgewirr im Schärenmeer (Finnland).

20/21 Wir meißeln unsere Inschrift in die Felsen auf Tullisaari (Finnland).

22

24

22 Helle Nächte auf dem Weg nach Norden (Finnland).

23 Die Gräber der Leprakranken auf der Seeleninsel Seili (Finnland).

24 Das winzige Museum der Erikssons auf Gullkrona (Finnland).

25 Historische Viermastbark POMMERN in Mariehamm (Åland).

23

25

26

26 Insel Maakalla (Finnland).

27 Insel Tankar (Finnland).

28 Rentiere auf dem Weg zum Nordkap (Finnland).

29 Klubhaus Haparanda – Wir verewigen uns (Schweden).

27

28

29

30

33

31

32

34

30 Naturschauspiel kurz vor dem Unwetter über Mellerstön (Schweden).

31 Am »wahren« Nordkap Knivskjelodden (Norwegen).

32 Bordmusik – Helmut an der Trompete.

33/34 Niedliches Ulvön im Herzen der Höga Kusten (Schweden).

35

36

35 Der höchste Leuchtturm der Ostsee, Högbonden (Schweden).

36 Schönes Segeln – unter Spinnaker durch den Stockholmer Schärengarten (Schweden).

»Thank you for the information. We heard about it. But, why do you leave? Isn't this bay safe?«

»Oh yes, it is, but we cannot sail back to Piteå tomorrow if the wind is still strong.«

»Okay. I understand. Thank you – we stay.«

»Bye bye. Take care.«

»You too.«

Unser Bug zeigt nach Süden, wird – wenn der Sturm kommt – vom Steg weggedrückt. Hier sind wir sicher. Der Grill ist heiß, die Mücken surren, stören jedoch nicht, und die Nackenkarbonade schmeckt. Das Gemüse erst recht: Paprika, Möhren, Zwiebeln und Knoblauch in Olivenöl gedünstet. Warum also aufbrechen? Wir stoßen auf die 2000. Seemeile an, hören Simon and Garfunkel umrahmt von einem kitschigen Sonnenuntergang hinter dem Heck und bedrohlichen Wolken vor dem Bug, dazu ein Regenbogen. Mellerstön gefällt uns.

Regen setzt ein, Tropfen verdampfen zischend auf der heißen Grillkohle. Wir verkriechen uns unter Deck in unseren Kojen. Helmut widmet sich einem Roman auf vergilbtem, muffig riechendem Papier. Er heißt *Das Lied der Welt,* spielt im 19. Jahrhundert und handelt von der Liebe und den Gewalten der Natur. Passt irgendwie. Das Wetter peitscht über HIPPOPOTAMUS hinweg. Der Regen trommelt auf das Kajütdach und der Wind heult im Rigg.

Ich bin müde, möchte lieber schlafen und beschäftige mich deshalb mit meinem Kunstwort »Jamila«. Seit ich täglich damit trainiere, erlebe ich vor dem Einschlafen immer öfter einen Zustand, in dem ich kurz, aber intensiv in mich hineinhören kann. Dann verliere ich den Kontakt zu meinem Körper, kann Arme, Beine, Bauch und Kopf nicht mehr spüren und existiere nur noch im Geiste, klar und allgegenwärtig. Als wenn sich die Tür zu einer unterbewussten Welt öffnet. Ein Kosmos, in dem ich dahinschwebe und einschlafe.

Zu viel Südwind

Das nächtliche Unwetter konnte uns nichts anhaben. An der Nordseite von Mellerstön haben wir wie in Abrahams Schoß gelegen. Wir wollen weiter. Einzig der Wind lässt uns noch zögern. Mit sechs bis sieben Beaufort pfeift er immer noch über unsere Köpfe hinweg. Er weht aus Süd – unserer Richtung. Ein kleiner Schlag wäre gut – für fünf bis sechs Stunden. Ein bisschen kreuzen, ein wenig Boden nach Süden gut machen. Einfach für das gute Gefühl vor dem Einschlafen.

Wir suchen nach einem geeigneten Hafen und schlagen dafür den Gästhamns Guiden 2004 auf. Ein 225 Seiten starkes Buch, das die schwedische Fahrtenseglervereinigung »Svenska Kryssarklubben« jährlich kostenlos herausgibt. Es enthält praktische Informationen zu allen Häfen entlang der schwedischen Küste. Die Wassertiefe, die Anzahl der Liegeplätze, die Höhe des Hafengeldes, aber auch welche Sehenswürdigkeiten und Versorgungsmöglichkeiten es gibt. Außerdem wurde jeder Hafen in den Kategorien Sicherheit, Umwelt, Toiletten und Duschen mit eins bis fünf Punkten klassifiziert. Yachthäfen, die für ihre Umwelt die volle Punktzahl erhalten haben, interessieren uns besonders. Sie liegen in landschaftlich reizvoller Umgebung.

Das Buch ist praktisch und leicht zu handhaben. Wir blättern auf die erste Seite für den Küstenabschnitt »Bottnischer Meerbusen« und sehen auf einer Übersichtskarte, dass sich der nächste weiter südlich gelegene Hafen in rund dreißig Seemeilen Entfernung befindet. Nummer 18 – Furuögrund. Zweieinhalb bis drei Meter Wassertiefe, 15 Gastliegeplätze, 50 Schwedenkronen pro Tag. Es gibt einen Spielplatz, Grillmöglichkeiten, ein Café, einen Kiosk, acht Steckdosen, Trinkwasseranschlüsse und eine Waschküche. Sicherheit – vier Punkte. Umwelt, Duschen und Toiletten – jeweils fünf Punkte.

»Klingt gut! Wenn da nicht die sieben Windstärken aus Süd wären«, überlegt Helmut.

»Richtig – eine Entfernung von dreißig Seemeilen an der Kreuz zu bewältigen macht nicht unbedingt Spaß. Falls eine Oberflächenströmung mit dem Wind nach Norden setzt, haben wir einen schlechten

Wendewinkel und legen locker fünfzig bis sechzig tatsächliche Seemeilen zurück. Da sind wir schnell zwölf Stunden und mehr unterwegs.«

»Stört uns ja normalerweise nicht, aber wenn ich ehrlich bin, dann habe ich dazu eigentlich gerade keine Lust. Und du?«

»Zwölf Stunden kreuzen? Och, nö. Machen wir uns einen schönen Tag, und morgen geht die Reise weiter.«

So weit, so gut. Doch plötzlich findet Helmut ein Argument, das dazu führt, dass wir unter keinen Umständen auf Mellerstön bleiben können:

»Oh, nein! Halt, alles zurück. So geht das nicht. Heute Abend findet doch das Endspiel der Fußball-Europameisterschaft statt. Unsere Griechen spielen um die begehrte Trophäe. Hier gibt es weit und breit keinen Fernseher!«

»Hast Recht. Das geht natürlich gar nicht. Wir brauchen eine Hafen-Alternative auf dem Festland in der Zivilisation. Zeig doch noch mal das Handbuch bitte.«

Wir schlagen erneut die Übersichtsseite mit der Karte auf und stellen fest, dass Hafen Nummer 17 – Haraholmen etwas weiter westlich auf gleicher Höhe wie Mellerstön – für unser Vorhaben geeignet ist. Um dahin zu kommen, muss lediglich eine Landzunge umsegelt werden. Gesamtentfernung zehn Seemeilen. Alle Segelstellungen inklusive. Erst eine Kreuz, dann halber Wind und schließlich der Zieleinlauf mit Wind von achtern.

»Bestens! Das wäre doch ein guter Kompromiss. So bekommen wir anspruchsvollen Segelspaß, verlieren keinen Boden nach Süden und können trotzdem das Spiel sehen. Was wollen wir mehr!«

»Auf geht's!«

Die Kreuz ist zügig abgehakt. Zwei Stunden mit Fock und zweitem Reff im Groß immer nach Süden. Mit halbem Wind durchqueren wir eine enge Stelle zwischen zwei Flachs, fallen immer weiter ab und surfen schließlich auf eineinhalb Meter hohen Wellen nach Haraholmen. Die Sonne scheint. Keine Wolke zeigt sich und die See schimmert silbern im Gegenlicht. Wir sind in Fahrt und schwer zu bremsen. HIPPOPOTAMUS rauscht mit fast sieben Knoten dahin. Schiebewind. Mit weit geöffnetem Großsegel und Traveller in Lee reiten wir die Wellenberge ab. Gelegentlich klatscht ein Brecher gegen die Bordwand und ein Wasserschwall fliegt über die Ohlson. Wir werden geduscht. Aber das macht nichts. Unsere Schwerwetterkleidung ist dicht. Sie hält uns trocken und warm.

In solchen Situationen wird mir immer wieder klar, wie wichtig es ist, gutes Ölzeug zu haben. Es ist einfach nicht sinnvoll, daran zu sparen.

Früher sind wir mit allem, was nach Wetterkleidung aussah, durch die Gegend gesegelt, haben regelmäßig gefroren und waren nach drei Stunden Dauerregen nass bis auf die Haut. Zum einen fehlte uns das Geld, zum anderen haben wir das nicht so eng gesehen. Ich erinnere mich noch genau, wie ich auf meiner ersten eigenen Sommertour mit dem Folkeboot eine Fahrrad-Regenjacke trug. Inzwischen haben wir jeder hochwertige Markenware im Gepäck: Öljacke und -hose, Blouson, Gummistiefel, Handschuhe, Fleecemütze und -pullover, Funktionsunterwäsche – die richtige Kleidung ist eine elementare Voraussetzung für das eigene Wohlbefinden. Seit Hamburg haben wir noch nicht ein Mal gefroren oder in unseren Sachen geschwitzt. Das ist viel wert.

Wir fahren noch eine abschließende Halse und nehmen nach sechzehn Seemeilen und drei Stunden Spaß die Segel runter. Vor dem Bug liegt Haraholmen. Die Anlage ist hässlich. Kategorie Umwelt – zwei Punkte. Ein Funktionshafen, eingebettet in eine Industrielandschaft aus Kränen, Ölsilos, Schornsteinen und Lagerhallen. Strategisch günstig, auf einem Landzipfel gelegen, als Sprungbrett der Einheimischen in die umliegende Inselwelt konzipiert. Es stört uns nicht – wir erwarten keine Idylle. Die Marina ist für uns nur Mittel zum Zweck.

Per Autostopp geht es ins zwölf Kilometer entfernte Piteå. In einer Sportbar erleben wir live, wie »unser« Team Griechenland die Portugiesen deklassiert. Es hat zwar nicht die deutsche Nationalmannschaft gewonnen, aber wir fühlen uns dennoch wie Europameister. Helmut tanzt Syrtaki, ich rufe »Jamas!« und wir trinken Ouzo.

Der nächste Morgen beschert uns einen dicken Kopf und schwache Winde aus östlichen Richtungen. Wir segeln zum 45 Seemeilen entfernten Bjuröklubb (64°28,7'N, 21°034,4'E). Das 47 Meter hohe Kap war vor vielen tausend Jahren noch eine Insel in der Ostsee. Aber bedingt durch die Landhebung ist sie mittlerweile zu Festland geworden und ragt heute als Berg über die sonst flachere Küste hinweg. Vielen Seglern ist Bjuröklubb aus dem Wetterbericht bekannt, weil auf dem Kap neben dem Leuchtturm die gleichnamige Wetterstation steht. An der Rückseite der Halbinsel finden wir einen kleinen, idyllischen Yachthafen, der maximal einem Dutzend Schiffe Platz bietet. HIPPOPOTAMUS ist Schiff Nummer sieben – das passt. Harry aus Luleå hatte uns den Tipp gegeben, den ehemaligen Lotsenstützpunkt anzulaufen. Bjuröklubb ist sein Lieblingsplatz entlang der Ostseeküste. Viel sehen wir allerdings nicht davon, weil uns das Wetter einen Strich durch die Rechnung macht. Bereits im Laufe des Tages waren immer mehr Wolken am Himmel aufgezogen, und nun gesellt sich Dauerregen dazu.

Der Tag geht. Eine leichte Dämmerung verfinstert die schwedische Sommerwelt. Dunkel wird es immer noch nicht, aber die Stimmung wirkt grau und trist. Segler zünden Petroleumlampen auf ihren Schiffen an – verbreiten nordische Gemütlichkeit. Auf den Wegen bilden sich Pfützen, und Flaggen hängen triefend herab. Alles ist nass. Das Wasser wäscht den Planeten. Die Feuchtigkeit wandelt die Farben, lässt sie dunkel erscheinen. Blätter, Büsche und Bäume werden dunkelgrün, Schären und Steine dunkelgrau, Holz dunkelbraun. Die Ostsee erhält einen Graustich. Ihre Wellen verschwimmen zu einem strukturlosen Einheitsbrei und bilden eine eintönige Fläche. Dunst zieht über die See. Er verschleiert das Land am Horizont und verwandelt es in einen matten farblosen Streifen. Ein Wetter zum Verkriechen.

Und wir? Helmut und ich schwitzen in einer kleinen Sauna direkt am Hafen mit Sicht auf die Weltuntergangsstimmung. Tropfen rinnen die kleine Fensterscheibe herab, Regen prasselt aufs Dach und der Ofen verbreitet eine wohltuende Neunzig-Grad-Hitze. Es könnte nicht besser sein. Wir fühlen uns geborgen, wollen nicht wieder vor die Tür. Trotzdem müssen wir gelegentlich zur Abkühlung in die 14 Grad kalte – vom strömenden Regen mit Tropfenkreisen überzogene – Ostsee springen. Temperaturunterschied: 76 Grad. Ein Fest für die Sinne.

Nächster Nachmittag – nächster Hafen. Wir laufen Ratan (63°59,5'N, 20°053,4'E), vierzig Seemeilen südwestlich von Bjuröklubb, an. Außer uns sind noch drei andere Gastlieger hier, zwei Segler und ein Motorboot. Zwischen zwei Regenschauern finden wir problemlos einen Liegeplatz an der langen Holzpier.

»Kein schönes Wetter in den letzten Tagen. Lässt uns der Sommer im Stich?«, guckt Helmut mich fragend an.

Am Abend lässt der Regen endlich nach. Ich mache einen Spaziergang durch die rund fünfzig Häuser zählende Siedlung. Der kleine Ort ist ein typisches schwedisches Dorf. Inmitten von Birken und Nadelbäumen stehen blutrote Holzhäuser mit weißen Giebeln und Fenstern. Oft gehören mehrere Gebäude zu einem Anwesen: Wohnhaus, Garage, Geräteschuppen und Sauna. Das ist normal in Skandinavien. Grundstücke gehen ineinander über, sind nicht trennbar. Zäune oder Hecken gibt es nicht. Ratan wirkt verträumt und unschuldig.

Ich lerne Michael kennen. Ein rotblonder Wuschelschopf mit Dreitagebart in kurzen Hosen und Matrosenhemd, so um die 35 Jahre alt. Seit 1998 betreibt er mit seiner Familie in der ehemaligen Zollstation »Tullgården« ein Restaurant:

»Ich hatte die Großstadt satt, wollte aussteigen und bin hierher gekommen. Aus Überzeugung. Einfach so. Ist mir egal, was morgen ist. Ich lebe nur den Tag!«, sagt er.

Ich erzähle ihm von meiner Auszeit unter Segeln. Er ist neugierig, will alles über unsere Reise wissen und gibt im Gegenzug viel von sich preis. Ein Gespräch unter Gleichgesinnten – auch wenn ich nur vorübergehend zu diesem Kreis gehöre.

»Ich kenne zu viele Leute, die von wenigen Wochen Urlaub im Jahr leben. Das ist nicht mein Ding. Ich lebe jeden Tag! Wenn Sonne ist, freue ich mich über Sonne. Wenn Regen ist, freue ich mich über Regen. So einfach ist das«, fährt er fort.

»Hast du Familie? Wie bringst du das in Einklang?«

»Ja. Wir sind ein Team, arbeiten hier alle zusammen und haben unheimlich viel Spaß dabei. Meine Kinder, meine Frau und ich, Hand in Hand.«

»Schön, wenn es so funktioniert.«

»Auf jeden Fall. Die Menschen kommen gern hierher. Wir haben uns einen guten Ruf aufgebaut, weil wir nur lokale Produkte verwenden. Dadurch schmeckt bei uns alles frisch und echt. Aber du musst mir versprechen, dass du meinen Kindern nicht verrätst, dass ich hier im Ort die Schafe und Kühe schlachte.«

Er lacht und reibt mit der Hand über seine Brust. Dann kommt er in Fahrt und kramt Geschichten aus seinem Gedächtnis hervor:

»Ich bin früher zur See gefahren – bis zum Amazonas. Habe viel von der Welt gesehen. Aber Schweden – meine Heimat – gefällt mir am besten.«

Nebenbei zeigt er mir das ganze Gebäude. Denn außer dem Restaurant gibt es im Obergeschoss von Tullgården auch noch ein Museum über Ratan und seine Geschichte.

Sie ist bewegt, wie ich feststelle. Hier fand im August 1809 eine der härtesten Schlachten des Schwedisch-Russischen Krieges statt. Im Hafen lagen 120 Schiffe mit 250 Kanonen an Bord. 7500 Soldaten kämpften mehrere Tage gegen Russland und legten den Ort vollständig in Schutt und Asche. Letztendlich verlor Schweden den Krieg und musste daraufhin die Ålandinseln, ein Stück der am Bottnischen Meerbusen gelegenen Küste und Finnland an die Russen abtreten. Ein herber Verlust.

Aber das ist nur ein Teil der Vergangenheit von Ratan. Direkt am Schiff steht ein kleines, auffällig achteckiges Holzhaus. Ein Mareograph. Seit 1749 wird in Ratan die Landhebung gemessen. Aktuell rund neun Millimeter pro Jahr. Das ist schwer vorstellbar, wird jedoch

Wasserstandsmarken auf Ratan

greifbar, als wir auf Ledskär, einer Schäre südlich vom Hafen, eine in den Felsen gemeißelte Marke aus dem Jahre 1749 finden. Sie ragt knapp zweieinhalb Meter über die See hinweg. Andere Marken sind von 1774, 1831 oder 1846 – Geologie zum Anfassen.

20.33 Uhr. Zeit für den täglichen Wetterbericht von Stockholm Radio über UKW-Seefunk:

»Bay of Bothnia, South five Beaufort, poor visibility, local showers.«

»Soll ich ›schon wieder‹ oder ›immer noch‹ ins Logbuch schreiben?«, gucke ich Helmut an.

Er lacht: »Mistwetter!«

Auch am nächsten Morgen. Wir suchen Byviken (63°48,3'N, 20°052,1'E) an der Nordseite der Insel Holmön als Tagesziel aus. Zehn Seemeilen direkter Weg, sechzehn an der Kreuz. Zumindest, wenn wir auf der Seekarte die Kurse und Wenden gedanklich vorwegnehmen.

Die Wolken am Himmel zeigen sich bedrohlich, erinnern an manche Bilder von Caspar David Friedrich und verweigern den Blick auf die Sonne. Sie hat in diesen Tagen offensichtlich Urlaub. Wir lösen die Leinen, hissen die Segel und erreichen mit Groß und Fock gute fünfeinhalb Knoten Fahrt. Die Ohlson liegt schräg, behauptet sich im Seegang. Stabil und zuverlässig – wie immer.

Während die Windfahne HIPPOPOTAMUS hoch am Wind über tiefblaue Wellenberge klettern lässt, essen wir Bockwurst mit Senf – direkt aus der Dose. Ein Abschiedsgeschenk von Vereinskamerad Norbert. »Falls zwischendurch mal Hunger kommt. Für jeden eine eigene Dose, damit es keinen Streit gibt«, hatte er uns auf der Abschiedsparty in Hamburg angewiesen. Eine schöne Idee. Wir haben Hunger und öffnen beide Dosen. Die Wurst schmeckt. Eine Welle klatscht unglücklich gegen die Bordwand, überzieht das Schiff von Bug bis Heck mit Wasser, duscht uns und die Würstchen. Sie schmecken fortan salzig.

»Local showers!«, lacht Helmut.

Ich mag sein sonniges Gemüt. Wir sind ein gutes Team. Das ist wichtig auf so einem Törn, bei dem man sich nicht aus dem Weg gehen kann, ein halbes Jahr lang 24 Stunden am Tag miteinander verbringt. Wir kennen einander, brauchen einander, mögen einander, vertrauen einander. Es ist schwer, das zu erklären, weil unsere Freundschaft über Jahre gewachsen ist – eng und einzigartig. Wir sind zusammen zur Schule gegangen, segeln seit zwölf Jahren miteinander und haben gemeinsam schon mehr als 10 000 Seemeilen im Kielwasser gelassen. Das verbindet.

Byviken ist ein landschaftliches Idyll. Hinter dicken Molen entdecken wir einen gut geschützten Hafen in einer Bucht mit Strand. Fischerboote liegen im Sand, Netze trocknen im Wind und die Menschen sind aufgeschlossen und zuvorkommend. Als wir am Abend den Kaufmannsladen aufsuchen, hat er bereits seit vier Stunden geschlossen, aber die Verkäuferin öffnet kurzerhand wieder für uns. Ja, so etwas gibt es noch. Byviken zeigt uns einmal mehr, dass die Gegend hier am Ende der Ostsee eine Reise wert ist.

Keine Wetterveränderung am nächsten Morgen. Es kachelt mit Südsüdwest fünf bis sechs. Wir beschließen, einen Hafentag einzulegen. Dieses verflixte Wetter. Es könnte besser sein. Aber seit einer Woche macht es, was es will. Das hat es vorher zwar auch, aber da haben wir das nicht so wahrgenommen. Vermutlich, weil wir die Ostsee bisher von ihrer Sonnenseite kennen gelernt haben. Nun häufen sich Einträge im Logbuch, in denen Adjektive wie »kalt«, »bewölkt«, »regnerisch«, »diesig« oder »stürmisch« vorkommen. Zunehmend entschuldigen sich Schweden bei uns für die Bedingungen. Einer meinte sogar, er hätte gelesen, dass dies der schlechteste Sommer seit 1928 sei. Sicherlich, das Wetter ist nicht optimal, aber als so schlimm empfinden wir das definitiv nicht. Vielleicht liegt es daran, dass dies keine dreiwöchige Sommertour mit dem üblichen Wir-müssen-Sonne-haben-sonst-ist-der-

Urlaub-kein-Urlaub-Anspruch ist. Bei uns gilt eher: Wenn es diese Woche nicht so toll ist, dann eben die nächste wieder.

Und trotzdem können wir gerade keine schlechte Woche gebrauchen. Denn genau jetzt gibt unsere Routenplanung ein hohes Tempo vor. In sechs Tagen wollen wir schon 240 Seemeilen weiter südlich in Gävle sein. Dort kommt Judith an Bord. Das sind ungefähr vierzig Seemeilen pro Tag. Wenn das Wetter mitspielt, ist das kein Problem. Aber wenn wir mal einen Tag – wie heute – nicht weiter reisen, dann müssen wir am Tag darauf schon achtzig Seemeilen abhaken, um das wieder aufzuholen. Da haben wir uns plötzlich viel vorgenommen. Unter Umständen zu viel.

»Wäre praktisch, wenn wir das Wetter irgendwo buchen könnten«, schmunzelt Helmut.

Eine interessante Vorstellung. Einfach Geld an die zentrale Wetterstelle überweisen, die Koordinaten auf dem Überweisungsträger vermerken und schon scheint die Sonne, Wind und Wellenhöhe als optionale Komponenten. Witterungen in allen Formen, einfach und unkompliziert aus dem Katalog. Da bekommt das Wort »Sommerschlussverkauf« eine ganz neue Bedeutung. Grillwetter auf dem Grabbeltisch. Vielleicht auch warmes, wolkenfreies Wochenendwetter stark reduziert oder Reisewetter als Restposten. Die Touristen würden sich auf Sonne einigen, die Landwirte auf ausreichend Regen und die Surfer auf Starkwind. Ein herrliches Durcheinander gäbe das. Egal. Gibt es nun mal nicht. Macht aber auch nichts. Wir leben hier auf der Sonnenseite des Lebens. Da lassen wir uns von ein wenig Gegenwind nicht runterziehen. Gävle, wir kommen! Früher oder später.

Und dennoch bin ich nicht gut drauf zurzeit. Mir fehlt Judith. Zuletzt haben wir uns in Turku gesehen. Das ist über fünf Wochen her. Zu lange für mich. Ich möchte mal wieder in den Arm genommen werden. Mit meiner Freundin rumalbern, ihren Duft in meiner Nase spüren, mit meinen Fingern über ihre Sommersprossen streichen oder einfach nur neben ihr einschlafen und wach werden. Das vermisse ich am meisten. Der morgendliche Blick in ihr hübsches Gesicht, wenn sie noch fest schläft und friedlich träumt. Aber da muss ich mich wohl noch gedulden.

Zur Überbrückung der Wartezeit schicken wir gelegentlich SMS hin und her, und seit gestern steht am Ende der Nachricht immer, wie viele Tage es noch bis zum Wiedersehen sind:

»Guten Morgen! Wünsche euch einen schönen Segeltag mit dem richtigen Wind. Freue mich schon, bald wieder dabei zu sein. Nur noch sieben Tage! Deine Judith«

Am Tag erleben – bei Nacht bewegen

Am Abend flaut wider Erwarten der Wind ab. Das ist unser Startsignal. Entgegen der ursprünglichen Planung lassen wir den Hafentag Hafentag sein und stechen doch noch in See. Unser Ziel? Norrbyskär (63°33,5'N, 019°52,1'E), eine Schäre, von der wir nicht viel wissen, außer dass es lohnenswert ist, sie anzulaufen, wie die Einheimischen sagen. Da sie im Gasthamns Guiden 2004 nicht verzeichnet ist, halten wir uns an jene Informationen, die die Seekarte über dieses geheimnisvolle Fleckchen Erde bietet. Ein Detailplan zeigt drei rund zwei Kilometer lange, in Nord-Süd-Richtung parallel verlaufende schmale Inseln, deren Ufer teilweise künstlich begradigt wurden. Sie sind mit Brücken verbunden und an der Westseite ist eine kleine Pier für Sportboote eingezeichnet.

»Sieht spannend aus. Vielleicht ein ehemaliger Militärstützpunkt«, überlegt Helmut.

»Könnte sein. Lassen wir uns überraschen!«

Es ist kurz vor Mitternacht. Noch 24,7 Seemeilen bis Norrbyskär. Mittlerweile sind wir seit drei Stunden auf See. Wir kreuzen – was auch sonst. Allerdings ist der Südwest nur noch um die vier Windstärken stark. Angenehmes Segeln mit Groß und Genua. Kein Reff, keine Fock, wenig Schräglage und fünf Knoten Fahrt.

Über uns ziehen ein paar Wolken hinweg, denen die sinkende Sonne eine orange-gelbe Struktur verpasst. Aber auch unsere Segel reflektieren ihr warmes Licht. Dezent orange leuchten sie in der abendlichen Dämmerung. Sie stehen wie im Bilderbuch und bieten einen majestätischen Anblick. Profile voller Kraft und Schönheit. Trimmfäden wehen waagerecht, der Windex klebt an der Marke für den besten Winkel zum Wind, die Segellatten zeugen von Energie und der Vereinswimpel unter der Saling singt flatternd seine Melodie im Takt der nächtlichen Brise.

»Klar zur Wende!«, ruft Helmut.

»Klar.«

»Ree.«

Die Stille weicht der Bewegung, die Perfektion fällt zusammen und die Geschwindigkeit nimmt ab. Segel flattern, Schoten schlagen. Für einen kurzen Moment steht das Boot wieder aufrecht, um sich dann auf die andere Seite zu legen. Gläser klappern in den Schränken, Konservendosen rollen in den Staufächern auf eine neue Position. Winschen rasseln. Schoten ächzen. Das Tuch wird gespannt, nimmt wieder seine Sollform an. Das Schiff beschleunigt und die Ruhe kehrt zurück. Als wenn nichts gewesen wäre.

Zeit für einen Blick nach achtern. Gleißend rot erhebt sich der Mond über die schwarz anmutenden Wälder der Insel Holmön. Er wirkt riesig. Natürlich ist er genauso groß wie immer, aber die Mondtäuschung lässt ihn voluminöser erscheinen. Ein berauschender Anblick, den ich in der Großstadt so noch nie gesehen habe. Dort fehlt die Weitsicht. Helmut holt die Trompete raus und spielt *Der Mond ist aufgegangen.* Ich singe mit:

»Der Mond ist aufgegangen, die gold'nen Sternlein prangen, am Himmel hell und klar. Der Wald steht schwarz und schweiget, und auf dem Wasser treibet der weiße Segler wunderbar.«

Seit langem erleben wir mal wieder eine Nachtfahrt zu zweit. Sonst schläft immer einer, während der andere wacht. Dann ähnelt unser Leben eher dem einer Wohngemeinschaft. Insbesondere auf den langen Schlägen ist das so. Beim Wachwechsel werden Informationen ausgetauscht: »Es ist noch Suppe heiß, falls du möchtest«, oder: »Ich hab fünf Liter Diesel nachgekippt.« Dann geht der eine in die Koje, der andere ans Ruder. Das hat durchaus sein Gutes. Jeder kann mal für sich sein, andererseits ist immer jemand da, wenn man ihn braucht. Selbst wenn wir beide an Deck sind, wird nicht allzu viel geredet. Nicht einmal bei Manövern. Wir nicken uns nur zu und wissen auch ohne Worte, was zu tun ist. Eine Mischung aus Routine und blindem Vertrauen. Vielleicht ist dieses Wechselspiel aus Abstand und Nähe auch der Grund dafür, dass wir uns bis heute nicht ein Mal gestritten haben.

Interessant ist auch, dass sich unsere Gesprächsthemen langsam ändern. Da wir mittlerweile so ziemlich alles voneinander wissen, reden wir weniger über unsere Vergangenheit und mehr über die gemeinsamen Erlebnisse oder »wichtige« Themen: »Wie schnell wird eine Durchmischung der nationalen Euromünzen in den Mitgliedsstaaten der EU stattfinden?«, oder: »Haben Tiere ein Symmetrieverständnis?« Im Moment diskutieren wir einen möglichen Buchtitel:

»Hast du dir schon mal Gedanken darüber gemacht?«, will Helmut wissen.

»Ehrlich gesagt nicht. Ich habe ja noch nicht mal einen Verleger und weiß daher gar nicht, ob meine Aufzeichnungen jemals veröffentlicht werden. Aber wir können ja mal einen Arbeitstitel überlegen.«

»Was ist dir denn wichtig dabei?«

»Na ja – aus dem Titel muss hervorgehen, dass die Reise als Auszeit stattgefunden hat. Die Ostsee sollte natürlich auch erwähnt werden, aber das könnte auch in einem Untertitel passieren.«

Wir nehmen uns einen Zettel und notieren mögliche Ideen: »Abenteuer Ostsee« – etwas übertrieben. »Leben ohne Pflichten« – stimmt, aber zu wenig aussagekräftig und genau genommen auch nicht richtig. »Auszeitreise« – ein schönes Gedankenspiel mit den Worten »Auszeit« und »Zeitreise«, gefällt mir, ist aber vielleicht zu scharfsinnig. »Mit dem Wind aus dem Alltag« – finde ich zu plakativ. »Auszeit hinterm Horizont« – nicht schlecht, jedoch schwer zu greifen. »Auszeit unter Segeln« – Treffer. Das ist simpel, gut und lässt keine Fragen offen.

Wir erreichen Norrbyskär morgens um fünf. An einer großen T-förmigen Holzpier dümpeln fünf andere Schiffe in der Flaute. Ihre Besatzungen träumen, die Vögel singen, das Gras ist feucht und wir haben die Insel für uns allein.

Schnell finden wir heraus, was es mit Norrbyskär auf sich hat. Die drei Eilande sind übersät mit Informationstafeln. Denn auf den Schäreninseln stand bis in die 50er-Jahre Europas größtes Sägewerk. Die gesamte Inselfläche war eine Industrieanlage mit Eisenbahnstrecken, Rangierbahnhöfen, endlosen Lagerflächen, massiven Kaianlagen und einer kleinen Siedlung für die Arbeiter. Mehr als 1000 Menschen haben hier gelebt und jährlich über 100 000 Kubikmeter Holz verarbeitet. Die Erzeugnisse wurden nach England, Holland, Dänemark, Australien und Südafrika exportiert. Norrbyskär wurde als Standort gewählt, weil die Menschen auf einer Insel schwerer an Alkohol herankommen als auf dem Festland.

Heute erinnert nur noch ein Museum im alten Sägewerk und die ehemalige Siedlung an die Vergangenheit der Insel. Alle anderen Anlagen wurden in den 50er-Jahren demontiert und Norrbyskär aufwändig begrünt. Die Arbeiterhäuser sind heute Sommerhäuser wohlhabender Schweden.

»Das muss ein gewaltiger Komplex gewesen sein«, staunt Helmut.

»Stimmt. Aber schwer vorstellbar. Man sieht ja nichts mehr davon.«

»Einzig, dass hier alles aus Holz ist, könnte ein Indiz dafür sein.«

So auch ein auffälliges Gebäude nahe dem Anleger. Im Inneren finden wir eine dreißig Meter lange Kegelbahn aus dem Jahre 1899. Mit Liebe zum Detail erbaut. Das Dach wurde mit Verzierungen versehen, und entlang der Wände hängen Eisen-Lämpchen. Im erkerförmigen Vorraum befinden sich Holzbänke für die Spieler, und auf einem Schild

Kegelbahn Norrbyskär

an der Wand wird die Wurftechnik erklärt. Beeindruckend ist, dass wir die Bahn trotz ihres Alters einfach so benutzen dürfen. Wir spielen ein paar Runden und schlendern anschließend zum Schiff zurück. Zeit für ein Nickerchen.

»Gefällt mir gut, dass wir die Geschichte hier so hautnah erleben können. In Deutschland wäre die Kegelbahn verschlossen gewesen und wir hätten sie durch eine Glasscheibe angucken müssen«, freut sich Helmut.

Manchmal frage ich mich, ob wir zu anspruchsvoll oder zu wählerisch sind. Aber in meinen Augen haben wir zu viel Flaute oder Wind von vorn auf dieser Reise. Zu selten segeln wir mit einer angenehmen Brise von der Seite oder von achtern. Sicherlich ist das Wetter eher ein hochkomplexes System als ein Wunschkonzert, aber rein theoretisch müsste der Wind doch jeweils ein Drittel der Zeit von vorn, von der Seite und von achtern wehen. Wenn ich unser Logbuch durchsehe, gibt es ein ganz anderes Bild wieder. Ich kann mich an nur drei Schläge erinnern, auf denen wir bisher den Spinnaker gesetzt haben. Im Schatten der Insel Hiddensee, auf dem Weg nach Danzig und im Schärenmeer nahe Turku. In Summe: ein Mal pro Monat. Das ist verdammt wenig.

Heute wird es auf jeden Fall auch nichts damit. Stockholm Radio meldet schwache umlaufende Winde für die nächsten 24 Stunden. Ein

Inselmodell Norrbyskär

Blick nach oben bestätigt das. Schlaff hängt unsere schwedische Gastlandsflagge herunter. Irgendwie sind sich unsere Routenplanung und das Wetter nicht grün. Obwohl wir wissen, dass es eine reine Motorbootfahrt wird, entscheiden wir uns für die Weiterfahrt am Abend.

Der Törn durch die immer noch helle Nacht verläuft unspektakulär. Ich bin zwischen zwei und vier Uhr mit der Wache dran. Der Motor rattert, der elektrische Autopilot summt, die Positionslaternen brennen, die Luft hat sich abgekühlt, an Deck liegt Tau, überall bilden sich winzige Wassertropfen und gelegentlich ziehen Nebelschwaden über die glatte See. Ein hübscher Anblick. Ich frühstücke – morgens um drei – mit Cornflakes, Sahne-Joghurt, Banane und grünem Tee. Helmut schläft. Aus den Bordlautsprechern klingt Heather Novas CD *South* – aus gegebenem Anlass könnte man sagen. Musik ist für uns beide sehr wichtig. Ungefähr vierhundert der silbernen Scheiben haben wir an Bord. Für jede Situation das passende Lied.

Wenn ich mich umsehe, stelle ich fest, dass es hier draußen eintönig und trotzdem schön ist. Ich möchte den Moment gern einfrieren und mit nach Hause nehmen. Daher mache ich ein paar Fotos von mir selbst mit dem Teebecher in der Hand. Nichts Besonderes, einfach so mit

Baseball-Cap, rotem Blouson, Jeans und Bootsschuhen auf der Cockpitkante sitzend mit einem Lächeln im Gesicht.

Judith ruft an. Sie schlägt sich gerade mit ein paar Freundinnen in einer Hamburger Diskothek die Nacht um die Ohren. Wir klönen kurz. Dann geht sie zurück auf die Tanzfläche und ich bin wieder allein mit meinen Gedanken hier draußen. Die See gibt viele Anregungen zum Sinnieren, Träumen und Philosophieren. Wenn ich alle Hirngespinste festhalten würde, die mich während meiner Wachen beschäftigen, dann bräuchte ich die tausendfache Menge Papier, und Sie würden mich für verrückt halten.

Ein Gedicht geht mir allerdings seit ein paar Tagen nicht aus dem Kopf. Es heißt *Das Segel* und wurde vom russischen Dichter Michail Lermontov verfasst. Es gibt mehrere Übersetzungen davon, aber die von Heinrich Greif gefällt mir am besten. Sie entspricht am ehesten unserer aktuellen Situation und unserem Wunsch nach dem richtigen Wind:

»Wo Meer und Himmel sich vereinen,
erglänzt ein Segel, weiß und weit.
Was trieb es aus dem Land der Seinen?
Was sucht es in der Einsamkeit?

Es pfeift der Wind. Die Wellen drohen.
Es knarrt der Mast. Das Segel schwebt.
Nicht vor dem Glück ist es geflohen.
Es ist nicht Glück, wonach es strebt.

Strahlt auch in Gold der Himmelsbogen,
und glänzt auch noch so blau das Meer –
Das Segel lechzt nach Sturm und Wogen,
als ob in Stürmen Ruhe wär.«

Wenn ich ehrlich bin, dann hätten wir etwas mehr Luft für den Abschnitt bis Gävle einplanen sollen. Ich komme mir gerade vor, als ob ich bei der Bundesbahn arbeite. Mir scheint, wir hätten einen Fahrplan. Allerdings haben wir uns das selbst eingebrockt, weil wir die letzten Wochen unseres Törns mit Freunden verbringen wollen. Am 14. Juli steht Judith in Gävle auf der Pier, am 17. Timo und Marcûs in Nörrtälje, am 21. steigt meine Freundin im Stockholmer Raum wieder aus, die Jungs hingegen erst drei Tage später. Ab dem 26. Juli wollen Sylvia und Cathrin mit uns zur See fahren. Während Cathrin irgendwo im

Göta-Kanal mit Sandra tauscht, verbringt Sylvia elf Tage an Bord. Von Göteborg bis Oslo werden uns Judith und Anna begleiten. In der norwegischen Hauptstadt tauschen Anna und Alexandra die Kojen bis Skagen. Klingt anstrengend. Ist aber ganz entspannt, weil unser Törnplan ab Gävle nur noch einen Seemeilenschnitt von 25 statt aktuell 35 Seemeilen pro Tag vorsieht. Außerdem ist in Skandinavien jeder noch so kleine Ort an den öffentlichen Nahverkehr angebunden. Unsere Mitsegler wissen, dass wir ihnen keinen Hafen garantieren können und sie vielleicht eine Station eher oder später aus dem Zug aussteigen müssen. Aber das alles beginnt eben erst in Gävle. Wir tragen es mit Humor und haben auch hierfür eine Lösung gefunden, die wir in einem neuen Reisemotto manifestiert haben: »Am Tag erleben – bei Nacht bewegen.«

Höga Kusten

Mit Ulvön (63°01,3'N, 018° 39,4'E) erreichen wir unseren ersten Hafen an der Höga Kusten – der Hohen Küste, wie der Landstrich im Deutschen zu Recht genannt wird. Über mehr als fünfzig Seemeilen erstreckt er sich zwischen Örnköldsvik im Norden und Harnösand im Süden. Im Gegensatz zu den flacheren Ålandinseln oder der südfinnischen Küste schimmert das Gestein rötlich statt gräulich. Es wirkt zerklüftet und bergig. Bis zu 400 Meter erheben sich die Felsen über den Ostseespiegel. Entsprechend tief ist auch das Wasser. Harry aus Luleå hat nicht zu viel versprochen, als er behauptete, dass wir hier mit einem Autoatlas navigieren könnten. Auf der Seekarte fehlen die hellblauen Bereiche, die sonst für flache Gewässer stehen. Vielmehr läuft die Zwanzig-Meter-Tiefenlinie fast überall dicht am Ufer entlang.

Nicht umsonst wurde die Höga Kusten im Jahre 2000 von der UNESCO zum Weltnaturerbe erklärt. Seither wird sie in einem Atemzug mit dem Great Barrier Reef in Australien, dem Grand Canyon in den Vereinigten Staaten oder den Galapagos-Inseln im Pazifischen Ozean genannt.

Der Hafen von Ulvön – im Herzen der Hohen Küste – liegt an einem schmalen Sund auf der nördlicheren der zweigeteilten gleichnamigen Insel, umgeben von steilen, mit Nadelhölzern bewachsenen Bergen. Das idyllische Fischerdorf wirkt gepflegt und aufgeräumt. An weißen Fahnenmasten wehen Schwedenflaggen, in den geharkten Vorgärten blühen Blumen und an eigens dafür errichteten Gestellen trocknen Netze in der jungen Morgensonne. Es riecht abwechselnd nach gemähten Gras, Holzschutzmittel oder Räucherfisch. Noch umgibt den Ort eine angenehme Ruhe, sodass wir sogar das Summen und Brummen der Insekten in den blühenden Sträuchern am Wegesrand wahrnehmen können. Im Laufe des Tages soll eine Fähre die Touristen vom Festland herüberbringen. Vermutlich ist es dann mit der Stille vorbei.

An einem der zahlreichen Holzhäuser, die die zentrale autofreie Straße säumen, entdecken wir eine kleine Wetterstation, die uns beeindruckt, weil ihre Funktionsweise bestechend einfach ist. An einem Bindfaden hängt ein Stein unter einem rostigen Nagel und auf einem zugehörigen Schild steht:

»Wenn der Stein nass ist – Regen. Wenn der Stein trocken ist – kein Regen. Wenn der Stein einen Schatten wirft – Sonne. Wenn der Stein weiß ist – Schnee. Wenn der Stein unsichtbar ist – Nebel. Wenn der Stein schwingt – Wind. Wenn der Stein hüpft – Erdbeben. Wenn der Stein weg ist – Tornado.«

»Wozu hören wir eigentlich jeden Tag den Seewetterbericht?«, guckt mich Helmut fragend an.

»Das frage ich mich jetzt auch. Am besten suchen wir uns einen kleinen Felsbrocken und hängen ihn unter den Großbaum!«

Tja, das Wetter. Ein gutes Stichwort. Wenn ich Revue passieren lasse, was ich noch vor ein paar Tagen über den ewigen Südwind geschrieben habe, dann müsste ich die Absätze eigentlich verändern, weil er nicht länger beherrschendes Thema dieser Reise ist. Er ist verweht und wir sind mitten im dreißig Grad warmen schwedischen Sommer angekommen. Ein wohltuender Nordost mit drei bis vier Windstärken wuselt uns durchs Haar und wir vergessen schnell, was war. Segeln, Sonne, Spaß gepaart mit Glück, Genuss und Gleichgültigkeit.

Meinen Eltern scheint es leider anders zu gehen. Sie segeln seit zwei Wochen vor der deutschen Ostseeküste und Mama schreibt per SMS:

»Mein Jung! Wir wissen, wie man Sommer schreibt: 15 Grad, Regenschauer und viel Wind. Ein Tag bisher ohne Ölzeug. Sind in Lauterbach. Morgen Barhöft, dann Dänemark. Mama.«

Wir holen zum vermutlich kürzesten Schlag der ganzen Reise aus und segeln zum gerade mal vier Seemeilen entfernten Eiland Mjältön (63°02,2'N, 018°32,1'E). An seiner Ostseite gibt es eine kleine kreisförmige Bucht mit drei Metern Wassertiefe, umrahmt von hohen Bergen – wovon auch sonst. Durch eine gerade mal zwanzig Meter breite Enge schlüpfen wir hinein. Rund dreißig Schiffe liegen bereits an einem der zwei Schwimmstege. Wir erwischen den letzten freien Platz und fallen auf, weil wir das einzige deutsche Schiff sind. Unsere ausnahmslos schwedischen Nachbarn zeigen sich interessiert und wir kommen schnell ins Gespräch. Neben uns liegt ein Segler, der in Badehose im Cockpit Zwiebeln schält. Er ist um die fünfzig Jahre alt und trägt auf dem Arm eine auffällige Tätowierung, die ein Ankermotiv zeigt. Da er im Sommer regelmäßig größere Törns entlang der Ostseeküste mit seinem Folkeboot unternimmt, will er wissen, ob sich unsere Windfahnensteuerung bewährt hat.

Da brauchen wir nicht lange zu überlegen. Ohne die Anlage wären die langen Seestrecken deutlich anstrengender gewesen. Sie schenkt Bewegungsfreiheit, wenn einer wacht und der andere schläft, und zudem arbeitet sie auch noch völlig ohne Zuführung bordeigener Energie. Was wollen wir mehr? Wenn wir das Optimum aus ihr rausholen wollen, verlangt ihre Einstellung zwar etwas Fingerspitzengefühl, aber dann segelt sie an der Kreuz fast besser als wir. Jede Böe, jeden Winddreher setzt sie ohne Reaktionszeit sofort um, schneller als Helmut und ich es können. Einzig bei Wind von achtern arbeitet sie nicht sauber und bringt HIPPOPOTAMUS gelegentlich ins Schlingern. Aber das macht nichts. Die Windfahne ist ein tolles Instrument, und wann kam der Wind bisher schon von achtern?

Zwei Schiffe weiter liegt ein schwedisches Ehepaar, das uns schon in Luleå gesehen hat. Die Frau ist neugierig und fragt, wo Helmut herkommt. Menschen mit dunkler Hautfarbe seien hier oben selten, sagt sie. Wenn ich es mir genau überlege, hat sie Recht. Ich kann mich nicht erinnern, dass wir auf der Reise bisher irgendwo einen farbigen Menschen getroffen haben. In Polen hat uns sogar ein älterer Herr, der Helmuts Namen auf der Segeljacke gesehen hat, gefragt, wieso er denn so genannt werde. Er müsse doch eher »Jumboana« heißen, hatte er gemeint. Nun, die Antwort ist ganz einfach: Helmut hat einen Vater aus Ghana, eine Mutter aus Deutschland und ist nach seinem Opa mütterlicherseits benannt.

Mjältön ist mit Abstand die höchste Insel der Ostsee. Zu ihrer Spitze in 235 Metern Höhe führt ein kleiner Pfad, dem wir in der Abendsonne folgen. Birken, Nadelbäume und Sträucher säumen den Weg, der von unzähligen Fröschen belagert wird. Je höher wir klettern, desto lichter erscheint der Wald und desto mehr Felsen kommen zum Vorschein. Karg und rötlich.

Der Aufstieg lohnt sich. In allen vier Himmelsrichtungen liegt uns die Ostsee zu Füßen, durchzogen von bergigen Inseln, die bis an die Ufer mit dichten grünen Wäldern bewachsen sind. Das Wasser strahlt eine angenehme Reglosigkeit aus, als ob es im Einklang mit sich selbst in der Sonne ruht. So weit das Auge blickt, können wir keine Anzeichen von Zivilisation erkennen. Keine Holzhäuser, keine Brücken, keine Schiffe. Der Spaziergang mutet an wie eine Zeitreise in die Ursprünglichkeit. Ein Ausflug in eine Epoche, in der Kobolde und Elfen ihr Unwesen trieben. Schade, dass wir unsere Schlafsäcke nicht dabei haben. Ich hätte gut hier oben übernachten können. Wachwerden mit Seeblick – rundum.

Leider müssen wir uns auf den abendlichen Ausflug beschränken und wieder zum Schiff zurück wandern. Zum Abschluss unseres Besuches legen wir jeder, der schwedischen Tradition entsprechend, einen Stein auf den großen Haufen an der Spitze von Mjältön.

Mjältön – auf dem Gipfel der höchsten Insel der Ostsee

Die nächsten vier Tage bis Gävle verlaufen ähnlich und wir lassen uns weiter von der schwedischen Ostküste und ihren Reizen verzaubern. Dabei bewegen wir uns kontinuierlich nach Süden. Aber das möchte ich gar nicht so detailliert aufschreiben. Warum soll ich Sie langweilen mit Segelstellungen, Manövern, Erfahrungen und Gedanken, die letztendlich jeden Tag irgendwie ähnlich ablaufen? Immer geht es ums Ernähren, Fortbewegen und Erleben. Mal steht Helmut zuerst auf, mal ich. Gelegentlich gibt es Fleisch oder Fisch und an anderen Tagen vegetarisches Essen. Dazu viel oder wenig Wind. Von vorn, von der Seite und selten von hinten. Wärme oder Kälte kombiniert mit Wolken oder Sonne. Anhand weniger Informationen entscheiden wir uns für und gegen Orte, machen kurze oder längere Schläge. Einfach so aus dem Bauch heraus, in einer heilen Welt, die uns intakt und makellos erscheint. Urlaub im Weichspülgang. Mehr nicht.

In Bönhamn (62°52,8'N, 018°27,0'E) finden wir Blumen in einem Farbenreichtum, der seinesgleichen sucht, und essen frischen Räucherlachs, der auf der Gabel zerfällt. Auf Högbonden (62°52,0'N, 018°28,3'E) steigen wir zum höchsten Leuchtturm im gesamten Ostseeraum auf, um die Jugendherberge im ehemaligen Wärterhaus zu besichtigen. In Harnösand staunen wir über den ersten McDonalds-Sail-in in unserem Leben. Vor Kuggören (61°42,2'N, 017°31,0'E) hören wir mit ein paar Robben zusammen Pink Floyd und angeln anschließend mehr als dreißig Strömlinge aus der Ostsee. Auf Storjungfrun (61°10,0'N, 017°13,0'E) hacken wir Holz, um eine Sauna mit offenem Feuer zu benutzen. Es gibt weder Strom noch Wasser. Wir zünden Kerzen an und duschen in der Ostsee. Zusammengefasst gesagt, leben wir in einer Phase, die durch Einfachheit besticht, jeden Tag ähnlich und doch immer anders ist.

Manchmal frage ich mich, ob wir an Land anderswo etwas Wichtiges verpassen, wenn wir einen langen Seeschlag machen. Gibt es bessere Orte als die gewählten? Was verbirgt sich hinter so klangvollen Namen wie Köpmanholmen, Trysunda, Norrfällsviken, Berghamn oder Lubban? Auf der Karte sehen die Fischerdörfer und Buchten interessant aus. Wir erfahren es nicht und letztendlich ist es auch nicht wichtig, weil wir mit unseren Erlebnissen mehr als zufrieden sind.

Mit jeder Seemeile, die wir nach Süden segeln, müsste theoretisch das Denken darüber einsetzen, dass es langsam aber sicher nach Hause geht. Einzig die Idee, noch durch den Göta-Kanal nach Oslo zu fahren, lenkt davon ab. Sie gibt uns weiterhin das Gefühl, auf der Hinreise statt auf der Rückreise zu sein. Erst wenn wir die norwegische Gastlandsflagge herunternehmen, werden wir schmerzlich einsehen müssen, dass sich unsere Auszeit ihrem Ende nähert.

Und dennoch: Ganz langsam schleichen sich Gedanken ein, mit denen ich mich früher oder später intensiver auseinander setzen muss. Was kommt nach der Reise? Womit werde ich meinen Lebensunterhalt verdienen? Überlegungen, die bisher weit weg waren, kein Gesicht hatten, melden sich allmählich zu Wort.

Ich schiebe diese Grübeleien gern beiseite, indem ich das Thema wechsle und über etwas nachdenke, das mich ins Hier und Jetzt zurückholt: Was machen meine Freunde wohl gerade? Sitzen sie womöglich im Büro? Der Gedankengang funktioniert immer. Besonders an einem Montag, wenn die Arbeitswoche wieder beginnt. Ich mache das nicht aus Schadenfreude. Vielmehr führt es zu einer Begeisterung am eigenen momentanen Sein, weil es mir vor einigen Monaten noch genauso ging. Wie es nach der Rückkehr auch kommen mag – ich bin Optimist! Die Dinge werden sich finden und fügen, und bis dahin ergeben wir uns weiterhin dem Rausch des einfachen Lebens.

Dunkle Nächte ohne Lichtmaschine

Gävle gefällt uns. Eine typische schwedische Universitätsstadt mit sommerlichem Flair. Allerdings nicht sehr sportbootfreundlich. Es gibt eine große anonyme Marina weit außerhalb der Stadt oder alternativ Liegeplätze in hässlicher Umgebung an einem Hafenkanal vor einer Straßenbrücke nahe dem Zentrum, jedoch ohne Infrastruktur. Wir entscheiden uns für die Variante »Innenstadt«, weil wir gegen Abend Judith am Bahnhof abholen wollen. Vorher wird das Schiff aufgeklart und alles ordentlich geputzt. Zudem geht Helmut einkaufen und ich endlich zum Frisör – diesmal ohne Wartezeit. Nicht, dass wir eitel wären, aber der weibliche Besuch soll sich nach sechs Wochen Abstinenz an Bord wohl fühlen.

Zu unserer Freude bringt Judith neben den passenden Schrauben für die Ankerhalterung am Bug überraschenderweise auch noch unsere beiden Diplome für das Erreichen des nördlichsten Punktes der Ostsee mit. Eine Urkunde aus dicker Pappe für Helmut, eine für mich. Auf ihr ist eine Karte des Bottnischen Meerbusens abgebildet und darüber steht geschrieben:

»Das Boot HIPPOPOTAMUS mit Sönke Roever und Helmut Adwiraah hat den nördlichsten Punkt des Bottnischen Meerbusens erreicht. 1/7/2004.«

»Eine lustige Idee – das Tamtam mit der Tonne. Sieht so aus, als ob wir alles richtig gemacht haben«, freue ich mich.

»Ja – eine schöne Erinnerung an die hellen Nächte am Ende der Ostsee.«

Recht hat er. Allerdings ist es in den vergangenen Tagen mit der nächtlichen Helligkeit rapide bergab gegangen. Mit jeder Seemeile, die wir näher an den 60. Breitengrad herangesegelt sind, hat die Dunkelheit mehr und mehr die Oberhand gewonnen. Schade. Wir hatten uns sehr daran gewöhnt und diese Einrichtung der Natur für sinnvoll befunden. Aber nun sind die Nächte wieder Nächte und die Tage wieder Tage. Vermutlich werden wir bald zu einem geregelten Schlafrhythmus zurückkehren. Schwierig wird das nicht. Lange Törnabschnitte mit Nachtfahrten und Wachsystem wird es in den kommenden Wochen nicht geben. Im Gegenteil. Wir haben unsere Tour zum Ende hin bewusst »entschleunigt«.

Um diese neue Freiheit vollends genießen zu können, müssen wir allerdings noch ein unschönes Phänomen aus dem Bereich Technik in den Griff bekommen. Seit zwei Tagen arbeitet unsere Lichtmaschine nicht mehr einwandfrei. Das äußert sich so: Wenn wir unseren Motor lange nicht benutzt haben – er also kalt ist –, dann beginnt der Generator erst nach rund einer halben Stunde mit dem Laden der Batterien. Bis dahin leuchtet die Ladekontrollleuchte und die Batteriespannung ändert sich nicht (für die Fachleute: manuelle Erregung von D+ nach B+ hat nichts genützt). Damit können wir grundsätzlich leben, aber wer weiß, ob sie nicht irgendwann ganz aufgibt. Somit wollen wir das Problem gern lösen. Wobei die Variante »Guten Tag, ich hätte gern eine neue Lichtmaschine« ausfällt. Beim schwedischen Volvo-Penta-Händler soll das Ersatzteil gute 350 Euro kosten.

»Es muss doch irgendwo eine günstige gebrauchte Lima geben?«, guckt mich Helmut an.

»Klar. Zur Not holen wir uns in Stockholm eine auf dem Auto-Schrottplatz.«

»Was ist denn mit Peter Pauls aus Maasholm? Von da haben deine Eltern doch damals den Ersatzmotor geholt, oder?«

»Gute Idee. Ich werde Peter anrufen.«

Tatsache – Peter hat zwei gute Neuigkeiten für uns. Nachricht Nummer eins: Er hat noch einen gebrauchten Ich-mache-Strom-damit-ihr-glücklich-seid-Apparat bei sich liegen. Nachricht Nummer zwei: Wir müssen aus Kulanz nichts dafür bezahlen! Wir vereinbaren, dass Timo und Marcûs die Zaubermaschine bei ihm an der Schlei abholen und per Flieger mit nach Stockholm bringen. Bestens. Was wollen wir mehr? Wenn doch immer alles so einfach wäre!

So ganz können wir uns jedoch vom Reisetempo und unseren Nachtfahrten noch nicht lösen. Von Gävle segeln wir mit Judith in einem Atemzug über 53 Seemeilen nach Öregrund. Den ersten Teil der Strecke kreuzen wir bei östlichen Winden um drei Beaufort, den Rest motoren wir bei Flaute im Schatten der Nacht, bereichert um ein interessantes Himmelsschauspiel. Kurz nach Mitternacht wird es für ein paar Sekunden am Osthimmel taghell und ich entdecke eine überdimensionale Sternschnuppe. Ich habe noch nie erlebt, wie es aussieht, wenn ein Meteorit verglüht, aber so stelle ich es mir vor. Einer runden weißen Spitze folgt ein langer blau-roter Schweif. Viel größer und intensiver als bei einer Sternschnuppe. Vor allem deutlich länger sichtbar. Was ich mir wünsche, wird natürlich nicht verraten, aber ich denke, bei der Stärke stehen die Chancen ganz gut!

Der nächste Tag bringt bis auf Flaute alles, was in unseren Augen zu einem schönen Urlaubstag im Sommer dazugehört. Wobei das in keinem Zusammenhang mit nächtlichen Gedankenspielen beim Anblick der Mega-Schnuppe steht. So viel sei verraten: Ich meine einfach nur Sonne und sommerliche Temperaturen. Einem Skandinavienhoch sei Dank. Wir spazieren ein wenig durch das niedliche Öregrund und weisen Judith in landestypische Gegebenheiten ein. Konkret bedeutet das: Wir besichtigen einen »Systembolaget«, so nennt man in Schweden die Läden, in denen Alkohol verkauft wird. Im Eingangsbereich stehen Glasvitrinen, die populäre Spirituosen und aktuelle Wein-Angebote präsentieren. Der Kunde zieht eine Nummer und wird nach Aufruf der selbigen an einem der vier Tresen beraten. Ähnlich wie in einer Apotheke verschwindet der Verkäufer dann im hinteren Bereich, dem Lager, um die Bestellung zusammenzustellen. Abschließend kassiert er und verpackt die Einkäufe diskret in eine oder mehrere Tüten.

Wir kaufen nichts, nehmen aber einen der 182 Seiten dicken Kataloge mit. Aus Neugier – versteht sich. In der Rubrik »Öl« – so nennen die Schweden in ihrer Sprache Bier – finden wir mit der laufenden Nummer 1549 einen alten Bekannten:

»Beck's, 5,0 %, 0,33 Liter, ziemlich leichter Geschmack mit frischer Fruchtigkeit und ausgeglichener Nachbittere. 12,50 Schwedenkronen.«

Besonders gut gefällt uns, dass zu jedem Produkt angegeben ist, wozu man es reichen kann. Im vorstehenden Fall – zu Fisch, Schwein und Gemüse. Wenn wir wieder in Deutschland sind, werden wir es testen. Das wirft natürlich sofort die Frage auf, zu was denn unser Premium Pils aus dem Discountmarkt schmecken soll. In dem Alkohol-Kompendium-Wälzer ist es nicht gelistet. Wozu auch. Aber so wie es schmeckt, passt es vermutlich zu allem und zu nichts. Oder um es mit den Worten meines Großvaters zu sagen: »Das kann man keinem Esel ins Ohr schütten!«

Nach einigen Trödelläden, Butiken, Souvenir- und Angelgeschäften suchen wir abschließend die Touristeninformation auf, um uns mit den Brückenöffnungszeiten im Väddö-Kanal vertraut zu machen. Er stellt unseren nächsten Streckenabschnitt dar, verläuft hinter der Halbinsel Väddö weit im Landesinneren und ist neben einer willkommenen Abwechslung die schnellste Verbindung zwischen Öregrund und Norrtälje.

Die schnelle Antwort der freundlichen Aushilfskraft ist leicht zu merken:

»Die beiden Klappbrücken öffnen alle halbe Stunde, und die maximale Durchfahrtshöhe an der einzigen festen Brücke beträgt 17 Meter. Gute Reise.«

»Besten Dank.«

Nach einer idyllischen Nacht an der Schäre Raggarö (60°11,9'N, 018°37,5'E) mit Holzofensauna und frischen Walderdbeeren am Wegesrand machen wir uns am nächsten Morgen auf zum Väddö-Kanal. Natürlich nicht, ohne vorher ausgiebig im Cockpit gefrühstückt und in der Ostsee gebadet zu haben. Dann heißt es: »Leinen los und klar bei Spinnaker!« Es ist schon faszinierend, was eine Sternschnuppe mit Übergröße für eine Wirkungskraft hat. Der vierte Spinnakertag auf dieser Reise. Mein heimlicher nächtlicher Wunsch wird wahr: nordwestliche Winde um die drei bis vier Beaufort. Es geht los: Spinnakersack an der Reling sichern, Spinnakerbaum am Mast einpicken, Schot und Achterholer um die Winschen legen und am Segel befestigen, Fall am Kopf anschlagen, Toppnant und Niederholer beim Baum ansetzen. Wir sind klar. Helmut reißt am Fall, Judith zieht die Schot und ich steuere mit dem Achterholer in der Hand die Ohlson. Das blau-weiße Tuch erhebt und füllt sich knisternd. Es gibt eine Art sanften Knall, die Schoten rucken auf den Winschen und die sechzig Quadratmeter stehen formvollendet über dem Vorschiff. HIPPOPOTAMUS beschleunigt auf 5,8 Knoten. Wir rauschen vorbei an saftigen Wiesen, dichten Wäldern, weißen Sommerhäusern und roten oder grünen Fahrwassertonnen. Danke – an wen auch immer.

Wir steuern und trimmen abwechselnd, schreiben eine Flaschenpost, essen frischen Räucherlachs und Obstsalat – nacheinander, nicht gleichzeitig. Mal liest Helmut, mal döst Judith in der Sonne, mal tippe ich diese Zeilen. Wir genießen die Landschaft und hören *What a perfect day*, gesungen von Lou Reed.

Als wir in Norrtälje einlaufen, stehen Timo und Marcûs winkend auf der Pier. Als Begrüßungsgeschenk gibt es eine »neue« gebrauchte Lichtmaschine nebst einer Buddel Sherry für Rasmus und einer Flasche Rum für die Crew. »Damit Wetter und Bordklima stimmen«, wie Timo sagt. Danke. Das passt, die letzte Flasche Rum ist ja dem postalischen Gruß am Vormittag zum Opfer gefallen und schwimmt nun irgendwo in der Ostsee.

Mit fünf Personen ist HIPPOPOTAMUS an seiner Kapazitätsgrenze angekommen, aber irgendwie finden alle Gepäckstücke einen Platz unter Deck. Einzig der Trolley von Marcûs entspricht nicht ganz meinen Vorstellungen vom optimalen Reisegepäck. Mit seinen festen Wänden kommt er mir wie ein Hartschalenkoffer vor. »Na ja, wird schon gehen«, denke ich. Auf dem Heckkorbgrill brutzelt derweil das Fleisch und die Freude über das Wiedersehen ist groß, sodass der mitgebrachte Rum den lustigen Abend im Cockpit nicht überlebt. Somit können wir morgen früh die nächste Flaschenpost absetzen.

Zu späterer Stunde kommen unsere schwedischen Bootsnachbarn stark alkoholisiert von einer lokalen Party zurück. Einer von ihnen – er kann kaum noch reden – zeigt deutliches Interesse an deutschen Vokabeln, die wir nie über unsere Lippen bringen würden. Immer wieder fragt er uns auf Englisch nach der deutschen Übersetzung von Worten, die es nicht aufzuschreiben lohnt, da ein potenzieller Verlagslektor sie an dieser Stelle niemals stehen lassen würde. Daher verzichte ich auf weitere Einzelheiten und gehe zum nächsten Absatz über, der Ihr Augenmerk auf unsere Mitsegler richten soll.

Timo ist einer meiner engsten Freunde, Kommilitone und ehemaliger Kollege. Er hat meinen alten Job übernommen und immer einen netten Spruch auf den Lippen, den er stets auf eine fröhliche Art und Weise vorträgt. Von Marcûs weiß ich gar nicht viel, außer, dass er vier Jahre seines Studiums in jeder Vorlesung neben Timo gesessen hat. Das verbindet. Die beiden verhalten sich ähnlich wie Helmut und ich, wie ein altes Ehepaar, das einander respektiert, aber den anderen nicht immer ganz ernst nimmt. Marcûs ist noch etwas gerädert, weil er im Flieger Brille und Sombrero vergessen hat. Eines wird allerdings schnell klar: Als Berliner Jung aus Köpenick besitzt er einen herrlich scharfen Humor. Das geht schon bei der Sicherheitseinweisung los. Ich zeige ihm die Schwimmwesten und er sagt nur trocken:

»Super! Im Osten hab ick mich immer nach Westen gesehnt!«

Zum Frühstück legen wir uns eineinhalb Seemeilen östlich von Norrtälje vor Anker. Weniger wegen der Idylle, das auch, aber mehr noch aus Prinzip, damit endlich, nach knapp zwei Monaten, die Bughalterung zum Einsatz kommt. Die mitgebrachten Schrauben haben gepasst und wir können endlich wieder unkompliziert ankern. Eine gute Gelegenheit, mit Schwamm und Bürste bewaffnet den Wasserpass zu schrubben. Da hat sich inzwischen doch ein wenig Bewuchs angesammelt.

»Wo jeht et denn hier ins Wasser?«, fragt Marcûs Judith.

»Überall!«

»Herrschaftszeiten! Ick meine die langsame Variante!«

»Du kannst am Heck zwischen Windfahne und Außenbordmotor über die Badeleiter ins Wasser klettern.«

»Wat? Ick seh hier überall nur Deck!«, guckt er Timo fragend an.

Wird Zeit, dass wir unsere beiden Segelneulinge mit den Grundbegriffen eines Schiffes vertraut machen.

Gesagt, getan. Nach einer Übernachtung in Furusund, die uns beim abendlichen Angeln vom Cockpit aus einige Barsche beschert, segeln wir am Tag darauf in die schwedische Hauptstadt Stockholm. Unterwegs lernen Marcûs und Timo den Unterschied zwischen Fock und Genua, zwischen fieren und dichtholen, aber auch zwischen Luv und Lee oder abfallen und anluven. Sie lernen schnell.

Während wir durch den »Schärengarten« – wie die Einheimischen ihr Revier nennen – nach Stockholm segeln, entdecken wir immer wieder eine der riesigen Fähren, die zwischen Estland, Finnland und Schweden verkehren. TALLINK, SILJA oder VIKING LINE steht in großen Buchstaben auf ihren Rümpfen, und mit ihren haushohen Aufbauten ragen sie über so manche Insel hinweg. Es beeindruckt, wie die Kapitäne ihre schwimmenden Hotels durch die teilweise engen, mit Wochenendseglern übersäten Fahrwasser navigieren.

Wir vertäuen HIPPOPOTAMUS nahe dem Zentrum der schwedischen Hauptstadt im Vasahamn. Zum ersten Mal auf dieser Reise laufen wir in einen Hafen ein, in dem wir nicht auf Anhieb einen freien Liegeplatz finden. Kurzerhand gehen wir in zweiter Reihe bei einem anderen Schiff längsseits.

Die typische Stadtbesichtigung mit Kirchen, Kunst und Theater ist uns nicht so wichtig. Vielmehr wollen wir das weit über Schwedens Grenzen hinaus bekannte Vasa-Museum besuchen. Im schummrigen Licht ist hier das originalgetreu wieder aufgebaute königliche Kriegsschiff VASA zu sehen. Am 10. August 1628 kenterte und sank das mit 69 Metern Länge und 11,7 Metern Breite größte Schiff seiner Zeit bereits bei der Jungfernfahrt im Hafen von Stockholm. Drei Jahre lang hatten Zimmerleute, Schmiede, Seiler, Glasermeister, Segelmacher, Maler, Schreiner und Bildschnitzer an dem gigantischen Holzschiff gearbeitet – vergebens. Im Verhältnis zu Rumpf, Takelage und Artillerie war das Unterwasserschiff schlicht zu klein konzipiert worden. Der höchste Punkt der VASA maß 52,5 Meter über dem Wasserspiegel. Ihr Tiefgang hingegen betrug gerade mal vier Meter achtzig! Bei einem kräftigen Windstoß kippte das stolze Schiff um, Wasser drang durch die offenen Kanonenfenster ein und es verschwand in den Fluten.

Anfang der 50er-Jahre machte sich der private Wrackforscher Andreas Frenzén auf die Suche nach der VASA, bis er sie schließlich 1956 fand. Rund 333 Jahre nach ihrem Untergang wurde sie fast unversehrt am

24. April 1961 gehoben. In den Jahren danach wurde das Wrack aus über 14 000 Einzelteilen restauriert und konserviert. Parallel hat die Stadt Stockholm darüber ein Museum errichten lassen, das seit seiner Eröffnung im Juni 1990 über 20 Millionen Besucher angezogen hat. Zu Recht. Auch wir sind begeistert. Kopfschüttelnd steht mein mitsegelnder Ingenieur vor dem beeindruckenden Holzbau:

»Wie kann man sich nur so verkalkulieren. Das sieht doch ein kleines Kind, dass das Ding nicht seetüchtig ist.«

»Wundert mich auch, dass so ein Fehler passieren konnte. Angeblich ist die Ursache in den mangelhaften theoretischen Kenntnissen der Schiffbauer des 17. Jahrhunderts zu suchen. Damals gab es weder Bauzeichnungen noch Stabilitätsberechnungen. Es existierten lediglich Tabellen mit Schiffsmaßen und Proportionsregeln, und da König Gustav II. Adolf unbedingt 64 Kanonen an Bord haben wollte, passte die VASA mit ihren gigantischen Abmessungen in keines der gängigen Schemen. Der Bau war folglich ein Experiment und das ist gescheitert.«

»Na, du bist ja gut informiert.«

»Jo! Ich habe eben einem deutschen Touristen-Führer bei seinen Ausführungen gelauscht.«

Restauriertes Wrack der VASA

Den Abend versüßen wir uns mit einem Besuch des Vergnügungsparks »Gröna Lund Tivoli«: Achterbahn, Kettenkarussell, Free Fall aus 87 Metern Höhe, Autoscooter, Wilde Maus, Schiffsschaukel und andere adrenalinfördernde Fahrgeschäfte gibt es hier auf engstem Raum. Mittendrin statt nur dabei ist auch diesmal unsere Devise!

Der nächste Tag ist eher organisatorischer Art. Judith geht leider von Bord. Ich bringe sie zum Busterminal am Hauptbahnhof. Derweil wechselt Helmut unsere Gasflasche aus, denn im Vasahamn gibt es als Service für die Gäste deutsche Gasflaschen im Austausch. Unsere dürfte zwar noch ein paar Tage reichen, aber die Gelegenheit ist günstig. Da lassen wir lieber nichts mehr anbrennen. Außerdem suche ich noch den lokalen Segelmacher mit dem klangvollen Namen »Royal Sails Stockholm« auf, weil an unserer Sprayhood eine Naht aufgeht, die maschinell genäht werden muss.

Während Peter, der Inhaber, meine Sprayhood näht, klönen wir ein wenig über sehenswerte Plätze im Ostseeraum. Er ist in Stockholm und Umgebung groß geworden und später um die ganze Welt gesegelt:

»Ich kenne die zwei schönsten Plätze auf diesem Planeten. Weißt du, wo die sind?«, fragt er mich.

Sofort habe ich viele Ideen. Die Märcheninsel Christiansø auf Bornholm, das Eiland Maakalla in Finnland, das Outback in Australien oder Antigua in der Karibik. Ja, sogar Helgoland in der Nordsee fällt mir ein. Manche Orte haben ihren Reiz durch die Schönheit der Natur, mit anderen verbinde ich Erinnerungen und Emotionen. Eine schwierige Frage. Wüssten Sie darauf eine Antwort? Ich weiß so schnell keine und sage daher:

»Nein – wo denn?«

»Nummer eins liegt hier vor der Haustür – die Schäre Biskopsö. Mein absoluter Lieblingsort. Man braucht eine Spezialkarte, um dort hinzukommen. Aber die kann man kaufen. Sie ist mit Satelliten vermessen und sehr detailliert aufgelöst.«

»Und wo ist Nummer zwei?«

»Keine Ahnung – irgendwo. Es gibt bestimmt noch einen schöneren Fleck, aber den habe ich bisher nicht gefunden!«

Er lacht, klappt die Nadel hoch, nimmt die Sprayhood aus der Nähmaschine, schneidet die Überreste des Fadens ab und drückt sie mir wieder in die Hand:

»Bitte schön – sieht aus wie neu!«

»Was kriegen Sie?«

»Wenn du dir die Karte für Biskopsö besorgst – nichts! Gute Reise!«

»Einverstanden und danke vielmals!«

Wir teilen uns auf. Ich mache ein Update auf – *www.Hippopotamus.de* – und rufe unsere E-Mails ab. Helmut spaziert zum nächsten Schiffsausrüster und besorgt die Karte für Biskopsö (59°06,2'N, 018° 43,5'E). Im Posteingang finde ich eine Nachricht von einer Hanna, die ich nicht kenne:

»Hello,

my sister and I found your message in a bottle this Saturday, the 17th of July. We found it outside of Grisslehamn near Väddöcanal, Sweden – approximately 60°06'09''N and 018°45'08''E. It would be interesting to know if you tossed the bottle in close to there or not. If you have thrown in several, the one we found was in a rum-bottle. Where are you now on your trip? It seems like you have been off on quite some sailing. Please write back. I also tried to read on your internetsite but I do not speak German, so I did not understand anything, but I am interested in finding out more about your trip. Best regards

Hanna«

Na, das ist ja mal was. Ich glaube, das ist die erste Flaschenpost, auf die ich eine Antwort erhalte. Vor allem so zügig.

Kaum, dass ich wieder am Schiff bin, sehe ich, wie Helmut mit einer Seekarte wedelt. Er hat sie also tatsächlich bekommen. Das Stück Papier beeindruckt uns. Es hat die Größe DIN A2 und zeigt einen ungefähr zwei mal drei Seemeilen großen Ausschnitt der schwedischen Schärenwelt. Ein Ausschnitt, mit dem wir uns sonst nicht weiter beschäftigt hätten. Ein Zentimeter entspricht 100 Meter in der Natur. Damit lässt sich navigieren. Jeder kleine Landvorsprung, jeder Stein ist eingezeichnet. Faszinierend – eine gute Unterlage. Wir werden versuchen, einen Abstecher dorthin zu machen. Einziger Nachteil: Jetzt, wo wir uns näher mit der Insel beschäftigen, stellen wir fest, dass sie gar nicht so recht auf unserer Route zum Göta-Kanal liegt.

Wir kehren Stockholm den Rücken und machen uns auf in Richtung Biskopsö mit einem nächtlichen Zwischenstopp in einer geschützten Bucht zwischen den Inseln Gåsöö und Gåsön (59°15,4'N, 018°21,3'E).

Der nächste Morgen bestätigt, was der Wetterbericht am Abend vorher angedeutet hat: nordöstliche Winde um vier Beaufort. Das perfekte Spinnaker-Wetter für unsere Weiterreise in Richtung Göta-Kanal rund hundert Seemeilen südwestlich von hier. Eigenartig. Wir hatten doch gerade erst Spinnaker-Wetter. Ich traue dem Frieden nicht, aber vielleicht entfaltet mein nächtlicher Wunsch beim Anblick des verglühenden Meteoriten erst jetzt seine volle Wirkung. So ganz daran glauben mag ich jedoch nicht! Vermutlich ist alles ganz anders und meine Mitsegler haben letzte Nacht heimlich unsere Sherry-Reste an Rasmus geopfert. Wie dem auch sei, es verwundert Sie sicher nicht, dass Biskopsö daraufhin – im wahrsten Sinne des Wortes – links liegen bleibt. Dafür segeln wir in einem Rutsch bis Skravleviken auf Öja (58°46,1'N, 017°51,4'E) durch. Zehn Stunden auf See, davon neun unter Segeln, sieben unter Spinnaker. Passt. Wie das wohl weitergeht?

Genau genommen ähnlich. Am nächsten Morgen weht es mit Nordost vier bis fünf. Diesmal verzichten wir jedoch auf den Spinnaker. Zu viele Abschnitte mit halbem Wind säumen den kurvenreichen Weg ins knapp dreißig Seemeilen entfernte Oxelösund. Stattdessen rauschen wir mit Großsegel und Genua durch die Schärenwelt. Unterwegs testen wir aus dem von Tante Sabine zum Abschied überreichten Schnellhefter *Auszug aus Sabines schneller schmackhafter schlitzohriger Schiffsküche* das Rezept für den Nudelsalat mit Apfel. Meine Tante schreibt dazu:

»Das Rezept haben wir am 1. Mai 2001 segelnd auf der Elbe entwickelt, weil wir Hunger und außer einem Rest kalter Nudeln vom Vortag wenig Zutaten hatten. Und siehe da, es erwies sich als lecker!

Also: Man nehme Nudeln, wälze sie in etwas Olivenöl und Balsamessig, mische sie mit gabelgerechten dünnen Apfelscheiben, ebensolchen Käsescheiben und würze das Ganze mit Salz, Pfeffer, Basilikum oder was dir sonst noch so einfällt.

Ich wäre nicht im Traum darauf gekommen, dass Nudeln und Äpfel zusammenpassen. Hunger ist eben doch der beste Koch – Segeln der zweitbeste.«

In Oxelösund gehen der »Hauptmann von Köpenick« Marcûs und sein »Gefolgsmann« Timo leider wieder von Bord. Die sechs gemeinsamen Tage sind um und ihr Luftgefährt mit dem Ziel Hamburg wartet. Fortan ist das »Ehepaar« Helmut und Sönke wieder allein an Bord.

Zeit für Mem – dem Tor zum Göta-Kanal. Nach einem mehr oder minder sportlichen Tag, an dem wir abwechselnd segeln und motoren, erblicken wir am Abend Mem am Horizont. Der Himmel hat sich zugezogen, und im Hintergrund vernehmen wir verstärkt ein gelegentliches Grollen. Ein Gewitter ist im Anmarsch. Bedrohlich erhebt sich eine für sommerliche Wärmegewitter typische dunkle Böenwalze vor uns. Der Wind ist verschwunden und erhärtet somit den Verdacht. Auf einmal bietet die Landschaft alle Facetten einer farblosen Welt. Vor mir liegt schwarz eine Insel. Je weiter mein Blick in die Ferne wandert, desto grauer wird das Land. Interessant, auf wie wenig sich ein Bild reduzieren kann, wenn das Sonnenlicht fehlt.

Heftiger Platzregen setzt ein, verschlechtert die Sicht innerhalb kürzester Zeit nachhaltig. Ich stehe mit Bootsschuhen, Badehose, Öljacke und Schwimmweste bekleidet im Cockpit und steuere die Ohlson durch die triste Natur. Vermutlich bin ich der einzige Farbtupfer weit und breit in dieser kontrastreichen Schwarz-Weiß-Foto-Stimmung.

Es blitzt! Wir zählen die Sekunden bis zum Donner. Eine Sekunde entspricht ungefähr 300 Metern Entfernung zum Gewitter.

»Sechs Sekunden – 1800 Meter«, rechnet Helmut den Abstand aus.

»Eben waren es noch 20 Sekunden. Das Gewitter kommt also rasch näher!«

Helmut geht unter Deck, zieht den Antennenstecker vom UKW-Sprechfunkgerät ab, trägt unsere Position in die Seekarte ein und schaltet alle wichtigen elektrischen Verbraucher aus. Einen Überspannungsschaden wollen wir auf jeden Fall vermeiden.

Alles geht gut, die Gewalten der Natur ziehen rasch über uns hinweg und sind ebenso schnell wieder verschwunden, wie sie aufgetaucht sind. Der Regen versiegt und die Sonne zeigt sich noch einmal. Knallrot und kitschig schön versinkt sie über der in leichte Nebelschwaden gehüllten Märchenlandschaft aus Bergen und Wäldern. Möwen lassen sich auf der spiegelglatten See treiben, die Luft ist feucht und unter einem völlig zerzausten und zerfetzten Himmel liegt friedlich Mem vor uns.

Wir machen HIPPOPOTAMUS an einer steinernen Pier direkt vor der Schleuse fest. Dabei beschleicht mich ein komisches Gefühl, weil mir klar wird, dass vor dem Bug die Ostsee zu Ende ist. Zwei dicke hölzerne Schleusentore versperren den Weg. Die Durchfahrt ist gerade mal acht Meter breit. Verdammt wenig im Vergleich zur Weite der Schären mit ihren unzähligen Inseln und Buchten, die im Kielwasser verschwunden sind. Obwohl wir ihre Geräumigkeit vermissen werden, freue ich mich schon sehr auf den Binnentörn.

37 Ankeridyll im Stockholmer Schärengarten zwischen den Inseln Gåsöö und Gåsön (Schweden).

38 Auf dem engen Göta-Kanal quer durch Schweden.

39

42

40

41

43

39 Zwischenstopp am berühmten Göta-Hotel bei Borensberg (Schweden).

40 Gegenverkehr auf dem Göta-Kanal (Schweden).

41 Liegeplätze im Schlossgraben, Vadstena (Schweden).

42/43 In den Trollhätten-Schleusen (Schweden).

44

47

44 Abendnebel verwandelt den Trollhätten-Kanal in eine Märchenlandschaft (Schweden).

45 Malerisches Lilla Kornö (Schweden).

46 Nadelöhr Sotenkanal (Schweden).

47 Enge Schärenbucht Ussholmen (Schweden).

48 Winziger Wegweiser – Leuchtturm in den Westschären (Schweden).

45

46

48

49

51

52

50

53

49 Sechzig Meter über den Schären, Havsten (Schweden).

50 Schärenbucht Smögholmen (Schweden).

51 Stürmische Heimreise.

52 Marina Aker Brygge, Oslo (Norwegen).

53 Längsseits am Felsen, Havsten (Schweden).

54

55

56

57

54 Blick über Bergen aus 600 Metern Höhe (Norwegen).

55 Farbenfrohe Kaufmannshäuser in Bergen (Norwegen).

56 Autofreie Perle in der Ostsee – Hirsholm (Dänemark).

57 Großer Empfang im Hamburger Yachthafen nach 3502 Seemeilen und 148 Tagen.

Leben im Fünf-Knoten-Takt

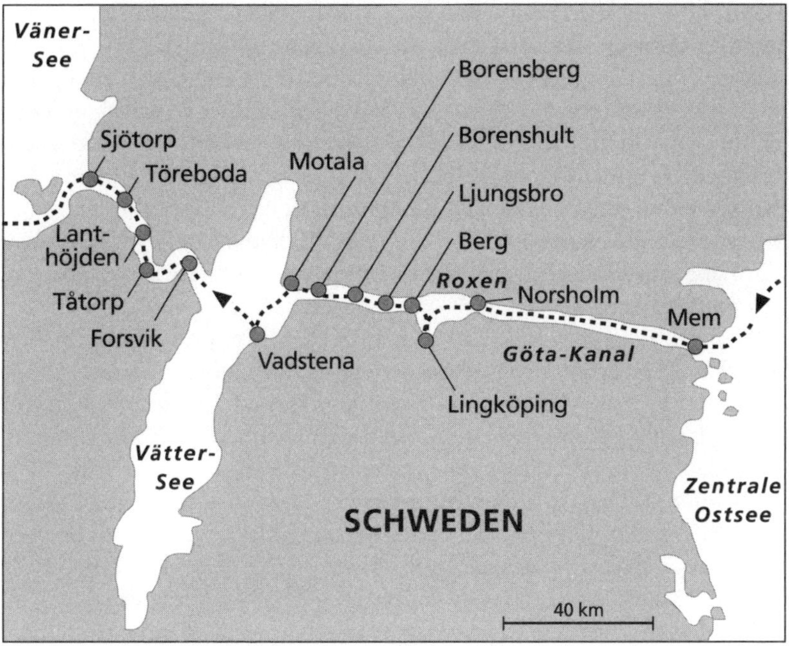

Früh am Morgen werde ich in meiner Koje wach, kann nicht wieder einschlafen und bin aufgeregt wie ein kleines Kind, das den Heiligabend nicht erwarten kann. Statt auf Geschenke freue ich mich auf den Göta-Kanal. Zwischen Mem im Osten und Sjötorp im Westen werden auf einer Strecke von 190 Kilometern 50 Brücken und 58 Schleusen passiert, mit denen das Schiff bis auf 91,2 Meter über dem Meeresspiegel angehoben wird.

1998 habe ich die Wasserstraße schon einmal im Expresstempo bereist – quasi im Vorbeigehen. In fünf Tagen vom Anfang zum Ende. Das war definitiv zu schnell. Diesmal haben wir dafür die doppelte Zeit eingeplant. Daher auch die Aufregung – ich weiß, worauf ich mich freuen kann. Helmut hingegen darf noch gespannt sein. Für ihn ist es der erste Törn zwischen Schleuse 1 und 58.

Zeit, sich um das Kanalticket zu kümmern. Allerdings öffnet das Büro erst um neun Uhr. Da muss ich mich noch eine Stunde gedulden. Schade, von mir aus kann es gleich losgehen. Wenn ich mich so umsehe, dann geht es den anderen Kanalfahrern an der Pier von Mem anscheinend ähnlich. Überall öffnen sich die Schiebeluken. Menschen kriechen aus ihren Kojen, strecken sich im Cockpit und freuen sich über die warme Sommersonne. Kinder toben über die Pier. Eltern sitzen mit dem Kanalführer im Cockpit und lesen die Sicherheitsanweisungen fürs Schleusen. Wieder andere holen weitere Fender aus den Backskisten oder laufen um das Kontrollhäuschen herum, in dem die Tickets verkauft werden, um nach den Öffnungszeiten zu sehen. Im Hintergrund nähern sich die ersten Yachten, die vermutlich die Nacht im Hafen bei der nahe gelegenen Burgruine Stegborg verbracht haben – Aufbruchstimmung allerorten.

Neun Uhr: Eine junge Schwedin öffnet das Büro und gibt die Tickets aus. 305 Euro kostet die Passage von Mem nach Sjötorp. Nicht gerade ein Schnäppchen. Allerdings sind in dem Preis die Liegegebühren für zwanzig gut ausgerüstete Häfen entlang der gesamten Strecke enthalten. Fast alle haben WC, Duschen, Strom und Wasser, verspricht uns die Verkäuferin. Dank unserer Internetseite müssen wir für die Passage nichts bezahlen. Unsere Homepage ist inzwischen bei anderen Seglern so populär, dass man unsere Kanalfahrt als gute Werbung empfindet. Müßig zu erwähnen, dass wir das Angebot dankbar annehmen.

Um Schäden an den Yachten zu vermeiden, empfiehlt die Betreibergesellschaft, beim Schleusen genügend Fender außenbords zu hängen und eine spezielle Leinentechnik zu verwenden. Da ich den Kanal ja schon einmal befahren habe, kenne ich das System. Es hat sich damals bewährt und wir werden es auch diesmal wieder verwenden.

Das Prinzip ist einfach: Wir nehmen zwei lange Festmacher und versehen sie jeweils mit einem großen Auge. Da es in den Kammern keine Leitern gibt, setze ich Helmut unmittelbar vor der Schleuse mit beiden Tauen in der Hand ab und fahre hinein. Er befestigt die Achterleine senkrecht über dem Heck und ich belege sie auf der Klampe. Unsere Vorleine belegt mein Mitsegler eine halbe Schiffslänge vor der Ohlson und ich ziehe ihr loses Ende am Bug durch die Klampe und leite sie nach achtern auf die Winsch im Cockpit um. Kurbel einstecken, Motor aus. Fertig.

Knarrend schließen sich hinter unserem Heck die schweren Holztore. Es geht los. Mit uns sind noch drei andere Schiffe in der kleinen, ungefähr 35 Meter langen und acht Meter breiten Kammer. Zügig steigt das Wasser. Helmut steht hoch über mir und ich halte mithilfe der Winsch die Vorleine stramm. Meter um Meter geht es aufwärts, bis wir wieder auf einer Augenhöhe stehen. Alles verläuft reibungslos. Unsere Vorbereitungen zahlen sich aus.

Anders bei unserem schwedischen Vordermann. Er fährt seine Leine lieber aus der Hand als nach der vorgeschlagenen Leinentechnik. Als er einen Moment unaufmerksam ist, rutscht sie ihm weg und das Schiff knallt heftig mit dem Heck gegen die Schleusenwand, die eine dicke und vor allem tiefe Schramme im Plastikrumpf hinterlässt. Außerdem hat er nicht genug Fender ausgebracht, sodass nach dem Patzer zusätzlich auch noch mittschiffs seine Bordwand zerkratzt. Er schimpft wie ein Rohrspatz, kann aber niemandem einen Vorwurf machen. Vielmehr hatte ihn die Schleusenwärterin im Voraus auf den Missstand hingewiesen, aber er hat sie nicht ernst genommen, überheblich abgewinkt und etwas in seinen Bart gemurmelt. Selbst schuld.

Schleuse Nummer eins liegt hinter uns und wir sind bereits auf einer Höhe von drei Metern über dem Ostseeniveau angekommen.

58 Schleusen säumen den Göta-Kanal

»Da muss ich erst mal schlucken und den Druck auf den Ohren ausgleichen«, lacht Helmut.

Auf der Infobroschüre über den Göta-Kanal wird der Wasserweg als »das längste Abenteuer Schwedens« angepriesen. Kein schlechter Titel – hat was. Während wir gemütlich im Konvoi um die erste Kurve tuckern, lese ich aus ihr vor:

»Die Sonne glänzt mit Anwesenheit, der Stress mit Abwesenheit. Sie sitzen am Ruder und nehmen die schöne Umgebung in sich auf. Das Schiff gleitet gemächlich mit fünf Knoten, der Höchstgeschwindigkeit auf dem Kanal, dahin. Plötzlich ertönt eine Klingel hinter Ihnen – ein Radfahrer winkt fröhlich und radelt am Schiff vorbei. So angenehm geruhsam kann das Leben vor sich gehen. Auf dem sich schlängelnden Göta-Kanal entlangzufahren ist wohl das Erholsamste, was man tun kann – auch dank der Erlebnisse, die der Kanal Meter für Meter bietet. Hier gibt es immer etwas zu sehen oder zu hören.«

»Dann hoffen wir mal, dass uns die Marketing-Strategen vom Kanalmanagement nicht zu viel versprechen!«, sagt Helmut.

»Sonst fordern wir halt unser geschenktes Entgelt zurück.«

Hinter einer lang gezogenen Kurve taucht die nächste Schleuse auf. Es gibt eine kleine Warteschlange von fünf Yachten. Aber was macht das schon. Hier gilt: Wer zuerst vor den Toren war, darf auch zuerst rein. Letztendlich ist es uns egal, ob da ein oder zwanzig Schiffe vor uns liegen – wir haben Zeit!

Auf der Pier erscheint der Schleusenwärter:

»In zehn Minuten seid ihr dran. Dann mache ich die Tore wieder auf.«

»Super – danke. Sag mal, arbeiten hier eigentlich nur Studenten am Kanal? Ich meine, ihr seid doch alle Studenten, oder?«

»Ja, alle bis auf einen. Der ist über vierzig, wohnt noch bei Mutti und ist schon seit über zwanzig Jahren Schleusenwärter! Aber der Rest – alles Studenten. Wir arbeiten hier im Sommer zwischen den Semestern. Ich im dritten Jahr.«

»Ist das nicht langweilig, tagein, tagaus die Kammern zu fluten oder leer laufen zu lassen?«

»Nein, auf keinen Fall. Wir werden jeden Tag an einer anderen Schleuse eingesetzt. Außer in Mem, da darf man nur arbeiten, wenn man schon ein paar Jahre dabei ist, weil dort kassiert wird. Außerdem bin ich den ganzen Tag an der frischen Luft, kann meine Deutschkenntnisse verbessern und treffe viele nette Menschen. Ach ja, und das Drumherum ist ein Kracher. Nachts feiern wir Schleusenpartys, baden in den Kammern und fluten sie. Das ist ein Spaß. Na ja, und – unter uns – die weiblichen Kolleginnen sind sehr attraktiv und nach ein paar Bier…«

»Wann ist die nächste Party? Wo müssen wir hin?«, unterbricht Helmut mit einem neugierigen Blick im Gesicht seine Ausführungen.

»Da habt ihr Pech, Jungs. Gestern!«

Schleuse für Schleuse arbeiten wir uns Meter für Meter nach oben, verbringen die Nacht in Norsholm und erreichen am nächsten Mittag die fünftgrößte schwedische Stadt, Linköping. Wir nehmen Cathrin und Sylvia an Bord und machen uns auf zur Schleusentreppe von Berg. In sieben Kammern sollen direkt hintereinander 18,8 Höhenmeter überwunden werden. Arbeit für die Winschen – Spaß für uns.

Wir erreichen den kleinen Hafen am Fuß der Treppe am frühen Nachmittag und müssen zwei Stunden warten, weil gerade in die entgegengesetzte Richtung geschleust wird. »Nästa Slussar 17.30«, verkündet die Digitalanzeige am untersten der sieben Wasserfahrstühle. Zeit für Kaffee und Kuchen im Cockpit. Während wir entspannt in der Sonne sitzen, ist unser Nachbar weniger gelassen:

»So ein Mist, da kommen wir heute nicht mehr weit. Erst die Warterei an der Eisenbahnbrücke in Norsholm und jetzt hängen wir hier auch schon wieder fest«, schimpft er in der Gegend herum.

Wer so reist, verschenkt in meinen Augen die Erholung, die der Kanal zu bieten hat. Sicherlich ist die gesamte Passage von Mem nach Sjötorp in fünf Tagen zu schaffen – hat bei uns vor sechs Jahren auch geklappt –, aber das ist nicht Sinn der Sache. Hier wird nicht überholt. Hier wird nicht gedrängelt. Hier wird langsam gereist. Damals war uns das nicht so bewusst. Jetzt schon. In den Häfen liegen wir oft mit den gleichen Schiffen nebeneinander. Es ist ein Leben im Konvoi. Man grüßt sich, kennt sich, fährt miteinander – und trotzdem ist der Kanal nicht überfüllt. Er ist keine Autobahn mit kilometerlangen Staus. Eher eine Kopfsteinpflasterstraße samt Ampeln. Tagesetappen von 15 Seemeilen sind keine Seltenheit. Urlaub im Urlaub.

Der nächste Tag verläuft ähnlich. Wir verlassen den großzügig angelegten Yachthafen von Berg am Kopf der Schleusentreppe und tuckern weiter gen Westen. Nach acht Schleusen schippern wir bei Ljungsbro mit unserem schwimmenden Nilpferd über einen Aquädukt und bieten den Autofahrern auf der Schnellstraße unter uns sicherlich ein lustiges Bild. Zehn Seemeilen später – dem längsten Stück ohne Überwindung von Höhenmetern – erreichen wir am Nachmittag Borensberg. Dort wartet direkt neben dem historischen Göta-Hotel, das schon in so manchem Film als Kulisse diente, die letzte handbetriebene Schleuse auf unsere Arme. Cathrin, Sylvia und Helmut müssen kräftig mit anpacken, um die schweren hölzernen Tore zu schließen. Ich mache Fotos. Gute

Aufgabenverteilung. Das Schleusen geht schnell. Das Wasser steigt nur wenige Zentimeter. Das Becken dient einzig zum Ausgleich des Wasserstandes gegenüber dem See Boren, auf dem die Reise ab hier weiter verläuft. Er wäre eine gute Gelegenheit, einmal die Segel zu setzen, aber seine Oberfläche ist derart glatt, dass wir es gar nicht erst versuchen. Flaute im Skandinavienhoch. Dazu Sonne und Temperaturen um die dreißig Grad. Die Tücher bleiben in den Säcken und stattdessen wird gebadet. Dazu knoten wir an einer Leine einen Fender mit seinen beiden Enden so fest, dass er quer liegend hinter der Ohlson hergezogen werden kann. Helmut stoppt das Schiff, Sylvia und ich springen ins Wasser. Cathrin lässt an beiden Seiten eine der Schlepp-Konstruktionen ins Wasser und wir lassen uns jeder in rund zehn Metern Entfernung hinterherziehen. Ein herrlicher Spaß – erfrischend und wohltuend.

HIPPOPOTAMUS sieht nach Binnenfahrt und Sommer aus. Die Vorschiffsluke steht offen und lässt frische Luft durch den Salon wehen, ein Fotoapparat liegt im Cockpit, Handtücher, Bikiniteile und Badehosen hängen an der Reling, die nassen Leinen trocknen auf der Kajüte, Kissen bedecken die Sitzflächen, der Autopilot surrt und wir tuckern weiter über den See Boren vorbei am historischen Schloss Ulvåsa. Unser Ziel? Die Schleusentreppe von Borenshult.

Fenderschlepp-Baden

Alle sind am Lesen. Cathrin: »Was allein das Herz erkennt«, ein Herzschmerzroman über die Liebe einer Hochzeitsplanerin. Sylvia: »Der Präsident«, ein packender Polit-Thriller über ein Staatsoberhaupt. Helmut: »ABC der Angeltechniken«, ein Fachbuch für Einsteiger über Methoden und Techniken des Fischfangs. Und ich: »Speed Reading«, ein Lehrbuch über eine Schnelllesetechnik mit vielen Übungen. Ich bin gespannt, ob es etwas bringt. Die ersten Seiten haben ergeben, dass meine aktuelle Wortlesegeschwindigkeit bei 175 Worten pro Minute bei einem Verständnis von 93 Prozent liegt. Gut wären 200 und mehr Worte pro Minute. Wenn ich dem Autor glauben soll, dann wäre es sogar kein Problem, 500 – 600 Worten pro Minute bei ähnlich hohem Verständnis zu lesen. Ich bin gespannt, ob ich das lernen kann. Sollte ich es schaffen, lese ich die Bücher meiner Mitsegler auch noch schnell durch.

Die Sonne versinkt und ein typischer Tag auf dem »längsten Abenteuer Schwedens« neigt sich beim abendlichen Minigolfturnier am Kanalufer von Borenshult seinem Ende zu. Üppige 18 Seemeilen haben wir heute zurückgelegt. Verdammt wenig im Vergleich zu den Tagesdistanzen der letzten Wochen, aber gerade darin liegt einer der Reize dieses Törn-Abschnitts.

Der nächste Stopp heißt Motala. Hier steht direkt am Ufer das Mausoleum von Kanalbauer Graf Baltazar von Platen. Er schaffte es Anfang des 19. Jahrhunderts, die Regierung von der Notwendigkeit der Wasserstraße zu überzeugen. 22 Jahre lang schufteten 58 000 Soldaten, Zwangsarbeiter und Freiwillige, sechs Tage in der Woche, zwölf Stunden pro Tag, um mit Spitzhacke und Schaufel das kurvenreiche Kanalbett auszuheben. 1832 wurde schließlich die neue Verbindung zwischen zentraler Ostsee und dem Väner-See eingeweiht. Während der Wasserweg ursprünglich für industrielle Zwecke erbaut wurde, motoren heute jährlich 4500 Sportboote auf dem Kanal hin und her. Einziger Wermutstropfen: Segeln ist zu gefährlich auf dem engen, kurvenreichen Gewässer und daher verboten.

Nach einem Einkauf, einer Portion Eiscreme, einem Zwischenstopp an der Schiffstankstelle und einem überraschenden Treffen mit den Eltern eines Schulfreundes auf der Pier verlassen wir die schwedische Kleinstadt und fahren auf den Vätter-See hinaus. Mit einer Ausdehnung von 65 Seemeilen in Nord-Süd-Richtung ist er ein weitläufiges Segelrevier und für Abstecher von der eigentlichen Kanalroute gut geeignet. Es weht eine leichte Brise aus West, sodass wir nach vier Tagen Enthaltsamkeit endlich wieder Groß und Genua hissen können, um ins sieben Seemeilen entfernte Vadstena zu segeln. Ein malerischer Ort, der viele Sehenswürdigkeiten zu bieten hat. Neben dem Rathaus aus dem 14. Jahrhundert bestaunen wir restaurierte Bürgerhäuser und ein Kloster von 1260. Der Clou ist, dass sich der Gästehafen im alten Wallgraben vor dem imposanten Schloss aus dem Jahre 1545 befindet. Im Innenhof gibt es heute ein Pop-Konzert eines schwedischen Künstlers, dessen Musik weit über die alten Mauern hinausschallt. Wir erfreuen uns an der akustischen Untermalung, werfen den Heckkorbgrill an und lassen einen weiteren Kanaltag gemütlich im Cockpit ausklingen. Sommernachtstraum à la Schweden.

Am sechsten Tag unserer Reise auf dem Schweden-querfeldein-Weg liegt Forsvik vor dem Bug. Wir müssen warten, weil die 300 Meter lange Zufahrt zur ältesten Schleuse des Göta-Kanals nur sieben Meter breit ist und uns einer der nostalgischen Passagierdampfer, die im Liniendienst zwischen Stockholm und Göteborg verkehren, entgegenkommt. Ein Ampelsystem regelt den Verkehr. Auf der Pier erscheint eine der jungen Schleusenwärterinnen und gibt Anweisungen, in welcher Reihenfolge die Sportboote in die Kammer fahren sollen. Zudem reicht ihr die Anzahl der an der Yacht vor uns ausgebrachten Fender nicht aus:

»Nehmt vorn besser noch einen dazu. Die Wände in der Kammer sind sehr uneben.«

Sie hat Recht. Im Vergleich zu allen anderen Schleusen sind die Mauern krumm und schief. Sie sehen aus wie wild in den Fels gesprengt. Unser Fenderbrett kommt zum Einsatz. Als wir ein paar Minuten später die Kammer verlassen, sind wir am Scheitelpunkt angekommen: 91,8 Meter über der Ostsee. Von nun an geht es bergab.

Dichter Wald reicht bis an das Ufer heran und lässt zwischen Tåtorp und Töreboda die Welt in den unterschiedlichsten Grüntönen erscheinen. Dazwischen verläuft das Kanalbett mit seinem bräunlichen, lehmhaltigen Wasser. Manche nennen den Göta-Kanal auch »Das blaue Band Schwedens«. Diese Assoziation ist aber wohl weniger vor Ort als vielmehr beim Blick auf eine Landkarte entstanden.

Bei uns allen hat ein Göta-Kanal-Gefühl eingesetzt. Es fällt mir schwer, das zu beschreiben, aber es ist eine Mischung aus Geborgenheit, Gastfreundschaft und Abwechslungsreichtum. Geborgenheit, weil es hier bisher kein Sieben-Windstärken-mit-drei-Meter-Wellengang-Wetter gibt. Gastfreundschaft, weil das Personal sehr freundlich, hilfsbereit und geduldig ist. Abwechslungsreichtum, weil der Kanal einiges zu bieten hat. Es ist immer etwas los: Eine Brücke kreuzt hinter der nächsten Kurve, an einer engen Stelle kommt ein Ausflugsdampfer entgegen, an einer Schleuse wird gerade in die falsche Richtung geschleust. Zweifelsohne ist dies einer der schönsten Streckenabschnitte unseres Törns. Er zieht sich selbst in die Länge, lässt uns eine Reise im Schneckentempo erleben. Das soll uns recht sein – sehr sogar! Wobei ich feststellen muss, dass die erste Passage vor sechs Jahren aufregender war. Jetzt bin ich schon ein alter Kanalhase. Zumindest kommt es mir so vor, wenn ich andere Besatzungen in den Schleusen beobachte. Da wird gebrüllt oder unnötige Hektik verbreitet. In meinen Augen lohnt das nicht.

Am meisten wundert mich jedoch, dass bei Ehepaaren immer die Männer an der Pinne stehen und die Frauen mit den Leinen durch die Gegend turnen. Cathrin, Sylvia, Helmut und ich halten davon sehr wenig. Bei uns an Bord wird munter getauscht und das ist gut so!

Wir verbringen die Nacht in einem toten Seitenarm des Göta-Kanals bei Lanthöjden, nutzen ausführlich die einzige Holzofensauna zwischen Mem und Sjötorp und erreichen am nächsten Mittag Töreboda. Cathrin tauscht mit Sandra die Koje und fährt zurück ins Arbeitsleben – eine abstruse Vorstellung für uns. Meetings, To-do-Listen, Power-Point-Präsentationen, Akten, Berichte und Kalkulationen sind Fremdworte geworden. Einzig für meinen Mitsegler geht allmählich die Wohnungssuche los. Ich habe es einfacher. Mein Zuhause ist untervermietet.

Helmut kommt mit einem jungen deutschen Paar am Steg ins Gespräch. Ich geselle mich dazu. Sie sind beide Mitte dreißig, Segelanfänger und auch einen Sommer lang auf der Ostsee unterwegs. Allerdings mit einem anderen Tempo. Von Niendorf bei Lübeck nach Stockholm, durch den Göta-Kanal und wieder zurück. Für uns eine kleine Runde – für die beiden eher eine große Tour. Er hat als Beamter bei der Post für ein Jahr unbezahlten Urlaub genommen und sie ihren Job als Verwaltungsangestellte gekündigt. Ihr Schiff heißt RASMUS und ist eine Atlas 25. Gut ausgerüstet für die Größe – mit zwei Rollvorsegeln und Schlauchboothalterung am Heck. Einzig Fahrräder vermissen sie, aber dafür war kein Platz mehr auf dem siebeneinhalb Meter langen Boot.

Ich biete ihnen Tipps für die Westschären an, aber er winkt ab. Sie verzichten grundsätzlich auf Hinweise zu Revieren, weil sie lieber alles allein entdecken wollen. Das empfinden sie als reizvoller. Warum auch nicht. Jeder wie er mag. Wir freuen uns, sie zu sehen, weil sie die ersten Gleichgesinnten unter Segeln auf dieser Reise sind! Wir tauschen ein paar Bücher aus und tuckern weiter.

Das Abwärtsschleusen verlangt eine andere Technik. Sie ist unspektakulär. Wir bleiben an Bord, bis das Schiff in der Schleuse ist. Sobald HIPPOPOTAMUS steht, führen wir vorn und hinten je einen Festmacher durch die Ringe an Land und zurück aufs Schiff. Sie werden nicht belegt und einfach lose aus der Hand gefahren. Unten angekommen, ziehen wir die Leinen durch die Ringe und fahren aus der Schleuse. Mehr nicht. Im Gegensatz zum Aufwärtsschleusen vergleichsweise langweilig.

»Runterschleusen ist wie Mineralwasser ohne Kohlensäure – da sprudelt nichts!«, sagt Helmut.

19 Schleusen später setzen wir nach neun Tagen auf dem Göta-Kanal Groß und Genua und segeln hinaus auf den Väner-See. Unser Leben im Fünf-Knoten-Takt ist zu Ende. Das künstliche Flussbett quer durch das Land der Elche und Volvo-Fahrer hat mich einmal mehr von seiner Schönheit überzeugt. Es verkörpert eine Mischung aus Entdecken, Erleben und Erholen, verpackt in eine einzigartige Landschaft, die so ganz anders ist als die typischen Segelreviere vor unserer Haustür.

Wetterwillkür

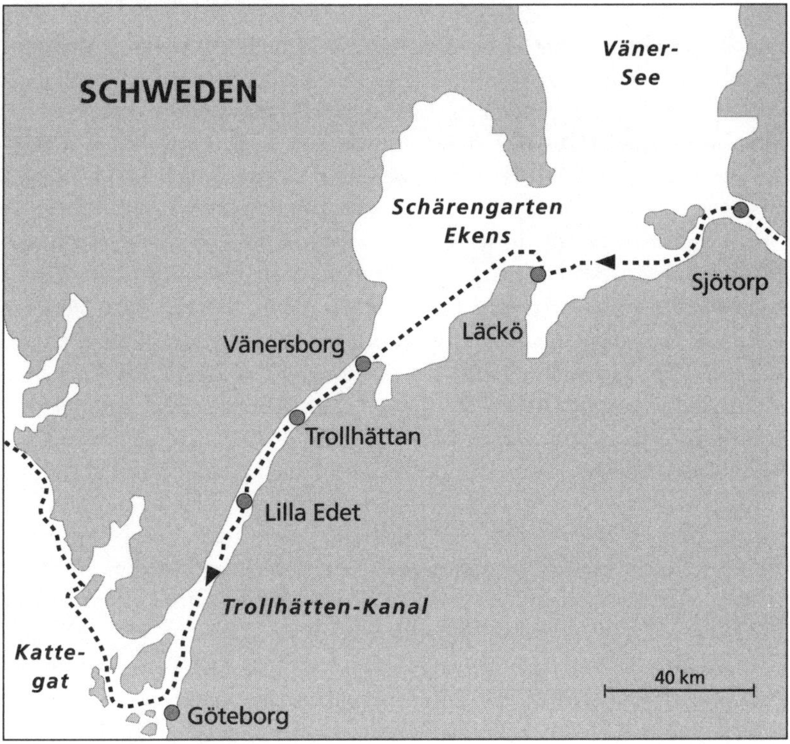

Die Sonne knallt vom Himmel und es weht ein schwacher Nordost, so um die zwei Windstärken, mal mehr, mal weniger. Wir haben Mühe, dass unsere Segel nicht einfallen, wollen aber auch nicht motoren. Die Stunden schleichen dahin, langsam und gemächlich. Sylvia liest, Sandra macht Fotos, Helmut kocht, ich reiche Getränke aus dem Kühlschrank, wir hören Musik von den Dire Straits, und HIPPOPOTAMUS dümpelt in Analogie zu unseren Seelen vor sich hin.

Nach den Tagen auf dem schmalen Göta-Kanal bietet der Väner-See eine wohltuende Weitläufigkeit. Mit seinen gigantischen Ausmaßen ist er der drittgrößte See Europas. Elfmal so groß wie der Bodensee, 5648 Quadratkilometer weit, 106 Meter tief und mit 22 000 Inseln übersät. Seine Ausdehnung verleiht ihm viele unterschiedliche Gesichter: Felsinseln, einsame Buchten, weitläufige Sandstrände, mit Schilf überzogene Ufer oder offenes Meer mit endlosem Horizont. Er ist gefühlte Miniatur-Ostsee in 44 Metern Höhe. Ein eigenes Urlaubsrevier für sich. Am liebsten würden wir zwei Wochen bleiben, um den ganzen See abzusegeln, aber das werden wir auf einen anderen Törn verschieben müssen. Diesmal haben wir dafür keine Zeit. Wie für die meisten Segler ist das Binnenmeer auch für uns nur ein Teilabschnitt auf der Reise von Stockholm im Osten nach Göteborg im Westen.

Bei Anbruch der Dämmerung erreichen wir den kleinen Hafen von Läckö am Fuße des gleichnamigen Schlosses. Er liegt ungefähr auf halbem Weg der 68 Seemeilen langen Passage von Sjötorp nach Vänersborg am Eingang zum Schärengarten von Ekens. Meine Eltern haben uns den Tipp gegeben, den idyllischen Liegeplatz für die Nacht auszuwählen. Allerdings ist ihr Tipp unter Umständen etwas veraltet. Sie waren 1973 das letzte Mal in Läckö.

Dennoch behalten sie Recht. Eingebettet in eine wilde Waldlandschaft finden wir einen der schönsten Häfen des Törns. Wir schnappen uns eine der freien Heckbojen, befestigen die Achterleine und legen unser Nilpferd mit dem Bug an den Steg. Einziger Haken: Der Hafen ist mit einem Meter achtzig nicht unbedingt tief, aber zwanzig Zentimeter unter dem Kiel sind zwanzig Zentimeter.

Am späten Abend zieht abrupt der Himmel zu. Der Wind frischt auf und Regen setzt ein. Nach zehn Tagen Binnentour der erste Niederschlag. Tropfen tanzen auf dem Kajütdach, der Wind heult im Rigg und unter Deck wird es gemütlich. Auf dem See möchte ich jetzt nicht sein. Er verwandelt sich unter diesen Bedingungen in ein magenunfreundliches Gewässer mit kabbeliger und steiler Welle – zumindest war das bei unserer letzten Tour vor sechs Jahren so.

Der nächste Morgen bringt keine Wetterbesserung. Es weht unverändert mit fünf bis sechs Windstärken aus Nordost. Der Himmel ist grau, die Bäume triefen vor Nässe, die Schären erscheinen schwarz und glitschig, der Regen weht quer zum Schiff, die Windböen kräuseln die Wasseroberfläche und die freien Festmacherbojen wippen lustlos auf den Wellen. Sauwetter.

Obwohl der Wetterbericht für den Nachmittag keine Besserung ankündigt, entscheiden wir uns fürs Auslaufen. Mit Ölzeug und Schwimmwesten bewaffnet tritt die Crew im Cockpit an. Ich wische das Wasser aus meinem Gesicht und starte die Maschine. Als wir gerade die Leinen lösen wollen, donnert eine Böe mit mindestens sieben Windstärken über uns hinweg. Das Schiff legt sich für mehrere Sekunden leicht auf die Seite und die nahen Baumkronen neigen sich beachtlich im Wind. Blätter und kleine Äste segeln zu Boden. Ich gucke Helmut an, er guckt mich an, schüttelt ganz leicht den Kopf, und ich nicke zurück. Es fällt kein Wort zwischen uns. Routine. Ich mache die Maschine wieder aus. Wir bleiben vorerst in Läckö. Es hat keinen Zweck. Übertriebener Eifer ist hier fehl am Platze.

Neben uns läuft ein älteres Ehepaar ein. Sie tragen Schwimmwesten, Ölzeug und Kapuzen auf den Köpfen, sehen aus wie Michelin-Männchen. Wir nehmen ihre Leinen an und ich werfe einen Blick in ihre Gesichter, die mir zeigen, dass wir uns richtig entschieden haben. Wir bleiben. Hafentag mit Schlossbesichtigung. Ölzeug haben wir ja noch an, da brauchen wir nur loszugehen. Wäre auch schade gewesen, wenn wir von dem imposanten Gebäude nichts als die äußeren Mauern gesehen hätten. Immerhin datiert die älteste Erwähnung der Anlage aus dem Jahre 1298. Damals errichtete Bischof Brynolf Algotsson das erste Gebäude.

Kaum dass wir wieder am Schiff sind, verkriechen wir uns unter Deck und machen es uns gemütlich. Überflüssigerweise klopft es am Bug – Hafengeld! – und über-überflüssigerweise sitze ich am dichtesten am Ausgang und über-über-überflüssigerweise guckt mich die gesamte Crew mit einem Gesichtsausdruck an, der sagen will: »Geh du, bitte!« Was soll's! Der Tag ist eh gelaufen. Ich schnappe mir Jacke und Geldbörse und gehe auf das Vorschiff. Die Hafenmeisterin trägt Jeans und Pullover – keine Kleidung für dieses Wetter. Dicke Wassertropfen hängen an ihrer Nase und den Ohren. Sie ist klitschnass, die Scheine in ihrem Portmonee durchgeweicht. Erkältung spätestens übermorgen, denke ich. Fünfzig Schwedenkronen wechseln den Besitzer.

»Do not sail today. Pretty strong wind outside«, lächelt sie mich trotz der Umstände an.

»Thank you – we decided to stay.«

Auf mehr Konversation habe ich keine Lust. Im Gegensatz zu ihr bin ich noch einigermaßen trocken. Wir verbringen den Nachmittag unter Deck, spielen Gesellschaftsspiele und rufen per Handy die neueste Wettervorhersage für heute, Dienstag, den 3. August 2004, ab. Vielleicht hat sich ja was getan, hoffe ich. So richtig glaube ich zwar nicht daran, aber – Versuch macht klug.

Es vergehen ein paar Sekunden und das Handy piept. Die Infos sind da. 14 Cent kostet der Spaß pro SMS. Ein Schnäppchen. Zumindest haben wir bisher kein günstigeres Angebot gefunden. Der Text ist etwas gewöhnungsbedürftig, aber mit ein wenig Übung gut zu lesen:

»Ti 20:00 +21 ONO 7 ms skurar. On 02:00 +18 ONO 5 ms klart. On 08:00 +19 ONO 5 ms molnigt. On 14:00 +26 O 6 ms halvklart. On 20:00 +24 OSO 5 ms klart.«

Übersetzt heißt das so viel wie:

»Dienstag 20:00 Uhr: Temperatur 21 Grad mit Wind Ostnordost sieben Meter/Sekunde (vier Beaufort) und Schauern. Mittwoch 02:00 Uhr: Temperatur 18 Grad mit Wind Ostnordost fünf Meter/Sekunde (drei Beaufort), heiter. Mittwoch 8:00 Uhr: Temperatur 19 Grad mit Wind Ostnordost fünf Meter/Sekunde und bewölktem Himmel. Mittwoch 14:00 Uhr: Temperatur 26 Grad mit Wind Ost sechs Meter/Sekunde und leicht bewölktem Himmel. Mittwoch 20:00 Uhr: Temperatur 24 Grad mit Wind Ostsüdost fünf Meter/Sekunde, heiter.«

Klingt gut. Gegen Abend wird es also abflauen und morgen soll sich die Sonne zeigen. Unsere Entscheidung war richtig.

In der Tat – bei Anbruch der Dunkelheit nimmt der Wind ab und der Dauerregen weicht einem leichten Nieselregen.

»Einhundert Prozent Luftfeuchtigkeit«, sagt Helmut.

Mir fehlt Auslauf. Den ganzen Tag in der Kajüte zu hocken blockiert mein Gemüt. Ich will raus und nutze die Chance, als der feine Niederschlag kurz darauf ganz aufhört. Ich jogge ums Schloss herum und durch den Innenhof. Endlich Bewegung. Eine tolle Stimmung, wie in einem Krimi. Über dem Burgverlies kreisen in der Dämmerung die Krähen. Dazu der Blick über den Väner-See. Diesig, dunstig und düster. Auf den steilen, mit Gras bewachsenen Hängen weiden Schafe in der Feuchtigkeit. Sie sind die einzigen Lebewesen, die ich hier draußen treffe. Ungläubig schauen sie mich an, als wenn sie sagen wollten: »Warum rennst du bei diesen Bedingungen freiwillig hier herum?« Aber so schlimm ist es gar nicht, weil es trotz des Wetters angenehm warm ist. Eine Mischung aus tristem Herbstag und sommerlichen Temperaturen. Nichts Halbes und nichts Ganzes. Ich mache die Runde drei Mal, weil es mir so gut gefällt, und verschwinde anschließend unter der warmen Dusche im öffentlichen Sanitärgebäude. Ein eigenartiger Tag findet sein Ende.

Bereits um halb sieben in der Frühe legen wir ab. Die Mädels dürfen liegen bleiben. Gentlemen-Tour am Morgen – Helmut und ich übernehmen das. Wir setzen Groß und Genua und wählen für die Weiterfahrt nach Westen den inneren Weg durch den Schärengarten von Ekens. Ein landschaftlich reizvolles Stück »See«fahrt. Tonne für Tonne geht es durch das enge und verwinkelte Fahrwasser, bis wir nach sechs Seemeilen wieder die Weite des Binnenmeeres vor dem Bug sehen. Je mehr wir abfallen, desto mehr zeigt sich die Sonne am Himmel, desto blauer wird er. Wir setzen den Spinnaker und nehmen Kurs auf Vänersborg. Dort beginnt der Trollhätten-Kanal – der dritte Abschnitt unserer Schweden-querfeldein-Reise.

Die Segel verschwinden für die nächsten zwei Tage wieder im Sack. Zündschlüssel umdrehen, Motor an. Zusätzlich schalte ich das UKW-Gerät auf Kanal 9 ein. Das ist Pflicht auf dem von vielen Berufsschiffen befahrenen Wasserweg zwischen Väner-See und Kattegat. Anders als auf dem Göta-Kanal kommen uns Frachter entgegen, denen wir ausweichen müssen. Sportboote sind eher Mangelware.

Wir passieren Vänersborg. In Ufernähe begrenzen Leitschilder das Fahrwasser. Das sind fünf Meter lange Stangen, die in zwei Metern Höhe waagerecht in den Kanal hineinragen und fortlaufend durchnummeriert sind. An Steuerbord leuchten sie weiß, an Backbord gelb. Die Markierungen sind erforderlich, weil der Kanal nicht überall ausreichend tief ist. Knapp neunzig Prozent der Strecke verlaufen durch einen Fluss, die Göta Älv. Der Rest ist künstlich angelegt, wie beispielsweise die Schleusentreppe bei Trollhättan, die dem Kanal seinen Namen gab. Gegen Abend taucht sie vor dem Bug auf. Wir vertäuen HIPPOPOTAMUS im kleinen Hafen neben der ersten Kammer und sehen uns erst einmal um, weil die Wasserstufen eine Touristenattraktion sind. In vier Schleusen mit je einer Länge von rund 90 Metern und einer Breite von knapp 15 Metern geht es wie in einem riesigen Fahrstuhl 32 Meter nach unten in Richtung Ostseeniveau. Das beeindruckt nicht nur uns. Ganze Busladungen von Schaulustigen warten hinter den Absperrungen und verfolgen gespannt, wie ein Frachter metergenau in die Kammer hineinmanövriert und gehoben wird.

Unmittelbar daneben sind noch heute die alten, ausrangierten Schleusen zu sehen. Sie wurden mit der Zeit zu klein, aber nie abgerissen. So können wir sie bei einem Spaziergang in aller Ruhe bestaunen.

Bereits am 14. August 1800 fuhren die ersten Schiffe von Göteborg auf den Vänersee. Als 32 Jahre später der Göta-Kanal eröffnet wurde, mussten die Erbauer einsehen, dass die Schleusen nicht ausreichend dimensioniert waren. Mit einer maximalen Tiefe von nur zwei Metern stellte der Trollhätten-Kanal einen Engpass auf dem Wasserweg von

Stockholm nach Göteborg dar. Daher wurde kurzerhand bis 1844 eine neue Schleusentreppe neben der alten gebaut. Doch auch die war irgendwann zu klein. 1916 wurde der Spaten erneut geschwungen und die heutige, dritte Schleusentreppe entstand. So viel zur Geschichte – zurück zur Gegenwart. Jetzt sind wir dran!

Wir lösen die Leinen und laufen in die erste Kammer ein. Festmacher sind nicht nötig. Dank einer speziellen doppelwandigen Bodenkonstruktion strömt das Wasser ohne große Strudel oder Verwirbelungen aus der Kammer heraus. Wir können HIPPOPOTAMUS problemlos mit dem Bootshaken an in den Wänden eingelassenen Haken festhalten. Je tiefer wir kommen, desto glitschiger und feuchter werden die Mauern. Wir fühlen uns in zehn Metern Tiefe wie in einer dunklen, feuchten Schlucht. Es riecht nach Moder und Morast.

An der zweiten Schleuse bleibe ich an Land, um Fotos von oben zu machen. Zunächst habe ich unsere Saling und dann die Mastspitze der Ohlson auf Augenhöhe:

»Tolle Bilder, aber das ist nichts für Menschen mit Höhenangst«, rufe ich lachend zu den anderen hinunter.

Nach einer guten Stunde sind wir »unten«. Am Himmel türmen sich verstärkt Wolken, vereinzelt hängen Nebelschwaden über den umliegenden Wäldern, Tälern und Bergen und die Ufer spiegeln sich auf der glatten Wasserstraße wider. Eine doppelte Landschaft entsteht – richtig und verkehrt herum. Bild und Abbild erzeugen eine verwunschene Atmosphäre. Je weiter wir motoren, desto mehr wird die Kanalfahrt zu einer verträumten Dämmerungspassage. Seemeile für Seemeile wird die Sicht schlechter, und wir tauchen ein in eine andere Welt, die durch Kargheit und Glanzlosigkeit besticht. Die Leitschilder mit ihrer Beleuchtung werden zu Darstellern auf der undurchsichtigen Bühne. Gelegentlich gleitet der Schatten eines Baumes vorbei. Schwarz und bedrohlich breitet sich die Nacht aus und setzt die beleuchteten Fahrwassermarkierungen zusätzlich in Szene. Wir sind angetan und fasziniert von diesem einmaligen Naturschauspiel, das ich in so einer Form noch nie gesehen habe.

»Sieht aus wie eine Märchenlandschaft«, meint Sylvia und macht ein Foto.

»Stimmt. Passt gut. Fehlen nur noch die Fabelwesen«, ergänze ich.

»Wäre ja nicht verwunderlich, denn im Namen ›Trollhättan‹ kommt ja das Wort ›Troll‹ vor«, schließt sich Helmut dem Gespräch an.

Nach einer Stunde ist es dunkel und dichter Nebel versperrt den Blick zum Horizont. Schleichend hat er sich ausgebreitet und über das Kanal-

Trollhätten-Schleusen: oben – unten

bett gelegt. Die Sichtweite ist auf unter fünfzig Meter abgesackt. Wir können nicht mal mehr die Ufer ausmachen. Das ist nicht ganz ungefährlich, weil uns zwei Knoten Strom zusätzlich zur eigentlichen Schiffsgeschwindigkeit schieben. Ich lasse den Motor nahe der Standgasdrehzahl laufen, damit wir nicht zu viel Fahrt bekommen. Ein Zusammenstoß mit einem Hindernis könnte schwere Folgen haben. Vorsichtig hangeln wir uns – die Seekarte ständig im Blick – an den Leitschildern entlang. Vermehrt gibt es Stellen, an denen wir die nächste Stange nicht ausmachen können. Wir motoren dann blind durch die Suppe, bis wir wieder ein Licht im Dunstschleier finden. Ist es gelb, sind wir zu weit nach Backbord gekommen. Ist es weiß, halten wir darauf zu. Ich funke die Kanalwache an und frage nach anderen Verkehrsteilnehmern, insbesondere Frachtern. Die Stimme aus dem Off sieht es gelassen. Man sieht uns auf dem Radar und wir seien das einzige Schiff weit und breit, das bei diesen Bedingungen noch den Kanal befährt. Wir sollen uns daher Zeit lassen und entspannt bis Lilla Edet tuckern. Dort befindet sich ein Hafen für Sportboote, in dem wir die Nacht verbringen können. Wenn es etwas Wichtiges gäbe, würde man uns anfunken.

Wir hören nichts mehr und erreichen eine halbe Stunde später den Hafen von Lilla Edet um kurz vor 23 Uhr. Hinter uns liegt eine irre Kanalfahrt. Sie hat zwar nur wenige Stunden gedauert, wird uns allen aber noch lange in Erinnerung bleiben, dafür war die Stimmung zu einmalig.

Der Rest des Trollhätten-Kanals ist vergleichsweise hässlich. Je mehr wir uns Göteborg nähern, desto mehr verliert der Kanal an Reiz. Er wandelt sich zu einem Wasserweg ohne jeglichen Charme. Am Ufer taucht zunehmend Industrie auf. Schuppen, Schornsteine und Schrottplätze säumen den Weg. Immerhin laufen noch gute eineinhalb Knoten Strom mit, sodass wir schnell an ihnen vorbeigespült werden und bereits am Mittag Göteborg erreichen.

In der schwedischen Großstadt verbringen wir nur eine Nacht. Der Yachthafen Lilla Bommen im Zentrum ist für uns lediglich praktisches Mittel zum Zweck – wir waren schon oft hier und kennen die Stadt. Helmut bunkert Wasser, ich besorge Motoröl für einen Wechsel. Sylvia und Sandra treten die Heimreise an, während Judith und Anna mit einem Kofferraum voller Einkäufe an Bord kommen. Ende der Binnentour, nun kommen die Westschären.

Heimspiel

Wir verlassen Göteborg, setzen Segel und nehmen Kurs auf die westschwedische Schärenwelt, ein herbes Labyrinth aus 7500 Inseln und Inselchen, das voller liebenswerter Details steckt. Im Vergleich zum ostschwedischen Gegenstück vor Stockholm, wo üppige Wälder die Buckel zieren, wird das Erscheinungsbild hier von kahlen, vom Sturm abgeschliffenen, eintönigen Felsen ohne jegliches Grün geprägt.

Die Auseinandersetzung mit dieser scheinbaren Einöde ist ein Heimspiel für uns. Sechs Mal waren wir schon hier und die Küste fasziniert uns trotz ihrer optischen Kälte immer wieder, weil wir jeden Winkel, jeden Felsen, jede Bucht kennen. Natürlich ist das nicht möglich, aber für uns fühlt es sich so an. In den vergangenen Jahren haben wir Orte wie Ussholmen, Smögholmen, Brandskär, Lilla Kornö, Dannemark, Strömsund oder Havsten kennen gelernt. Vielleicht sind das nie gehörte Namen für Sie oder einfach nur Punkte auf der Karte. Eventuell geht es Ihnen aber auch wie uns und Sie verbinden mit den Felsen Erinnerungen und Erlebnisse. Mehr noch – für uns sind es Trüffel zum Ende der Reise.

»Richtige« Häfen wollen wir meiden. Stattdessen suchen wir den einfachen, unkomplizierten Urlaub in der Natur. Auf große Yachthäfen mit Landstrom, Gastronomie und Schlangestehen im Waschhaus können wir gut verzichten. Die Kargheit der Felsenlandschaft genügt uns allemal.

Für die erste Nacht entscheiden wir uns für den Klassiker Ussholmen (57°50,9'N, 011°33,0'E) aus unserem Schären-Portfolio. Die verträumte U-förmige Bucht an der Ostseite der kleinen Insel nahe dem schwedischen Segelmekka Marstrand bietet alles, was unser Herz begehrt: Felsen ohne Infrastruktur in landschaftlich reizvoller Umgebung.

Wir streichen die Segel und bereiten uns auf das Anlegemanöver vor. Es verlangt gutes Teamwork. Fest installierte Liegeplätze wie in einer Marina gibt es logischerweise nicht. Vorsichtig steuere ich HIPPOPOTAMUS in die enge Bucht hinein. Judith steht mit dem wurfbereiten Heckanker im Cockpit und wartet auf mein Kommando: »Anker fällt!« Auf dem Vorschiff hält Helmut nach Unterwasserfelsen Ausschau und gibt

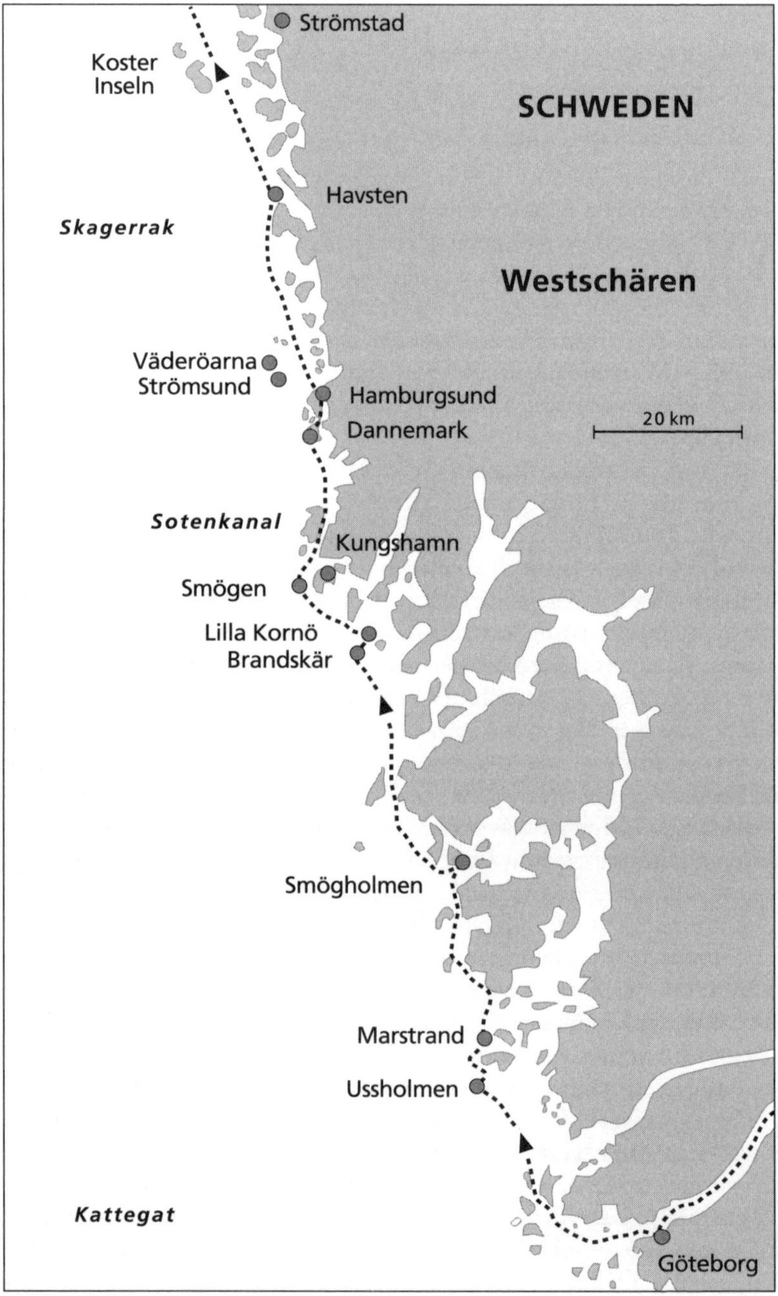
Strömstad
Koster
Inseln
SCHWEDEN
Havsten
Skagerrak
Westschären
Väderöarna
Strömsund
Hamburgsund
20 km
Dannemark
Sotenkanal
Kungshamn
Smögen
Lilla Kornö
Brandskär
Smögholmen
Marstrand
Ussholmen
Kattegat
Göteborg

mir entsprechende Zeichen. Sobald wir nahe genug an einen Steinvorsprung herangekommen sind, springt er an Land und schlägt unsere Schärennägel in die Felsspalten. Anna reicht ihm die Vorleinen und belegt sie auf der Klampe am Bug. Judith holt den Heckanker durch. Ich schalte den Motor aus. Fertig. Willkommen im Paradies.

Ussholmen gefällt uns einmal mehr. In den rauen Felsspalten wächst dürres Gras neben Moos und Flechten, umringt von einer Hand voll wilder Blumen. Die Klippen wirken ursprünglich, unwirtlich, wenig einladend und strahlen trotzdem Geborgenheit aus. Wir spazieren zum höchsten Punkt der kleinen Insel und stoßen dabei immer wieder auf Frösche und Möwen, die die Schäre bevölkern. Sie hauchen ihr Leben ein, geben ihr einen Charakter.

Von Ussholmens »Gipfel« aus genießen wir einen herrlichen Blick über unsere Umgebung. Im Westen sehe ich Wasser, so weit das Auge reicht. Im Osten liegt an einem dicken Felsvorsprung nahe dem Ausgang der engen Bucht HIPPOPOTAMUS. Friedlich und unbeschwert dümpelt unser Nilpferd vor sich hin. Es strahlt Ruhe und Erfahrung aus. Als wenn es sagen könnte: »Schaut mich an. Ich habe viele Seemeilen gesegelt und kann etliche Geschichten erzählen.«

Der Tag geht. Still und rot versinkt die Sonne im Skagerrak. Die Zeit ist fortgeschritten, aber das Thermometer zeigt noch immer weit über zwanzig Grad an. Die Steine reflektieren die Hitze des Tages. Sie geben Wärme ab. Wir spazieren zurück zum Schiff und machen es uns im Cockpit gemütlich. Judith serviert eiskalten Gin Tonic aus dem Bordkühlschrank und wir plaudern über Gott und die Welt.

Auf dem Nachbarschiff sind vier ältere Männer unterwegs. Sie machen Musik und untermalen die laue Sommernacht akustisch. Gitarre, Handtrommel, Rassel und Triangel geben sie zum Besten. Nebenbei rauchen sie reihum eine Pfeife und trinken Schnaps. Ich habe mal gelesen, dass ein Schwede erst ins Bett geht, wenn die letzte Flasche leer ist. Auf dem Tisch stehen noch zwei volle – das kann also noch dauern. »Musikantenstadl« à la Skandinavien.

Nach einem üppigen Frühstück nehmen wir Kurs auf das drei Seemeilen entfernte Marstrand. Es herrscht Flaute und wir müssen motoren. Eine gute Gelegenheit, Judith mit der anspruchsvollen Navigation in diesen Gewässern vertraut zu machen. Ähnlich wie in den Ostschären sind die Karten herrlich detailliert, sodass auf einem Blatt gerade mal zehn Seemeilen Platz finden. Meine Freundin muss umdenken und benötigt für die Projektion der Realität auf das Kartenbild folglich ein wenig Geduld. Trotzdem, die Ingenieurstochter lernt schnell. Einzig die

Leuchttürme passen nicht mit ihrer Vorstellung zusammen. Aber da kann ich nur zustimmen. Sie erfordern eine gewisse Gewöhnung und Toleranz, weil sie mit drei Metern Höhe nicht sehr groß sind.

Ich erinnere mich noch sehr genau an unseren ersten Schärenurlaub 1996. Da wäre uns die fehlerhafte Einschätzung des Kartenmaßstabs und der Größe der Seezeichen in der Wirklichkeit beinahe zum Verhängnis geworden. Über Nacht waren Helmut und ich mit westlichen Winden um vier Beaufort von Skagen in Richtung der schwedischen Westküste gesegelt. Nördlich von Göteborg wollten wir in die Inselwelt vorstoßen. Wir hatten schon viele Nachtfahrten zusammen erlebt und sahen kein Problem darin, bei Dunkelheit in die Schärenlandschaft einzutauchen. Dafür gibt es ja schließlich die Leuchttürme, dachten wir.

Als wir uns der Küste näherten, waren wir der Verzweiflung nahe. Obwohl es dunkel war, schien es uns unmöglich, auch nur einen der eingezeichneten Leuchttürme auszumachen. Wir haben ihre Lichter einfach nicht am Horizont entdeckt. Um Mannschaft und Schiff nicht zu gefährden, sind wir daraufhin mit genügend Abstand zur Küste nach Norden abgelaufen, bis es hell wurde.

Im Morgengrauen drehte der Wind auf Nord und nahm auf sechs bis sieben zu, sodass unangenehmer Seegang entstand. Wir hatten ein Echolot, ein Sumlog und einen Kompass an Bord – mehr nicht. Kein GPS oder Radar – keine Vertrauen erweckende Ausrüstung, um einen Landstrich zu durchdringen, der hinter der aufgewühlten See überall gleich aussah. Er besteht zwar aus unzähligen Inseln, aber die nackten Felsen lagen so gut in Deckung, dass einzelne Eilande nur sehr schwer auszumachen waren. Vielmehr wirkte die Küste wie ein horizontaler Einheitsbrei ohne jede Struktur oder Anhaltspunkte.

Trotzdem versuchten wir, einen Eingang zu finden. Immerhin wussten wir ungefähr, wo wir waren. Steuerbord querab hatten wir eine rot-schwarz geringelte Tonne ausgemacht. Davon gibt es hier oben nicht viele und somit konnte sie nur die Einzelgefahrenstelle nördlich der Inselgruppe Väderöarna markieren. Ich errechnete einen östlichen Kurs für uns und wir nahmen unser Ziel – das Festland – ins Visier.

Plötzlich entdeckten wir an Steuerbord eine halbe Seemeile voraus den Leuchtturm »Södra Syster«. Es war geschafft – wir hatten den Durchgang gefunden. Erleichterung machte sich breit. Aber dass eine Oberflächenströmung kräftig nach Norden schob, war uns nicht klar. Übermüdet und glücklich stand ich an der Pinne und hielt Kurs auf den Leuchtturm, als es mir plötzlich eiskalt den Rücken herunterlief. Rund vier Schiffslängen vor dem Bug erblickte ich einen kleinen schwarzen Felsen, über dem die See tosend zerbrach. Ich war wie gelähmt, starrte auf den nackten Stein und riss im letzten Moment die Pinne herum. Helmut wusste nicht, was geschehen war. Ich blickte auf die Karte, kapierte, was zu tun war und brüllte meine Anweisungen für die Segelführung in den Wind. Helmut fierte die Schoten, Gischt flog über das Schiff und kurz darauf kehrte Ruhe ein. Wir waren drin. Es war knapp und gerade noch mal gut gegangen. Ich war schweißgebadet, aber wir hatten es geschafft. Ich hatte den Maßstab der Karte und somit den Abstand zwischen den Felsen völlig falsch beurteilt. Außerdem hatte ich die Strömung unterschätzt und die Leuchtkraft der Seezeichen in den Schären überbewertet.

Der Vorfall war mir eine Lehre. Seitdem weiß ich, dass die Schärennavigation anspruchsvoll ist. Trotzdem darf man vor ihr nicht zurückschrecken. Sie ist lernbar. Das merkt auch Judith, und ich bin froh, dass sie sich damit auseinandersetzt.

Marstrand ist für uns ein Durchgangshafen. Kein Platz für eine Übernachtung. Der kleine Ort auf mehreren Inseln hat Flair – das ist keine Frage –, aber es zieht uns zurück in die Einsamkeit der Natur. Wir stoppen nur für vier Stunden, gönnen uns ein Eis, kaufen Lebensmittel, tanken Diesel, wechseln das Motoröl und rufen E-Mails ab.

Unsere Internetseite hat sich verselbstständigt. Mehr als 20 000 Besucher haben sich mittlerweile über das Online-Logbuch hergemacht. Viele von ihnen schreiben Mails mit Fragen, sodass sich in unserem Eingangskorb mehr als tausend elektronische Nachrichten angesammelt haben. Etwa, wie wir von Bord aus kommunizieren, welche Fotoausrüstung wir benutzen, wie wir Fische fangen oder was die schönsten Häfen der Ostsee sind. Aber auch viele Anregungen warten auf uns. Andere Ohlson-Besitzer mailen Tipps zum Schiff, Leser verweisen auf ihre eigenen Homepages, erzählen von ihren Törns oder senden Fotos von sich und ihrem Boot. Uns gefällt die Entwicklung. Wir freuen uns über den Kontakt mit anderen Seglern, Interessierten und Neugierigen.

Nach einer Nacht in der geschützten Naturbucht von Smögholmen (58°03,7'N, 011°30,6'E) segeln wir am Tag darauf zu einer unserer Lieblingsinseln. Sie heißt Brandskär (58°17,8'N, 011°20,4'E). Anders als bisher schimmert der Granit auf der Schäre südöstlich vom bekannten Fischerdorf Smögen in warmen, rötlichen Farbtönen. Er wirkt einladender als das Grau weiter südlich. Das Eiland ist gut besucht und wir finden nur noch an einem kleinen Vorsprung mitten in der Bucht einen Platz, von dem aus wir nicht weiter an Land gelangen können. Aber das macht nichts. Schließlich haben wir das Bananaboot dabei. Eine gute Gelegenheit, es wieder aus der Versenkung hervorzuholen.

Der Naturhafen ist flach und ein Paradies zum Schnorcheln. Sie runzeln vielleicht die Stirn und denken: »Schnorcheln in der Ostsee? – Wie kann das sein?« Trotzdem – es geht. Sicherlich ist es nicht vergleichbar mit der farbintensiven Welt der Korallenriffe in der Karibik oder Südsee, aber der Anblick der steilen, mit Algen bewachsenen Felswände kann sich sehen lassen. Gelb und orange tanzen die Arme der Pflanzen im Licht. Ich setze mich auf den Grund in drei Metern Tiefe und blicke zur Sonne. Das Wasser schimmert grün und blau und jeder Sonnenstrahl ist zu erkennen. Meine Sinne erleben ein Kaleidoskop der Farben. Wunderschön, bunt und verträumt. Dazu 24 Grad warmes, salziges Ostseewasser. Ich könnte ewig hier unten bleiben, aber nach einer Minute geht mir die Luft aus. Schade.

Einzig die Feuerquallen trüben den Badespaß. Einige der Artgenossen sind rund einen halben Meter lang und können mit ihren Tentakeln heftige Verbrennungen am Körper hervorrufen. Wir müssen höllisch aufpassen, dass wir sie nicht berühren.

Am nächsten Morgen segeln wir ins eineinhalb Seemeilen entfernte Lilla Kornö (58°18,4’N, 011°22,0’E). Das verschlafene Fischerdorf wird eingerahmt von hohen Felswänden und hat einen geschützten Naturhafen, in dem etwa 25 Schiffe Platz finden. Er ist bei den Schweden bekannt, beliebt und im Sommer oft überfüllt. Wer einmal da war, weiß warum. Die Ansammlung der bunten Holzhäuser erinnert an bekannte schwedische Kinderbücher. Sie stehen dicht beieinander an schmalen, holprigen Wegen und sind mit alten Fischernetzen, Reusen oder Rankpflanzen hübsch dekoriert.

»Wow, hier steht die Zeit still«, staunt Judith.

»Stimmt, die Häuser erinnern an die Kulisse von *Ferien auf Saltkrokan.*«

»Jo! Und gleich kommt Målin Melcherson um die Ecke!«

Hier passt es gut, dass Anna von Geburt Halbschwedin ist und lustigerweise als solche auf einem Schiff unter deutscher Flagge nicht vermutet wird. So erfahren wir durch unser »Lauschohr« viel über die Skandinavier und was sie über uns Deutsche so denken. Die schwedische Combo auf Ussholmen wähnte sich zum Beispiel in sprachlicher Sicherheit, als sie ihren Neid über unseren Heckkorb-Grill äußerte. Und jetzt liegt neben uns eine Folkeboot-Crew, die der Meinung ist, dass alle Deutschen in ausländischen Hotels Seife und Handtücher klauen.

Wir verlassen dieses idyllische Fleckchen Erde und kreuzen in Richtung Smögen (58°21,2’N, 011°13,3’E). Auf halbem Weg treibt ein Fender im Wasser. Bestens, da können wir ein paar Mann-über-Bord-Manöver unter Segeln üben. Jeder ist mal dran und am Ende fischen wir das Gummiteil endgültig aus der See. Nur, was sollen wir damit? Wir haben doch schon genug Fender an Bord, aber er ist nun mal ein Geschenk und somit nehmen wir das Treibgut mit. Ich binde es zwischen Mast und Rettungsinsel aufs Deck.

Smögen ist eine Art westschwedisches Touristenzentrum. Schon früh am Morgen werden die Urlauber wie von einem Magneten angezogen und mit etlichen kleinen Fähren und Fischerbooten vom gegenüberliegenden Kungshamn herübergebracht. Sie schlendern über den schmalen Steg entlang der tiefen Lagune, stöbern in den Butiken, besuchen die Fischauktion und genießen Fischbrötchen oder Softeis an einer der zahlreichen Holzbuden. Ab Mittag ergänzen zusätzlich überwiegend junge schwedische Segelcrews das Hafenbild. Im Sommer wird fast täglich bis in die frühen Morgenstunden gefeiert. Das wissen alle Schweden. Beschwerden über Lärm gibt es daher nicht oder nur von Unwissenden. Wir haben Lust auf Party und deshalb sind wir hier genau richtig. Allerdings nähert sich die Saison dem Ende und am heutigen Montag scheinen wir die Einzigen zu sein, die diesen Vergnügungsdrang verspüren. Notgedrungen veranstalten wir eine rein bordinterne Sundowner-Party auf einem Felsen mit Blick über das Skagerrak. Die Anreise erfolgt per motorisiertem Bananaboot. Geschlossene Gesellschaft.

Durch den Sotenkanal geht es am nächsten Morgen weiter nach Norden zur Insel Dannemark (58°30,7'N, 011°16,0'E). Der künstliche Felsendurchstich ist eine Art Landstraße auf dem Wasser. Wie an einer Perlenschnur aufgezogen tuckern die Schiffe über den schmalen, drei Seemeilen langen Wasserweg.

Dannemark ist ein weiterer beliebter Schärenplatz bei den Einheimischen. Die Bucht ist zwar schon gut gefüllt, aber das stört uns nicht. Losgelöst von empfohlenen Liegemöglichkeiten haben wir vor ein paar Jahren einen Felsvorsprung gefunden, der etwas versteckt liegt und gern übersehen wird. Eine steile Kante unter Wasser, ausreichend Felsspalten für die Schärennägel und ein traumhafter Blick über die Bucht am Abend kennzeichnen ihn. Er ist auch diesmal noch frei und so können wir unser übliches Abendprogramm der Marke »Westschären« abspulen. Wir angeln, baden, grillen und genießen den Sonnenuntergang.

So allmählich beginne ich mich zu fragen, ob es eine ideale Temperatur für einen Urlaub gibt. In jedem Fall ist das, was wir in den vergangenen Wochen erleben durften, fast zu warm. Kalte Winter, heiße Sommer, so kennen wir Schweden. Und es lässt uns auch diesmal nicht im Stich. Wenn ich barfuss übers Deck laufe, verbrenne ich mir die Füße, und wenn ich morgens in der Koje wach werde, bin ich nass geschwitzt. Die Tage sind sonnig und die Nächte meist klar, einem seit etlichen Tagen stabilen Skandinavien-Hoch sei es gedankt.

Am nächsten Tag durchqueren wir den Hamburgsund und versuchen Gedanken an die Rückreise, die durch die Namensassoziation geweckt werden, zu ignorieren. Es gelingt nur bedingt. Genau betrachtet, spüre ich eine starke Gegensätzlichkeit in meinem Kopf.

Einerseits könnte ich noch ewig so weiterreisen, andererseits fange ich an, mich auf unsere Rückkehr zu freuen. Ich bin neugierig auf das Gefühl der Ankunft. Wie ist es, nach so langer Zeit wieder in Hamburg zu sein? Was passiert dann? Mache ich mein Hobby zum Beruf und werde Wassersport-Journalist, gehe ich wieder zurück in den alten Job als Kaufmann oder verselbstständige ich mich mit einer meiner vielen Ideen?

Mein Ziel vor der Reise war, genau diese Fragen während des Törns zu beantworten. Und nun? Ich weiß es noch nicht. Lange Nächte an der Pinne in den einsamen Wachen haben bisher nicht das erforderliche

Hippopotamus unter Segeln

Licht ins Dunkel gebracht. Trotzdem habe ich vieles erkannt, aber entschieden habe ich mich noch nicht.

Nördlich vom Hamburgsund passieren wir einen hohen Felsen und beschließen, Bilder vom Schiff zu machen. Ich verschwinde mit Kameratasche und Handfunkgerät im Bananaboot und erklimme den Berg. Anna, Judith und Helmut segeln derweil mit HIPPOPOTAMUS auf und ab. Ich postiere mich in einer Felsnische und gebe Anweisungen: »Bitte mit Wind von vorn vorbeikreuzen«, oder: »Könnt ihr bitte mit halbem Wind an der grünen Tonne entlangrauschen?«. Meine Mitsegler sind geduldig und ich zwei volle Filme später wieder an Bord.

Am frühen Abend erreichen wir die Bucht von Havsten (58°46,0'N, 011°11,6'E). Auch hier haben wir einen Spezial-Liegeplatz. Er befindet sich auf der Rückseite einer sechzig Meter hohen Felswand und wir können längsseits an den Klippen festmachen, weil es einen Vorsprung mit einer senkrechten Kante gibt. Ein Traum aus Stein.

Judith und Anna lesen und Helmut wirft die Angel aus.

»Und? Hat schon einer angebissen?«, will ich wissen.

»So schnell geht das nicht – aber gleich!«

»Aha, und wie merkst du das?«

»Ist ein Gefühl im rechten Arm!«

Später erklimmen wir noch den nahen Berg, bestaunen die wundersame Schärenwelt von oben und lassen den Abend nach einem ausgedehnten Einsatz des Heckkorbgrills singend im Schein der Petroleumlampe im Cockpit ausklingen. So kann ich endlich meine bisher erworbenen Kenntnisse auf der Gitarre in der Praxis testen. *Lady in Black* von Uriah Heep ist ein Selbstgänger und *Father and Son* von Cat Stevens muss ich noch weiter üben. Lagerfeuerstimmung macht sich breit. Ich hätte große Lust, ein Feuer zu entfachen, aber das ist auf den Schären nicht gern gesehen, weil die Steine durch die Hitze Risse bekommen. In die dringt Regenwasser ein, das im Winter gefriert und die Felsen regelrecht auseinander sprengt.

Stattdessen entscheiden wir uns für ein nächtliches Bad in der pechschwarzen, mittlerweile 26 Grad warmen Ostsee. Ein tolles Erlebnis, weil das Wasser beim Schwimmen neongrün zu leuchten beginnt. Dass es in der Ostsee dieses phosphoreszierende Plankton mit Namen »Noctilua« gibt, das auf Bewegungen reagiert, wussten wir, aber dass es so intensiv sein kann, wussten wir nicht. Wenn ich mit den Händen unter Wasser langsam große Kreise ziehe, bilden sich feine Glitzerstreifen, und wenn ich mit den Füßen strample, leuchtet die See unter mir taghell.

Unsere Mädels sind hin und weg und Anna tauft den Umstand auf den Namen »Prinzessinnenwasser«.

Auch ohne Bad in der tiefschwarzen Ostsee kann man sie zum Leuchten bringen. Es reicht völlig aus, seinem Harndrang freien Lauf über die Reling zu lassen. Der Vorgang beeindruckt die weiblichen Crewmitglieder mindestens genauso. Die Wasseroberfläche verwandelt sich dabei in ein optisches Feuerwerk in Neongrün. Aber das sei nur am Rande – quasi der Vollständigkeit halber – erwähnt.

Unzählige Male sind die Abende hier schon so verlaufen, und es wird einfach nicht langweilig. Vielmehr macht es süchtig, und solch ein Badeerlebnis ist zweifelsohne einer der schönsten Tagesabschlüsse dieser Art. Unkompliziertes, leichtes Schärenleben.

Wir treiben das Heimspiel zur Perfektion, indem Judith und ich beschließen, auf dem Vorschiff zu übernachten. Ihre Beine kommen an Backbord auf dem Deck neben dem Kajütaufbau zur Ruhe, meine an Steuerbord. Am Bug treffen sich unsere Köpfe. Wir liegen auf dem Rücken und gucken in den gigantischen Sternenhimmel über uns. Romantik pur. Der Große Wagen leuchtet hinter dem Mast – hell und klar. Die Sicht ist so gut, dass wir sogar die Doppelsterne Alkor und Mizar in seiner Deichsel ausmachen können. Der Kleine Wagen versteckt sich unter der Backbordsaling, und das Bild der Kassiopeia thront über dem Vorschiff. Wir haben Mühe, es überhaupt zu finden, weil so viele andere Sterne drumherum zu sehen sind. Hier draußen in der Wildnis gibt es nun mal keine störenden Lichtquellen wie in der Großstadt. Hier sind nur wir, das Firmament über uns und die schwarzen Schatten der Felsen im Hintergrund. Judith entdeckt sogar die Milchstraße, die sich als langer Schleier hoch oben über das nächtliche Gewölbe erstreckt.

Auch auf die Gefahr hin, dass es nun endgültig zu kitschig wird, möchte ich noch erwähnen, dass eine Sternschnuppe nach der anderen verglüht. Manche von ihnen sind sogar farbig, leuchten blau, gelb, orange oder rot. Was wir uns jetzt alles wünschen könnten! Aber so viele Wünsche fallen uns gar nicht ein. Vielleicht, weil wir wunschlos glücklich sind?

Letztendlich geht es uns seit vielen Wochen so. Aber zum ersten Mal in meinem Leben spüre ich, dass es nicht nur erfüllend, sondern auch gefährlich ist, wenn man alles erreicht hat. Schleichend wird dann das Glück zum Alltag und vermutlich bald darauf zur Routine und irgendwann zur Langeweile.

Fernweh statt Heimweh

Wir packen das Bananaboot wieder zusammen und segeln von Havsten an den Koster-Inseln vorbei nach Papperhavn (59°06,3'N, 010°50,6'E), einem kleinen Fischereihafen am Eingang zum Oslofjord. Der Ort hat für unsere Geschmäcker wenig zu bieten. Nahe der verdreckten Pier stehen einige renovierungsbedürftige Holzhäuser und vor unserem Liegeplatz verkommt eine Imbissbude auf einem staubigen Parkplatz. Es ist gut möglich, dass wir Papperhavn Unrecht tun, weil wir nur den ersten Eindruck bewerten und uns nicht die Mühe machen, die nähere Umgebung zu erkunden. Stattdessen werfen wir den Heckkorbgrill an, bleiben an Bord und verschwinden früh in unseren Kojen. Wir sind in den letzten Wochen zu sehr verwöhnt worden und offensichtlich ist unser Erkundungsdrang dabei ein wenig auf der Strecke geblieben.

Der nächste Tag bringt angenehme vier bis fünf Windstärken aus nordöstlichen Richtungen. Sie reichen für einen Anlieger auf unserer Reise nach Norden und sorgen für ordentlich Schräglage und Geschwindigkeit. Judith steht begeistert an der Pinne und versucht, die Marke von sieben Knoten zu kippen. Konzentriert übt sie, die Bewegungen der See zu lesen. Mit Erfolg! Bis 6,8 kann sie die Ohlson schon hochtreiben, aber immer wieder stellen sich ihr widerspenstige Wellen in den Weg, die das Schiff auf seiner Rauschefahrt bremsen. Im Vergleich zum Segeln im Schutze der Schären ist es hier draußen rauer. Wir spüren die Nähe zur Nordsee. Das blaugrüne Bilderbuch-Wasser mit Spielzeugwellen der Marke »Westschären« ist achteraus verschwunden. Stattdessen zeigt sich der Fjord dunkel und bedrohlich. Unsere roten Crewjacken und die gelben Beilken-Logos in den Segeln bilden Kontrastpunkte zu seiner tristen Oberfläche. 6,9 Knoten – die See schäumt vorbei.

In der Ferne ziehen andere Segler ihre Bahnen. Rein und weiß ragen ihre Tücher in den mit Wolken überzogenen Himmel. Manche von ihnen kreuzen unseren Weg, sodass wir den Mädels die Kollisionsverhütungsregeln beibringen können. »Backbordbug vor Steuerbordbug« und »Lee vor Luv«. Allerdings ist das nicht sehr spannend, weil wir auf dem Backbordbug hoch am Wind segeln und daher vor so ziemlich allen

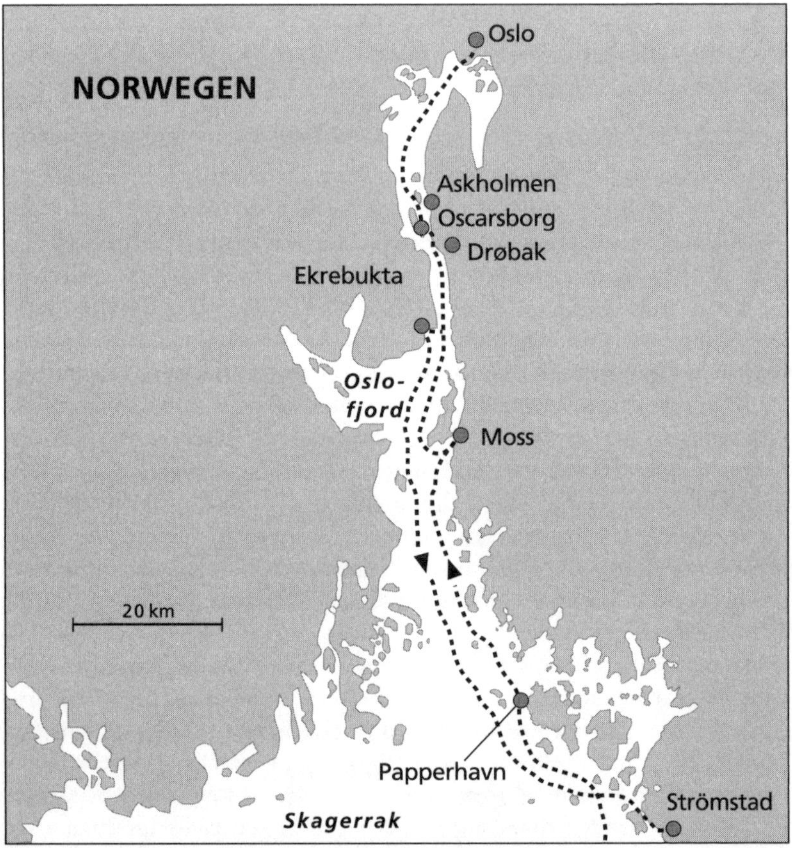

anderen Verkehrsteilnehmern das Wegerecht genießen. Judith hat trotzdem Spaß an der Materie und verkündet zu meiner Überraschung, dass sie einen Segelschein machen will – gute Idee. Dann lernt sie auch mal andere Meinungen kennen und nimmt nicht immer nur das auf, was ich ihr beibringe.

Noch ist der Oslofjord gute acht Seemeilen breit, aber wir können schon jetzt problemlos an beiden Seiten die Ufer sehen. Schwarz liegt das Land hinter der aufgewühlten Ostsee. Eine Bö pfeift über uns hinweg, HIPPOPOTAMUS legt sich auf die Seite, beschleunigt, pflügt durch die Wogen und erreicht die Marke von 7,0 Knoten. Judith hat es geschafft!

Am Nachmittag laufen wir in den Yachthafen der Kleinstadt Moss rund dreißig Seemeilen südlich von Oslo ein. Hier lebt Helmuts Tante, und wir sind zum Abendessen verabredet. Mein Mitsegler hat seine Verwandten lange nicht gesehen, und so machen wir uns nach dem Einlaufen erst mal frisch, damit wir einen guten ersten Eindruck erwecken. Auf dem Weg zur Dusche fällt mir eine an sich unscheinbare Zehn-Meter-Yacht auf, weil an Deck unzählige Kisten stehen. Komisch – die Saison nähert sich dem Ende, aber das Schiff wird unübersehbar für eine Langfahrt ausgerüstet. Jungs in unserem Alter basteln am Rigg, nähen an den Segeln, bohren Löcher, befestigen Beschläge, schleppen Tampen oder Pappkartons mit Konserven. Arbeit an allen Ecken und Enden. Aber keiner von ihnen stöhnt oder beklagt sich darüber. Vielmehr tragen sie ein Dauerlächeln auf den Lippen und ein Strahlen in den Augen, das mich fasziniert. Ich kenne den Gesichtsausdruck nur zu genau. Woher? Von mir selbst. Es ist ein Lächeln und Leuchten, das entsteht, wenn ich ans Segeln denke und von Ferne, Freiheit und Unabhängigkeit auf dem Wasser träume. Allerdings ist es nicht alltäglich. Der Gedanke daran reicht nicht. Es entsteht immer dann, wenn ein Ziel greifbar wird. Etwa unsere Ostseeumrundung. Nach meiner Job-Kündigung seinerzeit konnte man es tagelang in meinem Gesicht lesen. Die Jungs hier haben es auch. Ich bin neugierig, spreche sie darauf an und erfahre schnell, warum.

In ein paar Tagen starten sie zu einer mehrjährigen Weltumsegelung. Alle haben ebenfalls ein paar Jahre gearbeitet, jeden Cent gespart, den Job gekündigt und auf den Tag X gewartet. Ich bin neidisch, will am liebsten mitfahren. Einfach mal ein paar Jahre ganz raus. Karibik, Mittelamerika, Südsee, Australien und Afrika – das reizt mich. Vor unserer Reise wollte ich das noch nicht. Ich habe immer mal wieder darüber nachgedacht und Bücher von Weltumseglern gelesen, aber ich war mir nicht sicher, ob ich so lange auf einem Schiff leben kann. Deshalb haben wir uns für die Ostseetour entschieden – quasi als Test –; zur Not hätten wir einfach umdrehen können. Mittlerweile weiß ich, was ich will, und kann mir eine Weltumseglung vorstellen – sogar mit diesem Schiff – mit meiner HIPPOPOTAMUS. Die Ohlson bietet alles, was ich zum Leben brauche. Platz, Komfort und Solidität.

Allerdings bin ich kein Solosegler. Das hat für mich keinen Reiz. Wenn, dann zu zweit. Ich möchte meine Erlebnisse teilen und nicht in mir verbergen. Natürlich könnte ich sie aufschreiben, aber das ist für mich nicht das Gleiche. Da fehlen der Austausch und die Reflexion.

Judith findet die Idee grundsätzlich auch gut, bevorzugt jedoch andere Formen der Fortbewegung:

»Wir könnten ja alternativ auch per Flieger eine Weltreise machen.«

»Klar, aber dabei stört mich, dass das Gefühl für die Größe unseres Planeten verloren geht. Ich glaube, erst wenn wir eine dreiwöchige Ozeanüberquerung bei Wind und Wetter hinter uns haben, wissen wir um seine Ausdehnung. Außerdem können wir mit einem Schiff Orte erreichen, die kein Fährschiff, Flieger oder Reisebus jemals ansteuern wird!«

»Ja, aber ich will nicht nur auf dem Wasser sein!«

»Warum auch? Für mich wäre das Schiff nur die Basis. So haben wir immer unsere eigenen vier Wände, unseren persönlichen Bereich dabei – egal, wo wir sind. Und wenn es uns irgendwo gefällt, können wir längere Touren über Land machen. So wie beispielsweise der Abstecher zum Nordkap auf dieser Reise.«

»Das wäre ein guter Kompromiss. Außerdem macht mir das Segeln bisher ja auch viel Spaß.«

Helmuts Tante wohnt im Gamlevägen, einem kleinen Teilstück des alten königlichen Wanderweges zwischen Kopenhagen und Trondheim – sozusagen an einer historischen Adresse. Sie kommt aus Deutschland und hat einen Norweger geheiratet, den sie von Kindesbeinen an kennt.

Das Ehepaar hat sich sehr viel Mühe gemacht und serviert uns landestypische Spezialitäten. Bei Lachs, Spinat, Sahne-Rühreiern, Kartoffelsalat, weißem Toast mit salziger Butter und Wein reden wir über das Angeln, die Sehenswürdigkeiten in Oslo, die Stabkirchen in Skandinavien, die Bergenbahn, das Nordkap und die Bücher von Hans Leip. Wir erfahren aber auch, dass man nach dem Zweiten Weltkrieg keine Postkarten von Deutschland nach Norwegen schicken durfte, dass der schwedische Kaffee besser schmeckt als der aus dem eigenen Lande oder dass ein deutscher Discounter den norwegischen Markt erobert.

Die Zeit rast dahin und wir genießen unseren Besuch sehr. Es ist ein schöner und vor allem sehr interessanter Abend bei bescheidenen Menschen, die viel erlebt haben und eine faszinierende innere Zufriedenheit ausstrahlen. Ich würde mich freuen, wenn wir uns wiedersehen.

Am nächsten Tag segeln wir weiter nach Oslo. Ich habe mir beim Anblick der unzähligen Sternschnuppen am Himmel über Havsten diesmal zwar keinen achterlichen Wind gewünscht, aber wir sind nicht böse über den Schiebewind aus südlichen Richtungen. Die Sonne scheint und es ist herrlich warm an Bord, weil die Luft in Fahrtrichtung strömt und es dadurch auf HIPPOPOTAMUS fast windstill ist. Wir tragen Polohemden, Badeshorts und genießen den schönen Segeltag. Crews, die uns entgegenkreuzen, haben es weniger leicht. In dickes Ölzeug verpackt, kauern sie an der Pinne oder unter der Sprayhood.

Judith legt ein Hörbuch ein. Jules Vernes *In 80 Tagen um die Welt*. Ein Klassiker. Einziger Haken: Die CDs wecken schon wieder meine Reiselust und das damit verbundene Fernweh. Das ist schon eigenartig. Da bin ich jetzt mehr als vier Monate unterwegs, habe neun verschiedene Länder gesehen, und trotzdem reicht mir das nicht. Statt Heimweh habe ich Fernweh, das undankbar macht.

Der Fjord wird schmaler. Er ist nur noch eine Seemeile breit, über 200 Meter tief und von Bergen eingerahmt. Mehrere hundert Meter ragen sie am Horizont empor. Bewaldet und steinig. Nicht wie die Höga Kusten. Eher belebter, bevölkerter und viel grüner. Norwegen gefällt uns.

Kurz vor Oslo knacken wir die 3000-Seemeilen-Marke. Trotzdem kommt uns die Tour kürzer vor. Wenn wir die Logbucheinträge auf unserer Internetseite durchsehen, fühlen wir uns, als ob wir das alles auf einer anderen Reise erlebt haben. Unsere Abenteuer sind geistig weit weg und das Gehirn scheint eine offene Schublade zu sein. Vorn werden ständig neue Eindrücke hineingelegt und hinten fallen welche runter. Gut, dass ich diese Zeilen als Erinnerung habe.

Bergenbahn

In Oslo finden wir zunächst keinen Liegeplatz. Die Marina Aker Brygge (59°54,5'N, 010°43,6'E) platzt aus allen Nähten, weil just an diesem Wochenende die Weltmeisterschaft im Powerbootfahren ausgetragen wird. Dank dem Verhandlungsgeschick unserer weiblichen Mitseglerinnen gegenüber den gleichaltrigen Hafenmeistern dürfen wir jedoch nach einigem Hin und Her HIPPOPOTAMUS ausnahmsweise an einem der reservierten Liegeplätze vertäuen. Einzige Bedingung: Wir müssen an Bord bleiben, falls die Platzinhaber eher von ihrem Wochenendurlaub zurückkehren.

»Gut gemacht, Mädels!«, freut sich Helmut.

Der erzwungene Abend im Cockpit lenkt unser Augenmerk zwangsweise auf die anderen Gastlieger – überwiegend Fans der Veranstaltung. Sie bieten einen interessanten Anblick. Ein Motorboot liegt neben dem anderen, die Generatoren laufen, laute Musik schallt über den Hafen und manch männliches Besatzungsmitglied ist so betrunken, dass es seine gute Kinderstube vergisst. Jungs grabschen die weiblichen Crewmitglieder an oder müssen sich übergeben. Wir feiern auch sehr gern und ich habe grundsätzlich nichts gegen Motorbootfahrer – zumindest nichts Wirksames. Nein, mal im Ernst: Ich habe wirklich nichts gegen Motorbootfahrer, aber für diese Power-und-Pferdestärken-Party kann ich mich nicht begeistern. Vielleicht waren wir in den vergangenen Wochen zu viel in der Natur unterwegs. Komisch? Ich wundere mich über mich selbst.

Der nächste Tag bringt die alte Ordnung zurück. Ende der Veranstaltung. Die Motorboot-Flotte räumt die Hafenanlage. Wir suchen uns einen anderen Liegeplatz, an dem HIPPOPOTAMUS für ein paar Tage bleiben kann, weil wir mit der berühmten Bergenbahn einen Abstecher über Land in die gleichnamige Hansestadt machen wollen. Soweit die Planung – zurück zu Oslo: Vom Hafen aus spazieren wir durch das autofreie, künstlich angelegte Viertel Aker Brygge, das in den 90er-Jahren aus dem Boden gestampft wurde und der Marina ihren Namen gab. Ein Mix aus Geschäften, Bars, Restaurants, Butiken, Banken, Bürogebäuden und Wohnungen, eingebettet in eine fortschrittliche, moderne

Architektur aus Stahl, Steinen und Glas. Rund und eckig, scharfkantig und geschliffen, großzügig und übersichtlich. Ein Prestige-Stadtteil.

»Wenn ich mir das alles so ansehe, finde ich das beeindruckend, aber ich brauche gerade keine Großstadt!«, sagt Helmut.

»Geht mir auch so. Man gebe mir eine einsame Insel. Das würde im Moment reichen!«

Mit der S-Bahn geht es weiter zur bekannten Skischanze Holmenkollen, hoch über der norwegischen Hauptstadt. Vom höchsten Punkt aus erleben wir einen atemberaubenden Ausblick über Stadt und Fjordlandschaft. Wie ich da oben so stehe und die Schanze hinunterblicke, fängt es an, mir in den Fingern – oder besser gesagt in den Füßen – zu jucken. Ich liebe das Fliegen, die Höhe, die Geschwindigkeit und den Schnee. Skispringen kombiniert alle vier Punkte in einer Disziplin. Das wäre ein Sport für mich, aber vermutlich ist es zu spät, damit noch anzufangen. Werde mich mal informieren, wenn ich wieder in Hamburg bin.

Abgerundet wird unser kleines Sightseeing-Programm durch einen Besuch des zugehörigen Skimuseums, einen Spaziergang durch den Vigeland-Park mit seinen 200 Skulpturen, ein Foto des Nobel-Instituts und einen abendlichen Crewwechsel. Für »Prinzessinnenwasser«-Anna steht nach zehn Tagen die Heimreise an. Im Gegenzug kommt Thronfolgerin Alexandra – kurz Alex – an Bord.

Fünf Uhr in der Frühe: Seit langem beendet mal wieder ein Wecker unsere Träume. Die Bergenbahn ruft. Unser neues Crewmitglied ist leider nicht mit von der Partie. Alex war schon mal in Bergen und will sich daher lieber Oslo angucken. So trennen wir uns für zwei Tage, obwohl mich dabei ein komisches Gefühl begleitet. Sie war noch nie auf einem Schiff, ist gerade mal ein paar Stunden an Bord und wird während unse-

rer Abwesenheit allein auf HIPPOPOTAMUS wohnen. Wird sie alles finden und mit allen technischen Gerätschaften zurechtkommen?

In aller Kürze – wir sind zu spät aufgestanden – erkläre ich ihr die Funktionsweise des Gaskochers, des Kühlschranks, des Batterieladegerätes, der Toilette, der Seeventile und zeige ihr die Staufächer und Lebensmittelquellen. Judith packt derweil unsere nötigsten Sachen in zwei Rucksäcke – Zahnbürsten, Handtücher, Fotoapparate, Filme und zwei Bücher zum Lesen auf der siebenstündigen Bahnfahrt.

Etwas abgehetzt erreichen wir den Bahnhof, steigen ein und suchen unsere Plätze. Der Schaffner pfeift, die Türen klappen zu, und es geht los. Die Zugreise ist ein weiteres Highlight auf unserem Törn. Der Weg nach Bergen ist sozusagen das Ziel des Abstechers.

Langsam rattert der Zug durch die Vororte von Oslo hinaus in eine bergige Landschaft, die uns schnell in ihren Bann zieht. Saftige Nadelbäume, kräftige Birken, kristallklare Bäche, tiefe Täler und bunte Siedlungen ziehen vor dem Fenster wie ein Film vorbei.

Je weiter wir nach Westen kommen, desto steiler und kurvenreicher wird die eingleisige Trasse. Wie ein langer roter Wurm schlängeln sich Lok und Wagen durch die einzigartige Natur. Sie wirkt wild, rau und ursprünglich. Ihr Anblick fasziniert und erinnert ans Nordkap. Nur mit dem Unterschied, dass wir uns ungefähr 1500 Kilometer weiter südlich befinden. Trotzdem sind die Berge karg. Zunehmend entdecken wir auf ihren Gipfeln den ewigen Schnee aus vergangenen Zeiten. Schmale Bäche kreuzen den Weg, wir passieren Fjorde, Gletscher und Gebirgsseen, und immer öfter wird der Blick auf die einsame Welt vor dem Zugfenster durch Tunnel oder Lawinengitter versperrt. Mehr als 200 Stück sind es auf der knapp 500 Kilometer langen Reise zwischen der Landeshauptstadt Oslo und der alten Hafenstadt Bergen. Allerdings sehen das die wenigsten Fahrgäste – fast alle schlafen.

Mit der Haltestelle Finse erreichen wir nach dreieinhalb Stunden den höchsten Punkt der Strecke. Der Bahnhof befindet sich auf einer Höhe von 1222,2 Metern über dem Wasser, auf dem unser Zuhause schwimmt. Eine interessante Dimension. Wir müssten HIPPOPOTAMUS – inklusive Mast – rund 89 Mal übereinander stapeln, um die gleiche Höhe zu erreichen. Schwer vorstellbar.

Finse, inmitten der größten Hochebene Europas, der Hardangervidda, ist der Inbegriff von Wildnis. Wer hier lebt, muss ein ganz abgeschiedenes Leben führen. Es sei denn, er oder sie verdient den Lebensunterhalt mit dem Tourismus. Abwegig ist das nicht. Rund fünfzig Fahrgäste verlassen den Zug, schnallen ihre Wanderrucksäcke auf und holen ihre Fahrräder aus dem Gepäckwagen. Was für uns ein sehenswerter Zwischenstopp in einer spröden Bergwelt ist, verkörpert für sie ein Urlaubsziel und Trekkingparadies. Jeder wie er mag.

Bei Myrdal, 135 Kilometer vor Bergen, kreuzt die Flåmbahn unsere Route. Sie ist die steilste Normalspurbahn der Welt und ein Meisterstück der Ingenieurskunst, weil auf einer Distanz von nur zwanzig Kilometern 865 Höhenmeter überwunden werden. Knapp achtzig Prozent der Bahngleise haben einen Neigungsgrad von 55 Promille. Das entspricht einem Gefälle von einem Meter je 18 Meter Länge. Insbesondere mein Bordingenieur würde gern einen Abstecher mit der berühmten Bahn ins Tal machen, aber dafür reicht unsere Zeit nicht. So bleibt uns nur, jene Fahrgäste zu beneiden, die hier umsteigen. Beim nächsten Mal sind auch wir dabei!

Die Endstation Bergen liegt, eingerahmt von sieben Gipfeln, inmitten der norwegischen Fjordlandschaft. »Willkommen in Bergen – der Hauptstadt von Fjord-Norwegen« heißt es daher völlig zu Recht im Reiseführer.

Nachdem wir uns ein Zimmer in der lokalen Jugendherberge besorgt haben, treibt es uns ins Zentrum. Unser erster Stopp ist der Fischmarkt. Kaviar, Krabben, Krebse, Hummer, Seefische und weitere exotische Köstlichkeiten bieten die Händler lautstark feil. Sprachliche Barrieren gibt es augenscheinlich keine. Man »spricht« Deutsch, »parlt« Français, »hablat« Español, »parlat« Italiano oder »speakt« English. Zumindest steht das auf großen Schildern. Zahlungsmittel spielen keine Rolle. Euro, Dollar, Kronen oder Yen werden akzeptiert. Aber auch Plastik steht hoch im Kurs. Visa, Mastercard, American Express etc. Die Hauptsache ist, dass das Geld in der eigenen Kasse und nicht am Nachbarstand landet.

»Wundert mich nicht, dass die Nordsee leer gefischt ist, wenn ich sehe, was die hier alles auftischen«, staunt Judith.

»Du meinst auffischen«, grinse ich.

Wir kaufen drei Fischbrötchen und bummeln am Hafen entlang. An der Pier liegen einige Sportboote friedlich in der Nachmittagsonne. Ein schöner Anblick. Eines Tages werden wir hier auch mal mit HIPPOPOTAMUS festmachen. Warum auch nicht? Die 225 000-Einwohner-Stadt ist ein lohnenswertes Reiseziel. Einzig die Art und Weise, wie hier das Hafengeld eingesammelt wird, schreckt etwas ab, kann aber kein Hindernis sein.

Für den Bezahlvorgang steht auf der Kaimauer ein Automat, dessen deutsche Anweisungen weder einladend noch freundlich sind. Aber lesen Sie selbst:

1. *Tasten Sie zunächst die Zulassungsnummer ihres Bootes ein!*
2. *Tasten Sie danach die Zahl der angefangenen Liegetage ein!*
3. *Wählen Sie, ob sie Strom haben oder nicht!*
4. *Geben Sie an, wo das Boot liegt!*
5. *Wenn Sie elektrischen Strom bestellt haben, bekommen Sie jetzt eine Steckdose zugeteilt!*
6. *Bestätigen Sie Ihre Eingaben. Folgen Sie den Anweisungen für die Belastung Ihrer Kreditkarte. Die Karte wird auch gelesen, wenn sie herausgezogen wird!*

Kein »Bitte«, kein »Danke«. Stattdessen ein Ausrufezeichen hinter jedem Satz. Was soll's – vermutlich handelt es sich um eine schlechte Übersetzung.

Auf der anderen Seite des Anlegers beeindrucken die farbenfrohen Kaufmannshäuser Bryggen aus dem 12. Jahrhundert – wobei das nicht ganz richtig ist. Im Jahre 1702 wurde der Kern der Hansestadt Bergen von einem Feuer vollständig zerstört und anschließend originalgetreu wieder aufgebaut. Vielleicht sollte ich daher eher »gefühltes 12. Jahrhundert« schreiben. Wie dem auch sei, heute gehört Bryggen zum UNESCO-Weltkulturerbe und zieht jährlich viele tausend Touristen an. Wir spazieren ein wenig zwischen den bunten, eng und verwinkelt stehenden Holzhäusern hindurch und machen Fotos.

Den Rest des Tages lassen wir nach einem Abstecher durch die Fußgängerzone Torgallmenningen in einer Studentenkneipe ausklingen. Im Vergleich zum restlichen Norwegen wird der halbe Liter Bier hier für 33 statt der sonst üblichen 60 Kronen ausgeschenkt. Durstig von der Stadtbesichtigung eröffnet sich uns das Angebot genau zum richtigen Zeitpunkt.

»Ich finde, Bergen hat von allem etwas, aber kein herausragendes Merkmal. Die Stadt ist ein Brei aus allem und nichts«, stellt Helmut fest.

»Irgendwie hast du Recht. Die Berge sind nicht sonderlich hoch, der Hafen nicht übermäßig groß, der Fischmarkt keiner von Welt«, nicke ich ihm zu.

»Trotzdem ein schönes Reiseziel!«, schließt Judith unser kleines Fazit ab.

Als wir uns ein paar Bier später zur Jugendherberge aufmachen, ist es ruhig geworden im Zentrum der Alles-und-nichts-Stadt. Die Tagesgäste sind abgereist, die Geschäfte geschlossen und die Stände am Fischmarkt abgebaut. Lediglich ein Wust aus tauendem Eis, roten Krabbenschalen, stinkenden Fischköpfen und andern Abfällen bleibt. Die Möwen freuen sich lautstark.

Am nächsten Morgen besteigen wir – per Gondel – den höchsten der umliegenden Berge, Ulriken. In der nostalgischen Kabinenbahn geht es über 642 Höhenmeter nach oben. Die Seilbahn wurde in den 60er-Jahren von einem Brausehersteller gestiftet, der die beiden Gondeln auf die Produktnamen »Perle« und »Bruse« getauft hat. Während der Auffahrt mit »Bruse« hören wir über die eingebauten Bordlautsprecher die Morgenstimmung aus der Peer-Gynt-Suite des norwegischen Komponisten Edvard Grieg. Er hat in der Nähe von Bergen gelebt und sich angeblich beim Blick vom Ulriken für seine Kompositionen inspirieren lassen. Nachvollziehbar wäre es, denn der herrliche Ausblick über Stadt und umliegende Fjorde beeindruckt nachhaltig.

Am Mittag trudeln wir wieder am Bahnhof ein, und es geht zurück nach Oslo. Zu unserer großen Freude wurden im Zug alle Sitze umgedreht, sodass wir auch auf der Rückfahrt den Ausblick über die markante Berglandschaft in Fahrtrichtung mitverfolgen können. Ein toller Service, wie wir meinen. Überhaupt empfinden wir das Zugfahren in Norwegen als sehr angenehm. Das Personal ist freundlich und zuvorkommend, es existiert deutlich mehr Beinfreiheit als in deutschen Zügen, für Kinder gibt es einen Spielplatz in der Zugmitte, die Wagen sind sauber, die Durchsagen auf Norwegisch und Englisch und die Preise human. Da wir unsere Fahrkarten vier Wochen im Voraus über das Internet gebucht haben, mussten wir pro Person nur 36 statt 204 Euro für Hin- und Rückfahrt berappen – ein echtes Schnäppchen.

Ach ja, und Alex? Nun – als wir zurückkehren, liegt sie mit einem Buch in der Sonne, hört Musik und hat ein kaltes Getränk vor sich stehen. Offensichtlich scheint sie sich mit den Versorgungseinrichtungen an Bord gut zurechtzufinden.

Eine ganz übersichtliche Hochrechnung

Mit Seekarte, Meilenzirkel, Kursdreieck und Bleistift sitze ich am Kartentisch und denke über mögliche nächste Häfen nach. Wenn wir die Zugtickets unserer Mitseglerinnen von Skagen nach Hamburg als Basis nehmen, sollten wir in fünf Tagen den nördlichsten Zipfel Dänemarks erreichen – rund 135 Seemeilen südlich von hier. Machbar, wie ich finde. 27 Seemeilen pro Tag sind ein guter Durchschnittswert. Keine große Herausforderung, da haben wir schon ganz andere Abschnitte auf dieser Reise erlebt. Lediglich ein gealtertes Tiefdruckgebiet – ein so genannter Trog – über dem Skagerrak macht uns Sorgen. Es könnte unseren Plan vereiteln.

»Ich hoffe sehr, dass sich unsere Strategie nicht als Trugschluss entpuppt.« Helmut setzt ein nachdenkliches Gesicht auf.

»Du meinst: Trogschluss!«, lache ich zurück.

»Warten wir es ab! Letztendlich ist es ja eine ganz übersichtliche Hochrechnung.«

Bisher sieht alles gut aus. Es weht zwar mit vier bis fünf Windstärken aus südlichen Richtungen, als wir Oslo am späten Nachmittag den Rücken kehren, aber das stört uns nicht. Dann kreuzen wir eben. Vielmehr beschäftigt mich, dass nun unsere Heimreise beginnt. Zum ersten Mal nehme ich bewusst wahr, dass sich unser Törn dem Ende zuneigt. Vielleicht, weil es nur noch südwärts geht, vielleicht aber auch, weil wir heute per E-Mail die Einladung zu unserer Welcome-Party an Freunde, Bekannte und Verwandte versendet haben. Die Ankunft in Hamburg stellt für uns einen abschließenden Höhepunkt dar. Ein letztes Mal wollen wir mittendrin statt nur dabei sein. Heimlich und leise zurückzukehren ist nicht unser Ding. Der endgültige gedankliche Abschluss mit der Reise wird ohnehin vorher passieren, irgendwo auf See, zwischen Wind und Wetter, Groß und Genua oder Wache und Freiwache. Quasi im Stillen – gemeinsam und doch allein. Denn letztendlich muss das jeder von uns für sich ausmachen.

Helmut übernimmt das Ruder. Ich hole mir ein Bier und spüle die ernüchternden Gedanken beiseite. HIPPOPOTAMUS läuft gut in der Abenddämmerung. Unter Groß und Fock schafft unser treuer Begleiter 5,3 Knoten. Mal nach Südwesten, dann wieder nach Südosten. Schlag für Schlag, Wende für Wende und Welle für Welle.

Gegen 22 Uhr hat die Sonne Feierabend und es wird dunkel über dem Oslofjord. Zeit, einen Hafen anzulaufen. Dafür scheint uns die Bucht auf der Rückseite der Festung Oscarsborg (59°39,8'N, 010°37,7'E) gerade richtig. Helmut streicht die Segel, Alex holt Fender und Leinen aus der Backskiste, Judith steuert und ich strahle mit dem Suchscheinwerfer die unbefeuerten Tonnen an. Wir halten uns dicht am Ufer, bis wir einen kleinen Schwimmsteg sehen, an dem wir unser Boot vertäuen.

Ungefähr 15 Seemeilen haben wir von Oslo bis hier zurückgelegt. Bleiben noch 120 bis Skagen, das macht einen neuen Schnitt von 30 Seemeilen pro Tag. Nicht ideal, aber noch ist alles drin.

Am nächsten Morgen pfeifen Böen der Stärke sieben aus südlichen Richtungen, begleitet von heftigen Regenschauern, übers Deck. Ohne große Diskussionen entschließen wir uns, den Starkwind erst mal in der Koje abzuwettern. Judith dreht sich noch einmal um und ich lese in einem antiquarischen Buch von 1923. Es wurde von Dr. Richard Lohmann verfasst und heißt *Unterricht im Segeln*. Vielleicht wundern Sie sich, dass ich es überhaupt lese, aber mich interessiert, wie der Segelsport damals vermittelt wurde. Schon der erste Absatz ist für einen Lacher gut:

»Des Seglers Tyrann ist der Wind. Zwar ist es uns gelungen, durch fortgesetzte Versuche und Erfahrungen uns der Zwingherrschaft zu einem Teil zu entledigen und das Element unseren Zwecken dienstbar zu machen, es in das Joch unseres Willens zu zwingen, aber in Flaute und Orkan spottet der Wind noch immer des Witzes der segelnden Menschheit.«

Recht hat er, denke ich und schalte das Radio ein. Der Norddeutsche Rundfunk sendet auf der Mittelwelle den morgendlichen Seewetterbericht. Leider bestätigt der Sprecher mit seinen Ausführungen nicht nur das Buch, sondern auch unsere Vorahnungen: Südwind um die fünf Beaufort für mindestens drei weitere Tage, so die Prognose.

»Jede andere Richtung wäre mir lieber!«, wecke ich Helmut.

»Stimmt! Am Wetter beißen wir uns derzeit die Zähne aus. Vermutlich, weil seit Oslo der Sherry alle ist!«

»Vielleicht können wir ja die letzten Dosen Premium-Pils in die Waagschale werfen.«

«Vergiss es! Das Ziel bei dem Brauch ist ja, Rasmus wohl gesonnen zu stimmen, und nicht, ihn zu vergraulen!«

Gegen Mittag reißt auch ohne Premium-Hopfen-Blüten-Tee der Himmel auf und wir besichtigen die historische Insel Oscarsborg. Im

April 1940 wurde von hier aus das deutsche Kriegsschiff BLÜCHER versenkt. In den ehemaligen Festungsanlagen befindet sich heute ein Museum, in dem die Schlacht geschildert wird. Wie wir erfahren, erreichte der schwere Kreuzer bei Nacht den Oslofjord. Angeblich hat man trotz etlicher Vorwarnungen versucht, an der Festungsanlage vorbei in Richtung Oslo durchzubrechen. Vergeblich: Die Norweger legten eine Lichtsperre und eröffneten das Feuer auf die geblendete BLÜCHER. Zwei Stunden konnten unsere Landsleute ihr Schiff halten, bis es etwas nördlich nahe der Insel Askholmen kenterte und mehr als 1000 Mann im eiskalten Wasser den Tod fanden.

»Ist schon beeindruckend, was sich im Ostseeraum alles abgespielt hat«, staunt Helmut.

»Auf jeden Fall. Das Mare Balticum ist nicht nur landschaftlich ein interessantes Revier!«

Am Abend dreht der Wind auf Südwest. Unter Berücksichtigung einer gewissen Verzweiflung bei meiner Crew könnte man diesen Umstand als Lichtblick bezeichnen. Dem ist jedoch nicht so, weil es leider unverändert mit sieben Beaufort weht. In der eben noch geschützten Bucht wird es schlagartig unruhig. Wellen, die HIPPOPOTAMUS bisher knapp verfehlt haben, erreichen nun das Schiff und bringen unser Zuhause zum Schaukeln. Kein optimaler Zustand. Das kennen wir noch aus Virtsu in Estland. Nur mit dem Unterschied, dass wir uns diesmal verziehen können. Deshalb motoren wir kurzerhand ins nur zwei Seemeilen entfernte Drøbak, einen geschützten, netten kleinen Hafen am Fuße eines niedlichen Fischerdorfs.

Während der kurzen Reise über die aufgewühlte See müssen wir feststellen, dass an der Oberfläche eine nicht unerhebliche Strömung von knapp zwei Knoten nordwärts setzt.

»Heftig! Da brauchen wir das Kreuzen erst gar nicht zu versuchen. Den Wendewinkel möchte ich nicht sehen«, guckt mich Helmut verzweifelt an.

»Warten wir es ab. Noch sind es 118 Seemeilen bis Skagen und wir haben noch drei Tage. Macht also grob 40 Seemeilen pro Tag!«

»Allmählich erreichen wir bekannte Seemeilen-Tages-Dimensionen.«

»Das stimmt! Unser Vorhaben wird zunehmend sportlicher!«

So auch am nächsten Morgen. Der Wind dreht auf Süd zurück und poltert unverändert mit sechs bis sieben Windstärken durch den Oslofjord.

»Verflixte Wetterlage«, mache ich meinem Unmut im Cockpit lautstark Luft.

»Na ja, alles andere wäre auch langweilig! Das Wetter verlangt uns viel Geduld ab.«

»Sitzen wir es aus!«

Wie sich zeigt, mit Erfolg! Am späten Abend flaut der Wind auf vier Beaufort ab und dreht auf Südwest. Ich wittere unsere Chance:

»Auf geht's! Leinen los und ab nach Süden!«

»Einverstanden!«, ist der einhellige Tenor der Mitsegler.

Es ist dunkel geworden und die Strömung setzt in der Fjordmitte immer noch mit zwei Knoten nach Norden. Daher motoren wir ganz dicht unter der westlichen Küste im Windschatten der hohen Berge über die pechschwarze Ostsee nach Süden. Vor, hinter und neben dem Schiff umhüllt uns die schwarze Nacht. Kein Mond, keine Sterne. Nur der Ort Drøbak mit seinen vielen kleinen beleuchteten Häusern trotzt der Dunkelheit. Eine schöne Stimmung. Dazu milde, sommerliche Temperaturen und vier Knoten Fahrt über Grund. Es könnte schlimmer sein.

Sechs Seemeilen später öffnet sich der Fjord nach Südwesten, und wir werden massiv ausgebremst. Kaum, dass wir das Leuchtfeuer Ekra passiert haben, scheint HIPPOPOTAMUS auf der Stelle zu stehen. Eineinhalb Meter hohe Wellen blockieren die Weiterfahrt unter Maschine. Wir überlegen, die Segel zu setzen, aber die allgemeinen Rahmenbedingungen stehen schlecht: Die Wettervorhersage kündigt einen nächtlichen Südwest der Stärke sechs bis sieben an und der geschützte Hafen von Moss, den wir bei der Dunkelheit anlaufen könnten, ist noch zehn Seemeilen entfernt. An der Kreuz, unter Berücksichtigung der Oberflächenströmung, eher gefühlte zwanzig Seemeilen. Wir müssen uns irgendwo anders verkriechen.

Wider Erwarten ist das einfacher als gedacht, denn laut Seekarte soll es direkt querab den winzigen Hafen von Ekrebukta (59°34,1'N, 010°36,8'E) geben. Einziger Wermutstropfen: Die Wassertiefe beträgt nur zwei Meter im Hafenbecken und es ist in unseren Augen riskant, mit nur vierzig Zentimetern Wasser unter dem Kiel bei eineinhalb Metern Seegang dort einzulaufen.

»Lass es uns vorsichtig versuchen. Vermutlich hat der tagelange Südwind den Wasserspiegel gehoben«, suche ich eine Bestätigung bei meinem Mitsegler.

»Okay. Meinen Segen hast du!«

Ich reduziere die Motorleistung, schalte den Suchscheinwerfer ein und nehme Kurs auf die unbeleuchtete Hafeneinfahrt. Meine Augen kleben am Echolot. Noch 58 Meter – dann 30. Nur wenige Sekunden später sind es plötzlich nur noch sechs Meter! Die Pier ist jedoch noch mehr als hundert Meter vom Bug entfernt. Zu riskant bei dem Seegang. Ich gebe Vollgas rückwärts und drehe ab. Die Tiefenanzeige schwankt im Takt der Wellentäler zwischen fünf und sieben Metern, erholt sich jedoch bald darauf wieder. Neuer Stand: 41 Meter.

»Vielleicht sind wir durch die Strömung zu dicht an die Landzunge geraten?«, suche ich erneut Rat bei Helmut, der mit Seekarte und Taschenlampe im Cockpit neben mir steht.

»Mag sein. Lass es uns etwas weiter südlich versuchen. Aber nicht zu viel, da liegt ein Felsen direkt unter der Wasseroberfläche. Sagen wir – Kurs 300 Grad.«

»Gut, einverstanden!«

Mir ist unwohl, ich will hier weg. Von der Crew ganz zu schweigen. Deutlich spüre ich die Anspannung in den Handlungen meiner Mitsegler. Wir wagen den nächsten Anlauf. Diesmal weiter südlich. Es sieht gut aus. Als die Mole nur noch zwei Schiffslängen entfernt ist, haben wir immer noch 32 Meter Wassertiefe. Erst wenige Meter vor der Pier hüpft die Anzeige am Echolot in einem Rutsch auf fünf Meter! Was für ein Sprung. Wahnsinn! Diesmal können wir die Anfahrt jedoch wagen. So dicht am Hafen sind die Wellen verstummt. Wassertiefe: vier Meter. Judith springt über. Wassertiefe: drei Meter. Wir ziehen HIPPOPOTAMUS vorsichtig in den Hafen und beanspruchen den erstbesten Platz direkt neben der Einfahrt. Wassertiefe: zweieinhalb Meter. Geschafft! Hier holt mich keiner mehr weg – zumindest im Moment nicht! Ich schalte den Motor aus und bin erleichtert. Neben mir steht Helmut. Er hat noch immer die Seekarte in der Hand und lacht:

»Noch ungefähr 110 Seemeilen bis Skagen und noch zwei Tage. Das macht 55 Seemeilen pro Tag!«

»Sozusagen ein Katzensprung!«, streue ich Ironie zurück.

Das Interessante beim Segeln ist, dass es jeden Tag neue Erfahrungen beschert. So auch am nächsten Morgen. Zum ersten Mal in meinem Leben werde ich von Möwen geweckt. Die gefiederten Freunde spazieren so lautstark über das Deck, dass ihr Getrippel mich aus den Träumen holt. Es ist noch nicht mal sechs Uhr in der Frühe, wie ich im Vorbeigehen auf der Uhr im Salon wahrnehme. »Mistvögel«, will ich ihnen gerade zurufen, als ich das Cockpit erreiche, aber ich ändere meine Meinung schlagartig. Warum? Nun – weil ich plötzlich dankbar bin, dass die Seevögel auf dem Vorschiff rumturnen. Sonst hätte ich verschlafen, dass der Wind eine Pause eingelegt hat. Das ist unsere Chance!

»Helmut! Wir haben Flaute!« Ich rüttle an seiner Schulter.

»Was? Echt? Na, dann los!« Er sitzt sofort senkrecht in der Koje.

Ich starte den Motor und wir verlassen Ekrebukta keine zehn Minuten später. Wir trauen dem Frieden zwar nicht, wollen die Wetterlücke aber dennoch nutzen. Während Alex und Judith sich gemächlich im Takt der Motorgeräusche aus den Kojen schälen, hören wir den Seewetterbericht. Allmählich wachsen uns die Sprecher ans Herz. Die Aussichten sind für uns zu einer täglichen Ziehung der Lottozahlen mit Vorahnung geworden. Auch auf die Gefahr hin, dass ich mich wiederhole, würde ich Ihnen gerne die Prognose mitteilen: Südwest sechs bis sieben – später West sieben bis acht!

Davon merken wir bisher nichts! Im Gegenteil – seit fünf Stunden segeln wir bei West drei südwärts. Herrliches Segelwetter! Anzeichen für schlechten Wind gibt es nicht und falls er doch noch einsetzt, sind wir vorbereitet. Die Fock ist angeschlagen, wir tragen Rettungswesten, alle Taschen und Vorräte sind seefest verstaut, in den Thermoskannen lagert heißer Tee, in der Spüle steht ein Obstsalat, die Seeventile sind verschlossen und ich habe alle Splinte und Wantenspanner überprüft.

Zu Recht, wie sich kurz darauf zeigt. Als wir das Skagerrak erreichen, setzt der Südwest ein. Sieben Beaufort fegen über die Ohlson hinweg und das Meer verwandelt sich in einen Hexenkessel. Der Seegang baut sich innerhalb einer halben Stunde auf drei bis vier Meter auf. HIPPOPOTAMUS tanzt auf der aufgewühlten Ostsee und macht sechs bis sieben Knoten Fahrt. Bis Skagen können wir jetzt unmöglich durchsegeln, auch wenn die Versuchung groß ist – das wäre zu leichtsinnig. Daher drehen wir nach Strömstad an der Westküste Schwedens ab. Entfernung: zwanzig Seemeilen – macht drei Stunden. Ein guter Kompromiss. Eine Mischung aus Segelspaß und Vorsicht.

Ich verschwinde unter Deck und programmiere die erforderlichen Wegpunkte bis zum Hafen am GPS-Gerät ein. Die See rumort. Jeden meiner Schritte muss ich gut überlegen, weil das Laufen unter Deck fast unmöglich ist. Die Ohlson rollt auf den erzürnten Wogen in alle Richtungen. Ohne System, ohne Struktur. Aber unser Zuhause ist uns wohl gesonnen und lässt sich nicht unterkriegen. Das Groß steht weit gefiert in Lee, der Traveller sowieso. Wir laufen mit sieben bis acht Knoten jenseits der Rumpfgeschwindigkeit. Immer wieder knallt HIPPOPOTAMUS auf die See, klappern im Mast die Fallen und rollen in den Staufächern Flaschen hin und her. Es gluckst, gluckert, knarrt und dröhnt gewaltig. Das Schiff arbeitet, als wenn es seine letzte Schlacht gegen die Urgewalten der Natur kämpft. Wassermassen suchen sich einen Weg in das Innere. Am Mastfuß rinnen Tropfen herunter und die Dichtung der Vorschiffsluke versagt streckenweise – Verschleißerscheinungen. Ich stopfe ein Geschirrhandtuch in die Fuge der Luke. Der Ritt über das Skagerrak ist eine Belastungsprobe für Material und Mannschaft.

Strömstad kommt näher und der Seegang nimmt weiter zu. Die Wellen wirken im Verhältnis zur Schiffsgröße gigantisch. Gelegentlich bricht eine von ihnen gegen das Schiff und eine Wasserwand rast quer über das Deck. Gemein und gewaltig! Für Bruchteile von Sekunden drehe ich meinen Kopf weg, sehe nichts mehr und lasse die Dusche über mich ergehen. Überall läuft das Wasser an mir herab, aber die Kleidung ist dicht.

Am liebsten möchte ich mich in den Himmel erheben und aus halber Höhe Bilder von der Ohlson schießen. Es muss beeindruckend aussehen, wie HIPPOPOTAMUS von See und Schaum umschlagen über die dynamische Berglandschaft aus Wellen und Wogen pflügt. Voller Temperament und Kraft – stürmisch und stark.

Mit einer Tausendstelsekunde würde ich der Situation zu Leibe rücken. Je kürzer die Belichtung, desto klarer das Bild. Jede Schaumkrone, jeden Gischtspritzer und jeden Wassertropfen würde ich einfrieren und für immer erstarren lassen. Die ganze Dynamik und Macht der See würde in einem einzigen Moment verhärtet werden. Bewegungen, die das bloße Auge normalerweise nicht greifen kann, würden für immer sichtbar werden. Es wäre eine reine Momentaufnahme, aber mit Sicherheit keine schlechte.

»Auf der Kirmes kostet so ein Spaß viel Geld!«, durchbricht Judith meine Gedanken.

»Jo! Hier gibt es Schiffsschaukel, Achterbahn und Krake in Kombination und umsonst!«

Alex sieht es leider weniger gelassen. Ihrem Gleichgewichtssinn widerstreben die Bewegungen und ihr Magen krempelt sich um. Ich kenne das Problem nur zu genau. Fast mein ganzes Leben lang hat mich die Seekrankheit beschäftigt. Als ich noch klein war, habe ich besonders stark unter ihr gelitten. Bis ich zwölf Jahre alt war, kannte ich sozusagen jeden dänischen Hafen, aber nicht das Wasser dazwischen. Sobald meine Eltern auf die See fuhren, habe ich mich unter Deck auf den Fußboden gelegt und bin bis zum nächsten Hafen nicht wieder aufgestanden. Da unten war mein Ruhepol – im wahrsten Sinne des Wortes. Denn in der Schiffsmitte schaukelt es fast gar nicht.

Erst in der Pubertät und vor allem auf eigenem Kiel habe ich den Umgang mit der Krankheit gelernt. Ich wollte segeln und mein Schiff führen, aber die Gleichgewichtsschwäche stand im Widerspruch dazu. So ist über die Jahre ein harter Wille gegen das Unheil aus der Magengegend entstanden. Inzwischen halte ich die Seekrankheit für eine reine Kopfsache und habe beschlossen, dass ich dabei nicht mehr mitmache. Für unseren Törn habe ich mir daher zum Ziel gesetzt, endgültig mit ihr abzuschließen. Bisher mit Erfolg.

Als ich nach einer weiteren navigatorischen Aufgabe unter Deck wieder ins Cockpit klettere, bin ich einen Moment unaufmerksam und verliere bei einem Schritt nach achtern das Gefühl für den Raum – vielleicht für den Bruchteil einer Sekunde. Mir ist sofort speiübel. Da ich es hasse, so ein Gefühl mit mir herumzutragen, gehe ich direkt zur Reling und entledige mich der störenden Substanzen in meinem Magen.

Der Vorfall ist nicht weiter wild. Er hat vielleicht eine halbe Minute gedauert, aber er wurmt mich kolossal. Ich wollte es schaffen, wollte die Seekrankheit besiegen und mir selbst etwas beweisen. Der Triumph bleibt mir zwar verwehrt, aber unter dem Strich bin ich mit dem Ergebnis immer noch zufrieden.

Der Hafen von Strömstad ist sehr voll. Die Yachten liegen im Päckchen. Dennoch haben wir Glück, dass an einer schwedischen 30-Fuß-Yacht noch ein Platz frei ist. Das Manöver ist nicht ganz einfach bei dem Wind, klappt aber erstaunlich gut. Helmut sichert die Achterleine, Judith die Vorleine – geschafft!

An Deck taucht der Yachtbesitzer auf und beginnt unsere Achterleine wieder zu lösen. Für einen kurzen Moment traue ich meinen Augen nicht. Aber er meint es ernst:

»Sie können hier nicht liegen!«

»Warum?«

»Das ist so! Da gibt es nichts zu diskutieren!«

Mir platzt der Kragen. Zehn Stunden waren wir auf See, davon knappe vier in dem Hexenkessel. Ich bin heilfroh, in der Marina zu sein, und dann kommt ein Hafenlieger und will uns wieder wegjagen! Nicht mit mir. Mehr als deutlich gebe ich ihm zu verstehen, dass ich sein Verhalten unmöglich finde und dass ich erst wieder ablege, wenn der Hafenmeister es verlangt. Der gute Ton ist mir egal. Ich kann nichts dafür, wenn er einen schlechten Tag hat.

Glücklicherweise haben andere Schweden unsere relativ lautstarke Unterhaltung wahrgenommen. Sie kommen auf uns zu und entschuldigen sich für ihren Landsmann. Sein Verhalten ist ihnen sichtlich peinlich und sie organisieren einen anderen Liegeplatz. Ein Angebot, das wir dankend annehmen. Auf so einen Nachbarn können wir gut verzichten.

Kaum, dass das alles erledigt ist, gehe ich noch einmal zu Herrn »Ich-dulde,-auch-wenn-der-Hafen-voll-ist,-keine-anderen-Schiffe-neben-mir« und drücke ihm einen Zettel mit meiner Hamburger Liegeplatznummer in die Hand:

»Falls Sie mal nach Hamburg kommen, können Sie gern kostenlos meinen Liegeplatz benutzen.«

Volltreffer. Er zerknüllt den Zettel und schmeißt ihn ins Wasser.

»Arme Sau«, denke ich.

Als ich wieder am Boot bin, lächelt mich Judith an:

»Bis Skagen sind es noch 75 Seemeilen und wir haben noch einen Tag. Sollen wir uns mal nach alternativen Bahnverbindungen erkundigen?«

»Wahrscheinlich ja, aber ich kann es dir erst heute Abend nach dem Wetterbericht sagen.«

Wenige Stunden später herrscht Klarheit. Die tägliche Ziehung der Lottozahlen mit Vorahnung meldet: »West sieben bis acht« für Skagerrak und Kattegat für weitere 24 Stunden. Ende der Vorstellung.

Die Mädels suchen sich eine neue Bahnverbindung nach Hamburg. Wenigstens das ist einfach. Mit dem Bus nach Göteborg, von dort mit der Fähre nach Frederikshavn und mit dem ursprünglich geplanten Zug nach Hamburg.

»Noch 75 Seemeilen bis Skagen und keinen Tag mehr!«, gucke ich Helmut an.

»Game over!«, lacht er zurück.

Salzbuckel

Es ist halb sechs in der Frühe, als wir Judith und Alex an der Pier von Strömstadt zurücklassen und Kurs auf Skagen nehmen. Über Nacht ist der Wind verweht und nun herrscht Flaute. Das Deck ist nass, die Leinen klamm und Bodennebel steht bis zu einem Meter hoch über der Wasseroberfläche. Nach langer Zeit trage ich wieder Mütze, Handschuhe und meine Fleeceunterwäsche – Wetterextreme.

»Der Sommer geht zu Ende«, guckt mich Helmut an.

»Nicht nur der Sommer!«, entgegne ich etwas traurig.

Kurz darauf erhebt sich kraftvoll die klare Morgensonne über den Schären in den wolkenlosen Himmel. Sie verwandelt die Eilande in eine goldbraune Farbwelt und vertreibt die Kälte über der See. Gemütlich rollt HIPPOPOTAMUS über das wabernde Skagerrak. Im Kielwasser bleibt die einmalige schwedische Küstenlandschaft zurück. Ich vermisse sie jetzt schon.

Fünf Wachwechsel später taucht nach einer siebzehnstündigen Überfahrt unter Motor am nächtlichen Horizont das Leuchtfeuer Skagen auf. Der Verkehr ist dichter geworden. Dampfer, Fischkutter und Fähren kreuzen unseren Weg und umrunden den nördlichsten Zipfel Dänemarks. Weiß, rot und grün leuchten ihre Positionslaternen und Aufbauten über der schwarzen Ostsee. Im Hintergrund schimmern orange die vielen Lichter von Skagen.

Es ist kurz vor Mitternacht, als wir unser Tagesziel erreichen und in den großen Fischereihafen einlaufen. Die beiden Hafenbecken für Sportboote sind überraschend leer, sodass wir ohne Probleme einen guten Liegeplatz finden. Auch in Dänemark neigt sich die Saison merklich ihrem Ende zu. 87 Seemeilen haben wir heute zurückgelegt, zwölf mehr als errechnet – die nordwärts setzende Strömung hat uns einen Streich gespielt. So ist die Natur: stets schwer berechenbar. Im Geiste mache ich einen Haken hinter den Meilenstein – oder besser »Seemeilenstein« – Skagen.

Am nächsten Morgen stürmt es erneut, diesmal mit östlichen Winden der Stärke sechs. Wir verspüren wenig Lust, bei zwei bis drei Metern Seegang durchs Kattegat zu schaukeln. Außerdem liegen wir gut in der

Zeit. Kurzum – wir beschließen, einen Hafentag einzulegen. Helmut grinst mich an:

»Ist doch alles ganz einfach. Bis Hamburg sind es noch 300 Seemeilen, und wir haben noch zehn Tage. Das macht 30 Seemeilen pro Tag.«

Diese Art von Hochrechnung kommt mir irgendwie bekannt vor. Allerdings wünsche ich mir, dass sie nicht so endet wie die letzte. Der dritte September – unser fixer Rückkehrtermin – ist uns wichtig. Vielleicht zu wichtig.

Am Tag darauf segeln wir bei strömendem Regen und Nordost vier weiter nach Süden zur Insel Hirsholm (57°29,1'N, 10°037,4'E). Falls Sie die winzige Insel nicht kennen, haben Sie etwas verpasst. Hohes Gras, vereinzelte Sandstrände, unzählige Steine, ein paar gelbe Steinhäuser, ein alter Leuchtturm aus dem Jahre 1886 und viele, viele Seevögel prägen ihr Erscheinungsbild. Hinter zwei dicken Molen befindet sich in einer sehr geschützten Bucht eine kleine Pier, an der es zwei Plätze für Gastyachten gibt. Beide sind noch frei und so haben wir die Insel für uns allein. Wobei das nicht ganz richtig ist: Immerhin leben das ganze Jahr über sechs Menschen hier.

Die Kattegat-Insel ist verträumt: »Velkommen til Hirsholmene – Et Naturreservat i Kattegat«, verkündet eine Holztafel am Ende des Anlegers. Ruderboote liegen am Strand und wilde Brombeeren säumen den Wegesrand. »Pflücken verboten« steht auf einem Schild, und wir müssen uns gegenseitig auf die Finger klopfen. Gemeinsam stöbern wir durch das kleine Dorf in der Inselmitte. Es wirkt niedlich und aufgeräumt. Das Gras ist gemäht, die Wege werden von Steinwällen aus Findlingen eingerahmt und vor den Häusern finden wir Kräuterbeete. Einzig die beiden auffälligen Bunker an beiden Enden der Insel stören ihr makelloses Bild. Sie sind stumme Zeitzeugen aus der Vergangenheit.

Wir mögen das Kleinod südlich von Skagen sehr. Insbesondere auch, weil es touristisch nicht erschlossen ist. Allerdings sagt der Hafenmeister, dass sich das bald ändern wird, weil die Insel seit dem Jahre 2003 nicht mehr vom dänischen Verteidigungsministerium verwaltet wird. Jetzt gehört Hirsholm dem Umweltministerium und dort wird an Konzepten gearbeitet, das Eiland für Touristen zu öffnen. Ich hoffe nicht. Es wäre schade.

Weiterfahrt. Bereits um neun Uhr morgens verlassen wir Hirsholm wieder, weil uns eine angenehme Brise aus östlichen Richtungen halben Wind beschert. Wir hissen die Segel schon im Hafen und stechen in See. Unser Ziel? Grenå, rund siebzig Seemeilen südlich von hier.

Die Windfahne übernimmt das Kurshalten und wir machen es uns auf dem Vorschiff gemütlich. Ich spiele Gitarre und Helmut Trompete – ein gehaltvolles Durcheinander. Hin und wieder unterbrechen wir unser Zweimannkonzert und plaudern über das Ende des Törns. Wann kommt der nächste Abschnitt dieser Art? 1996 war ich mehrere Monate in Australien und diesen Sommer haben wir die Ostsee besegelt. Demnach wäre ich 2012 wieder fällig. Glücklicherweise läuft im Leben nicht alles so geregelt ab.

Zum Mittag gibt es Nudeln mit Paprika, Möhren, Knoblauch, Zwiebeln, Schweinefleisch und Sojasauce. Helmut tauft das Essen »Deutsch-Chinesische Freundschaft«, weil die Bemühungen, der Mahlzeit durch reichliche Zugabe von Sojasauce eine orientalische Geschmacksnote einzuhauchen, kläglich gescheitert sind. Das Fleisch gibt derart viel Saft ab, dass ein Mischmasch aus deutschem Bratenfond und asiatischer Küche entstanden ist. Ungewohnt, aber lecker. Es ist unser Beitrag zur Völkerverständigung an einem bisher unspektakulären Tag.

Wir reden viel, haben anscheinend beide Gesprächsbedarf und kommen beim Essen auf unsere Kindheiten zu sprechen. Vermutlich, weil Judith uns eine interessante E-Mail gesendet hat. Es ist eine von diesen Kettenmails mit Lebensweisheiten. Normalerweise lösche ich die immer gleich, aber der »Betreff« hatte mich neugierig gemacht. Er lautet: »Lächle mal wieder – wenn du vor 1978 geboren bist!« Im Text steht:

»Wenn du nach 1978 geboren wurdest, hat das hier nichts mit dir zu tun. Dann verschwinde! Kinder von heute werden in Watte gepackt! Wenn du als Kind jedoch in den 50er-, 60er- oder 70er-Jahren lebtest, ist es zurückblickend kaum zu glauben, dass du so lange überleben konntest!

Als wir Kinder waren, verließen wir morgens das Haus zum Spielen, blieben den ganzen Tag weg und mussten erst zu Hause sein, wenn die Straßenlaternen angingen. Niemand wusste, wo wir waren, und wir hatten nicht mal ein Handy dabei!

Auf dem Fahrrad trugen wir nie einen Helm und wir saßen in Autos ohne Sicherheitsgurte und Airbags. Wir aßen Kekse, Brot mit viel Butter, tranken Limo und wurden trotzdem nicht zu dick. Wir bauten Seifenkistenwagen und entdeckten während der ersten Fahrt den Hang hinunter, dass wir die Bremsen vergessen hatten. Damit kamen wir nach einigen Unfällen klar. Wir brachen uns Knochen und Zähne und niemand wurde deswegen verklagt. Es waren eben Unfälle. Niemand hatte Schuld, außer wir selbst. Keiner fragte nach »Aufsichtspflicht«. Kannst du dich noch an »Unfälle« erinnern? Wir kämpften und schlugen einander manch-

mal bunt und blau. Damit mussten wir leben, denn es interessierte die Erwachsenen nicht.

Wir hatten nicht: Playstation, Nintendo 64, X-Box, Videospiele, 100 Fernsehkanäle, Filme auf Video, Surround-Sound, eigene Fernseher, Computer, Internet-Chat-Rooms. Wir hatten Freunde, gingen raus und trafen sie auf der Straße oder marschierten einfach zu deren Heim und klingelten. Ohne Termin und ohne Wissen unserer Eltern. Keiner brachte uns und keiner holte uns. Wie war das nur möglich?

Beim Straßenfußball durfte nur mitmachen, wer gut war. Wer nicht gut war, musste lernen, mit Enttäuschungen klarzukommen. Unsere Taten hatten manchmal Konsequenzen. Das war klar und keiner konnte sich verstecken. Wenn einer von uns gegen das Gesetz verstoßen hat, war klar, dass die Eltern ihn nicht aus dem Schlamassel heraushauen. Im Gegenteil: Sie waren der gleichen Meinung wie die Polizei!

Unsere Generation hat eine Fülle von innovativen Problemlösern und Erfindern mit Risikobereitschaft hervorgebracht. Wir hatten Freiheit, Verantwortung, Misserfolg und Erfolg. Mit alledem wussten wir umzugehen. Und du gehörst auch dazu – herzlichen Glückwunsch!«

Genau genommen verhält es sich mit unserem Törn ganz ähnlich. Er ist ein Stück weit auch eine Reise zurück zu Erlebnissen und Gefühlen aus unserer Kindheit. Wenn wir zwischen den Zeilen der E-Mail lesen, passt jeder Satz daraus auch irgendwie hier an Bord und zu unseren täglichen Erlebnissen.

In Grenå bekommen wir es erneut mit der Unberechenbarkeit des Wetters zu tun. Der morgendliche Seewetterbericht meldet südliche Winde der Stärke sechs bis sieben Beaufort für die kommenden 48 Stunden. Nordeuropa wird von zwei Trogtiefdruckgebieten in Schach gehalten, eines bei Irland, eines über Dänemark – also hier. Früher ein klarer Fall für eine Segelpause. Und nun, nach mehr als 3000 Seemeilen Ostsee? Wir laufen aus, wollen den Versuch wagen. Wir sind inzwischen so genannte »Salzbuckel« geworden und finden Gefallen an den vielen Wellen und Wenden. Das ist nicht immer so – wie vor wenigen Tagen beispielsweise, aber das Verlangen danach nimmt täglich zu.

Zwei Seemeilen hinter der Hafeneinfahrt wehen uns ein satter Süd mit sechs Windstärken und kalter Regen ins Gesicht. Allmählich beginne ich zu verstehen, was meine Eltern und Freunde meinen, wenn sie sagen, dass es in Deutschland dieses Jahr keinen Sommer gibt. Wie auch immer – wir hatten ihn zumindest bis Oslo.

Mit zweifach gerefftem Groß und Fock kreuzen wir eisern vor uns hin. Vergeblich. Nach einer Stunde haben wir so viel Strömung gegenan, dass unser Wendewinkel 150 Grad beträgt. Zu groß, zu unsinnig und zu sehr übers Knie gebrochen. Wir drehen um. Zum zweiten Mal auf dieser Reise.

Kaum, dass wir gewendet haben, pflügen wir mit acht Knoten durchs Wasser!

»Nichts ist langsamer, als mit Vollgas in die falsche Richtung zu fahren!«, lache ich Helmut an.

Am Abend dreht der Wind auf Südwest, weht aber nur noch mit vier Windstärken. Wir laufen erneut aus, wollen zumindest bis Samsø oder Ebeltoft segeln. Es sieht gut aus. Vor uns reißt der Himmel auf. Offensichtlich segeln wir auf der schönen Rückseite des Trogtiefs.

In der Nacht legt der Wind zwar wieder auf sechs Windstärken zu, dreht dabei aber auch weiter in Richtung West und beschert uns eine flotte Fahrt. Der Strom fängt wider Erwarten an mitzulaufen und die Luft ist angenehm warm. Es ist Vollmond und am Himmel stehen unzählige Sterne. Eine Nachtfahrt wie aus dem Bilderbuch. Wir gehen unserem Wachsystem nach und lassen die Windfahne segeln. Sie macht einen guten Job, quasi wie ein Sachbearbeiter. Zuverlässig, fleißig und unermüdlich.

Helmut legt sich schlafen, ich bleibe im Cockpit. Allein mit HIPPOPOTAMUS und der Ostsee – wie schon so oft. Der tief stehende Vollmond wirft ein warmes Licht auf ihre Oberfläche, lässt einzelne Wellenkämme aufleuchten, und Wolkenschwaden ziehen vor vertrauten Sternbildern entlang. Seit langem erkenne ich Orion mal wieder am Himmel. Den Sommer über war er nicht zu sehen, aber jetzt, wo die Saison zu Ende geht, ist er wieder da.

Es ist faszinierend, ein Meer mit der Kraft des Windes zu bereisen. Am Tage oder in der Nacht. Von Nord nach Süd, von Ost nach West. Bei Sturm, bei Regen, bei Sonne oder Nebel. In Hochdruckgebieten, in Tiefdruckgebieten. An der Kreuz, mit halben oder gar achterlichen Winden. Aber auch in Badehose, kurzer Hose, Jeans, Thermounterwäsche oder wie jetzt in Ölzeug. Die Ohlson ist ein gutes Schiff dafür. Seetüchtig und solide, schnell und komfortabel. Ich würde sie wieder wählen.

Langsam versinkt der Mond in der Ostsee und es wird dunkel über uns. Plötzlich fehlt eine wichtige Lichtquelle. Erst jetzt wird mir seine Leuchtkraft bewusst. Allerdings fängt als Ausgleich die aufgewühlte See um uns herum zunehmend zu leuchten an. Das fluoreszierende Plankton ist wieder da. HIPPOPOTAMUS zieht in seinem Kielwasser einen neongrünen Streifen hinter sich her. Noch einmal Prinzessinnenwasser, noch einmal ein toller Anblick zum Abschluss des Törns.

Nach neunzehn Stunden und neunzig Seemeilen erreichen wir nachmittags Rudkøbing am südlichen Ende Dänemarks. Wir haben eine Wetterlücke gefunden und genutzt. Es war eine grandiose Nachtfahrt und für mich persönlich eine ganz besondere. Denn irgendwo in der Dunkelheit über dem südlichen Kattegat habe ich im Stillen mit unserer Reise abgeschlossen. Der Rest bis Hamburg wird Routine sein.

Als sich am nächsten Tag vor dem Bug im abendlichen Gegenlicht die schwarzen Umrisse der deutschen Küste langsam vom Horizont lösen, überkommt mich ein komisches Gefühl – wir sind zurück. Helmut nimmt die dänische Gastlandsflagge runter und mein Handy zeigt wieder einen deutschen Betreiber im Display an. Aber auch sprachlich werden wir uns umstellen müssen. Haben wir in den vergangenen Monaten andere Menschen mit »Hej« gegrüßt, heißt es nun wieder »Moin Moin«.

Wir verbringen eine Nacht im Ostseebad Damp und segeln weiter nach Laboe am Eingang der Kieler Förde. Lange ist es her, dass wir hier voller Abenteuerlust und Neugier mit Kurs »Ost« aufgebrochen sind. Und jetzt? Jetzt liegt das Abenteuer »Ostsee« hinter und das Abenteuer »Rückkehr in den Alltag« vor uns. Außerdem ist die damalige Neugier einer Mischung aus Freude und Stolz gewichen. Wir sind einmal rum und nun mit so mancher Ostseewelle per du. Orte wie »Hel« oder »Utö«, die wir seit Jahren von den Stationsmeldungen aus dem Seewetterbericht kennen, haben eine neue Bedeutung bekommen, sind zukünftig mit Erinnerungen und Erlebnissen behaftet.

Gemeinsam binden wir alle Gastlandsflaggen aneinander und hissen sie unter der Steuerbordsaling: Dänemark, Polen, Litauen, Lettland, Estland, Finnland, Åland, Schweden und Norwegen. Ich lege das Lied *Homeward bound* von Simon and Garfunkel auf, Helmut öffnet die letzte Flasche Rotwein und wir stoßen still und allein miteinander auf neun Länder und knapp 3500 Seemeilen Ostsee an.

Der Rest der Reise vergeht wie im Fluge. Dauernd ist irgendetwas los. Von Laboe nach Kiel-Holtenau segeln wir mit einem Fernsehteam von SAT.1, das einen Bericht über uns dreht. Abends treffen wir meine Familie und essen in der Kieler Wohnung meiner Schwester gemeinsam zu Abend. Es ist ein schönes Gefühl, alle nach so langer Zeit wiederzusehen. Schnell kehrt eine gewohnte Vertrautheit zurück, als wenn wir uns erst gestern verabschiedet hätten. Eines ist allerdings anders als sonst: Es fehlt die übliche »Und-jetzt-müsst-ihr-uns-alles-erzählen«-Unterhaltung, weil unsere Zuhörer aus dem Internet schon alles über die Reise wissen, und so widmen wir uns schneller, als mir lieb ist, den alltäglichen Themen.

Am nächsten Morgen steht der Nord-Ostsee-Kanal auf dem Programm. Lustigerweise findet in den Schleusen eine routinemäßige Sportbootführerscheinkontrolle statt, bei der uns die Beamten der Wasserschutzpolizei mit untypischen Worten begrüßen:

»Ach, die Herren Ostseesegler aus dem Fernsehen! Da wollen wir doch mal sehen, ob Sie überhaupt einen Schein haben!«

»Oh, Mist, jetzt fliegt so kurz vorm Ziel doch noch alles auf«, entgegnet Helmut mit einem ironischen Grinsen.

Die Prüfung verläuft ohne Beanstandung, und wir tuckern weiter in Richtung Heimathafen Hamburg. Die Sonne scheint, am Himmel ist keine Wolke zu sehen und unsere Gastlandsflaggen flattern im Fahrtwind. Kaiserwetter. In Analogie zur Hinfahrt verläuft die Passage durch den Nord-Ostsee-Kanal unspannend, jedoch mit dem Unterschied, dass die Kilometerschilder am Ufer diesmal rückwärts zählen. Wir nutzen die neunstündige Fahrt unter Maschine und krempeln das ganze Schiff um. Nehmen alle Polster hoch, reinigen die Bilgen, schrubben das Deck und beginnen halbherzig, unsere Taschen zu packen.

»Hat das nicht noch Zeit?«, guckt mich Helmut an.

Ich muss lachen und leere meine Tasche wieder aus. T-Shirts wandern zurück ins Regal, Bücher zurück ins Fach über der Koje und Handtücher zurück ins Bad.

Tags darauf hat uns die gute alte Elbe wieder. Das Wasser schimmert bräunlich. Der schöne blaue Anblick des Ostseewassers ist verschwunden. Zum vorerst letzten Mal setzen wir Groß und Genua. Wir müssen mal wieder kreuzen. Aber das ist uns egal. Der Flutstrom schiebt ordentlich. Je mehr wir uns Hamburg nähern, desto mehr Schiffe begleiten uns. Einige Segelkameraden haben sich aufgemacht, uns zu begrüßen, und so nehmen wir gemeinsam Kurs auf den Hamburger Yachthafen. Jürgen auf NAVIS prostet uns zu, Ivar auf LILLEMOR dreht eine Extrarunde, Eckhardt auf RÖDE ORM ruft »Willkommen« und Ines und Hans-Jürgen auf JULIENNE machen Fotos.

Es ist der 3. September 2004. Pünktlich um halb acht – wie schon vor der Abfahrt angekündigt – motoren wir im warmen Licht der Abendsonne zwischen den beiden neonroten Pfeilern der Einfahrt zum Hamburger Yachthafen hindurch. Ein Hupkonzert setzt ein. Ungläubig gucken wir uns an. Meinen die wirklich uns? Ich bekomme eine Gänsehaut und werde nervös. Ganz langsam tuckern wir zu unserem Liegeplatz. Schleichend wird das Hupen lauter und Pfeifen und Klatschen gesellen sich dazu. Als wir um die letzte Ecke fahren, wird uns allmählich klar, was los ist. Auf der nun sichtbar gewordenen Pier warten neben einigen Reportern rund fünfzig gute Freunde, Bekannte und Verwandte, um uns einen zünftigen Empfang zu bereiten. Zwölf von ihnen halten auf großen Pappen einzelne Buchstaben in die Höhe, die zusammen das Wort »HIPPOPOTAMUS« ergeben. Auf anderen Schildern steht »Willkommen Helmut und Sönke« oder »Welcome Home«.

Wir wussten zwar, dass etwas im Gange ist, aber damit hatten wir nicht gerechnet. Ich bin gerührt und überwältigt von der Situation, muss schlucken. Ich glaube, Helmut geht es ähnlich. Wir nehmen die Fahrt aus dem Schiff, um Zeit zu gewinnen, die Eindrücke zu verarbeiten.

Helmut geht unter Deck und holt aus der Box mit der Seenotmunition zwei Handfackeln. Unterwegs haben wir sie glücklicherweise nicht benötigt, aber nun ist ihre Zeit gekommen. Wir stellen uns auf das Vorschiff, zünden sie an, erwidern den tollen Empfang und erleben die letzten stillen Sekunden des Törns.

Einlaufen in Hamburg nach 148 Tagen

Dann legen wir an. Kaum, dass HIPPOPOTAMUS fest ist, überrennt uns der Rummel. Wir haben ihn gewollt und sind jetzt, wo er da ist, mit ihm überfordert. Ich erlebe unsere Ankunft wie in Trance: Wir schütteln Hände, umarmen Gäste, klopfen auf Schultern, vergießen Freudentränen, heben Gläser, beantworten Fragen und genießen das Durcheinander. Die Zeit rast dahin.

Als wir morgens um fünf, nach einer langen und ausgiebigen Party, todmüde in unsere Kojen fallen und uns zum letzten Mal gegenseitig eine gute Nacht wünschen, endet unsere Reise. 148 Tage lang haben wir alles geteilt – das Schiff, die Ostsee, das Wetter und die Erlebnisse. Es war eine Reise zurück zu den einfachen Dingen im Leben, aber auch ein Törn zu uns selbst. »Mittendrin statt nur dabei« war unser Motto, und wir haben es gelebt – intensiv und dankbar, in jeder einzelnen Minute.

Vielleicht erwarten Sie, dass ich an dieser Stelle ein Resümee ziehe, aber wenn ich ehrlich bin – es fällt mir schwer. Ich kann unsere Ostseeumrundung nicht mit einem pauschalen Fazit zusammenfassen. Vielmehr ruhen unsere Erkenntnisse in unseren Köpfen und zwischen den Zeilen dieses Buches.

Eines ist uns in den vielen Wochen an Bord jedoch schnell klar geworden: Es hat sich gelohnt, Audimax und Bürostuhl zeitweilig gegen die Cockpitbank zu tauschen. Hinter uns liegen zweifelsohne die fünf schönsten Monate unseres Lebens. Völlig zu Recht hat während der ganzen Zeit ein Zitat von Wilhelm Busch die Startseite unserer Homepage geziert:

Viel zu spät begreifen viele
die versäumten Lebensziele:
Freude, Schönheit der Natur,
Gesundheit, Reisen und Kultur.
Darum, Mensch, sei zeitig weise!
Höchste Zeit ist's! Reise, reise!

Hintergrund-informationen zum Törn

Das Schiff: Die Ohlson 8:8 ist eine gelungene Mischung aus Komfort und Geschwindigkeit, verpackt in ein solides Fahrtenschiff. Gezeichnet wurde sie vom schwedischen Designer Einar Ohlson in den 1970er-Jahren, aber trotz ihres Alters sind ihre Linien noch immer zeitgemäß. Ich kenne kein anderes Schiff, das bei einer Länge von unter neun Metern einen Salon mit voller Stehhöhe, sechs mögliche Kojen, eine abgeschlossene Nasszelle, eine Pantry, einen Kartentisch und derart viel Stauraum bietet. Insbesondere die voluminösen Backskisten haben es uns ermöglicht, eine umfangreiche Ausrüstung mitzunehmen.

Die Daten: Länge 8,80 Meter, Breite 2,85 Meter, Tiefgang 1,56 Meter, Gewicht 4,0 Tonnen, Ballast 1,5 Tonnen, Segelfläche 43,5 Quadratmeter, Baujahr 1976, Baunummer 226. Zur Besegelung gehören ein

Großsegel mit zwei Reffreihen (Bindereff), Genua, Fock, Sturmfock und Spinnaker. Standardmäßig ist das Boot mit einem fest eingebauten Volvo-Penta-Dieselmotor vom Typ MD7A mit 13 PS motorisiert. Wir haben seit Estland eine 17-PS-Maschine vom Typ MD7B.

Die Ausrüstung: Das Thema »Sicherheit an Bord« ist uns sehr wichtig. Daher haben wir viel Wert auf einen hohen Standard gelegt und das Schiff im Vorwege umfangreich ausgestattet. Auch wenn die Liste sehr lang ist, möchte ich gern aufzeigen, welche Ausrüstung wir auf dem Törn an Bord hatten:

Eine Rettungsinsel für vier Personen, zwei vollautomatische Rettungswesten, zwei Feststoffwesten, 18 Seenotraketen, drei Handfackeln, ein Signalhorn, eine Seenotleuchte für Nachtfahrten und ein Feuerlöscher (2 kg). Auf beiden Seiten des Kajütaufbaus haben wir zwischen Heck und Bug Lifeleinen nachgerüstet, sodass wir uns auch bei schwerem Seegang sicher an Deck bewegen konnten.

Zur weiteren Ausrüstung gehören: ein CQR-Buganker mit 30 Metern Kette (Stärke 8 mm) samt Ankerwinde, ein Stockanker am Heck mit vier Metern Kettenvorlauf (Stärke 8 mm) und 32 Metern Leine, ein transportables Ankerlicht, Ankerball und Kegel, Treibanker, Fernglas, GPS mit Tochteranzeige im Cockpit sowie Sumlog, Echolot, Kompass mit Krängungsmesser, UKW-Sprechfunkgerät (Festeinbau), UKW-Handsprechfunkgerät, Autoradio mit Lang-, Mittel- und Kurzwellenbändern und Weltempfänger für den Empfang von Seewetterberichten, Notebook mit Verbindung zum GPS, Transformator (12 auf 240 V), zwei Stromkabel (240 V, je 25 m) samt Adaptern, zwei Batterien (je 66 Ah), zwei Wasserschläuche (je 25 m), Wassertank (120 l), Trinkwasserkanister (10 l), Dieseltank (35 l), sechs Diesel-Reservekanister (je 5 l), acht Fender (sechs in normaler Größe, zwei mit Übergröße), Fenderbrett, diverse Leinen, davon vier mit über zwanzig Metern Länge. Windfahnensteuerung, elektrischer Autopilot, zwei selbstholende Winschen mit drei Kurbeln, Maststufen bis zu den Salingen, Bootshaken, Beiboot vom Typ »Bananaboot« mit Zwei-PS-Außenborder und Paddeln, Reservekanister für Außenborderbenzin (5 l), Gasflasche (5 kg), Gaskocher mit zwei Flammen, Kühlschrank (100 l), Bilgepumpe (Handbetrieb), Leesegel an der Steuerbordkoje, Reparatursatz mit Epoxydharz und Gewebematte, Werkzeugkasten mit umfangreichem Sortiment, Seitenschneider, Schraubstock, diverse Sortierkästen mit Schrauben, Elektromaterial und Schäkeln, Taschenlampe, zwei Spanngurte, Bootsmannsstuhl, Takelgarn und Nadel, zwei Angeln samt Blinkern, Kescher, zwei Taucherbrillen, zwei Neoprenanzüge, eine Bordapotheke mit gängigen Medikamenten und ein Erste-Hilfe-Kasten.

Kleidung: Wir haben uns bewusst für hochwertige Markenware entschieden, weil wir fünf Monate unter »freiem Himmel« gelebt haben und sicherstellen wollten, dass wir uns stets wohl fühlen. Dazu zählen für uns: Öljacke mit hohem Kragen und gefütterten Taschen, Ölhose mit verstärkten Flächen am Gesäß und an den Knien. Windabweisender Blouson (das meistgetragene Kleidungsstück auf dem Törn), gefütterte Seestiefel, Segelhandschuhe, Handschuhe, Mütze, Funktionsunterwäsche, Fleecesocken und -pullover.

Nautische Unterlagen: Wir haben sämtliche Seekarten im Vorwege besorgt, außer der Seekarte »Kurskij Zaliv« für das Kurische Haff. Für die deutsche, dänische, finnische, schwedische und norwegische Küste haben sich die Sportbootkartensätze der verschiedenen nationalen Anbieter bewährt. In Polen, Litauen und Lettland haben wir mit den deutschen Karten vom Bundesamt für Seeschifffahrt und Hydrographie navigiert, in Estland hingegen mit den Seekarten des Estonian National Maritime Board. Empfehlen können wir auch die Infobroschüren der Kreuzer-Abteilung des Deutschen Segler-Verbandes sowie die kostenlosen Hafenhandbücher »Sejleren's« für Dänemark und Polen und den »Gasthamns Guiden« für Schweden. Eine ausführliche Liste der an Bord befindlichen Hafenhandbücher finden Sie auf unserer Internetseite *www.Hippopotamus.de*.

Als weitere Unterlagen haben wir an Bord mitgeführt: unsere Reisepässe, den Internationalen Bootsschein des Deutschen Segler-Verbandes, die Genehmigungsurkunde der UKW-Sprechfunkanlage, die so genannte »Blaue Karte« als Versicherungsnachweis, eine Kopie des Bootskaufvertrages als Eigentumsnachweis, unsere Sportboot- und Segelscheine sowie ausreichend Crewlisten für das Ein- und Ausklarieren in Polen und dem Baltikum. Außer unseren Reisepässen und den Crewlisten haben wir keines der anderen Dokumente während des Törns je benötigt.

Kosten: Wir haben weder sparsam noch üppig gelebt und pro Nase und Tag 21 Euro verbraucht. Darin enthalten sind sämtliche Hafengelder, die Ausgaben für Kommunikation (Telefon, Internet, Post), alle Lebensmittel, gelegentliche Restaurantbesuche, Bustickets und Bahnfahrkarten, der Mietwagen für den Abstecher zum Nordkap, kleinere Repara-

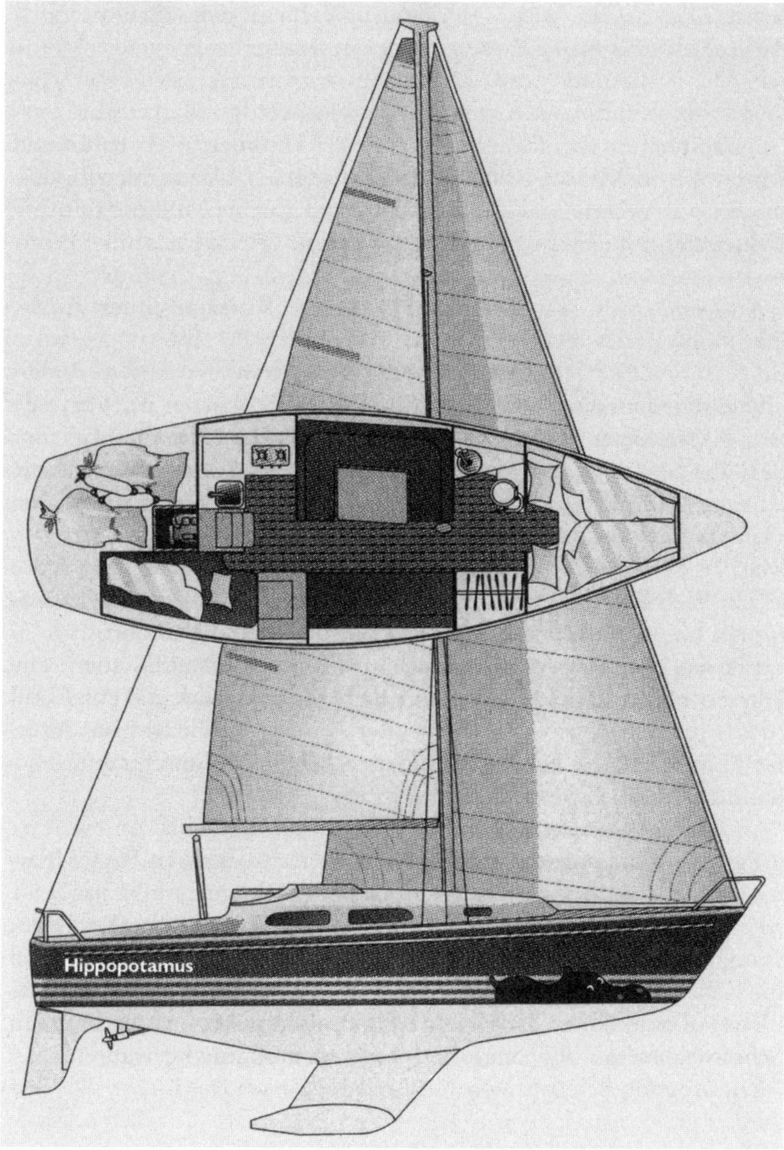
Hippopotamus

turen, Diesel, Gas, Wasser und andere Verbrauchsmaterialien. Nicht darin enthalten sind die Kosten, die im Zusammenhang mit dem Motorschaden in Lettland und Estland entstanden sind, etwa der Austauschmotor und das mehrmalige Abschleppen der Ohlson.

Bezahlt haben wir überall mit EC- oder Kreditkarte. Bargeld haben wir jeweils vor Ort an Geldautomaten gezogen. Nahezu überall wurde der Euro als alternatives Zahlungsmittel akzeptiert. Allerdings sind die Umrechnungskurse nicht immer vorteilhaft.

Kommunikation: Wir haben von Bord aus hauptsächlich per E-Mail kommuniziert, weil die Versorgung mit öffentlichen Internetzugängen im gesamten Ostseeraum sehr gut ist. In den skandinavischen Ländern gibt es in jedem noch so kleinen Ort eine Bibliothek, in der wir in der Regel kostenlos im Netz der Netze surfen konnten. Im Baltikum und in Polen fanden wir eher kostenpflichtige Internetcafés. Den nächsten Zugang haben wir immer dann am schnellsten gefunden, wenn wir den Hafenmeister danach gefragt haben. Ohnehin sind inzwischen viele Marinas bemüht, ihren Gästen einen drahtlosen Zugang zum World Wide Web anzubieten, sodass die Internet-Infrastruktur insgesamt immer besser wird.

Für das Mobiltelefon haben wir uns in den meisten Ländern eine lokale Mobilfunktelefonnummer gekauft (Kosten: ungefähr zehn Euro), sodass uns bei Anrufen keine teuren Auslandszuschläge (Roaming-Gebühren) entstanden sind. Die erforderliche SIM-Card für das Handy konnten wir in Telefonläden erwerben.

Statistik: Start Freitag, 9. April 2004 (Ostern), Ende Freitag, 3. September 2004: Reisedauer 148 Tage, davon 114 Fahrttage und 34 Hafentage. Zurückgelegte Strecke 3502 Seemeilen, davon 1768 unter Motor, 1645 unter Segeln und 89 im Schlepp. Der hohe Motoranteil ist durch die Kanalfahrten (Göta-Kanal, Trollhätten-Kanal und zweimal Nord-Ostsee-Kanal) sowie die vielen Flautentage im April entstanden. Im Schnitt haben wir 30,7 Seemeilen pro Fahrttag zurückgelegt.

Die längsten Schläge: Von Uusikaupunki nach Bredskär – 148 Seemeilen in 33 Stunden, von Danzig nach Klaipeda – 125 Seemeilen in 25 Stunden und von Grenå nach Rudkøbing – 90 Seemeilen in 19 Stunden. Der kürzeste Schlag war eine Seemeile lang und fand im Hafenbecken von Tallinn statt. Es war die Testfahrt mit unserem »neuen« gebrauchten Motor. Insgesamt haben wir neun Länder besucht, 66 Schleusen und 78 Brücken passiert.

Danke!

Ohne die Unterstützung einiger lieber Menschen wären unsere Tour und dieses Buch vermutlich nie zustande gekommen. Mein Dank gilt daher insbesondere:

Meinem Mitsegler Helmut Adwiraah: Danke für deine Geduld, deine Ruhe, deinen Humor, die einzigartige Freundschaft und die gemeinsamen Stunden an Bord. Ich bereue keine einzige. Du warst ein wundervoller Reisepartner.

Meinen Eltern Ingeborg und Jürgen Roever: Danke, dass ihr mit unermüdlichem Einsatz einen passenden Ersatzmotor gesucht, gekauft und nach Helsinki gesendet habt. Danke auch für die fachlichen Anmerkungen und Korrekturen zu diesem Buch sowie die Verwaltung meiner Post und aller Bankgeschäfte. Und nicht zuletzt – danke für die Unterstützung, den Glauben und das Vertrauen in mein Vorhaben.

Meiner Freundin Judith Möllenbeck: Danke für etliche organisatorische Glanzleistungen und Besorgungen, den Segeltransport per Flieger, das zeitintensive Korrekturlesen des Buches neben deiner Promotion und natürlich für die vielen gemeinsamen Stunden an Bord.

Meiner Schwester Gesa Roever und Kerstin Hansen: Danke, dass ihr die kaputte Fock per Flugzeug nach Hamburg und noch am selben Tag weiter nach Bremen zu Beilken-Segel transportiert habt sowie für die lustigen T-Shirts als Erinnerung an unsere Katastrophenwoche in Estland.

Meinem Onkel Günter Menden: Danke für die Entwicklung, Durchsicht und Verwaltung meiner 170 Diafilme während des Törns. Aber auch dein umfangreiches Feedback zum Buch war mir eine große Hilfe.

Frank und Sylvia Möllenbeck: Danke für eure Verbesserungsvorschläge und die hilfreichen Korrekturen zu diesem Buch.

Meiner Verlagslektorin Christiane Corssen: Danke für die konstruktive, produktive und sympathische Zusammenarbeit.

Dietger Mainz und Lars Thomas: Danke für eure unkomplizierte Leihgabe etlicher Seekarten. Ohne eure Hilfe hätte die Finanzierung unserer Reise sicherlich auf wackligen Beinen gestanden.

Albert Schweizer von Beilken-Segel: Danke für die erfolgreiche Zusammenarbeit und Unterstützung mit hervorragenden Segeln sowie die Expressreparatur des Vorsegels nach dem Riss innerhalb von zwei Tagen.

Rolf Claus von Newport Fashion: Danke für die Ausstattung mit hochwertiger Segelbekleidung. Wir haben darin weder geschwitzt noch gefroren.

Robert Kisslinger von Kissmann: Danke für stets kalte Getränke und frisches Essen. Das Kühlaggregat für unseren Kühlschrank hat sich bestens bewährt.

Peter Pauls von Volvo Penta Maasholm: Danke, dass du innerhalb von 24 Stunden, außerhalb der Geschäftszeiten, einen generalüberholten Motor für wenig Geld zur Verfügung gestellt und unkompliziert die Lichtmaschine getauscht hast.

Timo Wolff und Marcûs Hoffmann: Danke für den Abstecher nach Maasholm, um die Lichtmaschine abzuholen.

Zu guter Letzt möchte ich mich bei Ihnen, den Lesern dieses Buches und unserer Online-Logbücher dafür bedanken, dass Sie uns begleitet haben. Die Homepage wurde inzwischen über 40 000 Mal besucht, es wurden weit mehr als eine Million Seiten auf unserem Server abgerufen und in unserem Eingangskorb sind über 1500 E-Mails gelandet!

So, nun hoffe ich, dass ich niemanden vergessen habe. Deshalb bedanke ich mich an dieser Stelle sicherheitshalber auch noch bei allen Menschen, die uns unterstützt haben, hier jedoch nicht erwähnt wurden.

Ach ja, und falls Sie Lob oder Kritik zu meinem Buch äußern möchten, würde es mich freuen, wenn Sie mir eine E-Mail an *buch@Hippopotamus.de* senden.

Hapar
Haparandaham
Törehamn
Ka
NORWEGEN
Luleå
Antr
Börs
Piteå
Haraholmen
Mellerst
Furuögrund
Bjuröklubb
Ratan
Ledskär
Umeå
Maakalla
Örnköldsvik
Byviken
Holmön
Norrbyskär
SCHWEDEN
Höga Kusten
Mjältön
Ulvön
Vaasa
Bredskär
Bönhamn
Högbonden
Harnösand
Kristinest
Ostsee
Kuggören
Bottensee
Rauma
Storjungfrun
Uuisikau
Gävle
Öregrund
Grissle-
hamn
ÅLAND
Raggarö
Väddö-
Kanal
Åland-
See
Schären-
meer
Nörrtälje
Mariehamn
Utö
Furusund
Nördliche
Ostsee
Byxho
Barö
Stockholm
Biskopsö
Stora Br
Gäsöö